神奇的考点母题

U0622140

神奇母题® ①

2023年 初级会计专业技术资格考试

经济法基础

应试指导及母题精讲

编著◎张晓婷 宋迪

团结出版社
UNITY PRESS

图书在版编目（ＣＩＰ）数据

经济法基础应试指导及母题精讲 / 张晓婷 , 宋迪编
著 . —— 北京 : 团结出版社 , 2023.2
    ISBN 978-7-5126-9888-8

    Ⅰ . ①经… Ⅱ . ①张… ②宋… Ⅲ . ①经济法—中国
—资格考试—自学参考资料 Ⅳ . ① D922.290.4

中国版本图书馆 CIP 数据核字 (2022) 第 220214 号

出　　版：团结出版社
　　　　　（北京市东城区东皇城根南街 84 号　邮编：100006）
电　　话：（010）65228880　65244790
网　　址：http://www.tjpress.com
E-mail：65244790@163.com
经　　销：全国新华书店
印　　刷：三河市鑫鑫科达彩色印刷包装有限公司
装　　订：三河市鑫鑫科达彩色印刷包装有限公司

开　　本：185mm×260mm　　16 开
印　　张：26.25
字　　数：245 千字
版　　次：2023 年 2 月　第 1 版
印　　次：2023 年 2 月　第 1 次印刷

书　　号：978-7-5126-9888-8
定　　价：79.00 元

目　录

第1章

总　论

本章主题

本章知识框架

本章是整本书的基础性章节。主要介绍了法律基础、法律主体和法律责任。本章在考试中占的比重虽然小，但很多内容却是其他各章的基础。本章具体知识结构分布图如下：

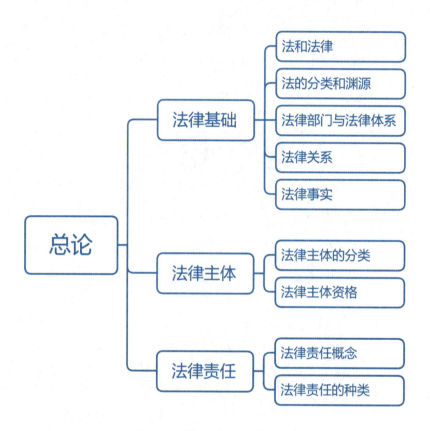

图1-1　第1章知识框架图

第一节　法律基础

法是由国家制定或认可，以权利义务为主要内容，由国家强制力保证实施的社会行为规范及其相应的规范性文件的总称。

作为一种行为规范，法指导人们的行为，让人们了解哪些行为可为，哪些行为不可为，哪些行为必须为。与其他行为规范相比（如道德规范），法是以权利义务为内容的，并且靠国家强制力保证实施。

比较：道德、党章、厂规厂纪、学生守则

【本节考点、考点母题及考点子题】

考点 1：法的本质与特征

◆【考点母题——万变不离其宗】法的本质

法的本质	下列关于法的本质的表述中，正确的有（　　）。
	A.法是统治阶级意志的体现 B.统治阶级的意志由其物质生活条件所决定，是社会客观需要的反映 C.法体现的是统治阶级的整体意志和根本利益，而不是统治阶级每个成员个人意志的简单相加 D.法体现的也不是一般的统治阶级意志，而是被奉为法律的统治阶级意志，即统治阶级的国家意志

◆【考点母题——万变不离其宗】法的特征

法的基本特征	（1）下列各项中，属于法的基本特征的有（　　）。
	A.法是经过国家制定或认可才得以形成的规范，具有国家意志性 B.法凭借国家强制力的保证而获得普遍遵行的效力，具有国家强制性 C.法是确定人们在社会关系中的权利和义务的行为规范，具有规范性 D.法是明确而普遍适用的规范，具有明确公开性和普遍约束性

续表

国家创制法的方式	（2）国家创制法的方式有（ ）。
	A. 制定　　B. 认可
法的成立	（3）【判断金句】法需要通过特定的国家机关，按照特定的方式，表现为特定的法律文件形式才能成立。

【考点子题——举一反三，真枪实练】

[1]（历年真题·判断题）法凭借国家强制力的保证而获得普遍遵行的效力。（　）

[2]（历年真题·多选题）下列关于法的本质与特征的表述中，正确的有（ ）。

　A. 法是由国家制定或认可的规范

　B. 法是全社会成员共同意志的体现

　C. 法由统治阶级的物质生活条件所决定

　D. 法凭借国家强制力的保证获得普遍遵行的效力

考点2：法的渊源

首　位	宪法	全国人民代表大会
次　位	法律	全国人民代表大会及其常务委员会
第三位	行政法规	国家最高行政机关即国务院
第四位	规章	国务院各部委、中国人民银行、审计署等
视具体情况	地方性法规、自治条例、单行条例	省级、设区市、自治州人大及其常委会

【考点母题——万变不离其宗】法的渊源

（1）法的渊源也称为法的形式，我国法的主要渊源种类包括（ ）。		
A. 宪法	（2）下列关于宪法的表述中，正确的有（ ）。	
	a. 宪法由国家最高立法机关即全国人民代表大会制定 b. 宪法是国家的根本大法 c. 宪法规定国家的基本制度和根本任务、公民的基本权利和义务 d. 具有最高的法律效力 e. 具有最为严格的制定和修改程序	

续表

B. 法律	（3）下列关于法律的表述中，正确的有（　　）。
	a. 全国人民代表大会和全国人民代表大会常务委员会行使国家立法权 b. 全国人民代表大会制定和修改刑事、民事、国家机构的和其他的基本法律 c. 法律效力和地位仅次于宪法 d. 法律是制定其他规范性文件的依据
C. 行政法规	（4）行政法规的制定主体是（　　）。
	a. 国家最高行政机关即国务院
D. 规章	（5）规章的制定主体有（　　）。
	a. 国务院各部、委员会　　　　b. 中国人民银行 c. 审计署　　　　　　　　　　d. 具有行政管理职能的直属机构
E. 地方性法规、自治条例和单行条例	F. 特别行政区的法和国际条约

☘【考点子题——举一反三，真枪实练】

[3]（历年真题·单选题）下列规范性文件中，属于行政法规的是（　　）。

A. 国务院发布的《企业财务会计报告条例》

B. 全国人民代表大会通过的《香港特别行政区基本法》

C. 全国人民代表大会常务委员会通过的《票据法》

D. 财政部发布的《企业会计准则——基本准则》

考点3：法律关系的要素

法律关系是法律规范在调整人们的行为过程中所形成的一种特殊的社会关系,即法律上的权利与义务关系。法律关系的要素,包括主体、内容和客体。缺少其中任何一个要素,都不能构成法律关系。

比较:同学关系、战友关系、恋爱关系

法律关系主体,又称法律主体,是指参加法律关系,依法享有权利和承担义务的当事人。

考点 3-1:法律关系的内容

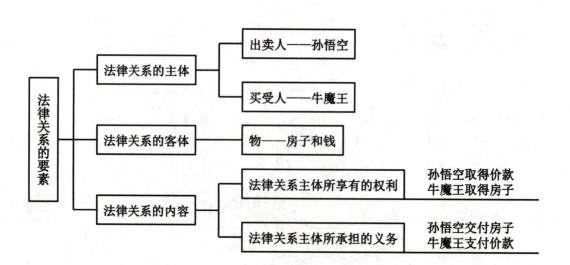

◆【考点母题——万变不离其宗】法律关系的内容

概念	（1）【判断金句】法律关系的内容是指法律关系主体所享有的权利和承担的义务。
法律权利	（2）下列关于法律权利的表述中，正确的有（ ）。
	A. 权利享有者依照法律规定有权自主决定作出某种行为 B. 权利享有者依照法律规定有权自主决定不作出某种行为 C. 权利享有者依照法律规定要求他人作出某种行为 D. 权利享有者依照法律规定要求他人不作出某种行为 E. 权利一旦被侵犯，有权请求国家予以法律保护
法律义务	（3）下列关于法律义务的表述中，正确的有（ ）。
	A. 法律关系主体依法所担负的必须作出某种行为的负担或约束 B. 法律关系主体依法所担负的不得作出某种行为的负担或约束
法律关系内容的具体体现	（4）下列各项中，属于法律关系内容的有（ ）。
	A. 所有权人自主占有、使用其财产以获得收益 B. 债权人请求债务人偿还债务　　C. 缴纳税款 D. 履行兵役　　　　　　　　　　E. 不损坏公共财物 F. 不侵害他人生命健康权

考点 3-2：法律关系的客体

　　法律关系客体是指法律关系主体的权利和义务所指向的对象。客体是确立权利与义务关系性质和具体内容的依据，也是确定权利行使与否和义务是否履行的客观标准。

◆【考点母题——万变不离其宗】法律关系的客体

下列关于法律关系客体的表述中，正确的有（ ）。
A. 法律关系的客体是确立权利与义务关系性质和具体内容的依据 B. 法律关系的客体是确定权利行使与否和义务是否履行的客观标准 C. 法律关系客体的内容和范围是由法律规定的 D. 法律关系客体应当具备的特征是能为人类所控制并对人类有价值

◆ 【考点母题——万变不离其宗】法律关系客体的范围

法律关系的客体主要包括的类别有（ ）。				
A. 物	自然物、人造物和货币及有价证券	自然物：土地、矿藏、水流、森林		
		人造物：建筑、机器、各种产品等		
		货币及有价证券		
	有体物和无体物	有体物	固定形态	
			没有固定形态：天然气、电力	
		无体物	权利	
B. 人身人格	生命权、身体权、健康权、姓名权、肖像权、名誉权、荣誉权、隐私权、婚姻自主权			
	人的整体只能作为法律关系的主体，不能作为法律关系的客体，人的部分可以作为法律关系客体的"物"			
C. 智力成果	作品、发明、实用新型、外观设计、商标等	智力成果的物质载体：书籍、图册、录像、录音等		
D. 信息、数据、网络虚拟财产	产业情报、国家机密、商业秘密、个人隐私、个人信息、网络游戏等			
E. 行为	积极行为	生产经营行为、经济管理行为、完成一定工作的行为和提供一定劳务的行为等		
	消极行为			

♧ 【考点子题——举一反三，真枪实练】

[4]（历年真题·判断题）法律关系客体应当具备的特征是能为人类所控制并对人类有价值。（ ）

[5]（经典子题·判断题）债权是特定人之间请求为一定行为或不为一定行为的关系，所以债权的客体都是行为。（ ）

[6]（历年真题·多选题）下列各项中，能成为法律关系客体的有（ ）。

A. 个人消费信息数据

B. 电子商务平台经营者

C. 支付账户

D. 数字人民币

考点4：法律事实

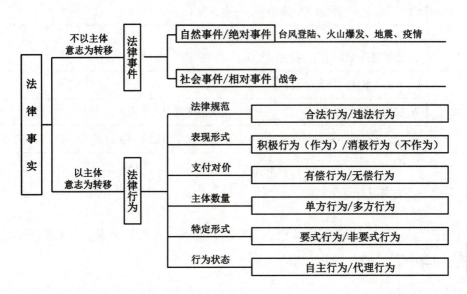

法律事实是指由法律规范所确定的，能够产生法律后果，即能够直接引起法律关系发生、变更或者消灭的情况。

◆【考点母题——万变不离其宗】法律事实

概念	（1）【判断金句】法律事实是法律关系发生、变更和消灭的直接原因。
分类	（2）按照是否以当事人的意志为转移作标准，可以将法律事实划分为（　　）。
	A.法律事件　　　B.法律行为

【考点子题——举一反三，真枪实练】

[7]（历年真题·判断题）法律事实是法律关系发生、变更或者消灭的原因。（　　）

考点4-1：法律事件

法律事件是指不以当事人的主观意志为转移的，能够引起法律关系发生、变更和消灭的法定情况或者现象。

◆◆【考点母题——万变不离其宗】法律事件

含义	（1）下列关于法律事件的表述中，正确的有（　　）。	
	A.法律事件不以当事人的主观意志为转移 B.法律事件能够引起法律关系发生、变更和消灭	
种类	（2）法律事件的种类包括（　　）。	
	A.自然事件或绝对事件	由自然现象引起的事实：生老病死、疫情
	B.社会事件或相对事件	由社会现象引起的事实：战争、重大政策改变

考点 4-2：法律行为

法律行为是指以法律关系主体意志为转移，能够引起法律后果，即引起法律关系发生、变更和消灭的人们有意识的活动。

◆◆【考点母题——万变不离其宗】法律行为

法律 行为的 含义	（1）下列关于法律行为的表述中，正确的有（　　）。	
	A.法律行为以法律关系主体意志为转移　　B.法律行为能够引起法律后果 C.法律行为是一种有意识的活动	
法律 行为的 分类	（2）下列关于法律行为分类的表述中，正确的有（　　）。	
	A.根据行为是否符合法律规范的要求（即行为的法律性质）不同，法律行为可以分为合法行为与违法行为 B.根据行为的表现形式不同，法律行为可以分为积极行为（作为）与消极行为（不作为） C.根据行为是否需要支付对价不同，法律行为可以分有偿行为与无偿行为 D.根据主体意思表示的主体数量不同，法律行为可以分为单方行为与多方行为 E.根据行为是否需要特定形式或实质要件不同，法律行为可以分为要式行为与非要式行为 F.根据主体实际参与行为的状态不同，法律行为可以分为自主行为与代理行为	
事实行为	与法律关系主体的意思表示无关，例如拾得遗失物、发现埋藏物	

[8]（历年真题·单选题）下列法律事实中，属于法律事件的是（　　）。

　　A. 出口疫苗　　B. 捐赠口罩　　C. 核酸检测　　D. 爆发疫情

[9]（历年真题·多选题）下列各项中，属于法律事件的有（　　）。

　　A. 纵火　　　　B. 爆发战争　　C. 地震　　　　D. 签发汇票

[10] (历年真题·单选题) 下列各项中，属于法律行为的是（   ）。

    A. 火山爆发　　　　　　　B. 流星陨落

    C. 签发支票　　　　　　　D. 台风登陆

[11] (历年真题·单选题) 张某从赵某开设的网店购买一件手工玩具，因对玩具质量不满意，委托朋友孙某处理退货事宜。孙某与赵某协商达成协议，张某可以退货，赵某退还货款100元。关于该事件的下列表述中，不正确的是（   ）。

    A. 孙某受张某委托与赵某达成协议的行为是代理行为

    B. 张某委托朋友孙某处理该事件是积极行为

    C. 赵某退还给张某100元货款的行为是自主行为

    D. 张某购买赵某手工玩具的行为是单方行为

〔本节考点子题答案及解析〕

[1]【答案】√

[2]【答案】ACD

  【解析】法体现的是统治阶级的整体意志和根本利益，而不是统治阶级每个成员个人意志的简单相加，更不是全体社会成员共同意志的体现，选项B不正确。

[3]【答案】A

  【解析】选项A属于行政法规；选项BC属于法律；选项D属于部门规章。

[4]【答案】√

[5]【答案】√

[6]【答案】ACD

  【解析】选项B：电子商务平台经营者只能成为法律关系的主体，不能成为法律关系的客体。

[7]【答案】√

[8]【答案】D

  【解析】选项ABC：属于法律行为。

[9]【答案】BC

  【解析】选项BC属于法律事件，不以当事人的主观意志为转移；选项AD属于法律行为。

[10]【答案】C

  【解析】法律事件是指不以当事人的主观意志为转移的，能够引起法律关系发生、变更和消灭的法定情况或者现象，选项C属于法律行为；选项ABD属于法律事件。

[11]【答案】答案D

  【解析】张某购买赵某手工玩具的行为是多方行为。

第二节　法律主体

【本节考点、考点母题及考点子题】

考点 5：法律主体的分类

◆【考点母题——万变不离其宗】法律主体的分类

法律关系的主体	根据我国法律规定，能够参与法律关系的主体包括（　　）。
	A. 自然人　　B. 法人　　C. 非法人组织　　D. 国家

考点 5-1：自然人

◆【考点母题——万变不离其宗】自然人

自然人概念	（1）【判断金句】自然人是基于出生而取得主体资格的人。
	（2）【判断金句】自然人包括中国公民，也包括居住在中国境内或在境内活动的外国公民和无国籍人。
	（3）【判断金句】自然人出生前也可以成为特殊法律关系的主体。 【注意】涉及遗产继承、接受赠与等胎儿利益保护的，胎儿视为具有民事权利能力。但胎儿娩出时为死体，其民事权利能力自始不存在。
自然人住所	（4）【判断金句】自然人以户籍登记或者其他有效身份登记记载的居所为住所；经常居所与住所不一致，经常居所视为住所。

🔗【考点子题——举一反三，真枪实练】

[1]（历年真题·多选题）钱某、王某、贾某合伙购买房屋，与房地产开发商签订买卖合同，该法律关系中的法律主体有（　　）。

　　A. 房地产开发商　　B. 钱某　　C. 王某　　D. 贾某

考点5-2：法人

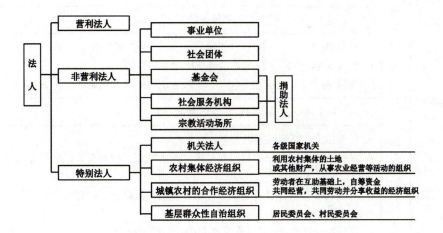

◆【考点母题——万变不离其宗】法人

法人的概念	（1）【判断金句】法人是具有民事权利能力和民事行为能力，依法独立享有民事权利和承担民事义务的组织。		
	（2）【判断金句】法人以其全部财产独立承担民事责任。		
法人的分类	营利法人	（3）根据我国法律规定，法人包括（ ）。	
		A.营利法人　　B.非营利法人　　C.特别法人	
		（4）【判断金句】营利法人是指以取得利润并分配给股东等出资人为目的成立的法人。	
		（5）根据我国法律规定，营利法人应设立的组织机构有（ ）。	
		A.权力机构（股东大会）	行使修改法人章程，选举或者更换执行机构、监督机构成员，以及法人章程规定的其他职权
		B.执行机构（董事会）	行使召集权力机构会议，决定法人的经营计划和投资方案，决定法人内部管理机构的设置，以及法人章程规定的其他职权
		C.监督机构（监事会可选择设立）	监督机构依法行使检查法人财务，监督执行机构成员、高级管理人员执行法人职务的行为，以及法人章程规定的其他职权

续表

法人的分类	非营利法人	（6）【判断金句】非营利法人是指为公益目的或者其他非营利目的成立，不向出资人、设立人或者会员分配所取得利润的法人。
		（7）下列主体中，属于非营利法人的有（　　）。
		A.事业单位　　　　B.社会团体　　　　　　　C.基金会 D.社会服务机构　　E.宗教活动场所法人 【注意】基金会、社会服务机构、宗教活动场所法人均属于捐助法人
	特别法人	（8）下列主体中，属于特别法人的有（　　）。
		A.机关法人（各级国家机关） B.农村集体经济组织（利用农村集体的土地或其他财产，从事农业经营等活动的组织） C.城镇农村的合作经济组织（劳动者在互助基础上，自筹资金共同经营，共同劳动并分享收益的经济组织） D.基层群众性自治组织（居民委员会、村民委员会）
法人的法定代表人		（9）根据我国法律规定，下列关于法定代表人说法正确的有（　　）。
		A.法定代表人以法人名义从事的民事活动，其法律后果由法人承受 B.法定代表人因执行职务造成他人损害的，由法人承担民事责任 C.法人承担民事责任后，依照法律或者法人章程的规定，可以向有过错的法定代表人追偿
法人解散和终止		（10）【判断金句】法人解散是指由于法人章程或者法律规定的事由出现，致使法人不能继续存在，从而停止积极活动，开始整理财产关系的程序。（法人人格消灭）
		（11）下列各项中，属于《民法典》规定的法人解散情形的有（　　）。
		A.法人章程规定的存续期间届满或者法人章程规定的其他解散事由出现 B.法人的权力机构决议解散 C.因法人合并或者分立需要解散 D.法人依法被吊销营业执照、登记证书，被责令关闭或者被撤销
		（12）当法人存在（　　）情形，并依法完成清算、注销登记的，则法人终止。（法人资格消灭） A.法人解散　　B.法人被宣告破产 【说明】清算结束并完成法人注销登记时，法人终止；依法不需要办理法人登记的，清算结束时，法人终止。
法人的分支机构		（13）【判断金句】分支机构以自己的名义从事民事活动，产生的民事责任由法人承担；也可以先以该分支机构管理的财产承担，不足以承担的，由法人承担。

【考点子题——举一反三，真枪实练】

［2］（经典子题·判断题）法定代表人以法人名义从事的民事活动，其法律后果由法定代表人承受。（　　）

[3]（经典子题·判断题）法人的分支机构以自己的名义从事民事活动，产生的民事责任由分支机构承担。（   ）

[4]（经典子题·多选题）下列各项中，属于《民法典》规定的法人解散情形的有（   ）。

    A. 法人章程规定的存续期间届满或者法人章程规定的其他解散事由出现

    B. 法人的权力机构决议解散

    C. 法人被宣告破产

    D. 法人依法被吊销营业执照、登记证书，被责令关闭或者被撤销

[5]（经典子题·单选题）下列主体中，属于营利法人的是（   ）。

    A. 城镇农村的合作经济组织

    B. 取得捐助法人资格的寺庙

    C. 中国红十字会

    D. 股份有限公司

考点5-3：非法人组织和国家

◆【考点母题——万变不离其宗】非法人组织和国家

非法人组织	（1）【判断金句】非法人组织是指不具有法人资格，但是能够依法以自己的名义从事民事活动的组织。
	（2）下列主体中，属于非法人组织的有（ ）。
	A.个人独资企业　　B.合伙企业　　C.不具有法人资格的专业服务机构
国 家	（3）下列关于国家作为法律关系主体的表述中，正确的有（ ）。
	A.国家是国家财产所有权唯一和统一的主体 B.国家作为主权者是国际公法关系的主体 C.国家可以成为对外贸易关系中的债权人或债务人

♧【考点子题——举一反三，真枪实练】

[6]（历年真题·多选题）下列各项中，能成为法律关系主体的有（   ）。

    A. 甲会计师事务所   B. 乙基金会

    C. 丙股份有限公司   D. 丁个人独资企业

第1章

考点6: 法律主体资格

◆【考点母题——万变不离其宗】法律主体资格

(1)【判断金句】法律关系的主体资格包括权利能力和行为能力两个方面。	

权利能力	(2)【判断金句】权利能力是指法律关系主体能够参加某种法律关系,依法享有一定的权利和承担一定的义务的法律资格。它是自然人或组织能够成为法律关系主体的资格,是任何个人或组织参加法律关系的前提条件。
	(3)【判断金句】自然人从出生时起到死亡时止,具有民事权利能力,依法享有民事权利,承担民事义务。自然人的民事权利能力一律平等。
	(4)【判断金句】法人权利能力的范围则由法人成立的宗旨和业务范围决定,自法人成立时产生,至法人终止时消灭。
行为能力	(5)【判断金句】法人的行为能力和权利能力是一致的,同时产生、同时消灭。
	(6)【判断金句】自然人的行为能力不同于其权利能力,具有行为能力必须首先具有权利能力,但具有权利能力并不必然具有行为能力。
	(7)判断自然人是否具有行为能力的标准有( )。
	A. 能否认识自己行为的性质、意义和后果 B. 能否控制自己的行为并对自己的行为负责

【考点母题——万变不离其宗】自然人的行为能力

自然人的民事行为能力	（1）我国民事法律制度将自然人民事行为能力划分为（　　）。	
	A.完全民事行为能力人（达到法定年龄、智力健全、能够对自己行为负完全责任的自然人）	18周岁以上的自然人是成年人，具有完全的民事行为能力
		16周岁以上的未成年人，以自己的劳动收入为主要生活来源的，视为完全民事行为能力人
	B.限制民事行为能力人（行为能力受到一定的限制，只有部分行为能力的自然人）	8周岁以上的未成年人
		不能完全辨认自己行为的成年人
	C.无民事行为能力人（完全不能以自己的行为行使权利、履行义务的公民）	不满8周岁的未成年人
		8周岁以上的未成年人不能辨认自己行为的
		不能辨认自己行为的成年人
自然人的刑事责任能力	（2）下列关于自然人刑事责任能力的表述中，正确的有（　　）。	
	A.已满16周岁的人犯罪，应当负刑事责任 B.已满14周岁不满16周岁的人，犯故意杀人、故意伤害致人重伤或者死亡、强奸、抢劫、贩卖毒品、放火、爆炸、投放危险物质罪的，应当负刑事责任 C.已满12周岁不满14周岁的人，犯故意杀人、故意伤害罪，致人死亡或者以特别残忍手段致人重伤造成严重残疾，情节恶劣，经最高人民检察院核准追诉的，应当负刑事责任 D.已满12周岁不满18周岁的人犯罪，应当从轻或减轻；已满75周岁的人故意犯罪，可以从轻或减轻 E.精神病人在不能辨认或者不能控制自己行为的时候造成危害结果，经法定程序鉴定确认的，不负刑事责任	

【考点子题——举一反三，真枪实练】

[7]（历年真题·单选题）根据民事法律制度的规定，达到一定年龄阶段，以自己的劳动收入为主要生活来源的公民，应视为完全民事行为能力人。该年龄阶段为（　　）。

A.16周岁以上不满18周岁　　B.18周岁以上

C.10周岁以上不满18周岁　　D.不满10周岁

[8]（历年真题·单选题）下列公民中，视为完全民事行为能力人的是（　　）。

A.赵某，7岁，系某小学学生

B.王某，19岁，系某高校学生

C.张某，13岁，系某初级中学学生

D.李某，17岁，系某宾馆服务员，以自己劳动收入为主要生活来源

[9]（历年真题·多选题）下列关于自然人民事行为能力的说法中，正确的有（   ）。

A. 年满18周岁的自然人是完全民事行为能力人

B. 不能辨认自己行为的成年人是限制民事行为能力人

C. 8周岁以下的自然人是无民事行为能力人

D. 16周岁以上的未成年人但以自己的劳动收入为主要生活来源的自然人视为完全民事行为能力人

[本节考点子题答案及解析]

[1]【答案】ABCD

【解析】法律关系主体，是指参加法律关系，依法享有权利和承担义务的当事人。本例中，钱某、王某、贾某为房屋买卖合同的买方，房地产开发商为房屋买卖合同的卖方，均为合同的当事人。

[2]【答案】×

【解析】法定代表人以法人名义从事的民事活动，其法律后果由法人承受。

[3]【答案】×

【解析】法人的分支机构以自己的名义从事民事活动，产生的民事责任由法人承担。

[4]【答案】ABD

【解析】选项C属于法人终止情形。

[5]【答案】D

【解析】选项A属于特别法人，选项B和C属于非营利法人。

[6]【答案】ABCD

【解析】法律关系主体包括：自然人；法人（选项BC）和非法人组织（选项AD）以及国家。

[7]【答案】A

【解析】16周岁以上的未成年人，以自己的劳动收入为主要生活来源的，视为完全民事行为能力人。

[8]【答案】D

【解析】16周岁以上的未成年人，以自己的劳动收入为主要生活来源的，视为完全民事行为能力人。

[9]【答案】AD

【解析】选项B，不能辨认自己行为的成年人是无民事行为能力人；选项C，不满8周岁（而不是8周岁以下）的自然人是无民事行为能力人。

第三节　法律责任

【本节考点、考点母题及考点子题】

考点 7： 法律责任

◆【考点母题——万变不离其宗】民事责任

（1）下列责任形式中，属于民事责任的有（　　）。
A. 停止侵害　　　　　　B. 排除妨碍　　　　　　C. 消除危险 D. 返还财产　　　　　　E. 恢复原状　　　　　　F. 修理、重作、更换 G. 继续履行　　　　　　H. 赔偿损失　　　　　　I. 支付违约金 J. 消除影响、恢复名誉　　K. 赔礼道歉
（2）【判断金句】上述民事责任的方式，可以单独适用，也可以合并适用。

◆【考点母题——万变不离其宗】行政责任

行政处罚	（1）下列各项中，属于行政处罚种类的有（　　）。
	A. 警告、通报批评 B. 罚款、没收违法所得、没收非法财物 C. 暂扣或者吊销许可证件、降低资质等级 D. 限制开展生产经营活动、责令停产停业、责令关闭、限制从业 E. 行政拘留
行政处分	（2）下列各项中，属于行政处分种类的有（　　）。
	A. 警告　　B. 记过　　C. 记大过　　D. 降级　　E. 撤职　　F. 开除

◆【考点母题——万变不离其宗】刑事责任

刑罚	主刑	（1）下列各项中，属于刑事责任主刑的有（　　）。
		A. 管制　　　B. 拘役　　　C. 有期徒刑　　　D. 无期徒刑　　　E. 死刑
	附加刑	（2）下列各项中，属于刑事责任附加刑的有（　　）。
		A. 罚金　　　B. 剥夺政治权利　　　　　C. 没收财产　　　D. 驱逐出境 【注意】附加刑可以附加于主刑之后作为主刑的补充，同主刑一起适用；也可以独立适用。

♣【考点子题——举一反三，真枪实练】

[1]（历年真题·多选题）下列法律责任形式中，属于民事责任形式的有（　　）。

    A. 停止侵害　　　　　　　　　　B. 继续履行

    C. 没收违法所得　　　　　　　　D. 没收财产

[2]（历年真题·多选题）下列法律责任形式中，属于民事责任形式的有（　　）。

    A. 恢复原状　　　　　　　　　　B. 支付违约金

    C. 罚款　　　　　　　　　　　　D. 罚金

[3]（历年真题·单选题）甲公司因生产的奶制品添加剂严重超标，被市场监督管理局责令停产停业。甲公司承担的该项法律责任属于（　　）。

    A. 刑事责任　　　　　　　　　　B. 行政处分

    C. 民事责任　　　　　　　　　　D. 行政处罚

［本节考点子题答案及解析］

[1]【答案】AB

    【解析】选项C是行政责任中的行政处罚；选项D是刑事责任中的附加刑。

[2]【答案】AB

    【解析】选项C是行政责任中的行政处罚；选项D是刑事责任中的附加刑。

[3]【答案】D

    【解析】责令停产停业属于行政责任中的行政处罚。

第 2 章

会计法律制度

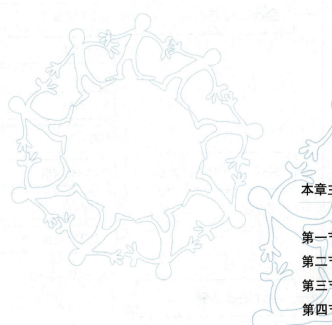

本章主题

本章知识框架

规范会计行为、保证会计工作有序进行必须遵守会计法律制度的规定。会计法律制度调整的是会计关系。本章具体知识结构分布图如下：

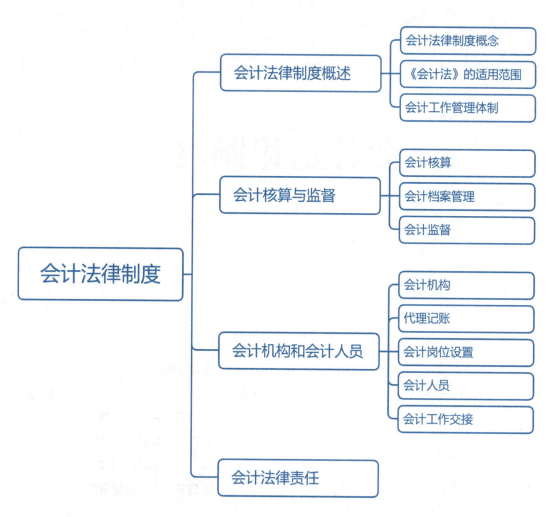

图 2-1　第 2 章知识框架图

第一节　会计法律制度概述

【本节考点、考点母题及考点子题】

考点 1：会计工作管理体制

◆【考点母题——万变不离其宗】会计工作管理体制

会计工作的行政管理	（1）关于会计工作的行政管理的下列表述中，正确的有（　　）。
	A. 国务院财政部门主管全国的会计工作 B. 县级以上地方各级人民政府财政部门管理本行政区域内的会计工作
单位内部的会计工作管理	（2）关于单位内部会计工作管理的下列表述中，正确的有（　　）。
	A. 单位负责人对本单位的会计工作和会计资料的真实性、完整性负责 B. 单位负责人是指单位法定代表人或者法律、行政法规规定代表单位行使职权的主要负责人 C. 单位负责人应当保证会计机构、会计人员依法履行职责，不得授意、指使、强令会计机构、会计人员违法办理会计事项

❀【考点子题——举一反三，真枪实练】

[1]（历年真题·判断题）县级以上地方各级人民政府财政部门管理本行政区域内的会计工作。（   ）

[2]（历年真题·单选题）根据会计法律制度的规定，下列人员中，对本单位的会计工作和会计资料的真实性、完整性负责的是（   ）。

A. 总会计师　　　　　　　　　B. 单位负责人

C. 会计核算人员　　　　　　　D. 单位审计人员

[3]（历年真题·判断题）单位法定代表人是单位负责人。（   ）

〔本节考点子题答案及解析〕

[1]【答案】√

[2]【答案】B

【解析】单位负责人对本单位的会计工作和会计资料的真实性、完整性负责。

[3]【答案】√

第二节 会计核算与监督

【本节考点、考点母题及考点子题】

考点 2：会计核算

会计核算包括会计核算的基本要求、会计核算的内容、会计年度、记账本位币、会计凭证和会计账簿、财务会计报告、账务核对和财产清查等内容。

考点 2-1：会计核算基本要求

◆【考点母题——万变不离其宗】会计核算的基本要求

（1）下列关于会计核算基本要求的表述中，正确的有（ ）。	
A. 依法建账	a. 各单位应当按照《会计法》和国家统一的会计制度规定建立会计账册，进行会计核算 b. 各单位不得违反规定私设会计账簿进行登记、核算
	c. 一个会计年度：1月1日至12月31日　　　进一步划分：半年度、季度、月度
B. 根据实际发生（不是计划或预计）的经济业务进行会计核算	（2）下列经济业务事项中，应当办理会计手续、进行会计核算的有（ ）。 a. 款项和有价证券的收付　　　　　b. 财物的收发、增减和使用 c. 债权债务的发生和结算　　　　　d. 资本、基金的增减 e. 收入、支出、费用、成本的计算　f. 财务成果的计算和处理 g. 需要办理会计手续、进行会计核算的其他事项
C. 保证会计资料的真实和完整	a. 会计资料包括会计凭证、会计账簿、财务会计报告等会计核算专业资料 b. 真实性：会计资料所反映的内容和结果，应当同单位实际发生的经济业务的内容及其结果相一致 c. 完整性：主要是指构成会计资料的各项要素都必须齐全 d. 任何单位和个人不得伪造、变造会计凭证、会计账簿及其他会计资料，不得提供虚假的财务会计报告
D. 正确采用会计处理方法	a. 会计处理方法不得随意变更 b. 确有必要变更，应当按照国家统一的会计制度的规定变更，并将变更的原因、情况及影响在财务会计报告中说明
E. 正确使用会计记录文字	a. 会计记录的文字应当（必须）使用中文 b. 在民族自治地方，会计记录可以同时使用当地通用的一种民族文字 c. 在中国境内的外商投资企业、外国企业和其他外国组织的会计记录可以同时使用一种外国文字
F. 记账本位币	（3）根据《会计法》的规定，下列关于会计核算的记账本位币的表述中，正确的有（ ）。 a. 会计核算以人民币为记账本位币 b. 业务收支以人民币以外的货币为主的单位，可以选定其中一种货币作为记账本位币，但是编报的财务会计报告应当折算为人民币
G. 使用电子计算机进行会计核算的，其软件及其生成的会计凭证、会计账簿、财务会计报告和其他会计资料，必须符合国家统一的会计制度的规定	

◆ **【神奇母题提示】记账本位币、财务会计报告本位币以及会计记录的文字的对比**

记账本位币	财务会计报告本位币	会计记录的文字
人民币	人民币	中文 可选民族文字或外文
外币		

♣ **【考点子题——举一反三，真枪实练】**

[1]（经典子题·多选题）根据会计法律制度的规定，使用电子计算机进行会计核算的，下列各项中，应当符合国家统一的会计制度规定的有（　　）。

　　A. 计算机操作系统　　　　　　B. 会计软件

　　C. 软件生成的会计凭证　　　　D. 软件生成的会计账簿

[2]（历年真题·判断题）在中国境内营业的英国公司，其会计记录可以同时使用中文和英文。（　　）

[3]（历年真题·多选题）根据会计法律制度的规定，下列各项中，符合会计核算基本要求的有（　　）。

　　A. 根据实际与计划发生的经济业务综合进行会计核算

　　B. 保证会计资料的真实和完整

　　C. 自主选择使用会计记录文字

　　D. 会计处理方法不得随意变更

[4]（历年真题·多选题）根据会计法律制度的规定，下列各项中，属于会计核算内容的有（　　）。

　　A. 款项和有价证券的收付　　　B. 债权债务的发生和结算

　　C. 财务成果的计算和处理　　　D. 资本、基金的增减

[5]（历年真题·判断题）我国以每年公历的1月1日起至12月31日止为一个会计年度。（　　）

[6]（历年真题·单选题）甲外商投资企业的业务收支以美元为主，兼有少量人民币业务。下列关于甲企业记账本位币适用的表述中，正确的是（　　）。

　　A. 必须选择人民币作为记账本位币

　　B. 必须选择美元作为记账本位币

　　C. 可同时选择美元和人民币作为记账本位币

　　D. 可从美元和人民币选择一种作为记账本位币

考点 2-2：会计凭证

◆【考点母题——万变不离其宗】原始凭证填制的基本要求

<table>
<tr><td colspan="2">（1）根据会计法律制度的规定，下列关于会计原始凭证的表述中，正确的有（　　）。</td></tr>
<tr><td colspan="2">A. 原始凭证是会计核算的原始依据，来源于实际发生的经济业务事项</td></tr>
<tr><td colspan="2">B. 原始凭证既有来自单位外部的，也有单位自制的</td></tr>
<tr><td colspan="2">C. 原始凭证既有国家统一印制的具有固定格式的发票，也有由发生经济业务事项双方认可并自行填制的凭据等</td></tr>
<tr><td rowspan="4">D. 原始凭证的内容应该全面</td><td>（2）原始凭证的内容包括（　　）。</td></tr>
<tr><td>a. 凭证的名称　　　b. 填制凭证的日期　　　c. 填制凭证单位名称或者填制人姓名
d. 经办人员的签名或者盖章　　　　　　e. 接受凭证单位名称
f. 经济业务内容　　g. 数量、单价和金额</td></tr>
<tr><td>（3）下列关于会计机构、会计人员对原始凭证审核及权限的表述中，正确的有（　　）。</td></tr>
<tr><td>a. 对不真实、不合法的原始凭证有权不予接受，并向单位负责人报告
b. 对记载不准确、不完整的原始凭证予以退回，并按国家统一的会计制度规定更正、补充</td></tr>
<tr><td colspan="2">E. 从外单位取得的原始凭证，必须盖有填制单位的公章</td></tr>
<tr><td colspan="2">F. 从个人取得的原始凭证，必须有填制人员的签名或者盖章</td></tr>
<tr><td colspan="2">G. 自制原始凭证必须有经办单位领导人或者其指定的人员签名或者盖章</td></tr>
<tr><td colspan="2">H. 对外开出的原始凭证，必须加盖本单位公章</td></tr>
<tr><td colspan="2">I. 凡填有大写和小写金额的原始凭证，大写与小写金额必须相符</td></tr>
<tr><td colspan="2">J. 购买实物的原始凭证，必须有验收证明</td></tr>
</table>

续表

K. 支付款项的原始凭证，必须有收款单位和收款人的收款证明
L. 一式几联的原始凭证，应当注明各联的用途，只能以一联作为报销凭证
M. 发生销货退回的，除填制退货发票外，还必须有退货验收证明；退款时，必须取得对方的收款收据或者汇款银行的凭证，不得以退货发票代替收据
N. 原始凭证记载的各项内容均不得涂改
O. 原始凭证有错误的，应当由出具单位重开或者更正，更正处应当加盖出具单位印章
P. 原始凭证金额有错误的，应当由出具单位重开，不得在原始凭证上更正

◆◆【神奇母题提示】原始凭证的审核

原始凭证	处理方式		
不真实、不合法	不予接受；向单位负责人报告		
不准确、不完整	各项内容均不得涂改；退回；按照要求更正、补充	金额有错误的	应当由出具单位重开
		其他有错误的	由出具单位重开；更正并加盖出具单位印章

◆◆【考点母题——万变不离其宗】记账凭证填制的基本要求

根据会计法律制度的规定，下列关于记账凭证填制基本要求的表述中，正确的有（　　）。
A. 记账凭证可以分为收款凭证、付款凭证和转账凭证，也可以使用通用记账凭证
B. 记账凭证应当根据经过审核的原始凭证及有关资料编制

C. 记账凭证的内容必须完备	a. 填制凭证的日期　　b. 凭证编号　　c. 经济业务摘要 d. 会计科目　　　　　e. 金额　　　　f. 所附原始凭证张数 g. 填制凭证人员、稽核人员、记账人员、会计机构负责人（会计主管人员）的签名或盖章 

续表

| D. 以自制的原始凭证或者原始凭证汇总表代替记账凭证的，也必须具备记账凭证应有的项目 |
| E. 实行会计电算化的单位，打印出的机制记账凭证要加盖制单人员、审核人员、记账人员及会计机构负责人（会计主管人员）印章或者签字 |
| F. 填制记账凭证时，应当对记账凭证进行连续编号 |
| G. 记账凭证可以根据每一张原始凭证填制，或者根据若干张同类原始凭证汇总填制，也可以根据原始凭证汇总表填制 |
| H. 不得将不同内容和类别的原始凭证汇总填制在一张记账凭证上 |
| I. 除结账和更正错误的记账凭证可以不附原始凭证外，其他记账凭证必须附有原始凭证 |
| J. 如果一张原始凭证涉及几张记账凭证，可以把原始凭证附在一张主要的记账凭证后面，并在其他记账凭证上注明附有该原始凭证的记账凭证的编号或者附原始凭证复印件 |
| K. 一张原始凭证所列支出需要几个单位共同负担的，应当将其他单位负担的部分，开给对方原始凭证分割单（原始凭证分割单必须具备原始凭证的基本内容以及费用分摊情况等），进行结算 |

◆【考点母题——万变不离其宗】记账凭证填制发生错误时的处理办法

在填制记账凭证发生错误时的下列处理办法中，符合会计法律制度规定的有（　　）。		
A.（未入账）应当重新填制		
B. 已经登记入账的记账凭证填写错误的	在当年内发现的	可以用红字填写一张与原内容相同的记账凭证，在摘要栏注明"注销某月某日某号凭证"字样，同时再用蓝字重新填制一张正确的记账凭证，注明"订正某月某日某号凭证"字样
		如果会计科目没有错误，只是金额错误，也可以将正确数字与错误数字之间的差额，另编一张调整的记账凭证，调增金额用蓝字，调减金额用红字
	发现以前年度的记账凭证有错误的，应当用蓝字填制一张更正的记账凭证	

♧【考点子题——举一反三，真枪实练】

[7]（历年真题·单选题）根据会计法律制度的规定，下列关于原始凭证的表述中，正确的是（　　）。

A. 对不真实的原始凭证，会计人员有权拒绝接受

B. 原始凭证必须来源于单位外部

C. 除日期外，原始凭证记载的内容不得涂改

D. 原始凭证金额有错误的，应当由出具单位更正并加盖印章

[8]（历年真题·多选题）甲公司会计人员张某审核原始凭证所采取的下列处理方式中，符合法律规定的有（　　）。

A. 发现原始凭证金额有错误，要求出具单位更正

B. 退回记载不完整的原始凭证，要求补充

C. 发现原始凭证有涂改，要求出具单位重开

D. 拒绝接受不真实的原始凭证，并向单位负责人报告

[9]（经典子题·判断题）所有记账凭证都必须附有原始凭证并注明所附原始凭证的张数。（　　）

[10]（历年真题·单选题）根据会计法律制度的规定，下列关于记账凭证填制基本要求的表述中，不正确的是（　　）。

A. 可以将不同内容和类别的原始凭证合并填制一张记账凭证

B. 登记账簿前，记账凭证填制错误的应重新填制

C. 记账凭证应连续编号

D. 除结账和更正错误的记账凭证可以不附原始凭证外，其他记账凭证必须附原始凭证

考点2-3：会计账簿

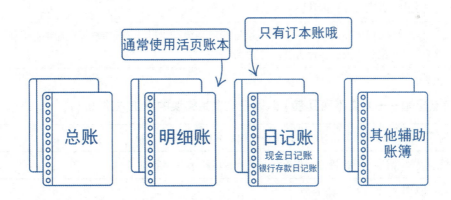

◆【考点母题——万变不离其宗】会计账簿的种类和基本要求

（1）下列各项中，属于会计账簿种类的有（　　）。	
A.总账　　B.明细账　　C.日记账　　D.其他辅助账簿	
（2）下列关于启用会计账簿的表述中，符合会计法律制度规定的有（　　）。	
A.启用会计账簿时，应当在账簿封面上写明单位名称和账簿名称	
B.在账簿扉页上应当附启用表	内容包括：启用日期、账簿页数、记账人员和会计机构负责人、会计主管人员姓名，并加盖名章和单位公章

C.启用订本式账簿，应当从第一页到最后一页顺序编定页数，不得跳页、缺号；如果发生跳行、隔页，应当将空行、空页划线注销，或者注明"此行空白""此页空白"字样，并由记账人员签名或者盖章

D.使用活页式账页，应当按账户顺序编号，并需定期装订成册

（3）根据会计法律制度的规定，各单位在登记会计账簿时应符合的基本要求有（　　）。

A.登记会计账簿时，应当将会计凭证日期、编号、业务内容摘要、金额和其他有关资料逐项记入账内

B.登记完毕后，要在记账凭证上签名或者盖章，并注明已经登账的符号，表示已经记账

C.账簿中书写的文字和数字上面要留有适当空格，不要写满格；一般应占格距的二分之一

D.登记账簿要用蓝黑墨水或者碳素墨水书写，不得使用圆珠笔（银行的复写账簿除外）或者铅笔书写	（4）下列情况，可以用红色墨水记账的有（　　）。
	a.按照红字冲账的记账凭证，冲销错误记录 b.在不设借贷等栏的多栏式账页中，登记减少数 c.在三栏式账户的余额栏前，如未印明余额方向的，在余额栏内登记负数余额 d.根据国家统一会计制度的规定可以用红字登记的其他会计记录

E.凡需要结出余额的账户，结出余额后，应当在借或贷等栏内写明借或者贷等字样；现金日记账和银行存款日记账必须逐日结出余额

F.每一账页登记完毕结转下页时，应当结出本页合计数及余额，写在本页最后一行和下页第一行有关栏内，并在摘要栏内注明"过次页"和"承前页"字样；也可以将本页合计数及金额只写在下页第一行有关栏内，并在摘要栏内注明"承前页"字样

G.实行会计电算化的单位，用计算机打印的会计账簿必须连续编号，经审核无误后装订成册，并由记账人员和会计机构负责人、会计主管人员签字或者盖章

◆ 【考点母题——万变不离其宗】账簿记录发生错误的更正方法

账簿记录发生错误的下列更正方法中，符合法律制度规定的有（　　）。		
A.账簿记录发生错误，不准涂改、挖补、刮擦或者用药水消除字迹		
B.账簿记录发生错误，不准重新抄写		
C.登记账簿时发生错误	应当将错误的文字或者数字划红线注销，但必须使原有字迹仍可辨认；然后在划线上方填写正确的文字或者数字，并由记账人员在更正处盖章	
	对于错误的数字，应当全部划红线更正，不得只更正其中的错误数字	
	对于文字错误，可只划去错误的部分	
D.由于记账凭证错误而使账簿记录发生错误，应当按更正的记账凭证登记账簿		

◆【考点母题——万变不离其宗】结账

下列关于结账的表述中，符合会计法律制度规定的有（ ）。
A. 各单位应当按照规定定期结账
B. 结账前，必须将本期内所发生的各项经济业务全部登记入账
C. 结账时，应当结出每个账户的期末余额
D. 年度终了结账时，所有总账账户都应当结出全年发生额和年末余额
E. 年度终了，要把各账户的余额结转到下一会计年度，并在摘要栏注明"结转下年"字样；在下一个会计年度新建有关会计账簿的第一行余额栏内填写上年结转的余额，并在摘要栏注明"上年结转"字样

🔅【考点子题——举一反三，真枪实练】

[11]（历年真题·单选题）根据会计法律制度的规定，下列会计账簿中，属于根据会计科目开设、用于分类登记单位全部经济业务事项、提供总括核算的是（ ）。

  A. 总账 B. 明细账 C. 日记账 D. 备查账簿

[12]（历年真题·多选题）根据会计法律制度的规定，下列各项中，属于会计账簿类型的有（ ）。

  A. 总账 B. 明细账 C. 日记账 D. 备查账簿

[13]（历年真题·多选题）根据会计法律制度的规定，下列关于登记会计账簿基本要求的表述中，正确的有（ ）。

  A. 在不设借贷等栏的多栏式账页中只登记增加数，不登记减少数

  B. 会计账簿按页次顺序连续登记，不得跳行、隔页

  C. 账簿中书写的文字和数字上面要留有适当空格，一般应占格距的二分之一

  D. 按照红字冲账的记账凭证，冲销错误记录时，可以用红色墨水记账

考点2-4：财务会计报告

◆【考点母题——万变不离其宗】企业财务会计报告的构成

（1）下列各项中，属于企业财务会计报告的组成部分的有（ ）。
A. 会计报表 B. 会计报表附注 C. 财务情况说明书
（2）下列各项中，属于企业财务会计报告按编制时间编制的有（ ）。

续表

A.年度财务会计报告	a.会计报表　　b.会计报表附注　　c.财务情况说明书
B.半年度财务会计报告	
C.季度财务会计报告	通常仅指会计报表，会计报表至少应当包括资产负债表和利润表。国家统一的会计制度规定季度、月度财务会计报告需要编制会计报表附注的，从其规定
D.月度财务会计报告	

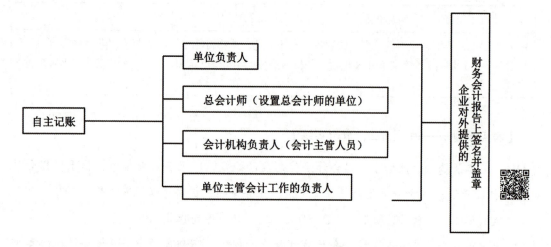

◆【考点母题——万变不离其宗】企业财务会计报告的对外提供

对外提供财务会计报告的规定	（1）【判断金句】有关法律、行政法规规定会计报表、会计报表附注和财务情况说明书须经注册会计师审计的，注册会计师及其所在的会计师事务所出具的审计报告应当随同财务会计报告一并提供。
签章	（2）下列主体中，应当在企业对外提供的财务会计报告上签名并盖章的有（　　）。
	A.单位负责人　　　　　　　　　　　B.单位主管会计工作的负责人 C.会计机构负责人（会计主管人员）　D.总会计师（设置总会计师的单位）
对职工代表大会公布财务会计报告	（3）【判断金句】国有企业、国有控股的或者占主导地位的企业，应当至少每年一次向本企业的职工代表大会公布财务会计报告。
保密义务	（4）【判断金句】接受企业财务会计报告的组织或者个人，在企业财务会计报告未正式对外披露前，应当对其内容保密。

♧【考点子题——举一反三，真枪实练】

[14]（历年真题·单选题）根据会计法律制度的规定，下列各项中，不属于企业财务会计报告组成部分的是（　　）。

  A. 会计报表　　　　　　　　　　B. 会计报表附注

  C. 审计报告　　　　　　　　　　D. 财务情况说明书

[15]（历年真题·多选题）下列人员中，在甲公司对外提供财务会计报告时应当在报告上签名并盖章的有（　　）。

　A. 公司负责人张某　　　　　　　　B. 公司会计机构负责人王某

　C. 公司出纳孙某　　　　　　　　　D. 公司总会计师李某

[16]（历年真题·判断题）国有企业应当至少每两年一次向本企业的职工代表大会公布财务会计报告。（　　）

考点 2-5：账务核对和财产清查

◆【考点母题——万变不离其宗】账务核对和财产清查

账务核对	账务核对的要求	（1）下列关于单位账务核对的表述中，符合会计法律制度规定的有（　　）。
		A. 账务核对要做到账证相符、账账相符、账实相符
		B. 对账工作每年至少进行一次
	账务核对的内容	（2）下列各项中，属于账务核对内容的有（　　）。
		A. 账证核对　　　B. 账账核对　　　C. 账实核对
财产清查		（3）【判断金句】财产清查制度是通过定期或不定期、全面或部分地对各项财产物资进行实地盘点和对库存现金、银行存款、债权债务进行清查核实的一种制度。
		（4）下列关于企业财产清查的表述中，符合会计法律制度规定的有（　　）。
		A. 企业在编制年度财务会计报告之前，必须进行财产清查 B. 财产清查主要目的是做到账实相符，保证会计资料的真实性

♣【考点子题——举一反三，真枪实练】

[17]（历年真题·多选题）根据会计法律制度的规定，下列关于财产清查的表述中，正确的有（　　）。

　A. 财产清查能够确定所查各项财产的实存数和账面数是否相符

　B. 财产清查必须在编制月度财务会计报告之前进行

　C. 财产清查分为全面清查和部分清查

　D. 财产清查常用的方法中有实地盘点法

考点 3：会计档案管理

考点 3-1：会计档案的概念和归档

◆ 【考点母题——万变不离其宗】会计档案的概念和归档

	概念：会计档案包括会计凭证、会计账簿、财务会计报告、银行存款余额调节表、银行对账单、纳税申报表等其他会计资料。
	（1）企业的下列文件资料中，不属于会计档案的有（　　）。 A. 预算　　B. 计划　　C. 制度
电子形式归档	（2）【判断金句】单位可以利用计算机、网络通信等信息技术手段管理会计档案。
	（3）【判断金句】具有永久保存价值或者其他重要保存价值的会计档案不得仅以电子形式保存。
归档	（4）【判断金句】单位会计管理机构按照归档范围和归档要求，负责定期将应当归档的会计资料整理立卷，编制会计档案保管清册。
会计档案临时保管	（5）下列关于会计档案临时保管的表述中，正确的有（　　）。
	A. 当年形成的会计档案，在会计年度终了后，可由单位会计管理机构临时保管 1 年，再移交单位档案管理机构保管 B. 因工作需要确需推迟移交的，应当经单位档案管理机构同意 C. 单位会计管理机构临时保管会计档案最长不超过 3 年 D. 临时保管期间，出纳人员不得兼管会计档案

♧ 【考点子题——举一反三，真枪实练】

[18]（历年真题·多选题）根据会计法律制度的规定，下列文件资料中，属于

会计档案归档范围的有（　　）。

    A. 年度经费预算   B. 固定资产卡片

    C. 财务规章制度   D. 月度财务报告

[19]（经典子题·多选题）下列关于会计档案归档的表述中，正确的有（　　）。

    A. 单位档案管理机构负责定期将应当归档的会计资料整理立卷，编制会计档案保管清册

    B. 当年形成的会计档案，在会计年度终了后，可由单位会计管理机构临时保管 1 年

    C. 单位会计管理机构临时保管会计档案最长不超过 3 年

    D. 对会计部门临时保管的会计档案，不能由出纳人员兼管

考点 3-2：会计档案的移交和利用

◆ **【考点母题——万变不离其宗】会计档案的移交和利用**

移交	（1）下列关于会计档案移交的表述中，符合会计法律制度规定的有（　　）。 A.单位会计管理机构在办理会计档案移交时，应当编制会计档案移交清册，并按照国家档案管理的有关规定办理移交手续 B.纸质会计档案移交时应当保持原卷的封装 C.电子会计档案移交时应当将电子会计档案及其元数据一并移交，且文件格式应当符合国家档案管理的有关规定；特殊格式的电子会计档案应当与其读取平台一并移交 D.单位档案管理机构接收电子会计档案时，应当对电子会计档案的准确性、完整性、可用性、安全性进行检测，符合要求的才能接收
利用	（2）下列关于会计档案利用的表述中，符合会计法律制度规定的有（　　）。 A.单位应当严格按照相关制度利用会计档案，在进行会计档案查阅、复制、借出时履行登记手续，严禁篡改和损坏 B.单位保存的会计档案一般不得对外借出 C.确因工作需要且根据国家有关规定必须借出的，应当严格按照规定办理相关手续 D.会计档案借用单位应当妥善保管和利用借入的会计档案，并在规定时间内归还

保管期限	永久	年度财务报告；会计档案保管清册；会计档案销毁清册；会计档案鉴定意见书
	30年	原始凭证；记账凭证；总账；明细账；日记账；其他辅助性账簿；会计档案移交清册
	10年	月度、季度、半年度财务报告；银行存款余额调节表；银行对账单；纳税申报表
	5年	固定资产卡片

【神奇母题提示】

永久	年财和三档
30	证账和移交
10	银纳和非年

【考点子题——举一反三，真枪实练】

[20]（历年真题·多选题）单位档案管理机构在接受电子会计档案时，应当对电子档案进行检测，下列各项中，属于应检测的内容有（   ）。

A. 可用性   B. 安全性   C. 准确性   D. 完整性

[21]（历年真题·单选题）根据会计法律制度的规定，单位应当严格按照相关制度利用会计档案。下列关于会计档案利用的要求中，不正确的是（   ）。

A. 应当履行登记手续   B. 严禁篡改和损坏

C. 可以查阅和复制   D. 会计档案可以先对外借出，归还时补办借出手续

[22]（历年真题·单选题）根据会计法律制度的规定，记账凭证的保管时间应达到法定最低期限。该期限为（   ）。

A. 20 年   B. 10 年   C. 30 年   D. 5 年

考点 3-3：会计档案的鉴定和销毁

◆【考点母题——万变不离其宗】会计档案的鉴定和销毁

会计档案的鉴定	（1）下列关于会计档案鉴定的表述中，符合会计法律制度规定的有（　　）。	
	A.会计档案鉴定工作应由单位档案管理机构牵头，组织单位会计、审计、纪检监察等机构或人员共同进行	
	B.单位应当定期对已到保管期限的会计档案进行鉴定，并形成会计档案鉴定意见书	a.对保管期满，确无保存价值的会计档案，可以销毁
		b.仍需继续保存的会计档案，应当重新划定保管期限
会计档案的销毁	（2）根据会计法律制度的规定，经鉴定可以销毁的会计档案，销毁的基本程序和要求包括（　　）。	
	A.单位档案管理机构编制会计档案销毁清册 B.单位档案管理机构负责组织会计档案销毁工作，并与会计管理机构共同派员监销 C.单位负责人、档案管理机构负责人、会计管理机构负责人、档案管理机构经办人、会计管理机构经办人在会计档案销毁清册上签署意见 D.电子会计档案的销毁还应当符合国家有关电子档案的规定，并由单位档案管理机构、会计管理机构和信息系统管理机构共同派员监销	
不得销毁的会计档案	（3）关于保管期满会计档案的下列表述中，符合会计法律制度规定的有（　　）。	
	A.保管期满但未结清的债权债务会计凭证和涉及其他未了事项的会计凭证不得销毁 B.纸质会计档案应当单独抽出立卷，电子会计档案单独转存，保管到未了事项完结时为止	

◆【考点子题——举一反三，真枪实练】

[23]（历年真题·判断题）会计档案销毁后，监销人应当在会计档案销毁清册上签名或盖章。（　　）

[24]（历年真题·判断题）保管期届满但未结清的债权债务会计凭证不得销毁。（　　）

[25]（历年真题·多选题）根据会计法律制度的规定，单位下列部门、机构中，应当派人员监督会计档案销毁的有（　　）。

A. 人事部门　　　　　　B. 档案管理机构

C. 会计管理机构　　　　D. 后勤部门

考点 3-4 ：特殊情况下的会计档案处置

◆◆◆【考点母题——万变不离其宗】特殊情况下的会计档案处置

单位分立	（1）关于单位分立情况下的会计档案处置的下列表述中，符合会计法律制度规定的有（ ）。 A. 单位分立后原单位存续的，其会计档案应当由分立后的存续方统一保管，其他方可以查阅、复制与其业务相关的会计档案 B. 单位分立后原单位解散的，其会计档案应当经各方协商后由其中一方代管或按照国家档案管理的有关规定处置，各方可以查阅、复制与其业务相关的会计档案 C. 单位分立中未结清的会计事项所涉及的会计凭证，应当单独抽出由业务相关方保存，并按照规定办理交接手续 D. 单位因业务移交其他单位办理所涉及的会计档案，应当由原单位保管，承接业务单位可以查阅、复制与其业务相关的会计档案。对其中未结清的会计事项所涉及的会计凭证，应当单独抽出由承接业务单位保存，并按照规定办理交接手续
单位合并	（2）【判断金句】单位合并后原各单位解散或者一方存续其他方解散的，原各单位的会计档案应当由合并后的单位统一保管。单位合并后原各单位仍存续的，其会计档案仍应当由原各单位保管。
建设单位项目建设会计档案	（3）【判断金句】建设单位在项目建设期间形成的会计档案，需要移交给建设项目接受单位的，应当在办理竣工财务决算后及时移交，并按照规定办理交接手续。

◆◆◆【神奇母题提示】单位分立、合并下的会计档案保管对比

		单位分立		业务移交
原单位		A	A	A
新单位		A+B+C+...	B+C+D+…	B
保存单位		A	协商后由其中一方代管 按照相关规定处置	A
其他 说明	查阅、复制与其业务相关的会计档案	B+C+... （其他方）	B+C+D+… （各方）	B （承接业务单位）
	未结清的会计事项所涉及的会计凭证	应当单独抽出由业务相关方 / 承接业务单位保存，并按照规定办理交接手续		

	单位合并		
原单位	解散	一方存续其他方解散	皆存续
新单位	成立	成立	成立
保存单位	新单位统一保管		原各单位

♧【考点子题——举一反三，真枪实练】

[26]（历年真题·单选题）根据会计法律制度的规定，下列关于单位分立后会计档案处置的表述中，不正确的是（　）。

A. 单位分立后原单位存续的，其会计档案应当由分立后的存续方统一保管

B. 单位分立后原单位解散的，其会计档案可以经各方协商后由其中一方代管

C. 因业务移交其他单位办理所涉及的会计档案，应当由承接业务单位保管

D. 单位分立中未结清的会计事项所涉及的会计凭证，应当单独抽出由业务相关方保存

考点 4：会计监督

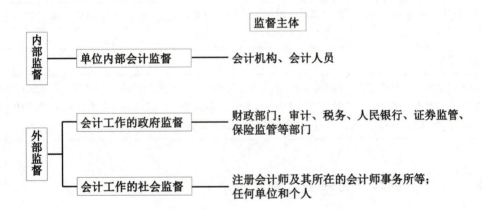

考点 4-1：单位内部会计监督

◆【考点母题——万变不离其宗】会计工作的单位内部监督的要求

基本要求	（1）【判断金句】记账人员与经济业务事项和会计事项的审批人员、经办人员、财物保管人员的职责权限应当明确，并相互分离、相互监督、相互制约。
企业内部控制措施	（2）下列各项中，属于企业内部控制措施的有（　）。 A. 不相容业务分离控制　　　B. 授权审批控制　　　C. 会计系统控制 D. 财产保护控制　　　E. 预算控制　　　F. 运营分析控制 G. 绩效考评控制
不相容职务	（3）下列企业职务中，属于不相容职务的有（　）。 A. 授权批准与业务经办　　　B. 业务经办与会计记录　　　C. 会计记录与财产保管 D. 业务经办与稽核检查　　　E. 授权批准与监督检查 【说明】出纳人员不得兼任稽核、会计档案保管和收入、支出、费用、债权债务账目的登记工作。

♣【考点子题——举一反三，真枪实练】

[27]（历年真题·判断题）单位的会计记录职务与财产保管职务不相容，应当实施相应的分离措施。（   ）

[28]（历年真题·单选题）甲公司的下列会计工作中，出纳人员宋某可以兼任的是（   ）。

　　A. 会计档案保管　　　　　　　　B. 应付账款明细账登记

　　C. 固定资产明细账登记　　　　　D. 管理费用明细账登记

考点 4-2：会计工作的政府监督

◆【考点母题——万变不离其宗】会计工作的政府监督

根据会计法律制度的规定，代表国家对各单位和单位中相关人员的会计行为实施监督检查的主体是（   ）。
A. 财政部门
【说明】财政部门，是指国务院财政部门、省级以上人民政府财政部门派出机构和县级以上人民政府财政部门。除财政部门外，审计、税务、人民银行、证券监管、保险监管等部门依照有关法律、行政法规规定的职责和权限，可以对有关单位的会计资料实施监督检查。

考点 4-3：会计工作的社会监督

◆【考点母题——万变不离其宗】会计工作的社会监督

社会监督概念	（1）下列关于会计工作社会监督的表述中，正确的有（ ）。	
	A. 社会监督主要是指由注册会计师及其所在的会计师事务所等中介机构接受委托，依法对单位的经济活动进行审计，出具审计报告，发表审计意见的一种监督制度 B. 任何单位和个人对违反《会计法》和国家统一的会计制度规定的行为，有权检举	
注册会计师审计报告	（2）审计意见的类型包括（ ）。	
	A. 无保留意见	财务报表在所有重大方面按照适用的财务报告编制基础的规定编制并实现公允反映时发表的审计意见
	B. 保留意见	a. 在获取充分、适当的审计证据后，错报单独或汇总起来对财务报表影响重大，但不具有广泛性
		b. 无法获取充分、适当的审计证据，未发现的错报（如存在）对财务报表可能产生的影响重大，但不具有广泛性

续表

	C. 否定意见	在获取充分、适当的审计证据后，错报单独或汇总起来对财务报表的影响重大且具有广泛性
注册会计师审计报告	D. 无法表示意见	无法获取充分、适当的审计证据，未发现的错报（如存在）对财务报表可能产生的影响重大且具有广泛性 【说明】在特殊情况下，可能存在多个不确定事项，尽管对每个事项获取了充分、适当的审计证据，但由于不确定事项之间可能存在相互影响，以及可能对财务报表产生累积影响，注册会计师不可能对财务报表形成审计意见
	（3）审计报告的种类有（ ）。	
	A. 标准审计报告	a. 是指不含有说明段、强调事项段、其他事项段或其他任何修饰性用语的无保留意见的审计报告
		b. 包含其他报告责任段，但不含有强调事项段或其他事项段的无保留意见的审计报告也被视为标准审计报告
	B. 非标准审计报告	非标准审计报告，是指带强调事项段或其他事项段的无保留意见的审计报告和非无保留意见（保留意见、否定意见、无法表示意见）的审计报告

♧【考点子题——举一反三，真枪实练】

[29]（历年真题·单选题）根据会计法律制度的规定，下列行为中，属于会计工作政府监督的是（ ）。

A. 个人检举会计违法行为

B. 会计师事务所对单位经济活动进行审计

C. 财政部门对各单位的会计工作进行监督检查

D. 单位内部审计机构审核本单位会计账簿

[30]（历年真题·单选题）根据会计法律制度的规定，含有特定事项的无保留意见的审计报告可被视为标准审计报告，下列各项中，属于该特定事项的是（ ）。

A. 说明段   B. 强调事项段

C. 其他事项段   D. 其他报告责任段

[31]（历年真题·单选题）根据会计法律制度的规定，注册会计师已经获取被审计单位充分、适当的审计证据作为形成审计意见的基础，但认为未发现的错报对财务报表可能产生的影响重大且具有广泛性时，应发表的审计意见是（ ）。

A. 保留意见   B. 无法表示意见

C. 否定意见   D. 先保留意见

〔本节考点子题答案及解析〕

〔1〕【答案】 BCD

【解析】 使用电子计算机进行会计核算的,其软件及其生成的会计凭证、会计账簿、财务会计报告和其他会计资料,必须符合国家统一的会计制度的规定。

〔2〕【答案】 √

〔3〕【答案】 BD

【解析】 企业应根据实际发生的经济业务进行会计核算,选项 A 不正确;保证会计资料的真实和完整,选项 B 正确;各单位的会计核算应当按照规定的会计处理方法进行,保证会计指标的口径一致、相互可比和会计处理方法的前后各期一致,不得随意变更,选项 D 正确;正确使用会计记录文字,选项 C 不正确。

〔4〕【答案】 ABCD

〔5〕【答案】 √

〔6〕【答案】 D

【解析】 业务收支以人民币以外的货币为主的单位,可以选定其中一种货币作为记账本位币,但是编报的财务会计报告应当折算为人民币。

〔7〕【答案】 A

【解析】 对不真实的原始凭证,会计人员有权拒绝接受。

〔8〕【答案】 BCD

【解析】 (1)选项 AC:原始凭证记载的各项内容均不得涂改,原始凭证有错误的,应当由出具单位重开或者更正,更正处应当加盖出具单位印章;原始凭证金额有错误的,应当由出具单位重开,不得在原始凭证上更正;(2)选项 BD:会计机构、会计人员必须按照国家统一的会计制度的规定对原始凭证进行审核,对不真实、不合法的原始凭证有权不予接受,并向单位负责人报告;对记载不准确、不完整的原始凭证予以退回,并要求按照国家统一的会计制度的规定更正、补充。

〔9〕【答案】 ×

【解析】 除结账和更正错误的记账凭证可以不附原始凭证外,其他记账凭证必须附有原始凭证。

〔10〕【答案】 A

【解析】 记账凭证可以根据每一张原始凭证填制,或根据若干张同类原始凭证汇总填制,也可以根据原始凭证汇总表填制,但不得将不同内容和类别的原始凭证汇总填制在一张记账凭证上,选项 A 错误。

〔11〕【答案】 A

【解析】 总账,也称总分类账,是根据会计科目开设的账簿,用于分类登记单位的全部经济业务事项,提供资产、负债、所有者权益、费用、成本、收入等总括核算的资料。

〔12〕【答案】 ABCD

〔13〕【答案】 BCD

【解析】 选项 A 错误,在不设借贷等栏的多栏式账页中用红字登记减少数。

〔14〕【答案】 C

【解析】 企业财务会计报告由会计报表、会计报表附注和财务情况说明书组成。

〔15〕【答案】 ABD

【解析】 对外报送的财务会计报告,应当由单位负责人和主管会计工作的负责人、会计机构负责人(会计主管人员)签名并盖章;设置总会计师的单位,还须由总会计师签名并盖章。单位负责人应当保证财务会计报告真实、完整。

[16]【答案】×

【解析】国有企业、国有控股的或者占主导地位的企业，应当至少每年一次向本企业的职工代表大会公布财务会计报告。

[17]【答案】ACD

【解析】选项 A：通过清查，可以确定各项财产的实存数，以便查明实存数与账面数是否相符，并查明不符的原因和责任，制定相应措施，做到账实相符，保证会计资料的真实性。选项 B：编制年度财务会计报告之前，必须进行财产清查。选项 CD：财产清查制度是通过定期或不定期、全面或部分地对各项财产物资进行实地盘点和对库存现金、银行存款、债权债务进行清查核实的一种制度。

[18]【答案】BD

【解析】选项 AC：各单位的预算、计划、制度等文件材料属于文书档案，不属于会计档案。

[19]【答案】BCD

【解析】单位会计管理机构按照归档范围和归档要求，负责定期将应当归档的会计资料整理立卷，编制会计档案保管清册，选项 A 错误。

[20]【答案】ABCD

[21]【答案】D

【解析】确因工作需要且根据国家有关规定必须借出的，应当严格按照规定办理相关手续。

[22]【答案】C

【解析】记账凭证保管的法定最低期限为 30 年。

[23]【答案】√

[24]【答案】√

[25]【答案】BC

【解析】单位档案管理机构负责组织会计档案销毁工作，并与会计管理机构共同派员监销。

[26]【答案】C

【解析】单位因业务移交其他单位办理所涉及的会计档案，应当由原单位保管，承接业务单位可以查阅、复制与其业务相关的会计档案。

[27]【答案】√

[28]【答案】C

【解析】出纳人员不得兼任（兼管）稽核、会计档案保管和收入、支出、费用、债权债务账目的登记工作。

[29]【答案】C

【解析】会计工作的政府监督，主要是指财政部门代表国家对各单位和单位中相关人员的会计行为实施的监督检查，以及对发现的违法会计行为实施行政处罚。

[30]【答案】D

【解析】包含其他报告责任段，但不含有强调事项段或其他事项段的无保留意见的审计报告也被视为标准审计报告。

[31]【答案】C

【解析】在获取充分、适当的审计证据以作为形成审计意见的基础，但认为未发现的错报（如存在）对财务报表可能产生的影响重大且具有广泛性时，注册会计师应当发表否定意见。

第2章

第三节 会计机构和会计人员

【本节考点、考点母题及考点子题】

考点5： 会计机构

◆【考点母题——万变不离其宗】会计机构

下列关于各单位设置会计机构的表述中，符合会计法律制度规定的有（　　）。

A.各单位应当根据会计业务的需要，设置会计机构，或者在有关机构中设置会计人员并指定会计主管人员

B.单位不具备设置会计机构条件的，应当委托经批准从事会计代理记账业务的中介机构代理记账

【考点子题——举一反三，真枪实练】

[1]（经典子题·判断题）各单位都应当设置会计机构，配备会计人员。（　　）

考点6： 代理记账

◆【考点母题——万变不离其宗】代理记账

代理记账机构资格	（1）关于代理记账机构审批的下列表述中，符合会计法律制度规定的有（　　）。
	A. 会计师事务所及其分所可以依法从事代理记账业务 B. 除会计师事务所以外的机构从事代理记账业务，应当经县级以上人民政府财政部门批准，领取由财政部统一规定样式的代理记账许可证书
业务范围	（2）根据会计法律制度的规定，下列业务中，属于代理记账机构可以接受委托办理的有（　　）。
	A. 进行会计核算　　B. 对外提供财务会计报告　　C. 向税务机关提供税务资料
委托单位应当履行的义务	（3）下列各项中，属于委托单位应当履行的义务有（　　）。
	A. 对本单位发生的经济业务事项，应当填制或者取得符合国家统一的会计制度规定的原始凭证，并及时向代理记账机构提供真实、完整的原始凭证和其他相关资料 B. 应当配备专人负责日常货币收支和保管 C. 对于代理记账机构退回的，要求按照国家统一的会计制度规定进行更正、补充的原始凭证，应当及时予以更正、补充
代理记账机构应当履行的义务	（4）下列各项中，属于代理记账机构及其从业人员应当履行的义务有（　　）。
	A. 遵守有关法律、法规和国家统一的会计制度的规定，按照委托合同办理代理记账业务 B. 对在执行业务中知悉的商业秘密予以保密，对委托人提出的会计处理相关问题予以解释 C. 对委托人要求其作出不当的会计处理，提供不实的会计资料，以及其他不符合法律、法规和国家统一的会计制度行为的，予以拒绝

♣【考点子题——举一反三，真枪实练】

[2]（历史真题·单选题）2022 年 12 月甲公司成立，依规定其经济业务需要委托代理记账。下列各项中，甲公司可以委托其办理代理记账业务的是（　　）。

  A. 甲会计师事务所　　　　　　B. 会计专业在校生张某

  C. 乙公司会计师李某　　　　　D. 退休会计人员王某

[3]（历年真题·多选题）根据会计法律制度的规定，下列各项中，属于代理记账机构可以接受委托办理的业务范围有（　　）。

  A. 登记会计账簿　　　　　　　B. 对外提供财务会计报告

  C. 编制财务会计报告　　　　　D. 填制记账凭证

[4]（经典子题·判断题）代理记账机构对委托人要求其作出不当的会计处理应予以拒绝。（　　）

考点7：会计人员

考点7-1：会计人员的范围和一般要求

◆ 【考点母题——万变不离其宗】会计人员的范围和一般要求

（1）根据会计法律制度的规定，从事特定工作的人员，属于会计人员。属于该特定工作的有（　）。	
A. 出纳	B. 稽核
C. 资产、负债和所有者权益（净资产）的核算	D. 收入、费用（支出）的核算
E. 财务成果（政府预算执行结果）的核算	F. 财务会计报告（决算报告）编制
G. 会计监督	H. 会计机构内会计档案管理
【说明】档案管理部门的人员管理会计档案，不属于会计岗位。	

（2）根据会计法律制度的规定，担任特定职务的人员，属于会计人员。属于该特定职务的有（　）。	
A. 会计机构负责人（会计主管人员、中层领导）	具备会计师以上专业技术职务资格或者从事会计工作3年以上经历
B. 总会计师（单位行政领导、高层领导）	具备会计师以上专业技术资格的人员担任
	（3）根据《会计法》的规定，下列单位中，必须设置总会计师的有（　）。
	a.国有大、中型企业　　b.国有资产占控股、主导地位的大、中型企业

♣ 【考点子题——举一反三，真枪实练】

[5]（历年真题·多选题）甲公司的下列人员中，符合会计机构负责人任职资格的有（　）。

　　A. 具备高级会计师专业技术职务资格的李某

　　B. 具备初级会计专业技术资格且从事会计工作2年的王某

　　C. 已从事会计工作5年的张某

　　D. 曾因提供虚假财务会计报告被追究刑事责任的原会计师赖某

[6]（经典子题·单选题）根据会计法律制度的规定，下列关于总会计师地位的表述中，正确的是（　）。

　　A. 是单位行政领导成员

　　B. 是单位会计机构负责人

　　C. 是单位法定代表人

　　D. 是单位内部审计机构负责人

考点7-2：会计人员回避制度

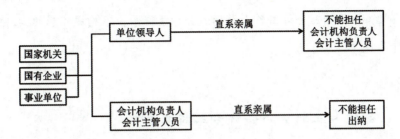

◆【考点母题——万变不离其宗】会计人员回避制度

（1）下列单位中，应实行会计人员回避制度的有（ ）。
A. 国家机关　　B. 国有企业　　C. 事业单位
（2）下列关于国家机关、国有企业、事业单位任用会计人员回避制度的表述中，符合会计法律制度规定的有（ ）。
A. 单位领导人的直系亲属不得担任本单位的会计机构负责人、会计主管人员 B. 会计机构负责人、会计主管人员的直系亲属不得在本单位会计机构中担任出纳工作 C. 需要回避的直系亲属为夫妻关系、直系血亲关系、三代以内旁系血亲以及姻亲关系

♋【考点子题——举一反三，真枪实练】

[7]（历年真题·多选题）根据会计法律制度的规定，下列单位中，会计机构负责人的直系亲属不得在本单位会计机构中担任出纳的有（ ）。

A. 国有企业　　B. 民营企业　　C. 各级人民政府　　D. 事业单位

考点7-3：会计工作的禁入规定

◆【考点母题——万变不离其宗】会计工作的禁入规定

不得再从事会计工作的情形	（1）根据会计法律制度的规定，会计人员有特定情形的，不得再从事会计工作。该特定情形是（ ）。
	A. 提供虚假财务会计报告，做假账，隐匿或者故意销毁会计凭证、会计账簿、财务会计报告，贪污，挪用公款，职务侵占等与会计职务有关的违法行为被依法追究刑事责任
5年内不得再从事会计工作的情形	（2）根据会计法律制度的规定，会计人员有特定情形的，5年内不得从事会计工作。该特定情形有（ ）。
	A. 因伪造、变造会计凭证、会计账簿，编制虚假财务会计报告、隐匿或者故意销毁依法应当保存的会计凭证、会计账簿、财务会计报告，尚不构成犯罪 B. 会计人员具有违反国家统一的会计制度的一般违法行为，情节严重的

♧【考点子题——举一反三，真枪实练】

[8]（历年真题·判断题）会计工作人员伪造会计凭证等，不构成犯罪的，5年内不得从事会计工作。（ ）

考点7-4：会计专业职务与会计专业技术资格

◆【考点母题——万变不离其宗】会计专业职务（会计职称）

（1）根据会计法律制度的规定，会计人员职称层级（名称）分为（ ）。	
A.初级（助理会计师） B.中级（会计师） C.副高级（高级会计师） D.正高级（正高级会计师）	
（2）根据会计法律制度的规定，会计专业技术资格分为（ ）。	
A.初级资格（初级会计职称）	全国统一考试
B.中级资格（中级会计职称）	
C.高级资格（副高级会计职称）	考试与评审相结合

考点7-5：会计人员继续教育

◆【考点母题——万变不离其宗】会计人员继续教育

下列关于会计专业技术人员继续教育的表述中，符合会计法律制度规定的有（ ）。	
参加会计继续教育的范围	A.具有会计专业技术资格的人员，或不具有会计专业技术资格但从事会计工作的人员享有参加继续教育的权利和接受继续教育的义务
参加继续教育的起始时间	B.具有会计专业技术资格的人员应当自取得会计专业技术资格的次年开始参加继续教育
	C.不具有会计专业技术资格但从事会计工作的人员应当自从事会计工作的次年开始参加继续教育
学分	D.会计专业技术人员参加继续教育实行学分制管理，每年参加继续教育取得的学分不少于90学分。其中，专业科目一般不少于总学分的2/3
学分有效性	E.会计专业技术人员参加继续教育取得的学分，在全国范围内当年有效，不得结转以后年度
激励机制	F.用人单位应当建立本单位会计专业技术人员继续教育与使用、晋升相衔接的激励机制，将参加继续教育情况作为会计专业技术人员考核评价、岗位聘用的重要依据

【考点子题——举一反三，真枪实练】

[9]（历年真题·单选题）根据会计法律制度的规定，下列关于会计专业技术人员继续教育的表述中，正确的是（ ）。

A. 具有会计专业技术资格的，应当自取得资格次年开始参加继续教育

B. 参加继续教育当年度取得的学分可以结转以后年度

C. 用人单位不得将参加继续教育情况作为会计专业技术人员岗位聘用的依据

D. 每年参加继续教育应取得不少于100学分

考点8：会计工作交接

◆【考点母题——万变不离其宗】会计工作交接

（1）根据会计法律制度的规定，下列关于会计工作交接的表述中，正确的有（ ）。	
会计工作交接的情形	A. 会计人员调动工作或者因故离职，必须将本人所经管的会计工作全部移交给接管人员；没有办清交接手续的，不得调动或者离职 B. 会计人员临时离职或者因病不能工作且需要接替或者代理的，会计机构负责人（会计主管人员）或者单位领导人必须指定有关人员接替或者代理，并办理交接手续 C. 临时离职或因病不能工作的会计人员恢复工作的，应当与接替或者代理人员办理交接手续
法律责任	D. 移交人员对所移交的会计凭证、会计账簿、会计报表和其他有关资料的合法性、真实性承担法律责任 E. 移交人员因病或者其他特殊原因不能亲自办理移交的，经单位领导人批准，可由移交人员委托他人代办移交，但委托人应当承担对所移交的会计凭证、会计账簿、会计报表和其他有关资料的合法性、真实性承担法律责任
移交前的准备工作	F. 整理应该移交的各种资料，对未了事项写出书面材料 G. 编制移交清册，列明应当移交的会计资料
移交工作要求	H. 移交人员在办理移交时，要按移交清册逐项移交，接替人员要逐项核对点收 I. 交接完毕后，交接双方和监交人要在移交清册上签名或者盖章 J. 接替人员应当继续使用移交的会计账簿，不得自行另立新账，以保持会计记录的连续性
（2）根据会计法律制度的规定，下列关于会计工作交接时监交的表述中，正确的有（ ）。	
A. 会计人员办理交接手续，必须有监交人负责监交 B. 一般会计人员办理交接手续，由会计机构负责人（会计主管人员）监交 C. 会计机构负责人（会计主管人员）办理交接手续，由单位负责人负责监交，必要时主管单位可以派人会同监交	

◆◆◆◆◆◆ **【神奇母题提示】监交人员的确定与移交程序及责任**

	移交人员	监交人员
监交人员的确定	一般会计人员	会计机构负责人或会计主管人员
	会计机构负责人或会计主管人员	单位负责人 必要时主管单位可以派人会同监交
	移交人员	**接替人**
移交程序及责任	按照移交清册逐项移交	逐项核对点收
	保证所移交有关资料的合法性、真实性	不得自行另立新账，保持会计记录的连续性
	交接双方和监交人要在移交清册上签名或者盖章，并应在移交清册上注明	

♧**【考点子题——举一反三，真枪实练】**

[10]（历年真题·单选题）根据会计法律制度的规定，下列人员中，负责监交一般会计人员办理会计工作交接手续的是（　　）。

　　A. 单位负责人

　　B. 单位审计部门工作人员

　　C. 单位人事部门工作人员

　　D. 单位会计机构负责人或会计主管人员

[11]（历年真题·判断题）会计工作交接后，原移交人员对所移交的会计凭证、会计账簿会计报表和其他有关资料的合法性、真实性承担法律责任。（　　）

[本节考点子题答案及解析]

[1]【答案】×

　　【解析】单位不具备设置会计机构条件的，应当委托经批准从事会计代理记账业务的中介机构代理记账。

[2]【答案】A

　　【解析】选项BCD：除会计师事务所以外的机构从事代理记账业务，应当经县级以上人民政府财政部门批准，领取由财政部统一规定样式的代理记账许可证书。

[3]【答案】ABCD

[4]【答案】√

[5]【答案】AC

　　【解析】选项ABC：担任单位会计机构负责人（会计主管人员）的，应当具备会计师以上专业技术职务资格或者从事会计工作3年以上经历；选项D：因有提供虚假财务会计报告，被依法追究刑事责任的人员，不得再从事会计工作。

［6］【答案】A

【解析】总会计师是主管本单位会计工作的行政领导，是单位行政领导成员，协助单位主要行政领导人工作，直接对单位主要行政领导人负责。

［7］【答案】ACD

【解析】会计机构负责人、会计主管人员的直系亲属不得在本单位会计机构中担任出纳工作。

［8］【答案】√

［9］【答案】A

【解析】选项B：不得结转以后年度；选项C：应将参加继续教育情况作为会计专业技术人员考核评价、岗位聘用的重要依据；选项D：会计专业技术人员参加继续教育实行学分制管理，每年参加继续教育取得的学分不少于90学分。

［10］【答案】D

【解析】一般会计人员办理交接手续，由会计机构负责人（会计主管人员）监交；会计机构负责人（会计主管人员）办理交接手续，由单位负责人监交，必要时主管单位可以派人会同监交。

［11］【答案】√

第四节　会计法律责任

【本节考点、考点母题及考点子题】

考点 9：　会计法律责任

◆【考点母题——万变不离其宗】会计法律责任

（1）下列行为中，违反国家统一的会计制度的有（　　）。
A. 不依法设置会计账簿的　　　B. 私设会计账簿的 C. 未按照规定填制、取得原始凭证或者填制、取得的原始凭证不符合规定的 D. 以未经审核的会计凭证为依据登记会计账簿或者登记会计账簿不符合规定的 E. 随意变更会计处理方法的 F. 向不同的会计资料使用者提供的财务会计报告编制依据不一致的 G. 未按照规定使用会计记录文字或者记账本位币的 H. 未按照规定保管会计资料，致使会计资料毁损、灭失的 I. 未按照规定建立并实施单位内部会计监督制度或者拒绝依法实施的监督或者不如实提供有关会计资料及有关情况的 J. 任用会计人员不符合《会计法》规定的
（2）出现上述违反国家统一会计制度的行为时，可能受到的处罚有（　　）。
A. 由县级以上人民政府财政部门责令限期改正，可以对单位并处三千元以上五万元以下的罚款 B. 对其直接负责的主管人员和其他直接责任人员，可以处二千元以上二万元以下的罚款 C. 属于国家工作人员的，还应当由其所在单位或者有关单位依法给予行政处分 D. 会计人员有上述所列行为之一，情节严重的，5 年内不得从事会计工作 E. 构成犯罪的，依法追究刑事责任
（3）伪造、变造会计凭证、会计账簿，编制虚假财务会计报告行为，以及隐匿或者故意销毁依法应当保存的会计凭证、会计账簿、财务会计报告行为，应承担的法律责任有（　　）。
A. 由县级以上人民政府财政部门予以通报，可以对单位并处五千元以上十万元以下的罚款 B. 对其直接负责的主管人员和其他直接责任人员，可以处三千元以上五万元以下的罚款 C. 属于国家工作人员的，还应当由其所在单位或者有关单位依法给予撤职直至开除的行政处分 D. 相关会计人员，5 年内不得从事会计工作 E. 构成犯罪的，依法追究刑事责任

♧【考点子题——举一反三，真枪实练】

[1]（历年真题·多选题）根据会计法律制度的规定，故意销毁依法应当保存的会计账簿行为应承担的法律责任有（   ）。

    A. 构成犯罪的，依法追究刑事责任

    B. 尚不构成犯罪的，可以对单位并处5 000元以上10万元以下的罚款

    C. 属于国家工作人员的，由其所在单位依法给予撤职直至开除的行政处分

    D. 相关会计人员，5年内不得从事会计工作

◆【考点母题——万变不离其宗】授意、指使、强令会计机构及人员从事会计违法行为的法律责任

授意、指使、强令会计机构、会计人员及其他人员伪造、变造会计凭证、会计账簿，编制虚假财务会计报告或者隐匿、故意销毁依法应当保存的会计凭证、会计账簿、财务会计报告行为应承担的法律责任有（   ）。
A.构成犯罪的，依法追究刑事责任 B.尚不构成犯罪的，可以处五千元以上五万元以下的罚款；属于国家工作人员的，还应当由其所在单位或者有关单位依法给予降级、撤职、开除的行政处分

♧【考点子题——举一反三，真枪实练】

[2]（历年真题·多选题）根据会计法律制度的规定，下列情形中，属于违法行为的有（   ）。

    A. 变造会计账簿

    B. 隐匿依法应当保存的会计凭证

    C. 指使会计人员编制虚假财务会计报告

    D. 拒绝接收金额记载错误的原始凭证

❖【考点母题——万变不离其宗】单位负责人打击报复会计人员的法律责任

行政责任	单位负责人对依法履行职责、抵制违反《会计法》规定行为的会计人员以降级、撤职、调离工作岗位、解聘或者开除等方式实行打击报复，尚不构成犯罪的，法律后果有（　　）。
	A. 由其所在单位或者有关单位依法给予行政处分 B. 对受打击报复的会计人员，应当恢复其名誉和原有职务、级别
刑事责任	公司、企业、事业单位、机关、团体的领导人，对依法履行职责、抵制违反《会计法》行为的会计人员实行打击报复，情节恶劣的，应承担的刑事责任是（　　）。
	A. 处3年以下有期徒刑或者拘役

♧【考点子题——举一反三，真枪实练】

[3]（历年真题·不定项选择题）2017年1月甲公司一批会计档案保管期满，其中有尚未结清的债权债务原始凭证。甲公司档案管理机构请会计机构负责人张某及相关人员在会计档案销毁清册上签署意见，将该批会计档案全部销毁。2017年9月出纳郑某调离，与接替其工作的王某办理了会计工作交接。2017年12月为完成利润指标，会计机构负责人张某采取虚增营业收入等方法，调整了财务会计报告，并经法定代表人周某同意，向乙公司提供了未经审计的财务会计报告。

要求：根据上述资料，不考虑其他因素，分析回答下列小题。

（1）关于甲公司销毁会计档案的下列表述中，正确的是（　　）。

A. 档案管理机构负责人应在会计档案销毁清册上签署意见

B. 法定代表人周某应在会计档案销毁清册上签署意见

C. 会计机构负责人张某不应在会计档案销毁清册上签署意见

D. 保管期满但未结清的债权债务会计凭证不得销毁

（2）下列关于会计人员郑某与王某交接会计工作的表述中，正确的是（　　）。

A. 郑某与王某应按移交清册逐项移交，核对点收

B. 应由会计机构负责人张某监交

C. 移交完毕，郑某与王某以及监交人应在移交清册上签名或盖章

D. 移交完毕，王某可自行另立新账进行会计记录

（3）关于甲公司向乙公司提供财务会计报告的下列表述中，正确的是（　　）。

A. 财务会计报告经注册会计师审计后才能对乙公司提供

B. 会计机构负责人张某应在财务会计报告上签名并盖章

C. 主管会计工作的负责人应在财务会计报告上签名并盖章

D. 法定代表人周某应在财务会计报告上签名并盖章

（4）关于会计机构负责人张某采取虚增营业收入等方法调整财务会计报告行为性质及法律后果的下列表述中，正确的是（　　）。

A. 可对张某处以罚款

B. 该行为属于编制虚假财务会计报告

C. 张某 5 年之内不得从事会计工作

D. 可对张某处以行政拘留

［本节考点子题答案及解析］

[1]【答案】ABCD

[2]【答案】ABC

【解析】选项 D 不属于违法行为。

[3]

1. 【答案】ABD

【解析】选项 C：会计机构负责人张某应在会计档案销毁清册上签署意见。

2. 【答案】ABC

【解析】选项 D：接替人员应当继续使用移交的会计账簿，不得自行另立新账，以保持会计记录的连续性。

3. 【答案】BCD

【解析】选项 A，注册会计师审计不是必要程序。

4. 【答案】ABC

【解析】选项 D：会计机构负责人张某采取虚增营业收入等方法调整财务会计报告行为属于编制虚假财务会计报告，构成犯罪的，依法追究刑事责任，尚不构成犯罪的，进行罚款或行政处分。

第 **3** 章

支付结算法律制度

本章主题

本章知识框架

支付结算是指单位、个人在社会经济活动中使用票据、银行卡和汇兑、委托收款等结算方式给付及其资金清算的行为。支付结算的主要功能是完成资金从一方当事人向另一方当事人的转移。本章具体知识结构分布图如下：

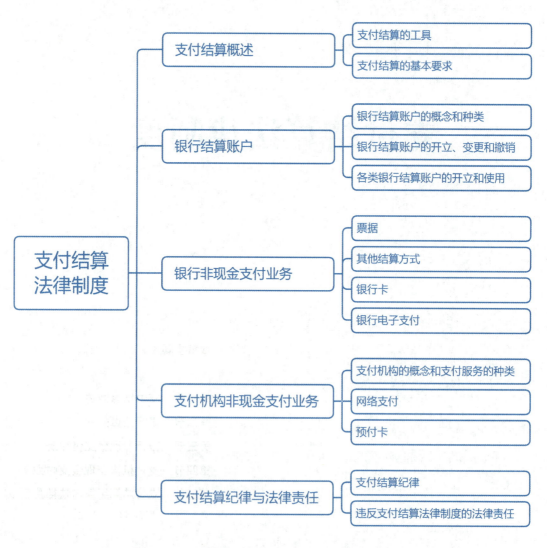

图 3-1　第 3 章知识框架图

第一节 支付结算概述

【本节考点、考点母题及考点子题】

考点1：支付结算的工具

◆【考点母题——万变不离其宗】支付结算的工具

下列各项中，属于我国非现金支付工具的有（　　）。		
A. "三票"	a. 汇票　　　　b. 本票	c. 支票
B. "一卡"	a. 银行卡	
C. 结算方式	a. 汇兑　　　　b. 托收承付	c. 委托收款
D. 电子化支付方式	a. 网上银行　　b. 条码支付	c. 网络支付

☘【考点子题——举一反三，真枪实练】

[1]（历年真题·多选题）根据支付结算法律制度的规定，下列非现金支付工具中，属于结算方式的有（　　）。

　　A. 票据　　B. 银行卡　　C. 汇兑　　D. 委托收款

考点 2： 支付结算的基本要求

◆ 【考点母题——万变不离其宗】支付结算的基本要求

<table>
<tr><td rowspan="9">基本规定</td><td colspan="3">（1）【判断金句】单位、个人和银行办理支付结算，必须使用按中国人民银行统一规定印制的票据凭证和结算凭证。</td></tr>
<tr><td colspan="3">（2）根据票据法律制度的规定，下列各项中，符合票据和结算凭证填写规范的有（　　）。</td></tr>
<tr><td colspan="3">A.收款人单位和银行的名称应当记载全称或者规范化简称</td></tr>
<tr><td rowspan="5">B.票据的出票日期必须使用中文大写</td><td colspan="2">【例如】2017 年 2 月 10 日——贰零壹柒年零贰月零壹拾日</td></tr>
<tr><td rowspan="3">前面加"零"</td><td>a.月为"壹"、"贰"和"壹拾"的（1、2、10）</td></tr>
<tr><td>b.日为"壹"至"玖"的（1 至 9）</td></tr>
<tr><td>c.日为"壹拾"、"贰拾"和"叁拾"的（10、20、30）</td></tr>
<tr><td>前面加"壹"</td><td>日为"拾壹"至"拾玖"的（11 至 19）</td></tr>
<tr><td colspan="3">C.票据和结算凭证金额以中文大写和阿拉伯数码同时记载，二者必须一致，二者不一致的票据无效；二者不一致的结算凭证银行不予受理
D.单位、银行在票据上的签章和单位在结算凭证上的签章，单位、银行盖章加法定代表人或授权代理人签名或盖章
E.个人在票据和结算凭证上的签章，为个人本人的签名或盖章</td></tr>
<tr><td rowspan="2">票据的伪造、变造和更改</td><td colspan="3">（3）根据票据法律制度的规定，下列关于"伪造"、"变造"和更改票据及结算凭证的表述中，正确的有（　　）。</td></tr>
<tr><td colspan="3">A."伪造"是指无权限人假冒他人或者虚构他人名义签章的行为
B."变造"是指无权更改票据内容的人，对票据上签章以外的记载事项加以改变的行为
C.出票金额、出票日期、收款人名称不得更改，更改的票据无效；更改的结算凭证，银行不予受理
D.对票据和结算凭证上的其他记载事项，原记载人可以更改，更改时应当由原记载人在更改处签章证明</td></tr>
</table>

◆ 【神奇母题提示】伪造、变造与更改的对比

名称	差异	法律后果
伪造	签章	违法（刑事责任）
变造	签章以外	违法（刑事责任）
更改	出票金额、出票日期、收款人名称	票据无效
	其他可以改＋签章	票据有效

◉【考点子题——举一反三，真枪实练】

[2]（历年真题·单选题）根据支付结算法律制度的规定，下列票据欺诈行为中，属于伪造票据的是（　　）。

A. 假冒出票人在票据上签章　　　B. 涂改票据号码

C. 对票据金额进行挖补篡改　　　D. 修改票据密押

[3]（历年真题·判断题）假冒他人或虚构他人名义在票据上签章的行为是变造票据。（　　）

[4]（经典例题·多选题）根据支付结算法律制度的规定，票据上一些特定事项不得更改，更改的票据无效。该特定事项包括（　　）。

A. 出票金额　　B. 出票日期　　C. 收款人名称　　D. 付款人名称

[5]（历年真题·多选题）根据支付结算法律制度的规定，下列关于支付结算基本要求的表述中，正确的有（　　）。

A. 票据和结算凭证上的签章和其他记载事项应当真实，不得伪造、变造

B. 票据的出票日期必须用中文大写和阿拉伯数码同时记载，二者必须一致

C. 票据和结算凭证金额以中文大写和阿拉伯数码同时记载，二者必须一致

D. 票据上的出票金额、出票日期、收款人名称不得更改

[6]（历年真题·单选题）某票据的出票日期为"2019 年 7 月 15 日"，其规范写法是（　　）。

A. 贰零壹玖年零柒月壹拾伍日　　　B. 贰零壹玖年柒月壹拾伍日

C. 贰零壹玖年零柒月拾伍日　　　D. 贰零壹玖年柒月拾伍日

［本节考点子题答案及解析］

[1]【答案】CD

【解析】非现金支付工具中，结算方式包括汇兑、托收承付和委托收款。

[2]【答案】A

【解析】"伪造"是指无权限人假冒他人或者虚构他人名义签章的行为。选项 BCD 属于变造。

[3]【答案】×

【解析】假冒他人或虚构他人名义在票据上签章的行为是伪造票据。

[4]【答案】ABC

【解析】出票金额、出票日期、收款人名称不得更改，更改的票据无效。

[5]【答案】ACD

【解析】选项 B 票据的出票日期必须用中文大写，无阿拉伯数码记载形式。

[6]【答案】B

第二节　银行结算账户

【本节考点、考点母题及考点子题】

考点 3：　银行结算账户的概念和种类

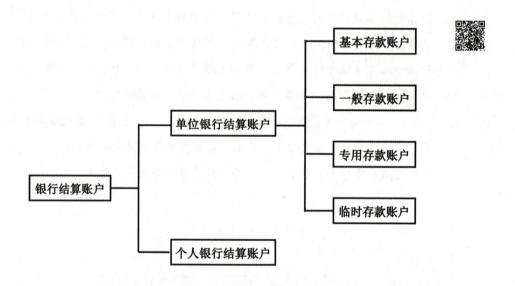

❖ 【考点题源】银行结算账户的概念和种类

概念	银行结算账户是办理资金收付结算的活期存款账户。 【说明】存款人应按照账户管理规定使用银行结算账户办理结算业务，不得出租、出借银行结算账户，不得利用银行结算账户套取银行信用或进行洗钱活动。		
种类	A. 单位银行结算账户	a. 基本存款账户　　　b. 一般存款账户 c. 专用存款账户　　　d. 临时存款账户	e. 预算单位零余额账户 f. 异地银行结算账户
	B. 个人银行结算账户		

考点4：银行结算账户的开立、变更和撤销

考点4-1：银行结算账户的开立

◆【考点母题——万变不离其宗】银行结算账户的开立

开户地点	（1）【判断金句】存款人应在注册地或住所地开立银行结算账户。 【说明】符合异地（跨省、市、县）开户条件，可在异地开立银行结算账户。
开户申请	（2）下列关于开立银行结算账户填制申请书的表述中，正确的有（　　）。

开户申请	A. 单位	a. 填写"开立单位银行结算账户申请书" 【说明】申请书应注明统一社会信用代码、上级法人或主管单位。
		b. 加盖单位公章和法定代表人（单位负责人）或其授权代理人的签名或者盖章
	B. 个人	a. 填写"开立个人银行结算账户申请书"　　b. 个人签章

核准类账户	（3）下列银行账户中，开立时需要经中国人民银行核准（　　）。 A. 基本存款账户（企业除外） B. 临时存款账户（因注册验资和增资验资开立除外、企业除外） C. 预算单位专用存款账户 D. 合格境外机构投资者在境内从事证券投资开立的人民币特殊账户和人民币结算资金账户（专用存款账户）
	（4）下列关于核准类银行账户开立程序的表述中，符合支付结算管理法律制度规定的有（　　）。

核准类账户	A. 银行向中国人民银行当地分支行报送材料	材料包括：开户申请书、相关的证明文件和银行审核意见等开户资料
	B. 中国人民银行当地分支行进行核准	时间：2个工作日内对开户资料的合规性予以审核 符合条件：颁发开户许可证 不符合条件：在开户申请书上签署意见，连同有关证明文件一并退回报送银行，由报送银行转送存款人
	【说明】开户许可证有正本和副本之分，正本由申请人保管；副本由申请人开户银行留存	

备案类账户	（5）根据支付结算法律制度的规定，下列账户中，开立时实行备案制的有（　　）。 A. 企业基本存款账户　　　B. 一般存款账户　　　　　C. 其他专用存款账户 D. 企业临时存款账户（包括注册验资和增资验资开立的）　　E. 个人银行结算账户
	（6）下列关于备案类银行结算账户开立的表述中，符合支付结算管理法律制度规定的有（　　）。

续表

备案类账户	A. 银行办理开户手续，向中国人民银行当地分支行备案	
	B. 银行完成企业基本存款账户信息备案后，生成基本存款账户编号	企业申请开立一般存款账户、专用存款账户、临时存款账户时，应向银行提供基本存款账户编号
银行结算账户办理付款业务的开启	（7）下列关于单位银行结算账户办理付款业务时间的表述中，符合支付结算法律制度规定的有（　　）。	
	A. 备案类账户（企业银行结算账户）	自开立之日（银行为存款人办理开户手续的日期）可办理收付款业务
	B. 核准类账户	自开立之日（中国人民银行当地分支行的核准日期）起3个工作日后可办理收付款业务
预留签章	（8）【判断金句】存款人申请开立单位银行结算账户，其申请开立的银行结算账户名称、出具的开户证明文件上记载的存款人名称以及预留银行签章中公章或财务专用章的名称应保持一致。	

🍀【考点子题——举一反三，真枪实练】

[1]（历史真题·单选题）2022年7月申请开立银行结算账户的下列情形中，需要中国人民银行核准的是（　　）。

A. 甲学校申请开立一般存款账户　　B. 乙公司申请开立基本存款账户

C. 丙公司申请开立临时存款账户　　D. 丁预算单位申请开立专用存款账户

考点4-2：银行结算账户的变更

◆【考点母题——万变不离其宗】银行结算账户的变更

下列关于银行结算账户变更的表述中，符合支付结算法律制度规定的有（　　）。	
A.存款人变更账户名称、单位的法定代表人或主要负责人、地址等其他开户资料后，应及时向开户银行办理变更手续，填写变更银行结算账户申请书	【说明】如果银行通知企业及时变更，企业未办理变更手续，且未提出合理理由，银行有权采取措施适当控制账户交易
B.变更开户许可证记载事项	应交回开户许可证，由中国人民银行当地分支行换发新的开户许可证
C.变更基本存款账户编号	企业名称、法定代表人或负责人变更，应生成新的基本存款账户编号
D.属于申请变更单位银行结算账户的，应加盖单位公章和法定代表人（单位负责人）或其授权代理人的签名或者盖章；属于申请变更个人银行结算账户的，应加盖其个人签章	
E.银行账户变更时限	从相关事项发生的5个工作日内向银行申请变更

◆【考点子题——举一反三，真枪实练】

［2］（历年真题·单选题）根据支付结算法律制度的规定，存款人更改名称，但不改变开户银行及账号的，应于一定期限向其开户银行提出银行结算账户的变更申请，该期限是（　　）。

A.5个工作日内　　　　　　　B.3个工作日内
C.3日内　　　　　　　　　　D.5日内

考点4-3：银行结算账户的撤销

◆【考点母题——万变不离其宗】银行结算账户的撤销

账户撤销的情形	（1）根据支付结算法律制度的规定，下列情形中，存款人应向开户银行提出撤销银行结算账户申请的有（　　）。	
	A.被撤并、解散、宣告破产或关闭的　　B.注销、被吊销营业执照的 C.因迁址需要变更开户银行的　　　　　D.其他原因需要撤销银行结算账户的	
	【说明】存款人申请撤销银行结算账户，应填写撤销银行结算账户申请书，并盖章加签名。	
	账户撤销顺序	先撤销一般存款账户、专用存款账户、临时存款账户，将账户资金转入基本存款账户后，最后撤销基本存款账户
	账户撤销时限	选项A和B，应于5个工作日内向开户银行提出撤销银行结算账户的申请 选项C，需要重新开立基本存款账户，应在撤销其原账户后10日内申请重新开立

撤销银行账户的其他规定	（2）根据支付结算法律制度的规定，下列关于银行结算账户撤销的表述中，正确的有（ ）。
	A.存款人撤销银行结算账户，必须与开户银行核对银行结算账户存款余额，交回各种重要空白票据及结算凭证和开户许可证，银行核对无误后方可办理销户手续 B.存款人尚未清偿其开户银行债务的，不得申请撤销该银行结算账户 C.对于按照账户管理规定应撤销而未办理销户手续的单位银行结算账户，银行通知该单位银行结算账户的存款人自发出通知之日起30日内办理销户手续，逾期视同自愿销户，未划转款项列入久悬未取专户管理

🍀【考点子题——举一反三，真枪实练】

[3]（历年真题·多选题）根据支付结算法律制度的规定，下列情形中，存款人应向开户银行提出撤销银行结算账户申请的有（   ）。

    A. 存款人被宣告破产的   B. 存款人因迁址需要变更开户银行的

    C. 存款人被吊销营业执照的   D. 存款人被撤并的

[4]（历年真题·多选题）甲公司在P银行开立基本存款账户，在Q银行开立一般存款账户。因公司注销，甲公司法定代表人李某拟办理的下列银行结算账户撤销手续中，正确的有（   ）。

    A. 李某先向P银行申请撤销基本存款账户，再向Q银行申请撤销一般存款账户

    B. 李某在P银行填写的撤销银行结算账户申请书上，加盖单位公章和李某的个人签名

    C. 李某应于10个工作日内向开户银行提出撤销银行结算账户的申请

    D. 李某分别向P银行和Q银行交回空白票据

考点5：各类银行结算账户的开立和使用

考点5-1：基本存款账户

◆【考点母题——万变不离其宗】基本存款账户

概　念	基本存款账户是存款人因办理日常转账结算和现金收付需要开立的银行结算账户。
开户主体	（1）根据支付结算法律制度的规定，下列存款人中，可以申请开立基本存款账户的有（　　）。
	A.企业法人　　B.非法人企业　　C.机关、事业单位　　D.个体工商户 ……
开户证明文件	（2）根据支付结算法律制度的规定，下列关于开立基本存款账户应提交证明文件的表述中，正确的有（　　）。
	A.企业法人，应出具企业法人营业执照　　B.非法人企业，应出具企业营业执照 C.机关和实行预算管理的事业单位，应出具政府人事部门或编制委员会的批文或登记证书和财政部门同意其开户的证明 D.个体工商户，应出具个体工商户营业执照 …… E.开户时，应出具法定代表人或单位负责人有效身份证件 F.法定代表人或单位负责人授权他人办理的，还应出具法定代表人或单位负责人的授权书以及被授权人的有效身份证件
账户使用	（3）根据支付结算法律制度的规定，下列关于基本存款账户使用的表述中，正确的有（　　）。
	A.基本存款账户是存款人的主办账户，一个单位只能开立一个基本存款账户 B.存款人日常经营活动的资金收付及其工资、奖金和现金的支取，应通过基本存款账户办理

♧【考点子题——举一反三，真枪实练】

[5]（历年真题·单选题）甲公司成立后在某银行申请开立了一个用于办理日常转账结算和现金收付的账户，该账户性质属于（　　）。

　　A. 基本存款账户　　　　　　　　B. 一般存款账户

　　C. 专用存款账户　　　　　　　　D. 临时存款账户

[6]（历年真题·单选题）根据支付结算法律制度的规定，关于存款人基本存款账户的下列表述中，不正确的是（　　）。

　　A. 撤销银行结算账户时应先撤销基本存款账户

　　B. 一个单位只能开立一个基本存款账户

　　C. 基本存款账户是存款人的主办账户

　　D. 存款人日常经营活动的资金收付应通过基本存款账户办理

考点 5-2：一般存款账户

◆【考点母题——万变不离其宗】一般存款账户

概　念	一般存款账户是存款人因借款或其他结算需要，在基本存款账户开户银行以外的银行营业机构开立的银行结算账户。
开户证明文件	（1）根据支付结算法律制度的规定，下列各项中，存款人申请开立一般存款账户，应向银行出具的有（　　）。
	A.开立基本存款账户规定的证明文件、基本存款账户开户许可证或企业基本存款账户编号 B.存款人因向银行借款需要，应出具借款合同（+A） C.存款人因其他结算需要，应出具有关证明（+A）
账户使用	（2）根据支付结算法律制度的规定，下列各项中，一般存款账户可以办理的有（　　）。
	A.借款转存　　B.借款归还　　C.其他结算的资金收付
	（3）【判断金句】一般存款账户可以办理现金缴存，但不得办理现金支取。

❀【考点子题——举一反三，真枪实练】

［7］（历年真题·判断题）一般存款账户既可办理现金缴存，也可办理现金支取。（　）

［8］（历年真题·单选题）根据支付结算法律制度的规定，下列关于一般存款账户的表述中，正确的是（　　）。

　　A. 须经中国人民银行核准　　　　　B. 可以支取现金

　　C. 可以办理借款转存和借款归还　　D. 可以在基本存款账户的同一银行办理开户

考点 5-3：专用存款账户

◆【考点母题——万变不离其宗】专用存款账户

概　念	专用存款账户是存款人按照法律、行政法规和规章，对其特定用途资金进行专项管理和使用而开立的银行结算账户。
适用于专用存款账户管理和使用的资金	（1）根据支付结算法律制度的规定，下列资金中，采用专用存款账户进行管理和使用的有（　　）。
	A.基本建设资金　　　　　B.更新改造资金　　　　C.粮、棉、油收购资金 D.证券交易结算资金　　　E.期货交易保证金　　　F.信托基金 G.政策性房地产开发资金　H.住房基金　　　　　　I.社会保障基金 J.收入汇缴资金和业务支出资金　　K.党、团、工会设在单位的组织机构经费

开户证明 文件	（2）根据支付结算法律制度的规定，下列各项中，存款人申请开立专用存款账户时应向银行出具的有（　　）。 A.开立基本存款账户规定的证明文件、基本存款账户开户许可证或企业基本存款账户编号 B.基本建设资金、更新改造资金、政策性房地产开发资金、住房基金、社会保障基金，应出具主管部门批文（+A） C.证券交易结算资金，应出具证券公司或证券管理部门的证明（+A） ……
账户使用	（3）根据支付结算法律制度的规定，下列关于专用存款账户使用的表述中，正确的有（　　）。 A.证券交易结算资金、期货交易保证金和信托基金专用存款账户不得支取现金 B.收入汇缴资金和业务支出资金，是指基本存款账户存款人附属的非独立核算单位或派出机构发生的收入和支出的资金；收入汇缴账户除向其基本存款账户或预算外资金财政专用存款户划缴款项外，只收不付，不得支取现金；业务支出账户除从其基本存款账户拨入款项外，只付不收，其现金支取必须按照国家现金管理的规定办理 C.基本建设资金、更新改造资金、政策性房地产开发资金账户需要支取现金的，应在开户时报中国人民银行当地分支行批准 D.粮、棉、油收购资金，社会保障基金，住房基金和党、团、工会经费等专用存款账户支取现金应按照国家现金管理的规定办理

♣ 【考点子题——举一反三，真枪实练】

[9]（历年真题·单选题）下列银行结算账户中，不能支取现金的是（　　）。

　　A. 党、团、工会经费专用存款账户

　　B. 个人银行结算账户

　　C. 预算单位零余额账户

　　D. 收入汇缴账户

[10]（历年真题·单选题）根据支付结算法律制度的规定，下列关于专用存款账户资金管理和使用的表述中，正确的是（　　）。

　　A. 收入汇缴账户不可向预算外资金财政专用存款户划缴款项

　　B. 各类专用存款账户均不得支取现金

　　C. 证券交易结算资金的管理和使用可以开立专用存款账户

　　D. 凭基本存款账户开户许可证即可开立专用存款账户

考点 5-4：预算单位零余额账户

◆【考点母题——万变不离其宗】预算单位零余额账户

概念	预算单位零余额账户是指预算单位经财政部门批准，在国库集中支付代理银行和非税收入收缴代理银行开立的，用于办理国库集中收付业务的银行结算账户。
账户开立	（1）根据支付结算法律制度的规定，下列关于预算单位零余额账户开立的表述中，正确的有（　　）。
	A. 预算单位使用财政性资金，应当按照规定的程序和要求，向财政部门提出设立零余额账户的申请，财政部门同意预算单位开设零余额账户后通知代理银行 B. 一个基层预算单位开设一个零余额账户 C. 预算单位零余额账户的性质为基本存款账户或专用存款账户 【说明】预算单位无基本存款账户，经同级财政部门批准，预算单位零余额账户作为基本存款账户；除上述情况外，预算单位零余额账户作为专用存款账户。
账户使用	（2）【判断金句】预算单位零余额账户用于财政授权支付，可以办理转账、提取现金等结算业务。

♣【考点子题——举一反三，真枪实练】

[11]（历年真题·判断题）一个基层预算单位可以开立两个以上的零余额账户。（　　）

考点 5-5：临时存款账户

◆【考点母题——万变不离其宗】临时存款账户

概　念	临时存款账户是指存款人因临时需要并在规定期限内使用而开立的银行结算账户。
适用范围	（1）根据支付结算法律制度的规定，下列情形中，可以开立临时存款账户的有（　　）。
	A. 设立临时机构，例如工程指挥部、筹备领导小组、摄制组等 B. 异地临时经营活动，例如建筑施工及安装单位等在异地的临时经营活动 C. 注册验资、增资 ……
开户证明文件	（2）根据支付结算法律制度的规定，下列各项中，存款人申请开立临时存款账户时应向银行出具的有（　　）。
	A. 基本存款账户开户许可证或企业基本存款账户编号 B. 异地建筑施工及安装单位，应出具其营业执照正本或其隶属单位的营业执照正本，以及施工及安装地建设主管部门核发的许可证或建筑施工及安装合同 C. 增资验资资金，应出具股东会或董事会决议等证明文件，还应出具基本存款账户开户许可证或基本存款账户编号 ……

续表

临时存款账户的使用	（3）根据支付结算法律制度的规定，下列关于临时存款账户的表述中，正确的有（　　）。
	A. 临时存款账户应根据有关开户证明文件确定的期限或存款人的需要确定其有效期限，最长不得超过 2 年 B. 临时存款账户支取现金，应按照国家现金管理的规定办理 C. 注册验资的临时存款账户在验资期间只收不付

◆【神奇母题提示】基本存款账户、一般存款账户、专用存款账户、预算单位零余额账户以及临时存款账户的对比

账户类型		开立目的	现金缴存	现金支取	其他说明
基本存款账户		日常转账结算、现金收付	√	√	主办账户；一个单位只有一个
一般存款账户		借款或其他结算需要	√	×	在基本存款账户开户银行以外的银行营业机构开立；无数量限制
专用存款账户	证券交易结算资金期货交易保证金信托基金账户	对其特定用途资金进行专项管理和使用而开立	√	×	无数量限制
	收入汇缴资金（只收不付）		√	×	
	业务支出资金（只付不收）		×	√	
	基本建设资金等其他账户		√	√（按规定或批准）	
预算单位零余额账户		财政授权支付	√	√	一个基层预算单位只能开立一个
临时存款账户		临时需要并在规定期限内使用	√	√（验资期间除外）	有效期 ≤ 2 年；无数量限制

考点 5-6：个人银行结算账户

◆ 【考点题源】个人银行结算账户的概念和种类

概念：个人银行结算账户是指存款人因投资、消费、结算等需要而凭个人身份证件以自然人名称开立的银行结算账户。			
服务类别	Ⅰ类户 全功能账户	Ⅱ类户 钱包	Ⅲ类户 零用钱包
存款	√	√	任一时点账户余额不得超过 2 000 元
购买投资理财产品等金融产品	√	√	×
消费和缴费支付	√	√	限额
向非绑定账户转出资金	√	日累计限额合计为 1 万元、年累计限额合计为 20 万元	限额
非绑定银行账户资金转入	√	√ （在银行面对面确认身份，限额同上）	√ （确认身份）
存取现金	√		×
实体介质（银行卡）	√	√（不超过 3 张）	×
【说明】银行可以向Ⅱ类户发放本银行贷款资金并通过Ⅱ类户还款，发放贷款和贷款资金归还，不受转账限额规定。			

♣ 【考点子题——举一反三，真枪实练】

[12]（历年真题·多选题）根据支付结算法律制度的规定，下列关于个人Ⅲ类银行结算账户业务范围的表述中，正确的有（ ）。

A. 限额消费和缴费　　　　　　　　　　B. 限额向非绑定账户转出资金

C. 存取现金　　　　　　　　　　　　　D. 购买投资理财产品

【考点母题——万变不离其宗】个人银行结算账户开户和使用

开户方式	（1）根据支付结算法律制度的规定，下列方式中，银行为个人开立个人银行结算账户可以采用的有（　　）。	
	A. 柜面开户	开立Ⅰ类户、Ⅱ类户或Ⅲ类户
	B. 自助机具开户	现场核验开户申请人身份信息可开Ⅰ类户；否则可开Ⅱ类户或Ⅲ类户
	C. 电子渠道开户	开立Ⅱ类户或Ⅲ类户 个人开立Ⅱ、Ⅲ类户，可以绑定Ⅰ类户或者信用卡账户进行身份验证
	【说明】开户申请人开立个人银行账户或者办理其他个人银行账户业务，原则上应当由开户申请人本人亲自办理；符合条件的，可以由他人代理办理。	
单位代理开立的个人银行账户	（2）根据支付结算法律制度的规定，存款人开立特定用途个人银行账户时，可以由所在单位代理办理。该特定用途有（　　）。	
	A. 代发工资　　B. 教育　　C. 社会保障（如社保、医保、军保） D. 公共管理（如公共事业、拆迁、捐助、助农扶农）	
	【说明】单位代理开立的个人银行账户，在被代理人持本人有效身份证件到开户银行办理身份确认、密码设（重）置等激活手续前，该银行账户只收不付。	
开户证明文件	（3）【判断金句】存款人申请开立个人银行账户时，应向银行出具本人有效身份证件，银行通过有效身份证件仍无法准确判断开户申请人身份的，应要求其出具辅助身份证明材料。	
	有效身份证件	辅助身份证明
	A. 居民身份证；不满16周岁的，可以使用居民身份证或户口簿 B. 港澳居民居住证；台湾居民居住证；护照、永久居留证等	护照、机动车驾驶证、居住证、社会保障卡、军人和武装警察身份证件、公安机关出具的户籍证明、工作证等
个人银行结算账户的使用	（4）【判断金句】个人银行结算账户用于办理个人转账收付和现金存取。	
	（5）【判断金句】单位从其银行结算账户支付给个人银行结算账户的款项，每笔超过5万元的，应向其开户银行提供付款依据。	
	（6）下列交易中属于可疑交易，银行应关闭单位银行结算账户的网上银行转账功能，要求存款人到银行网点柜台办理转账业务，并出具书面付款依据或相关证明文件的情形有（　　）。	

续表

个人银行结算账户的使用	A.账户资金集中转入，分散转出，跨区域交易 B.账户资金快进快出，不留余额或者留下一定比例余额后转出，过渡性质明显 C.拆分交易，故意规避交易限额 D.账户资金金额较大，对外收付金额与单位经营规模、经营活动明显不符 【注意】如存款人未提供相关依据或相关依据不符合规定的，银行应拒绝办理转账业务。

【考点子题——举一反三，真枪实练】

[13]（历年真题·不定项选择题）2022年8月应届大学毕业生王某入职甲公司，按照公司财务人员的要求，王某在P银行申请开立Ⅰ类个人银行结算账户，用于工资发放。9月王某收到第一份工资和公司在P银行代办的社保卡。12月根据生活需要，王某通过P银行手机银行申请开立了一个Ⅱ类个人银行结算账户；在P银行申请到一笔汽车消费贷款。

已知：王某在银行未开立其他结算账户。

要求：根据上述资料，不考虑其他因素，分析回答下列小题。

1.王某申请开立Ⅰ类账户可以采用的开户方式是（　　）。

A. 通过电子邮件申请开户

B. 登录P银行网站申请开户

C. P银行柜面开户

D. 智能柜员机自助开户，经P银行工作人员现场核验身份信息

2.下列资料中，甲公司为王某代办社保卡应当向P银行提供的有（　　）。

A. 王某的工资卡

B. 王某的有效身份证件的复印件

C. 社保缴费证明

D. 甲公司证明材料

3.关于王某通过手机银行申请开立Ⅱ类账户的下列表述中，正确的有（　　）。

A. P银行需审核王某的有效身份证件

B. P银行应当验证Ⅱ类账户与绑定账户为同一人开立

C. 可绑定王某本人Ⅰ类账户进行身份验证

D. 王某登记验证的手机号码与绑定账户使用的手机号码应保持一致

4. 下列业务中，王某使用Ⅱ类账户可以办理的有（　　）。

A. 限额内缴存现金　　　　　　B. 限额内支付现金

C. 归还贷款　　　　　　　　　D. 购买理财产品

[14]（历年真题·单选题）根据支付结算法律制度的规定，下列证件中，属于存款人申请开立个人银行账户的本人有效身份证件的是（　　）。

A. 社会保障卡　　　　　　　　B. 机动车驾驶证

C. 居民身份证　　　　　　　　D. 工作证

[15]（经典子题·多选题）下列交易中属于可疑交易的有（　　）。

A. 账户资金集中转入，分散转出，跨区域交易

B. 拆分交易，故意规避交易限额

C. 账户资金快进快出，不留余额，过渡性质明显

D. 账户资金金额较大，对外收付金额与单位经营规模、经营活动明显不符

考点 5-7：异地银行结算账户

◆◆◆【考点母题——万变不离其宗】异地银行结算账户的适用范围

概念：存款人在其注册地或住所地行政区域之外（跨省、市、县）开立的银行结算账户。
根据支付结算法律制度的规定，下列情形中，属于异地银行结算账户的适用范围有（　　）。
A. 营业执照注册地与经营地不在同一行政区域（跨省、市、县）需要开立基本存款账户的 B. 办理异地借款和其他结算需要开立一般存款账户的 C. 存款人因附属的非独立核算单位或派出机构发生的收入汇缴或业务支出需要开立专用存款账户的 D. 异地临时经营活动需要开立临时存款账户的 E. 自然人根据需要在异地开立个人银行结算账户的

[本节考点子题答案及解析]

[1]【答案】D

【解析】选项ABC属于备案类账户。

[2]【答案】A

【解析】根据支付结算法律制度的规定，存款人更改名称，但不改变开户银行及账号的，应于5个工作日内向其开户银行提出银行结算账户的变更申请。

[3]【答案】ABCD

〔4〕【答案】BD

【解析】选项A，最后撤销基本存款账户；选项C应于5个工作日内向开户银行提出撤销银行结算账户的申请。

〔5〕【答案】A

【解析】存款人日常经营活动的资金收付及其工资、奖金和现金的支取，应通过基本存款账户办理。

〔6〕【答案】A

【解析】撤销银行结算账户时，应先撤销一般存款账户、专用存款账户、临时存款账户，将账户资金转入基本存款账户后，方可办理基本存款账户的撤销。

〔7〕【答案】×

【解析】一般存款账户可以办理现金缴存，但不可以办理现金支取。

〔8〕【答案】C

【解析】一般存款账户可以办理的有：借款转存、借款归还和其他结算的资金收付。

〔9〕【答案】D

【解析】收入汇缴账户除向其基本存款账户或预算外资金财政专用存款户划缴款项外，只收不付，不得支取现金。

〔10〕【答案】C

【解析】选项A：收入汇缴账户可向基本存款账户或预算外资金财政专用存款户划缴款项；选项B：符合国家规定的专用存款账户可以支取现金；选项D：凭基本存款账户开户许可证以及相关证明文件可开立专用存款账户。

〔11〕【答案】×

【解析】一个基层预算单位开设一个零余额账户。

〔12〕【答案】AB

【解析】个人Ⅲ类银行结算账户可以办理限额消费和缴费业务，可以办理限额向非绑定账户转出资金业务。

〔13〕

1. 【答案】CD

【解析】Ⅰ类户可以通过柜面开户；通过远程视频柜员机和智能柜员机等自助机具受理银行账户开户申请，银行工作人员现场核验开户申请人身份信息的，银行可为其开立Ⅰ类户。

2. 【答案】BD

【解析】单位代理个人开立银行账户，应提供单位证明材料、被代理人有效身份证件的复印件或影印件。

3. 【答案】ABCD

【解析】个人开立Ⅱ、Ⅲ类户，可以绑定Ⅰ类户或者信用卡账户进行身份验证。

4. 【答案】ABCD

〔14〕【答案】C

【解析】存款人申请开立个人银行账户的本人有效身份证件是身份证。

〔15〕【答案】ABCD

第三节 银行非现金支付业务

【本节考点、考点母题及考点子题】

考点 6： 票据的种类和特征

◆【考点题源】票据的种类

票据种类	A. 汇票	银行汇票	
		商业汇票	商业承兑汇票：承兑人为非银行企业
			银行承兑汇票：承兑人为银行
	B. 本票	银行本票	
	C. 支票	现金支票；转账支票；普通支票	

◆【考点题源】票据的特征对比

票据特征对比	支票	商业汇票	银行汇票	银行本票
出票人	企业/其他组织/个人	非银行企业	银行	银行
付款人	出票人的开户行	承兑人	银行（代理付款行）	银行
付款期	见票即付	定日/期付款	见票即付	见票即付

【商业承兑汇票示例】

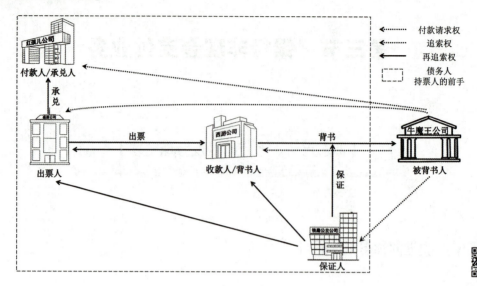

考点 7： 票据当事人

◆ 【考点题源】票据当事人

票据当事人分类		支票	商业汇票	银行汇票	银行本票
基本当事人（票据作成和交付时既已存在）	A. 出票人	企业 / 其他组织 / 个人	非银行企业	银行	银行
	B. 付款人	出票人的开户行	承兑人	银行（代理付款行）	
	C. 收款人	票据正面记载的到期后有权收取票据所载金额的人			
非基本当事人	A. 承兑人	接受汇票出票人的付款委托，同意承担支付票款义务的人，是汇票主债务人			
	B. 背书人	在转让票据时，在票据背面或粘单上签字或盖章，并将该票据交付给受让人的票据收款人或持有人			
	C. 被背书人	被记名受让票据或接受票据转让的人 背书后，被背书人成为票据新的持有人，享有票据的所有权利			
	D. 保证人	指为票据债务提供担保的人，由票据债务人以外的第三人担当 保证人在被保证人不能履行票据付款责任时，以自己的资金履行票据责任，然后取得持票人的权利，向票据债务人追索 【注意】国家机关、以公益为目的的事业单位、社会团体、企业法人的分支机构和职能部门作为票据保证人的，票据保证无效，但经国务院批准为使用外国政府或者国际经济组织贷款进行转贷，国家机关提供票据保证的，以及企业法人的分支机构在法人书面授权范围内提供票据保证的除外。			

考点 8：票据行为

◆【考点母题——万变不离其宗】票据行为

我国《票据法》规定的票据行为有（　　）。
A. 出票　　B. 背书　　C. 承兑　　D. 保证

考点 8-1：出票

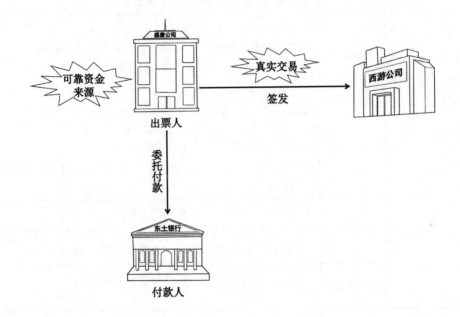

◆【考点母题——万变不离其宗】出票

概　念	出票人签发票据并将其交付给收款人的票据行为。
出票的基本 要求	（1）根据票据法律制度的规定，下列关于出票基本要求的表述中，正确的有（　　）。
	A. 出票人必须与付款人具有真实的委托付款关系，并且具有支付票据金额的可靠资 金来源 B. 不得签发无对价的票据用以骗取银行或者其他票据当事人的资金
出票的效力	（2）根据票据法律制度的规定，下列关于出票效力的表述中，正确的有（　　）。
	A. 出票人按照所记载的事项承担票据责任 B. 出票人在票据得不到承兑或者付款时，应当向持票人清偿追索的金额和费用

◆【考点题源】票据的记载事项

记载事项等级	内　　容	
必须记载 （若不记载，票据行 为即为无效）	银行汇票	A. 表明"银行汇票"的字样　　　B. 无条件支付的承诺 C. 付款人名称　　　D. 收款人名称　　E. 出票日期 F. 出票人签章　　　　　G. 出票金额（非实际金额）
	商业汇票	A. 表明"（电子）商业承兑汇票"或"（电子）银行承兑汇票"的字样 B. 无条件支付的委托　　C. 付款人名称　　D. 收款人名称 E. 出票日期　　　　F. 出票人签章　　G. 确定的金额 H. 出票人名称和票据到期日（电子）
	银行本票	A. 表明"银行本票"的字样 B. 无条件支付的承诺　C. 收款人名称　　D. 出票日期 E. 出票人签章　　　　F. 确定的金额 （无付款人名称）
	支票	A. 表明"支票"的字样　B. 无条件支付的委托 C. 付款人名称　　　　　D. 出票日期 E. 出票人签章　　　　　F. 确定的金额 （收款人名称，由出票人授权补记，未补记前不得背书转让和提示付款）
	背书行为	A. 被背书人名称　　　B. 背书人签章 【说明】背书人未记载被背书人名称，持票人在票据被背书人栏内记载自己的名称与背书人记载具有同等法律效力
	保证行为	A. 表明"保证"的字样　B. 保证人名称和住所 C. 保证人签章
相对记载（如果未记载，由法律另作相应规定予以明确）	A. 背书时未记载背书日期的，视为票据到期前背书 B. 承兑时未记载承兑日期的，以收到提示承兑的汇票之日起 3 日内的最后 1 日为承兑日期 C. 保证时未记载保证日期的，出票日期为保证日期 D. 保证人在票据或者粘单上未记载"被保证人名称"的，已承兑的票据，承兑人为被保证人；未承兑的票据，出票人为被保证人	
任意记载（不记载不影响票据效力，记载时则产生票据效力）	A. 出票时记载"不得背书转让" B. 背书人在票据上记载"不得转让"字样，其后手再背书转让的，原背书人对后手的被背书人不承担保证责任	
记载不产生票据法上的效力的事项（如合同编号）		
【补充】 票据行为附有条件	A. 背书不得附有条件，背书附有条件的，所附条件不具有票据上的效力 B. 保证不得附有条件，保证附有条件的，不影响对票据的保证责任 C. 出票时附有条件的，票据无效 D. 付款人承兑汇票，不得附有条件；承兑附有条件的，视为拒绝承兑	

【考点子题——举一反三，真枪实练】

[1] (历年真题·判断题) 汇票上可以记载《票据法》规定事项以外的其他出票事项，但该记载事项不具有汇票上的效力。（　　）

[2] (经典子题·多选题) 根据票据法律制度的规定，下列票据记载事项中，属于相对记载事项的有（　　）。

A. 背书日期　　B. 承兑日期　　C. 保证日期　　D. 出票日期

考点 8-2：背书

【考点母题——万变不离其宗】背书

概　念	背书是在票据背面或者粘单上记载有关事项并签章的行为。		
背书的种类	（1）根据票据法律制度的规定，以背书的目的为标准，背书的种类有（　　）。		
	A. 转让背书		
	B. 非转让背书	a. 委托收款背书	委托收款背书是背书人委托被背书人行使票据权利的背书 委托收款背书的被背书人有权代背书人行使票据权利，但不得再以背书转让票据权利
		b. 质押背书	质押背书是以担保债务而在票据上设定质权为目的的背书 质押背书的被背书人依法实现其质权时，可以行使票据权利
背书记载事项	（2）根据票据法律制度的规定，下列关于背书记载事项的表述中，正确的有（　　）。		
	A. 委托收款背书应记载"委托收款"字样、被背书人和背书人签章 B. 质押背书应记载"质押"字样、质权人和出质人签章 C. 票据凭证不能满足背书人记载事项的需要，可以加附粘单，粘附于票据凭证上；粘单的第一记载人，应当在票据和粘单的粘接处签章		
背书效力	（3）根据票据法律制度的规定，下列关于背书效力的表述中，正确的有（　　）。		
	A. 背书人以背书转让票据后，即承担保证其后手所持票据承兑和付款的责任 B. 背书转让的票据，背书应当连续；持票人以背书的连续，证明其票据权利 C. 非经背书转让，而以其他合法方式取得票据的，依法举证，证明其票据权利		
背书特别规定	无效背书	将票据金额的一部分转让的背书或者将票据金额分别转让给两人以上的背书	
	期后背书	票据被拒绝承兑、被拒绝付款或者超过付款提示期限的，不得背书转让；背书转让的，背书人应当承担票据责任	

👥【考点子题——举一反三，真枪实练】

［3］（历年真题·多选题）2022 年 12 月 18 日，甲公司将持有的一张转账支票委托开户银行 P 银行收款。财务人员在作委托收款背书时记载的下列事项中，正确的有（　　）。

A. 在背书人签章栏加盖甲公司预留 P 银行签章

B. 在背书人签章栏记载"委托收款"字样

C. 在背书人签章栏记载背书日期 2022 年 12 月 18 日

D. 在被背书人栏记载 P 银行

［4］（历年真题·判断题）甲公司签发一张商业汇票给乙公司，乙公司将该汇票背书转让给丙公司并在票据背面注明"不得转让"字样，此行为属于附条件的背书。（　　）

［5］（历年真题·单选题）下列关于票据背书行为的表述中，正确的是（　　）。

A. 甲公司委托 A 银行收取支票款项，被背书人可继续背书转让该支票

B. 乙公司可将一张商业汇票金额的 60% 背书转让给丙公司

C. 张某在银行汇票上背书时未记载背书日期，背书无效

D. 王某在本票上背书时未记载被背书人李某的姓名，李某可自行记载

考点 8-3：承兑

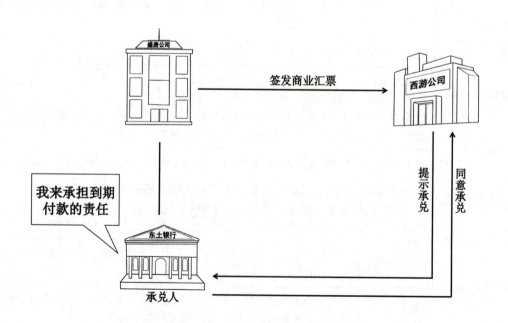

◆【考点母题——万变不离其宗】承兑

概　念	承兑是指汇票付款人承诺在汇票到期日支付汇票金额并签章的行为，仅适用于商业汇票。	
提示承兑	A. 商业汇票可以在出票时向付款人提示承兑后使用 B. 商业汇票可以在出票后先使用再向付款人提示承兑	
	付款期限	**时间**
	定日付款：在汇票上记载具体的到期日	汇票到期日前向付款人提示承兑
	出票后定期付款：自出票日起按月计算	汇票到期日前向付款人提示承兑
	见票后定期付款：自承兑或拒绝承兑日起按月计算	自出票日起1个月内向付款人提示承兑
	【注意】汇票未按照规定期限提示承兑的，持票人丧失对其前手的追索权。	
受理承兑	（1）【判断金句】付款人收到持票人提示承兑的汇票时，应当向持票人签发收到汇票的回单。回单上应当记明汇票提示承兑日期并签章。付款人对向其提示承兑的汇票，应当自收到提示承兑的汇票之日起3日内承兑或者拒绝承兑。 【说明】付款人拒绝承兑的，必须出具拒绝承兑的证明。	
承兑效力	（2）【判断金句】付款人承兑汇票后，应当承担到期付款的责任。	

♣【考点子题——举一反三，真枪实练】

[6]（历年真题·单选题）根据支付结算法律制度的规定，下列票据行为中，仅适用于商业汇票的是（　　）。

　　A. 出票　　　　B. 背书　　　　C. 承兑　　　　D. 保证

[7]（历年真题·单选题）甲公司向乙公司签发了一张见票后3个月付款的银行承兑汇票。乙公司持该汇票向付款人提示承兑的期限是（　　）。

　　A. 自出票日起10日内　　　　　B. 自出票日起1个月内

　　C. 自出票日起6个月内　　　　　D. 自出票日起2个月内

[8]（历年真题·多选题）2022年9月19日，P银行收到出票人甲公司向其提示承兑的一张纸质商业汇票。P银行承兑该汇票的下列做法中，符合法律规定的有（　　）。

　　A. 于2022年9月30日承兑

　　B. 审查甲公司的资格、资信和购销合同

　　C. 审查汇票记载的内容

　　D. 与甲公司签订承兑协议

考点8-4：保证

❖【考点母题——万变不离其宗】保证

保证责任	（1）根据票据法律制度的规定，下列关于票据保证责任承担的表述中，正确的有（ ）。
	A.被保证的票据，保证人应当与被保证人对持票人承担连带责任 B.票据到期后得不到付款的，持票人有权向保证人请求付款，保证人应当足额付款 C.保证人为两人以上的，保证人之间承担连带责任
保证效力	（2）根据票据法律制度的规定，下列关于票据保证效力的表述中，正确的有（ ）。
	A.保证人对合法取得票据的持票人所享有的票据权利，承担保证责任 B.保证人清偿票据债务后，可以行使持票人对被保证人及其前手的追索权

🍀【考点子题——举一反三，真枪实练】

[9]（历年真题·单选题）根据票据法律制度的规定，下列单位中，可以作为票据保证人的是（ ）。

    A.甲县人民政府   B.乙县红十字会

    C.共青团丙县委员会   D.丁县百货有限责任公司

考点9：票据权利与责任

考点9-1：票据权利的概念和分类

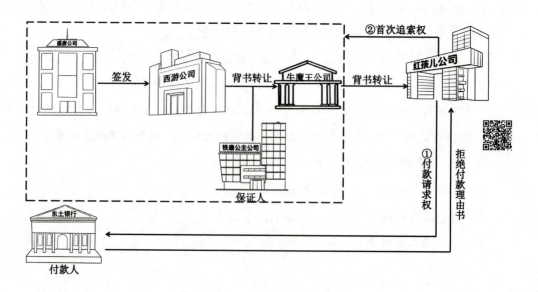

◆【考点母题——万变不离其宗】票据权利的概念和分类

概　念	票据权利是指票据持票人向票据债务人请求支付票据金额的权利，包括付款请求权和追索权。
付款请求权	（1）根据票据法律制度的规定，下列关于票据付款请求权的表述中，正确的有（ 　 ）。 A.指持票人向承兑人或付款人（主债务人）出示票据要求付款的权利，是第一顺序权利 B.行使付款请求权的持票人可以是票据记载的收款人或最后的被背书人

追索权		（2）根据票据法律制度的规定，下列关于票据追索权的表述中，正确的有（ 　 ）。
	追索时间	A.票据当事人行使付款请求权遭到拒绝（到期后追索）或有其他法定原因存在时（到期前追索），向其前手请求偿还票据金额及其他法定费用（追索内容）的权利，是第二顺序权利
	追索对象	B.票据的出票人、收款人、背书人、保证人（持票人前手）对持票人承担连带责任 C.持票人可以不按照票据债务人的先后顺序，对其中任何一人、数人或者全体行使追索权 D.持票人对票据债务人中的一人或者数人已经进行追索，对其他票据债务人仍可以行使追索权
	追索效力	E.被追索人清偿债务后，与持票人享有同一权利

考点 9-2：票据追索

◆【考点母题——万变不离其宗】票据追索

票据追索情形	到期后追索	（1）【判断金句】到期后追索，是指票据到期被拒绝付款的，持票人对背书人、出票人以及票据的其他债务人行使的追索。
	到期前追索	（2）根据票据法律制度的规定，下列情形中，持票人可以在票据到期日之前行使追索权的有（ 　 ）。
		A.汇票被拒绝承兑的 B.承兑人或者付款人死亡、逃匿的 C.承兑人或者付款人被依法宣告破产的或者因违法被责令终止业务活动的
追索内容		（3）根据票据法律制度的规定，下列各项中，属于持票人行使追索权时可以请求被追索人支付内容的有（ 　 ）。
		A.被拒绝付款的票据金额 B.票据金额自到期日或者提示付款日起至清偿日止，按照中国人民银行规定的利率计算的利息 C.取得有关拒绝证明和发出通知书的费用

再追索内容	（4）根据票据法律制度的规定，下列各项中，属于被追索人在清偿后可以请求其他票据债务人支付内容的有（　）。 A. 已清偿的全部金额（追索内容 A+B+C） B. 已清偿金额自清偿日起至再追索清偿日止，按照中国人民银行规定的利率计算的利息 C. 发出通知书的费用
票据追索提供有关证明	（5）根据票据法律制度的规定，下列关于行使追索权的表述中，正确的有（　）。
	A. 持票人行使追索权，应提供被拒绝承兑或者拒绝付款的有关证明（承兑人或付款人出具） B. 持票人不能出示拒绝证明、退票理由书或者未按照规定期限提供其他合法证明的，丧失对其前手的追索权；但是，承兑人或者付款人仍应当对持票人承担责任
	（6）根据票据法律制度的规定，下列情形中，具有拒绝证明效力的有（　）。
	A. 持票人因承兑人或者付款人死亡、逃匿或者其他原因，不能取得拒绝证明的，可以依法取得其他有关证明，包括医院或者有关单位出具的承兑人、付款人死亡的证明；司法机关出具的承兑人、付款人逃匿的证明；公证机关出具的具有拒绝证明效力的文书；承兑人自己作出并发布的表明其没有支付票款能力的公告 B. 承兑人或者付款人被人民法院依法宣告破产的，人民法院的有关司法文书 C. 承兑人或者付款人因违法被责令终止业务活动的，行政主管部门的处罚决定
行使追索权期限	（7）根据票据法律制度的规定，下列关于行使追索权期限的表述中，正确的有（　）。
	A. 持票人应当自收到被拒绝承兑或者被拒绝付款的有关证明之日起 3 日内，将被拒绝事由书面通知其前手；其前手应当自收到通知之日起 3 日内书面通知其再前手 B. 未按照规定期限通知前手的，持票人仍可以行使追索权 C. 持票人因延期通知给其前手或者出票人造成损失的，由没有按照规定期限通知的票据当事人，承担对该损失的赔偿责任，但是所赔偿的金额以汇票金额为限

◆【神奇母题提示】票据追索适用的情形

追索时间	情形	行使追索权所需证明	未出具证明
到期后追索	被拒绝付款	拒绝证明或退票理由书	
到期前追索	被拒绝承兑	拒绝证明或退票理由书	持票人应当承担由此产生的民事责任
	承兑人或者付款人死亡、逃匿等	死亡的证明或逃匿的证明	
	被依法宣告破产或因违法被责令终止业务活动	司法文书或处罚决定	

【考点子题——举一反三，真枪实练】

[10]（历年真题·多选题）根据支付结算法律制度的规定，持票人行使票据追索权出具的下列证明中，具有拒绝证明效力的有（　　）。

　　A. 法院关于承兑人被依法宣告破产的司法文书

　　B. 承兑人出具的拒绝证明

　　C. 医院出具的付款人死亡的证明

　　D. 司法机关出具的付款人逃匿的证明

考点9-3：票据权利的取得

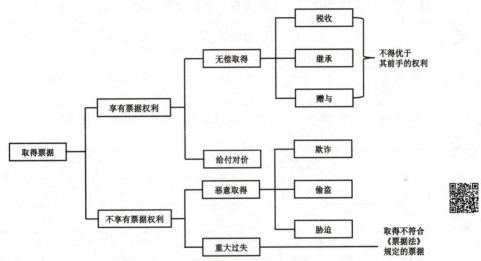

◆【考点母题——万变不离其宗】票据权利的取得

取得票据享有票据权利的情形	（1）根据票据法律制度的规定，下列情形中，取得票据享有票据权利的有（　　）。	
	有偿取得	A.依法接受出票人签发的票据　　B.依法接受背书转让的票据 【说明】应当具有真实的交易关系和债权债务关系，必须给付对价。
	无偿取得	C.因税收、继承、赠与取得票据
	（2）【判断金句】因为税收、继承、赠与取得票据的，不受给付对价的限制，但是所享有的票据权利不得优于其前手的权利。	
取得票据但不享有票据权利的情形	（3）根据票据法律制度的规定，下列情形中，取得票据但不享有票据权利的有（　　）。	
	A.以欺诈、偷盗或者胁迫等手段取得票据的，或者明知有上述情形，出于恶意取得票据的 B.持票人因重大过失取得不符合《票据法》规定的票据的	

♧【考点子题——举一反三，真枪实练】

[11]（历年真题·单选题）张某因采购货物签发一张票据给王某，胡某从王某处窃取该票据，陈某明知胡某系窃取所得但仍受让该票据，并将其赠与不知情的黄某，下列取得票据的当事人中，享有票据权利的是（　　）。

A. 王某　　B. 胡某　　C. 陈某　　D. 黄某

[12]（历年真题·判断题）以胁迫手段取得票据的，不享有票据权利。（　　）

考点9-4：票据权利的行使与保全

◆【考点母题——万变不离其宗】票据权利的行使与保全

概　念	持票人请求票据付款人支付票据金额的行为以及为防止票据权利丧失而采取的措施。	
方　法	A. 按期提示（提示承兑和提示付款）	目的是行使和保全追索权
	B. 依法证明	
地点和时间	票据权利的行使与保全应在票据当事人的营业场所和营业时间内进行，票据当事人无营业场所的，应当在其住所进行。	
提示付款期限	**票据种类**	**时间**
	商业汇票	自票据到期日起10日内
	支票	自出票日起10日内
	银行汇票	自出票日起1个月内
	银行本票	自出票日起2个月
未按期提示的后果	根据票据法律制度的规定，下列关于持票人未按期提示的后果的表述中，正确的有（　　）。 A. 持票人未按照规定期限提示付款的，在作出说明后，承兑人或者付款人仍应当继续对持票人承担付款责任 B. 商业汇票未按照规定期限提示承兑的，持票人丧失对其前手（不包括出票人）的追索权 C. 支票持票人未按照规定提示付款的，付款人可以不予付款，付款人不予付款的，出票人仍应对持票人承担票据责任 D. 银行汇票持票人超过期限向代理付款银行提示付款却不获付款的，须在票据权利时效内向出票银行作出说明，并提供本人身份证件或单位证明，持银行汇票和解讫通知向出票银行请求付款 E. 本票持票人未按照规定提示付款的，丧失对出票人以外的前手的追索权。持票人超过提示付款期限不获付款的，在票据权利时效内向出票银行作出说明，并提供本人身份证件或单位证明，可持银行本票向出票银行请求付款	

考点 9-5：票据权利时效

◆【考点题源】票据权利时效

票据种类	对出票人的权利	对承兑人的权利	追索权（不包括出票人）	再追索权（不包括出票人）
商业汇票	自到期日起 2 年	自到期日起 2 年	被拒绝承兑或被拒绝付款之日起 6 个月	自清偿日或者被提起诉讼之日起 3 个月
银行汇票	自出票日起 2 年	*	被拒绝付款之日起 6 个月	
银行本票	自出票日起 2 年	*	被拒绝付款之日起 6 个月	
支票	自出票日起 6 个月	*	被拒绝付款之日起 6 个月	

【说明】持票人因超过票据权利时效或者因票据记载事项欠缺而丧失票据权利的，仍享有民事权利，可以请求出票人或者承兑人返还其与未支付的票据金额相当的利益。

【注意】超过提示承兑或提示付款期，票据权利被限制；超过票据权利时效期，票据权利完全丧失。

♧【考点子题——举一反三，真枪实练】

[13]（经典子题·单选题）根据《票据法》的规定，下列关于票据时效的表述中，正确的是（　　）。

A. 票据权利时效期间是指提示付款期间

B. 持票人对支票出票人的权利，自出票日起 3 个月

C. 持票人对前手的再追索权，自清偿日或者被提起诉讼之日起 3 个月

D. 持票人对前手的追索权，自被拒绝承兑或者被拒绝付款之日起 3 个月

考点 9-6：票据权利丧失补救

◆ 【考点母题——万变不离其宗】票据权利丧失的补救

补救措施	（1）根据《票据法》的规定，票据丧失后可以采取的补救措施有（ ）。
	A. 挂失止付　　　　　　　B. 公示催告　　　　　　C. 普通诉讼
挂失止付	（2）根据票据法律制度的规定，只有确定付款人或代理付款人的票据丧失时才可以进行挂失止付。这些票据有（ ）。
	A. 已承兑的商业汇票 B. 支票 C. 填明"现金"字样和代理付款人的银行汇票 D. 填明"现金"字样的银行本票
	（3）根据票据法律制度的规定，下列关于挂失止付受理程序的表述中，正确的有（ ）。
	A. 付款人或者代理付款人收到挂失止付通知书后，查明挂失票据确未付款时，应立即暂停支付 B. 付款人或者代理付款人自收到挂失止付通知书之日起 12 日内没有收到人民法院的止付通知书的，自第 13 日起，不再承担止付责任，持票人提示付款即依法向持票人付款 【说明】挂失止付不是票据丧失后采取的必经措施，只是一种暂时的预防措施，最终要通过申请公示催告或提起普通诉讼来补救票据权利。
公示催告	（4）根据票据法律制度的规定，下列关于公示催告的表述中，正确的有（ ）。
	基本规定：A. 公示催告是指在票据丧失后由失票人向人民法院提出申请，请求人民法院以公告方式通知不确定的利害关系人限期申报权利，逾期未申报者，则权利失效，由法院通过除权判决宣告所丧失的票据无效的制度或程序 B. 失票人应当在通知挂失止付后的 3 日内，也可以在票据丧失后，依法向票据支付地人民法院申请公示催告 C. 申请公示催告的主体必须是可以背书转让的票据的最后持票人
	受理：D. 人民法院决定受理公示催告申请，应当同时通知付款人及代理付款人停止支付，并自立案之日起 3 日内发出公告，催促利害关系人申报权利

续表

公示催告	公告	E. 人民法院决定受理公示催告申请后发布的公告应在全国性报纸或者其他媒体上刊登	
		F. 公告期间不得少于60日，且公示催告期间届满日不得早于票据付款后15日	
	判决	G. 无人申报	人民法院应当根据申请人的申请，作出除权判决，宣告票据无效
		H. 利害关系人申报	终结公示催告程序，并通知申请人和支付人
		I. 未按期申报	自知道或者应当知道判决公告之日起1年内，可以向作出判决的人民法院起诉
普通诉讼	（5）根据票据法律制度的规定，下列关于普通诉讼的表述中，正确的有（　　）。		
	A. 原告为丧失票据的人 B. 被告为承兑人或出票人 C. 诉讼请求为请求人民法院判决承兑人或出票人向失票人付款 【说明】如果与票据上的权利有利害关系的人是明确的，无须公示催告，可按一般的票据纠纷向法院提起诉讼。		

🔰【考点子题——举一反三，真枪实练】

[14]（历年真题·多选题）根据《票据法》的规定，下列各项中，属于票据丧失后可以采取的补救措施有（　　）。

A. 挂失止付　　　　　　　　B. 公示催告

C. 普通诉讼　　　　　　　　D. 仲裁

[15]（历年真题·多选题）根据《票据法》的规定，下列票据中，在丧失后可以挂失止付的有（　　）。

A. 银行承兑汇票　　　　　　B. 支票

C. 商业承兑汇票　　　　　　D. 未填明"现金"字样的银行本票

[16]（经典子题·单选题）根据支付结算法律制度的规定，下列表述中，正确的是（　　）。

A. 申请公示催告必须先申请挂失止付

B. 办理挂失止付应有确定的"付款人"，因此未填明代理付款人的银行汇票不得挂失止付

C. 银行网点营业时间终止后，因为紧急情况可以到该银行网点负责人的家中提示付款

D. 公示催告可以在当地晚报上刊发

考点 9-7：票据责任

◆【考点母题——万变不离其宗】票据责任

承担票据义务的情形	（1）根据票据法律制度的规定，下列关于票据债务人承担票据义务的表述中，正确的有（　　）。
	A. 汇票承兑人因承兑而应承担付款义务 B. 本票出票人因出票而承担自己付款的义务 C. 支票付款人在与出票人有资金关系时承担付款义务 D. 汇票、本票、支票的背书人，汇票、支票的出票人、保证人，在票据不获承兑或不获付款时的付款清偿义务
付款人付款	（2）根据票据法律制度的规定，下列关于票据付款人付款的表述中，正确的有（　　）。
	A. 持票人依照规定提示付款的，付款人必须在当日足额付款 B. 付款人及其代理付款人付款时，应当审查票据背书的连续性，并审查提示付款人合法身份证明或者有效证件 C. 持票人获得付款的，应当在票据上签收，并将票据交给付款人；持票人委托银行收款的，受委托的银行将代收的票据金额转账收入持票人账户，视同签收 D. 付款人及其代理付款人以恶意或者有重大过失付款的，应当自行承担责任
拒绝付款	（3）根据票据法律制度的规定，下列关于票据抗辩的表述中，正确的有（　　）。
	A. 如果存在背书不连续等合理事由，票据债务人可以对票据债权人拒绝履行义务 B. 票据债务人可以对不履行约定义务的与自己有直接债权债务关系的持票人进行抗辩 C. 票据债务人不得以自己与出票人或者与持票人的前手之间的抗辩事由，对抗持票人，但持票人明知存在抗辩事由而取得票据的除外

♣【考点子题——举一反三，真枪实练】

[17]（经典子题·单选题）根据《票据法》的规定，下列关于票据责任的表述中，正确的是（　　）。

A. 票据债务人可以以自己与出票人或者与持票人的前手之间的抗辩事由，对抗持票人

B. 持票人未按照规定期限提示付款的，付款人的票据责任解除

C. 持票人委托的收款银行的责任，限于按照票据上记载事项将票据金额转入持票人账户

D. 付款人委托的付款银行的责任，限于按照票据上记载事项从付款人账户支付票据金额，不必审查背书连续

[18]（历年真题·不定项选择题）2022年1月3日，甲公司签发并承兑一张收款人为乙公司、票面金额为80万元的汇票交付乙公司，当日乙公司将汇票背书转让给丙公司用于支付货款。而后，丙公司又将汇票背书转让给丁公司，丁公司要求提供保证，戊公司和己公司应丙公司请求办理了票据保证相关手续，但未在票据上记载被

保证人名称。汇票到期日，丁公司向甲公司提示付款遭到拒绝，丁公司拟行使追索权以保障票据权利。要求：根据上述资料，不考虑其他因素，分析回答下列小题。

1. 下列事项中，属于戊公司在票据或粘单上必须记载的是（   ）。

A. 戊公司的名称　　　　　　　B. 戊公司的住所

C. "保证" 字样　　　　　　　　D. 戊公司的签章

2. 下列当事人中，属于戊公司和己公司票据保证行为的被保证人的是（   ）。

A. 甲公司　　B. 乙公司　　C. 丙公司　　D. 丁公司

3. 下列当事人中，丁公司有权向其行使票据追索权的是（   ）。

A. 乙公司　　B. 丙公司　　C. 戊公司　　D. 己公司

4. 下列金额和费用中，丁公司在行使追索权时可以要求被追索人支付的是（   ）。

A. 汇票金额 80 万元

B. 汇票金额自到期日起至清偿日止，按照规定的利率计算的利息

C. 取得拒绝付款证明的费用

D. 发出通知书的费用

考点 10：票据类别

【票据类型对比】

票据对比	支票	商业汇票		银行汇票	银行本票
出票人	企业 / 其他组织 / 个人	非银行企业		银行	银行
付款人	出票人的开户行	承兑人	商业承兑汇票	银行（代理付款行）	银行
			银行承兑汇票		
付款期	见票即付	定日 / 期付款		见票即付	见票即付
使用对象	单位和个人	单位		单位和个人	单位和个人
转账	转账支票 /（划线）普通支票	√		√	√
支取现金	现金支票 / 普通支票（非划线）	无		申请人和收款人均为个人，标明"现金"	申请人和收款人均为个人，标明"现金"
使用范围	使用支票影像系统可全国通用	全国通用		全国通用	同一票据交换区域

考点 10-1：支票

第3章

中国XX银行
现金支票存根
00000000
0000000

附加信息

出票日期　年　月　日

付款人
金额
用途

单位主管　会计

xxxxxxxxxxxxxxxxxxxxxx

xxxx银行　现金支票

00000000
00000000

出票日期（大写）　　年　　月　　日　出款人名称
收款人　　　　　　　　　　　　　　出票人账号

人民币
（大写）

亿千百十万千百十元角分

用途　　　　　　　　　　　　密码
上列款项请从
我账户内支付
出票人签章　　　　　　　　　　复核　记账

附加信息

（贴
贴
单
处
处）

收款人签章
年　月　日

身份证件名称　　　发证机关
号码

根据《中华人民共和国票据法》
等法律法规的规定，签发空头支
票，由中华人民银行处以票面金
额5%，但不低于1000元的罚款。

东土
东土银行　　转账支票

出票日期（大写）贰零壹捌年陆月捌日　　　付款行名称：东土银行
收款人：西游公司　　　　　　　　　　　　出票人账号：

付款期限自出票之日起十天

人民币
（大写）**壹拾万捌仟贰佰圆整**

亿千百十万千百十元角分
¥１０８２００００

用途　贷款
上列款项请从
我账户内支付
出票人签章

（财务专用章 西唐公司）　民李印世　　　复核　　记账

注：仅为内部教学教材使用

附加信息

XXXXX　XXXXXXXXX　XXXXX

被背书人：牛魔王公司

（财务专用章 西游公司）　之唐印僧

被背书人：火焰山银行哈密支行

委托收款

（财务专用章 牛魔王公司）　王牛印魔

2018年6月12日　　　　　　2018年6月16日

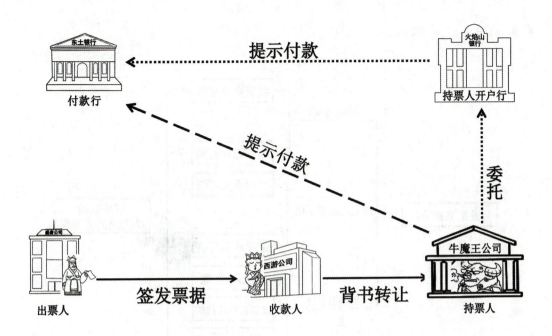

◆【考点母题——万变不离其宗】支票

签发支票注意事项	（1）根据票据法律制度的规定，下列关于签发支票注意事项的表述中，正确的有（　　）。
	A. 支票的出票人所签发的支票金额不得超过其付款时在付款人处实有的存款金额（禁止签发空头支票） B. 支票上的出票人的签章，出票人为单位的，为与该单位在银行预留签章一致的财务专用章或者公章加其法定代表人或者其授权的代理人的签名或者盖章；出票人为个人的，为与该个人在银行预留签章一致的签名或者盖章 C. 支票的出票人预留银行签章是银行审核支票付款的依据 D. 出票人可以在支票上记载自己为收款人
提示付款	（2）根据票据法律制度的规定，下列关于支票提示付款的表述中，正确的有（　　）。
	A. 持票人可以委托开户银行收款或直接向付款人提示付款 B. 用于支取现金的支票仅限于收款人向付款人提示付款 C. 持票人委托开户银行收款时，应作委托收款背书，在支票背面背书人签章栏签章、记载"委托收款"字样、背书日期，在被背书人栏记载开户银行名称，并将支票和填制的进账单送交开户银行

♣【考点子题——举一反三，真枪实练】

[19]（经典子题·判断题）用于支取现金的支票，不得背书转让。（　　）

考点 10-2：商业汇票

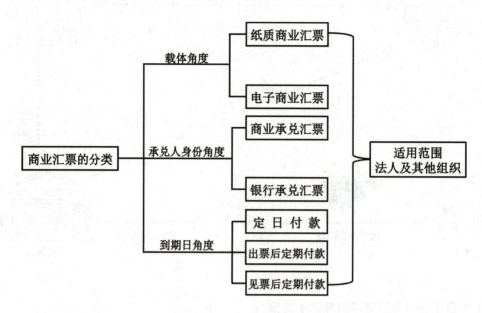

◆【考点题源】商业汇票的种类

商业汇票的种类	承兑人	纸质商业汇票	电子商业汇票	
	银行	银行承兑汇票	电子银行承兑汇票	承兑人也可以是财务公司
	非银行企业	商业承兑汇票	电子商业承兑汇票	
使用原则		单张出票金额＞100 万元	原则上使用电子商业汇票	
		单张出票金额＞300 万元	必须使用电子商业汇票	
付款期限（定日付款，出票后、见票后定期付款）		纸质商业汇票	最长不得超过 6 个月	
		电子承兑汇票	最长不得超过 1 年	

🃏【考点子题——举一反三，真枪实练】

[20]（历年真题·单选题）下列公司中，可以作为电子银行承兑汇票承兑人的是（　　）。

    A．甲商贸公司　　　B．乙财务公司　　　C．丙运输公司　　　D．丁建筑公司

[21]（历年真题·单选题）2016年8月9日，甲公司签发一张电子银行承兑汇票。该汇票的到期日最迟为（　　）。

    A．2016年9月9日   B．2016年11月9日

    C．2017年1月9日   D．2017年8月9日

[22]（历年真题·多选题）根据支付结算法律制度的规定，下列关于商业汇票付款期限记载形式的表述中，正确的有（　　）。

    A．见票即付   B．定日付款

    C．出票后定期付款   D．见票后定期付款

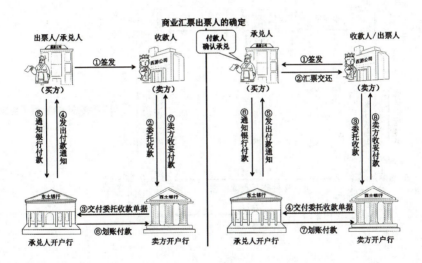

♦【考点母题——万变不离其宗】商业汇票的出票

出票人资格条件	（1）根据票据法律制度的规定，下列关于商业汇票出票人资格条件的表述中，正确的有（　　）。
	A.商业承兑汇票的出票人，为在银行开立存款账户的法人以及其他组织，并与付款人具有真实的委托付款关系，具有支付汇票金额的可靠资金来源 B.银行承兑汇票的出票人必须是在承兑银行开立存款账户的法人以及其他组织，并与承兑银行具有真实的委托付款关系，资信状况良好，具有支付汇票金额的可靠资金来源 C.银行承兑汇票的承兑银行，应按票面金额的一定比例向出票人收取手续费，银行承兑汇票手续费为市场调节价

商业汇票出票人的确定	（2）根据票据法律制度的规定，下列关于商业汇票出票人的表述中，正确的有（　　）。
	A. 商业承兑汇票可以由付款人签发并承兑 B. 商业承兑汇票可以由收款人签发交由付款人承兑 C. 银行承兑汇票应由在承兑银行开立存款账户的存款人签发
商业汇票信息登记	（3）根据票据法律制度的规定，下列关于商业汇票信息登记与电子化的表述中，正确的有（　　）。
	A. 纸质票据贴现前，金融机构办理承兑、质押、保证等业务，应当不晚于业务办理的次一工作日在票据市场基础设施（上海票据交易所）完成相关信息登记工作 B. 纸质票据票面信息与登记信息不一致的，以纸质票据票面信息为准 C. 电子商业汇票签发、承兑、质押、保证、贴现等信息应当通过电子商业汇票系统同步传送至票据市场基础设施

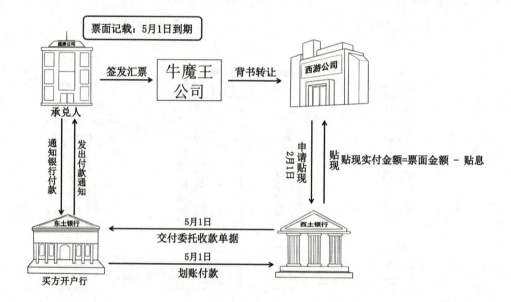

◆【考点母题——万变不离其宗】商业汇票的贴现

概　念	贴现是指票据持票人在票据未到期前为获得现金向银行贴付一定利息而发生的票据转让行为。
基本规定	（1）根据票据法律制度的规定，下列条件中，商业汇票的持票人向银行办理贴现必须具备的有（　　）。
	A. 票据未到期　　　B. 票据未记载"不得转让"事项 C. 在银行开立存款账户的企业法人以及其他组织 D. 与出票人或者直接前手之间具有真实的商品交易关系
	（2）【判断金句】贴现人可以按市场化原则选择商业银行对纸质票据进行保证增信。保证增信行对纸质票据进行保管并为贴现人的偿付责任进行先行偿付。

续表

贴现利息计算	（3）根据支付结算法律制度的规定，下列关于贴现利息计算的表述中，正确的有（ ）。 A. 贴现的期限从其贴现之日起至汇票到期日止 B. 实付贴现金额按票面金额扣除贴现日至汇票到期前1日的利息计算 C. 承兑人在异地的纸质商业汇票，贴现的期限以及贴现利息的计算应另加3日的划款日期
商业汇票的到期后偿付顺序：承兑人＞保证增信行＞贴现人	
贴现收款	（4）根据支付结算法律制度的规定，下列关于贴现收款的表述中，正确的有（ ）。 A. 贴现到期，贴现银行应向付款人收取票款 B. 贴现到期，贴现银行不获付款的，应向其前手追索票款 C. 贴现银行追索票款时可从申请人的存款账户直接收取票款

◆◆【考点母题——万变不离其宗】提示付款

情　形	一般纸质商业汇票提示付款	通过票据市场基础设施提示付款
提示付款	A. 承兑人收到开户银行的付款通知，应在当日通知银行付款	A. 承兑人应当在提示付款当日进行应答或者委托其开户行进行应答
承兑人存在合法抗辩事由拒绝付款	B. 应自接到通知的次日起3日内，作成拒绝付款证明送交开户银行，由银行转交持票人	B. 应当在提示付款当日出具或者委托其开户行出具拒绝付款证明，并通过票据市场基础设施通知持票人
承兑人未应答	C. 在接到通知日的次日起3日内未通知银行付款的，视同承诺付款	C. 在提示付款当日未作出应答的，视为拒绝付款
根据支付结算法律制度的规定，下列关于商业汇票付款的表述中，正确的有（ ）。		
A. 商业承兑汇票承兑人账户余额不足以支付票款的，视同承兑人拒绝付款 B. 银行承兑汇票的出票人应于汇票到期前将票款足额交存其开户银行 C. 银行承兑汇票的出票人于汇票到期日未能足额交存票款时，承兑银行付款后，对出票人尚未支付的汇票金额按照每天万分之五计收利息		

🐱【考点子题——举一反三，真枪实练】

[23]（经典子题·多选题）甲公司将其持有的承兑人为乙公司的商业汇票贴现给丙银行。丙银行贴现后，向乙公司发起付款确认，乙公司在规定的期限内作出了同意付款的应答。在票据到期日后的第5天，丙银行通过票据市场基础设施向乙公司提示付款，但乙公司未在提示付款当日作出应答。下列关于本案的表述中，正确的有（ ）。

A. 视为乙公司同意付款

B. 视为乙公司拒绝付款

C. 乙公司的开户银行应当于提示付款日向持票人付款

D. 票据市场基础设施应向丙公司提供拒绝付款证明并通知丙银行

考点 10-3：银行汇票

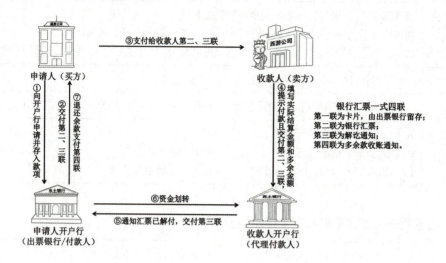

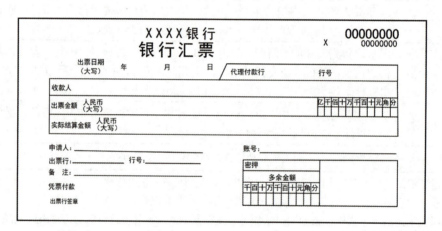

超过付款提示期限或其他原因：

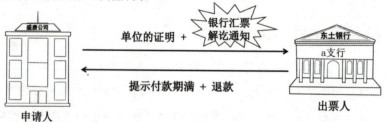

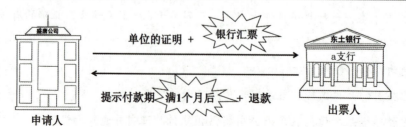

◆【考点母题——万变不离其宗】银行汇票

概念：银行汇票是出票银行签发，由其在见票时按照实际结算金额无条件支付给收款人或者持票人的票据	
银行汇票的实际结算金额	（1）根据票据法律制度的规定，下列关于银行汇票实际结算金额的表述中，正确的有（　　）。
	A. 收款人受理申请人交付的银行汇票时，应在出票金额以内，根据实际需要的款项办理结算，并将实际结算金额和多余金额准确、清晰地填入银行汇票和解讫通知的有关栏内 B. 银行汇票的实际结算金额一经填写不得更改，更改实际结算金额的银行汇票无效 C. 银行汇票的实际结算金额低于出票金额的，其多余金额由出票银行退交申请人 D. 银行汇票的背书转让以不超过出票金额的实际结算金额为准 E. 未填明实际结算金额和多余金额或实际结算金额超过出票金额，银行不予受理、不得背书转让 F. 持票人向银行提示付款时，须同时提交银行汇票和解讫通知，缺少任何一联，银行不予受理
银行汇票退款	（2）根据票据法律制度的规定，下列关于银行汇票退款的表述中，正确的有（　　）。
	A. 申请人因银行汇票超过付款提示期限或其他原因要求退款时，应将银行汇票和解讫通知同时提交到出票银行 B. 出票银行对于转账银行汇票的退款，只能转入原申请人账户；对于符合规定填明"现金"字样银行汇票的退款，才能退付现金 C. 申请人缺少解讫通知要求退款的，出票银行应于银行汇票提示付款期满1个月后办理

◆【神奇母题提示】现金支票、现金本票、现金银行汇票的对比

	申请人、收款人均为个人	不得转让背书
现金支票	×	√
现金本票	√	√
现金银行汇票	√	√

♣【考点子题——举一反三，真枪实练】

[24]（历年真题·多选题）根据支付结算法律制度的规定，关于银行汇票的下列表述中，正确的有（　　）。

A. 银行汇票的实际结算金额不得更改，且不得超过出票金额

B. 持票人向银行提示付款时，须同时提交银行汇票和解讫通知

C. 银行汇票的提示付款期限自出票日起1个月

D. 申请人或者收款人为单位的，可以申请使用现金银行汇票

[25]（历年真题·单选题）2022 年 9 月 12 日，申请人甲公司发现一张出票日期为 2022 年 9 月 9 日的银行汇票的解讫通知丢失，立即向签发银行出具单位证明请求退回汇票款项。甲公司提出的下列请求符合法律规定的是（ ）。

A. 请求退款至甲公司银行结算账户　　B. 请求退回现金

C. 请求银行在 3 日内办结退款事宜　　D. 请求退款至法定代表人个人账户

考点 10-4：银行本票

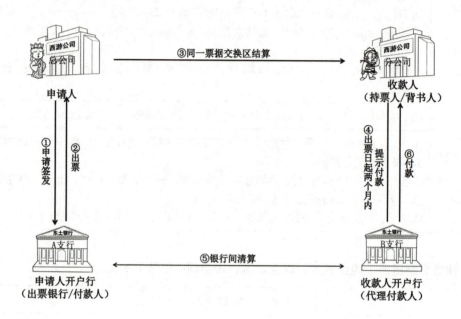

◆ **【考点母题——万变不离其宗】银行本票**

概念：本票是指出票人签发的，承诺自己在见票时无条件支付确定的金额给收款人或者持票人的票据		
提示付款	（1）根据票据法律制度的规定，下列关于银行本票提示付款的表述中，正确的有（ ）。	
	A. 在银行开立存款账户的持票人	在银行本票背面"持票人向银行提示付款签章"处签章，签章须与预留银行签章相同，并将银行本票、进账单交开户银行
	B. 未在银行开立存款账户的个人持票人	凭注明"现金"字样的银行本票向出票银行支取现金的，应在银行本票背面签章，记载本人身份证件名称、号码及发证机关，并交验本人身份证件及其复印件
银行本票退款	（2）根据支付结算法律制度的规定，下列关于银行本票退款的表述中，正确的有（ ）。	
	A. 申请人要求退款时，应将银行本票提交至出票银行	
	B. 出票银行对于在本行开立存款账户的申请人，只能将款项转入原申请人账户	
	C. 对于现金银行本票和未在本行开立存款账户的申请人，才能退付现金	

【考点子题——举一反三，真枪实练】

[26]（历年真题·多选题）未在银行开户的李某，持一张现金银行本票向出票银行提示付款，其需办理的事项有（　　）。

A. 在本票背面记载本人身份证件名称、号码及发证机关

B. 填制进账单

C. 在本票背面本人签章

D. 向银行交验本人身份证件

[27]（历年真题·多选题）李某持现金支票向付款人提示付款。下列手续中，必须办理的有（　　）。

A. 李某在支票背面"收款人签章"处签章

B. 李某向付款人交验本人的身份证件

C. 在支票背面注明李某身份证件名称及号码

D. 在支票背面注明李某身份证件发证机关

[28]（历年真题·单选题）根据支付结算法律制度的规定，下列各项中，银行不是付款人的是（　　）。

A. 本票　　B. 银行汇票　　C. 商业承兑汇票　　D. 支票

[29]（历年真题·多选题）根据支付结算法律制度的规定，下列各项中，出票人为银行的有（　　）。

A. 支票　　B. 商业汇票　　C. 银行汇票　　D. 本票

[30]（历年真题·单选题）根据支付结算法律制度的规定，下列关于支票的表述中，不正确的是（　　）。

A. 申请人开立支票存款账户必须使用本名

B. 出票人在付款人处的存款足以支付支票金额时，付款人应当在见票当日足额付款

C. 现金支票可以采用委托收款方式提示付款

D. 出票人可以在支票上记载自己为收款人

[31]（历年真题·多选题）甲公司作为持票人，持有一张付款行为A银行的转账支票，其财务人员到A银行提示付款时应当办理的手续有（　　）。

A. 填制进账单　　　　　　　　B. 在支票背面背书人签章栏加盖甲公司印章

C. 将支票交付A银行　　　　　D. 向A银行出示甲公司营业执照

[32]（历年真题·不定项选择题）2022年1月8日，甲公司成立，张某为法定代表人，

李某为财务人员。1月10日李某携带资料到P银行申请开立了基本存款账户。1月15日甲公司在Q银行申请开立了基本建设资金专户。1月20日甲公司签发一张金额为360万元、由P银行承兑的电子商业汇票交付乙公司。乙公司因急需资金，于5月6日向M银行申请办理了汇票贴现。

要求： 根据上述资料，不考虑其他因素，分析回答下列小题：

1. 关于甲公司在P银行开立账户的下列表述中，正确的是（　　）。

A. 该账户2022年1月10日不能办理对外付款业务

B. 甲公司应该填制开立银行结算账户申请书

C. P银行应报经当地中国人民银行分支机构核准

D. 甲公司与P银行应签订银行结算账户管理协议

2. 关于甲公司在Q银行开立账户的下列表述中，正确的是（　　）。

A. 甲公司应向Q银行出具主管部门批文

B. 甲公司应向Q银行出具基本存款账户开户许可证

C. 该账户支取现金应在开户时报经中国人民银行当地分支机构批准

D. Q银行应向中国人民银行当地分支机构备案

3. P银行承兑该汇票应当办理的手续是（　　）。

A. 与甲公司签订承兑协议　　　　　B. 对汇票真实交易关系在线审核

C. 审查甲公司的资格与资信　　　　D. 收取甲公司承兑手续费

4. 乙公司到M银行办理贴现必须记载的事项是（　　）。

A. 贴出人乙公司签章　　B. 贴现利率　　C. 实付金额　　D. 贴入人M银行名称

考点 11：其他结算方式

◆ **【考点母题——万变不离其宗】汇兑**

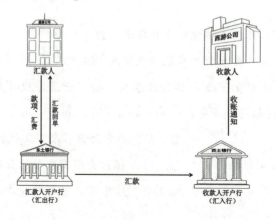

汇兑的概念和种类	（1）根据支付结算法律制度的规定，下列关于汇兑概念和种类的表述中，正确的有（　　）。	
	A. 汇兑是汇款人委托银行将其款项支付给收款人的结算方式	
	B. 汇兑分为信汇和电汇	
	C. 单位和个人的各种款项的结算，均可使用汇兑结算方式	
程　序	（2）根据支付结算法律制度的规定，下列关于汇兑程序的表述中，正确的有（　　）。	
	A. 签发汇兑凭证	记载事项：表明"信汇"或"电汇"的字样；无条件支付的委托；确定的金额；收款人名称；汇款人名称；汇入地点、汇入行名称；汇出地点、汇出行名称；委托日期；汇款人签章；汇款人、收款人在银行开立存款账户的，必须记载其账号
	B. 汇款回单只能作为汇出银行受理汇款的依据，不能作为该笔汇款已转入收款人账户的证明	
	C. 收账通知是银行将款项确已收入收款人账户的凭据	
	D. 汇款人对汇出银行尚未汇出的款项可以申请撤销；申请撤销时，应出具正式函件或本人身份证件及原信、电汇回单	

♧【考点子题——举一反三，真枪实练】

[33]（历年真题·判断题）采用汇兑结算方式的，汇款回单可以作为该笔汇款已转入收款人账户的证明。（　　）

[34]（历年真题·判断题）在办理汇兑业务时，汇款人对汇出银行尚未汇出的款项可以申请撤销。（　　）

[35]（历年真题·多选题）根据支付结算法律制度的规定，汇款人、收款人均在银行开立存款账户的，汇款人签发汇兑凭证必须记载的事项有（　　）。

A. 汇款人名称及账号　　　　　　　B. 收款人名称及账号

C. 汇入银行名称　　　　　　　　　D. 确定的金额

◆【考点母题——万变不离其宗】委托收款

概　念	委托收款是收款人委托银行向付款人收取款项的结算方式。
适用范围	（1）根据支付结算法律制度的规定，下列关于委托收款结算方式适用范围的表述中，正确的有（　　）。
	A. 单位和个人凭已承兑的商业汇票、债券、存单等付款人债务证明办理款项的结算，均可以使用委托收款结算方式 B. 委托收款在同城、异地均可以使用
记载事项	（2）根据支付结算法律制度的规定，下列事项中，签发托收凭证必须记载的有（　　）。

记载事项	A. 表明"委托收款"的字样　　　　　B. 确定的金额　C. 付款人名称　D. 收款人名称 E. 委托收款凭据名称及附寄单证张数　F. 委托日期　　G. 收款人签章 H. 委托收款以银行以外的单位为付款人的,委托收款凭证必须记载付款人开户银行名称 I. 以银行以外的单位或在银行开立存款账户的个人为收款人的,委托收款凭证必须记载 收款人开户银行名称 J. 未在银行开立存款账户的个人为收款人的,委托收款凭证必须记载被委托银行名称

【考点子题——举一反三,真枪实练】

[36]（历年真题·单选题）2022 年 1 月 15 日,甲公司持一张到期银行承兑汇票到 P 银行办理委托收款,该汇票由 Q 银行承兑。甲公司在委托收款凭证上可以不记载的事项是（　　）。

A. 付款人 Q 银行　　B. 收款人甲公司　　C. 委托日期　　　D. 甲公司地址

考点 12：银行卡

【考点母题——万变不离其宗】银行卡的分类

信用卡 （可透支）	贷记卡:发卡银行给予持卡人一定的信用额度,持卡人可在信用额度内先消费、后还款的信用卡
	准贷记卡:持卡人须先按发卡银行要求交存一定金额的备用金,当备用金账户余额不足支付时,可在发卡银行规定的信用额度内透支的信用卡

续表

借记卡（不具备透支功能）	转账卡（含储蓄卡）：是实时扣账的借记卡，具有转账结算、存取现金和消费功能
	专用卡：是具有专门用途、在特定区域使用的借记卡，具有转账结算、存取现金功能。"专门用途"是指在百货、餐饮、饭店、娱乐行业以外的用途
	储值卡：是发卡银行根据持卡人要求将其资金转至卡内储存，交易时直接从卡内扣款的预付钱包式借记卡
个人申请贷记卡的基本条件	（1）根据支付结算法律制度的规定，下列基本条件中，个人申请贷记卡应当满足的有（ ）。 A.年满18周岁，有固定职业和稳定收入，工作单位在常住地的城乡居民 B.填写申请表，并在持卡人处亲笔签字 C.向发卡银行提供本人及附属卡持卡人、担保人的身份证复印件
银行卡注销	（2）根据支付结算法律制度的规定，下列关于银行卡注销的表述中，正确的有（ ）。 A.持卡人在还清全部交易款项、透支本息和有关费用后，可申请办理销户 B.发卡行受理注销申请之日起45日后，被注销信用卡账户方能清户

♣【考点子题——举一反三，真枪实练】

[37]（历年真题·多选题）关于王某欲向甲银行申领信用卡的下列表述中，正确的有（   ）。

    A. 应向甲银行提供王某的有效身份证件　　B. 可委托他人代理签字申领

    C. 王某须年满18周岁　　　　　　　　　　D. 王某应有稳定收入

◆【考点母题——万变不离其宗】银行卡交易的基本规定

（1）根据支付结算法律制度的规定，信用卡预借现金业务的种类有（ ）。
A.现金提取　　B.现金转账　　C.现金充值
（2）根据支付结算法律制度的规定，下列关于信用卡预借现金业务的表述中，正确的有（   ）。
A.信用卡持卡人通过ATM机等自助机具办理现金提取业务，每卡每日累计不得超过人民币1万元 B.持卡人通过柜面办理现金提取业务，通过各类渠道办理现金转账业务的每卡每日限额，由发卡机构与持卡人通过协议约定 C.发卡机构可自主确定是否提供现金充值服务，并与持卡人协议约定每卡每日限额 D.发卡机构不得将持卡人信用卡预借现金额度内资金划转至其他信用卡，以及非持卡人的银行结算账户或支付账户
（3）根据支付结算法律制度的规定，下列关于借记卡现金业务的表述中，正确的有（   ）。
A.发卡银行应当对借记卡持卡人在ATM机等自助机具取款设定交易上限，每卡每日累计提款不得超过2万元人民币 B.储值卡的面值或卡内币值不得超过1 000元人民币

续表

（4）根据支付结算法律制度的规定，下列途径中，发卡银行可以用来追偿透支款项和诈骗款项的有（　　）。

A. 扣减持卡人保证金　　　　B. 依法处理抵押物和质物
C. 向保证人追索透支款项　　D. 通过司法机关的诉讼程序进行追偿

♣【考点子题——举一反三，真枪实练】

[38]（历年真题·单选题）根据支付结算法律制度的规定，关于银行卡持卡人提取现金的下列表述中，不正确的是（　　）。

A. 贷记卡持卡人与发卡机构协议约定通过银行柜面提取现金限额

B. 借记卡持卡人不得通过银行柜面办理提取现金业务

C. 贷记卡持卡人在 ATM 机等自助机具每卡每日累计提取现金不得超过 1 万元人民币

D. 借记卡持卡人在 ATM 机等自助机具每卡每日累计提取现金不得超过 2 万元人民币

◆【考点母题——万变不离其宗】银行卡计息与收费

卡内存款计付利息	（1）根据支付结算法律制度的规定，下列银行卡中，发卡银行对其账户内的存款，按照中国人民银行规定的同期同档次存款利率及计息办法计付利息的有（　　）。
	A. 准贷记卡　　　B. 借记卡（不含储值卡）
信用卡透支利率的管理	（2）【判断金句】信用卡透支计息方式，以及对信用卡溢缴款是否计付利息及其利率标准，由发卡机构自主确定。

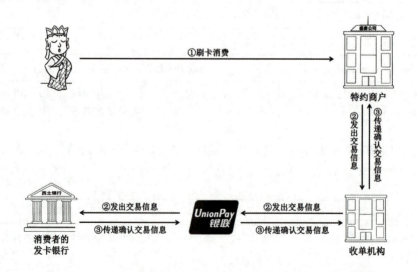

◆【考点母题——万变不离其宗】银行卡收单机构

银行卡收单机构	（1）根据支付结算法律制度的规定，下列主体中，可以成为银行卡收单机构的有（　　）。
	A. 从事银行卡收单业务的银行业金融机构 B. 获得银行卡收单业务许可、为实体特约商户提供银行卡受理并完成资金结算服务的支付机构 C. 获得网络支付业务许可、为网络特约商户提供银行卡受理并完成资金结算服务的支付机构
特约商户管理	（2）根据支付结算法律制度的规定，下列关于对特约商户管理的表述中，正确的有（　　）。
	A. 实名制管理 B. 本地化经营和管理，不得跨省（自治区、直辖市）域开展收单业务
银行卡收单风险管理	（3）根据支付结算法律制度的规定，下列关于银行卡收单业务与风险管理的表述中，正确的有（　　）。
	A. 收单机构应当强化业务和风险管理措施，建立特约商户检查制度、资金结算风险管理制度、收单交易风险监测系统以及特约商户收单银行结算账户设置和变更审核制度等 B. 建立对实体特约商户、网络特约商户分别进行风险评级制度，对于风险等级较高的特约商户，收单机构应当对其开通的受理卡种和交易类型进行限制，并采取强化交易监测、设置交易限额、延迟结算、增加检查频率、建立特约商户风险准备金等措施
发卡行服务费	（4）根据支付结算法律制度的规定，下列关于发卡机构收取发卡行服务费的表述中，正确的有（　　）。
	A. 不区分商户类别，实行政府指导价、上限管理 B. 借记卡交易不超过交易金额的 0.35%，单笔收费金额不超过 13 元 C. 贷记卡交易不超过 0.45%，不实行单笔收费封顶控制 D. 对非营利性的医疗机构、教育机构、社会福利机构、养老机构、慈善机构刷卡交易，实行发卡行服务费、网络服务费全额减免 【注意】银行卡清算机构收取的网络服务费不区分商户类别，实行政府指导价、上限管理，分别向收单、发卡机构计收，费率为：不超过交易金额的 0.065%，由发卡、收单机构各承担 50%

◆【考点子题——举一反三，真枪实练】

[39]（经典子题·多选题）根据支付结算法律制度的规定，对于风险等级较高的特约商户，收单机构应当对其开通的受理卡种和交易类型进行限制，采取的措施有（　　）。

A. 延迟结算　　　　　　　　B. 设置交易限额

C. 增加检查频率　　　　　　D. 强化交易监测

考点 13： 网上银行

◆ **【考点母题——万变不离其宗】网上银行的主要功能**

企业网上银行子系统	（1）下列服务中，企业网上银行系统能够为客户提供的有（ ）。 A. 账户信息查询 B. 支付指令 C. B2B 网上支付 D. 批量支付
个人网上银行子系统	（2）下列功能中，个人网上银行系统可以为客户提供的有（ ）。 A. 账户信息查询 B. 人民币转账业务 C. 银证转账业务 D. 外汇买卖业务 E. 账户管理业务 F. B2C 网上支付

考点 14： 条码支付

◆ **【考点母题——万变不离其宗】条码支付**

概 念	（1）下列业务中，属于条码支付业务的有（ ）。
	A. 付款扫码 B. 收款扫码
	【说明】① 支付机构向客户提供基于条码技术付款服务的，应当取得网络支付业务许可 ② 支付机构为实体特约商户和网络特约商户提供条码支付收单服务的，应当分别取得银行卡收单业务许可和网络支付业务许可

续表

风险能力等级	交易验证方式	条码支付日累计交易限额
A级	采用包括数字证书或电子签名在内的两类（含）以上有效要素	自主约定
B级	采用不包括数字证书、电子签名在内的两类（含）以上有效要素	不超过5 000元
C级	采用不足两类要素	不超过1 000元
D级	使用静态条码	不超过5 00元
商户管理	（2）【判断金句】银行、支付机构拓展特约商户应落实实名制规定，严格审核特约商户的营业执照等证明文件，以及法定代表人或负责人的有效身份证件等申请材料，确认申请材料的真实性、完整性、有效性，并留存申请材料的影印件或复印件。	
	（3）【判断金句】以同一个身份证件在同一家银行、支付机构办理的全部小微商户基于信用卡的条码支付收款金额日累计不超过1 000元、月累计不超过1万元。	
风险管理	（4）【判断金句】对风险等级较高的特约商户，应采用强化交易监测、建立特约商户风险准备金、延迟清算等风险管理措施。	

【考点子题——举一反三，真枪实练】

[40]（经典子题·判断题）支付机构为实体特约商户提供条码支付收单服务，仅需获得网络支付业务许可。（　　）

[41]（经典子题·单选题）李某仅通过扫描静态二维码方式进行支付，其所有支付账户单日累计交易金额应不超过（　　）元。

A. 1000　　B. 500　　C. 5000　　D. 通过协议自主约定单日累计限额

〔本节考点子题答案及解析〕

[1]【答案】√

[2]【答案】ABC

【解析】以上选项A、选项B、选项C在没有记载时，《票据法》均作出了推定；而选项D是《票据法》明文规定必须记载的事项。

[3]【答案】ABCD

[4]【答案】×

【解析】背书人在票据上记载"不得转让"字样，其后手再背书转让的，原背书人对后手的被背书人不承担保证责任。背书附条件，条件无效，背书有效。

[5]【答案】D

【解析】选项A：委托收款背书的被背书人有权代背书人行使被委托的票据权利，但被背书人不得再背书转让票据权利；选项B：部分背书是指将票据金额的一部分转让的背书或者将票据金额分别转让给二人以上的背书；部分背书属于无效背书；选项 C：背书未记载日期的，视为在票据到期日前背书。

[6]【答案】C

【解析】承兑是指汇票付款人承诺在汇票到期日支付汇票金额并签章的行为，仅适用于商业汇票。

[7]【答案】B

【解析】根据规定，见票后定期付款的汇票，持票人应当自出票日起 1 个月内向付款人提示承兑。

[8]【答案】BCD

【解析】选项 A：付款人对向其提示承兑的汇票，应当自收到提示承兑的汇票之日起 3 日内承兑或者拒绝承兑；选项 BC：银行承兑汇票的出票人或持票人向银行提示承兑时，银行的信贷部门负责按照有关规定和审批程序，对出票人的资格、资信、购销合同和汇票记载的内容进行认真审查，必要时可由出票人提供担保；选项 D：符合规定和承兑条件的，与出票人签订承兑协议。

[9]【答案】D

【解析】国家机关、以公益为目的的事业单位、社会团体、企业法人的分支机构和职能部门作为票据保证人的，票据保证无效。

[10]【答案】ABCD

[11]【答案】A

【解析】以欺诈、偷盗或者胁迫等手段取得票据的，或者明知有上述情形，出于恶意取得票据的，不享有票据权利。

[12]【答案】√

[13]【答案】C

[14]【答案】ABC

【解析】票据丧失后可以采取的补救措施有挂失止付、公示催告和普通诉讼。

[15]【答案】ABC

【解析】丧失后可以挂失止付的票据有已承兑的商业汇票、支票、填明"现金"字样和代理付款人的银行汇票和填明"现金"字样的银行本票。

[16]【答案】B

【解析】挂失止付不是公示催告的必经程序，因此选项 A 说法不正确；行使和保全票据权利，应当在票据当事人的营业场所和营业时间内进行，故选项 C 不正确；公示催告应在全国性的报刊上刊登，故选项 D 不正确。

[17]【答案】C

【解析】持票人委托的收款银行的责任，限于按照票据上记载事项将票据金额转入持票人账户。

[18]

1. 【答案】ABCD

2. 【答案】A

【解析】票据的被保证人为主债务人。保证人在票据或者粘单上未记载"被保证人名称"的，已承兑的票据，承兑人为被保证人；未承兑的票据，出票人为被保证人。

3. 【答案】ABCD

【解析】出票人、保证人、背书人对持票人承担连带责任。持票人行使追索权，可以不按照票据债务人的先后顺序，对其中任何一人、数人或者全体行使追索权。持票人对票据债务人中的一人或者数人已经进行追索的，对其他票据债务人仍可以行使追索权。

4. 【答案】ABCD

［19］【答案】√

【解析】用于支取现金的支票，不得背书转让。

［20］【答案】B

【解析】电子银行承兑汇票的承兑人有银行业金融机构和财务公司。

［21］【答案】D

【解析】电子承兑汇票期限自出票日至到期日不超过 1 年。

［22］【答案】BCD

【解析】商业汇票付款期限记载形式有定日付款、出票后定期付款、见票后定期付款。

［23］【答案】BD

【解析】持票人在提示付款期内通过票据市场基础设施提示付款的，承兑人应当在提示付款当日进行应答或者委托其开户行进行应答。承兑人或者承兑人开户行在提示付款当日未作出应答的，视为拒绝付款，票据市场基础设施提供拒绝付款证明并通知持票人。

［24］【答案】ABC

【解析】银行汇票的实际结算金额不得更改，且不得超过出票金额；持票人向银行提示付款时，须同时提交银行汇票和解讫通知；银行汇票的提示付款期限自出票日起 1 个月。申请人或者收款人为单位的，银行不得为其签发现金银行汇票。

［25］【答案】A

【解析】选项 BD：出票银行对于转账银行汇票的退款，只能转入原申请人账户；对于符合规定填明"现金"字样银行汇票的退款，才能退付现金。选项 C：申请人缺少解讫通知要求退款的，出票银行应于银行汇票提示付款期满 1 个月后办理。

［26］【答案】ACD

【解析】未在银行开立存款账户的个人持票人，凭注明"现金"字样的银行本票向出票银行支取现金的，应在银行本票背面签章，记载本人身份证件名称、号码及发证机关，并交验本人身份证件及其复印件。

［27］【答案】ABCD

【解析】收款人持用于支取现金的支票向付款人提示付款时，应在支票背面"收款人签章"处签章，持票人为个人的，还需交验本人身份证件，并在支票背面注明证件名称、号码及发证机关。

［28］【答案】C

【解析】商业承兑汇票的付款人是合同中应给付款项的一方当事人，也是该汇票的承兑人。

［29］【答案】CD

【解析】选项 A，支票是指出票人签发的、委托办理支票存款业务的银行在见票时无条件支付确定的金额给收款人或持票人的票据；选项 B，商业汇票的出票人，为在银行开立存款账户的法人及其他组织。

［30］【答案】C

【解析】用于支取现金的支票仅限于收款人向付款人提示付款。

［31］【答案】ABC

【解析】持票人持用于转账的支票向付款人提示付款时，应在支票背面背书人签章栏签章，并将支票和填制的进账单送交出票人开户银行。

［32］

1.　【答案】BD

【解析】企业银行结算账户自开立之日即可办理收付款业务，选项 A 不正确；自 2019 年年底前，完成取消企业银行账户许可，企业（在境内设立的企业法人、非法人企业和个体工商户，下同）开立基本存款账户、临时存款账户取消核准制，实行备案制，选项 C 不正确。

2. 【答案】ACD

【解析】甲公司开户应提供的是企业基本存款账户编号而不是存款账户开户许可证，选项 B 不正确。

3. 【答案】ABCD

【解析】银行承兑汇票的出票人或持票人向银行提示承兑时，银行的信贷部门负责按照有关规定和审批程序，对出票人的资格、资信、购销合同和汇票记载的内容进行认真审查，必要时可由出票人提供担保。对资信良好的企业申请电子商业汇票承兑的，金融机构可通过审查合同、发票等材料的影印件，企业电子签名的方式，对电子商业汇票的真实交易关系和债权债务关系进行在线审核。对电子商务企业申请电子商业汇票承兑的，金融机构可通过审查电子订单或电子发票的方式，对电子商业汇票的真实交易关系和债权债务关系进行在线审核。符合规定和承兑条件的，与出票人签订承兑协议。银行承兑汇票的承兑银行，应按票面金额向出票人收取万分之五的手续费。

4. 【答案】ABCD

[33]【答案】×

【解析】采用汇兑结算方式的，汇款回单只能作为汇出银行受理汇款的依据，不能作为该笔汇款已转入收款人账户的证明

[34]【答案】√

【解析】在办理汇兑业务时，汇款人对汇出银行尚未汇出的款项可以申请撤销。

[35]【答案】ABCD

[36]【答案】D

【解析】签发托收凭证必须记载的事项有：表明"委托收款"的字样；确定的金额；付款人名称；收款人名称；委托收款凭据名称及附寄单证张数；委托日期；收款人签章；委托收款以银行以外的单位为付款人的，委托收款凭证必须记载付款人开户银行名称；以银行以外的单位或在银行开立存款账户的个人为收款人的，委托收款凭证必须记载收款人开户银行名称；未在银行开立存款账户的个人为收款人的，委托收款凭证必须记载被委托银行名称。

[37]【答案】ACD

【解析】选项 B：个人贷记卡申请的基本条件之一是填写申请表，并在持卡人处亲笔签字。

[38]【答案】B

【解析】信用卡持卡人通过 ATM 机等自助机具办理现金提取业务，每卡每日累计不得超过人民币 1 万元；持卡人通过柜面办理现金提取业务，通过各类渠道办理现金转账业务的每卡每日限额，由发卡机构与持卡人通过协议约定；发卡机构可自主确定是否提供现金充值服务，并与持卡人协议约定每卡每日限额，选项 AC 正确，选项 B 不正确；发卡银行应当对借记卡持卡人在 ATM 机等自助机具取款设定交易上限，每卡每日累计提款不得超过 2 万元人民币，选项 D 正确。

[39]【答案】ABCD

[40]【答案】×

【解析】支付机构为实体特约商户和网络特约商户提供条码支付收单服务的，应当分别取得银行卡收单业务许可和网络支付业务许可。

[41]【答案】B

【解析】使用静态条码支付的，同一客户单个银行账户或所有支付账户单日累计交易金额应不超过 500 元。

第四节　支付机构非现金支付业务

【本节考点、考点母题及考点子题】

考点 15：支付机构非现金支付业务

考点 15-1：支付机构的概念和支付服务的种类

◆ **【考点母题——万变不离其宗】支付机构的概念和支付服务的种类**

（1）【判断金句】支付机构是指依法取得《支付业务许可证》，在收付款人之间作为中介机构提供部分或全部货币资金转移服务的非金融机构。	
（2）下列各项中，属于支付机构可提供的货币资金转移服务有（　　）。	
A. 网络支付	依托公共网络或专用网络在收付款人之间转移货币资金的行为，包括货币汇兑、互联网支付、移动电话支付、固定电话支付、数字电视支付等
B. 预付卡的发行与受理	以盈利为目的发行的、在发行机构之外购买商品或服务的预付价值，包括采取磁条、芯片等技术以卡片、密码等形式发行的预付卡
C. 银行卡收单	指通过销售点（POS）终端等为银行卡特约商户代收货币资金的行为
（3）【判断金句】支付机构依法接受中国人民银行的监督管理，未经中国人民银行批准，任何非金融机构和个人不得从事或变相从事支付业务。	

考点 15-2：网络支付

◆【考点母题——万变不离其宗】网络支付

支付机构	（1）下列各项中，属于从事网络支付的支付机构有（　　）。		
	A.金融型支付企业	独立第三方支付模式，其不负有担保功能，仅仅为用户提供支付产品和支付系统解决方案，侧重行业需求和开拓行业应用，是立足于企业端的金融型支付企业（银联商务）	
	B.互联网支付企业	依托于自有的电子商务网站并提供担保功能的第三方支付模式，以在线支付为主，是立足于个人消费者端的互联网型支付企业（财付通）	
支付账户	（2）【判断金句】支付机构可以为个人客户开立 I 类、II 类、III 类支付账户。		
	账户类型	开通方式	付款交易限额
	I 类	以非面对面方式通过至少一个合法安全的外部渠道进行身份基本信息验证，且首次在该支付机构开立支付账户	自账户开立起累计不超过 1 000 元
	II 类	以面对面方式核实身份或者以非面对面方式通过至少三个合法安全的外部渠道进行身份基本信息多重交叉验证	所有支付账户年累计不超过 10 万元
	III 类	以面对面方式核实身份或以非面对面方式通过至少五个合法安全的外部渠道进行身份基本信息多重交叉验证	所有支付账户年累计不超过 20 万元
【说明】网络支付交易限额同条码支付（除 D 级以外）			
风险管理	（3）【判断金句】除单笔金额不超过 200 元的小额支付业务，公共事业缴费、税费缴纳、信用卡还款等收款人固定并且定期发生的支付业务，支付机构不得代替银行进行交易验证		

♣【考点子题——举一反三，真枪实练】

［1］（经典子题·单选题）下列情形中，属于网络支付的是（　　）。

    A. 董某在机场购物，使用二维码支付购物款

    B. 吴某在超市购物，使用公交一卡通支付购物款

    C. 周某在商场购物，通过 POS 机刷卡支付购物款

    D. 郑某网上购物，通过支付宝支付货款

［2］（经典子题·单选题）贾某以非面对面方式成功开立唯一一个 II 类支付账户，此支付账户的余额付款交易年累计应不超过（　　）元。

    A. 100 000   B. 1 000   C. 20 000   D. 5 000

考点 15-3：预付卡

◆ 【考点母题——万变不离其宗】预付卡

概　念	发卡机构以特定载体和形式发行的，可在发卡机构之外购买商品或者服务的预付价值。	
特　征	记名预付卡（不可透支）	不记名预付卡（不可透支）
资金限额	单张不超过 5 000 元	单张不超过 1 000 元
期　限	可挂失，可赎回，无限期	不挂失，不赎回，有效期不低于 3 年
实名制	必须	一次性购买不记名预付卡 1 万元以上
充　值	（1）根据支付结算法律制度的规定，下列关于预付卡充值的表述中，正确的有（　　）。 A. 单位一次性购买预付卡 5 000 元以上，个人一次性购买 5 万元以上，不得使用现金 B. 不得使用信用卡购买或充值 C. 预付卡现金充值通过发卡机构网点进行，但单张预付卡同日累计现金充值在 200 元以下的，可通过自助充值终端、销售合作机构代理等方式充值	
使　用	（2）根据支付结算法律制度的规定，下列关于预付卡使用的表述中，正确的有（　　）。 A. 预付卡在发卡机构拓展、签约的特约商户中使用 B. 不得用于或变相用于提取现金 C. 不得用于购买、交换非本发卡机构发行的预付卡或向其他预付卡充值 D. 卡内资金不得向银行账户或向非本发卡机构开立的网络支付账户转移	
赎　回	（3）根据支付结算法律制度的规定，下列关于预付卡赎回的表述中，正确的有（　　）。 A. 记名预付卡可在购卡 3 个月后办理赎回，赎回时，持卡人应当出示预付卡及持卡人和购卡人的有效身份证件。由他人代理赎回的，应当同时出示代理人和被代理人的有效身份证件 B. 单位购买的记名预付卡，只能由单位办理赎回	

续表

发卡机构	（4）根据支付结算法律制度的规定，下列关于预付卡发卡机构的表述中，正确的有（ ）。
	A. 预付卡发卡机构必须是经中国人民银行核准，取得《支付业务许可证》的支付机构
	B. 发卡机构要采取有效措施加强对购卡人和持卡人信息的保护
	C. 发卡机构对客户备付金需100%集中缴存中国人民银行

【考点子题——举一反三，真枪实练】

[3]（历年真题·单选题）王某购买了一张记名预付卡，根据支付结算法律制度，该张预付卡的最高限额是（   ）。

A. 5 000元　　　B. 50 000元　　　C. 10 000元　　　D. 1 000元

[4]（历年真题·多选题）李某购买不记名预付卡6万元，下列关于办理机构的做法符合规定的有（   ）。

A. 要求李某提供身份证原件复印件　　　B. 要求李某现金支付

C. 登记李某支付总金额　　　D. 要求李某实名办理

[5]（历年真题·单选题）根据支付结算法律制度的规定，下列关于记名预付卡的表述中，正确的是（   ）。

A. 不得设置有效期　　　B. 不能赎回

C. 不能挂失　　　D. 卡内资金无限额

[6]（历年真题·不定项选择题）2021年8月7日，王某为购物消费便利，到甲支付机构一次性购买一张记名预付卡和若干张不记名预付卡，共计金额6万元。购卡后，王某在生活中广泛使用。2022年5月王某因被派驻国外工作，将剩余的不记名预付卡交由妻子刘某使用，同时委托妻子刘某将记名预付卡代理自己赎回。

要求：根据上述资料，不考虑其他因素，分析回答下列小题。

1. 甲支付机构向王某出售预付卡时，下列信息中，应当登记的是（   ）。

A. 王某的身份证件名称和号码　　　B. 王某的联系方式

C. 购卡总金额　　　D. 预付卡卡号

2. 王某本次购买预付卡，下列拟使用的资金结算方式中，正确的是（   ）。

A. 现金支付6万元　　　B. 手机银行转账6万元

C. 借记卡刷POS机6万元　　　D. 信用卡刷POS机6万元

3. 下列事项中，王某可以使用记名预付卡办理的是（   ）。

A. 在甲支付机构签约的特约商户中购物消费　　　B. 在商场购买预付卡

C. 将卡内资金转入第三方支付账户　　　D. 购买交通卡

4. 刘某为王某代理赎回预付卡时，下列资料中，必须出示的是（   ）。

A. 王某的记名预付卡

B. 王某的有效身份证件

C. 刘某的有效身份证件

D. 刘某与王某的结婚证件

［本节考点子题答案及解析］

［1］【答案】D

【解析】网络支付依托公共网络或专用网络在收付款人之间转移货币资金的行为，包括货币汇兑、互联网支付、移动电话支付、固定电话支付、数字电视支付等。

［2］【答案】A

【解析】自主或委托合作机构以面对面方式核实身份的个人客户或者以非面对面方式通过至少三个合法安全的外部渠道进行身份基本信息多重交叉验证的个人客户，可以开立Ⅱ类支付账户，账户余额可用于消费和转账，所有支付账户的余额付款交易年累计不超过10万元。

［3］【答案】A

【解析】单张记名预付卡资金限额不得超过5 000元。

［4］【答案】ACD

【解析】个人或单位购买记名预付卡或一次性购买不记名预付卡1万元以上的，应当使用实名并向发卡机构提供有效身份证件。使用实名购买预付卡的，发卡机构应当登记购卡人姓名或单位名称、单位经办人姓名、有效身份证件名称和号码、联系方式、购卡数量、购卡日期、购卡总金额、预付卡卡号及金额等信息。

［5］【答案】A

【解析】记名预付卡可挂失，可赎回，不得设置有效期；记名预付卡可在购卡3个月后办理赎回。单张记名预付卡资金限额不得超过5 000元。

［6］1.【答案】ABCD

【解析】使用实名购买预付卡的，发卡机构应当登记购卡人姓名或单位名称、单位经办人姓名、有效身份证件名称和号码、联系方式、购卡数量、购卡日期、购卡总金额、预付卡卡号及金额等信息。

2.【答案】BC

【解析】个人一次性购买预付卡5万元以上的，应当通过银行转账等非现金结算方式购买，不得使用现金。购卡人不得使用信用卡购买预付卡。

3.【答案】A

【解析】预付卡在发卡机构拓展、签约的特约商户中使用，不得用于或变相用于提取现金，不得用于购买、交换非本发卡机构发行的预付卡、单一行业卡及其他商业预付卡或向其充值，卡内资金不得向银行账户或向非本发卡机构开立的网络支付账户转移。

4.【答案】ABC

【解析】记名预付卡可在购卡3个月后办理赎回，赎回时，持卡人应当出示预付卡及持卡人和购卡人的有效身份证件。由他人代理赎回的，应当同时出示代理人和被代理人的有效身份证件。

第五节　支付结算纪律与法律责任

【本节考点、考点母题及考点子题】

考点 16：结算纪律

◆【考点母题——万变不离其宗】结算纪律

单位和个人应当遵守的结算纪律	（1）根据支付结算法律制度的规定，下列各项中，属于单位和个人应当遵守的结算纪律有（　　）。 A. 不准签发没有资金保证的票据或远期支票，套取银行信用 B. 不准签发、取得和转让没有真实交易和债权债务的票据，套取银行和他人资金 C. 不准无理拒绝付款，任意占用他人资金 D. 不准违反规定开立和使用账户

续表

	（2）根据支付结算法律制度的规定，下列各项中，属于银行应当遵守的结算纪律有（ ）。
银行应当遵守的结算纪律	A. 银行办理支付结算，不准以任何理由压票、任意退票、截留挪用客户和他行资金 B. 不准无理拒绝支付应由银行支付的票据款项 C. 不准受理无理拒付、不扣少扣滞纳金 D. 不准违章签发、承兑、贴现票据，套取银行资金 E. 不准签发空头银行汇票、银行本票和办理空头汇款 F. 不准在支付结算制度之外规定附加条件，影响汇路畅通 G. 不准违反规定为单位和个人开立账户 H. 不准拒绝受理、代理他行正常结算业务

考点 17： 违反支付结算法律制度的法律责任

◆【考点母题——万变不离其宗】签发空头支票、印章与预留印鉴不符支票，未构成犯罪行为的法律责任

下列关于单位或者个人签发空头支票、印章与预留印鉴不符、使用支付密码但支付密码错误的支票但不以骗取财物为目的行为应承担法律责任的表述中，正确的有（ ）。

A. 由中国人民银行处以票面金额 5% 但不低于 1 000 元的罚款
B. 持票人有权要求出票人赔偿支票金额 2% 的赔偿金
C. 屡次签发空头支票的，银行有权停止为其办理支票或全部支付结算业务

♣【考点子题——举一反三，真枪实练】

[1]（经典例题·单选题）一张支票金额为 15 万元，持票人向银行提示付款时，发现出票人甲公司的银行账户金额为 10 万元。根据有关规定，如能确定甲公司不是以骗取财物为目的，中国人民银行对出票人应处以的罚款数额为（ ）。

A. 10 500 元　　　　　　　　B. 7 500 元
C. 1 050 元　　　　　　　　D. 750 元

◆【考点母题——万变不离其宗】无理拒付，占用他人资金行为的法律责任

（1）根据支付结算法律制度的规定，下列行为中，属于无理拒付、占用他人资金行为的有（　　）。
A. 票据的付款人对见票即付或者到期的票据，故意压票、拖延支付 B. 银行机构违反票据承兑等结算业务规定，不予兑现，不予收付入账，压单、压票或者违反规定退票
（2）根据支付结算法律制度的规定，下列关于无理拒付、占用他人资金行为法律责任的表述中，正确的是（　　）。
A. 由国务院银行保险监督管理机构责令其改正，有违法所得的，没收违法所得，违法所得5万元以上的，并处违法所得1倍以上5倍以下罚款；没有违法所得或者违法所得不足5万元的，处5万元以上50万元以下罚款

◆【考点母题——万变不离其宗】票据欺诈等行为的刑事责任

	（1）下列票据欺诈行为中，应承担刑事责任的有（　　）。
票据欺诈行为	A. 伪造、变造票据、托收凭证、汇款凭证、信用证，伪造信用卡等 B. 故意使用伪造、变造的票据的 C. 签发空头支票或者故意签发与其预留的本名签名式样或者印鉴不符的支票，骗取财物的 D. 签发无可靠资金来源的汇票、本票，骗取资金的 E. 汇票、本票的出票人在出票时作虚假记载，骗取财物的 F. 冒用他人的票据，或者故意使用过期或者作废的票据，骗取财物的 G. 付款人同出票人、持票人恶意串通，实施前六项行为之一的
	（2）下列妨害信用卡管理的行为中，应承担刑事责任的有（　　）。
妨害信用卡管理行为	A. 明知是伪造的信用卡而持有、运输的，或者明知是伪造的空白信用卡而持有、运输，数量较大的 B. 非法持有他人信用卡，数量较大的 C. 使用虚假的身份证明骗领信用卡的 D. 出售、购买、为他人提供伪造的信用卡或者以虚假的身份证明骗领信用卡的 E. 窃取、收买或者非法提供他人信用卡信息资料的
	（3）下列数额较大的信用卡诈骗行为中，应承担刑事责任的有（　　）。
数额较大的信用卡诈骗行为	A. 使用伪造的信用卡，或者使用以虚假的身份证明骗领的信用卡的 B. 使用作废的信用卡的 C. 冒用他人信用卡的 D. 恶意透支的

♧【考点子题——举一反三，真枪实练】

[2]（历年真题·多选题）下列情形中，当事人应负刑事责任的有（　　）。

A. 赵某非法大量持有他人信用卡

B. 钱某使用虚假身份证骗领信用卡

C. 孙某在网上出售伪造的信用卡

D. 李某在网上出售他人信用卡信息资料

[3]（历年真题·多选题）下列利用信用卡进行诈骗活动的情形中，数额较大应追究刑事责任的有（　　）。

A. 恶意透支的

B. 冒用他人信用卡的

C. 使用以虚假身份证明骗领的信用卡的

D. 使用伪造的信用卡的

◆◆【考点母题——万变不离其宗】非法出租、出借、出售、购买银行结算账户或支付账户行为的法律责任

【判断金句】银行和支付机构对经公安机关认定的出租、出借、出售、购买银行结算账户（含银行卡）或者支付账户的单位和个人及相关组织者，假冒他人身份或者虚构代理关系开立银行结算账户或者支付账户的单位和个人，5年内暂停其银行账户非柜面业务、支付账户所有业务，并不得为其新开立账户。

［本节考点子题答案及解析］

[1]【答案】B

【解析】单位或个人签发空头支票或者签发与其预留的签章不符、使用支付密码但支付密码错误的支票，不以骗取财物为目的的，由中国人民银行处以票面金额5%但不低于1 000元的罚款。15000×5%=7 500元。

[2]【答案】ABCD

[3]【答案】ABCD

第 4 章

税法概述及货物和劳务税法律制度

本章知识框架

本章由税收法律制度概述、增值税、消费税、城市维护建设税和教育费附加、车辆购置税和关税法律制度构成。其中增值税法律制度和消费税法律制度是初级考试的重点内容，这两节在考试中也极易出到不定项选择题。本章具体知识结构分布图如下：

图 4-1　第 4 章知识框架图

第一节　税收法律制度概述

【本节考点、考点母题及考点子题】

考点 1：税收法律关系与税法要素

◆【考点母题——万变不离其宗】税收法律关系与税法要素

税收特征	（1）下列各项中，属于税收法律特征的有（ ）。		
	A. 强制性　　　B. 无偿性　　　C. 固定性		
税收法律关系	主体	（2）下列主体中，有权代表国家行使征税职责的有（ ）。	
		A. 税务机关　　　　B. 海关	
		（3）履行纳税义务的主体有（ ）。	
		A. 法人　　　　　B. 自然人　　　　C. 其他组织	
		（4）【判断金句】我国对税收法律关系主体的确定，采取属地兼属人的原则。	
	客体	（5）【判断金句】税收法律关系的客体是指主体的权利、义务所共同指向的对象，即征税对象。	
	内容	（6）【判断金句】税收法律关系的内容是指主体所享受的权利和所应当承担的义务。	
税法要素	（7）下列各项中，构成税法要素的有（ ）。		
	A. 纳税人（谁交）		
	B. 征税对象（按啥交）	a. 区分不同税种的重要标志	
	C. 税率（交多少）	a. 比例税率　　b. 超额累进税率　　c. 超率累进税率　　d. 定额税率	
	D. 计税依据（交多少）　　　E. 纳税环节（啥时产生）		
	F. 纳税期限（啥时交）　　　G. 纳税地点（在哪儿交）		
	H. 税收优惠（福利）	a. 减税和免税　b. 起征点　　　　c. 免征额	
	I. 法律责任（不交的后果）		

☘【考点子题——举一反三，真枪实练】

[1]（历年真题·多选题）下列各项中，属于税法要素的有（　　）。

    A. 纳税人　　　　　　　　　B. 征税对象

    C. 税收优惠　　　　　　　　D. 税率

考点 2： 现行税种与征收机关

◆【考点母题——万变不离其宗】现行税种与征税机关

（1）根据税收法律制度的规定，下列主体中，属于我国税收征收管理机关的有（　　）。
A.税务机关　　　　B.海关
（2）根据税收法律制度的规定，下列税种中，属于海关征收的有（　　）。
A.关税　　　　B.船舶吨税　　　　C.进口环节增值税　　　　D.进口环节消费税

☘【考点子题——举一反三，真枪实练】

[2]（历年真题·多选题）下列税费中，属于税务机关负责征收和管理的有（　　）。

    A. 进口环节增值税　　　　　B. 个人所得税

    C. 船舶吨税　　　　　　　　D. 社会保险费

〔本节考点子题答案及解析〕

[1]【答案】ABCD

[2]【答案】BD

  【解析】出口产品退税（增值税、消费税）以及部分非税收入和社会保险费也由税务机关负责。

第二节　增值税法律制度

【本节考点、考点母题及考点子题】

考点 3：增值税纳税人和扣缴义务人

◆【考点母题——万变不离其宗】纳税人

根据增值税法律制度的规定，下列关于增值税纳税义务人的表述中，正确的有（　　）。

A. 在中华人民共和国境内销售货物或加工、修理修配劳务（劳务）、销售服务、无形资产、不动产、以及进口货物的单位或个人

B. 单位以承包、承租、挂靠方式经营的，承包人以发包人名义对外经营并由发包人承担相关法律责任的，以该发包人为纳税人；否则，承包人为纳税人

C. 资管产品运营过程中发生的增值税应税行为，以资管产品管理人为增值税纳税人

◆【考点母题——万变不离其宗】纳税人分类

（1）增值税纳税人认定标准是（　　）。		
纳税人性质	A.规模	B.会计核算的健全程度
一般纳税人	年应税销售额 >500 万元	健全
小规模纳税人	年应税销售额 ≤ 500 万元	不健全
（2）年应税销售额是指纳税人在连续不超过 12 个月或 4 个季度的经营期内累计应征增值税销售额。下列各项中，属于年应税销售额组成部分的有（　　）。		
A.纳税申报销售额　　　B.稽查查补销售额　　　C.纳税评估调整销售额		

◆【考点母题——万变不离其宗】一般纳税人

一般纳税人的一般规定	（1）根据增值税法律制度的规定，下列关于增值税一般纳税人的表述中，正确的有（　　）。
	A.按照增值税一般计税方法计算应纳税额，并可以按照规定领用增值税专用发票 B.纳税人登记为一般纳税人后，不得转为小规模纳税人，国家税务总局另有规定的除外
不办理一般纳税人登记的情形	（2）根据增值税法律制度的规定，下列纳税人中，不办理一般纳税人登记的有（　　）。
	A.按照政策规定，选择按照小规模纳税人纳税的 B.年应税销售额超过规定标准的其他个人

◆【考点母题——万变不离其宗】小规模纳税人

根据增值税法律制度的规定，下列关于增值税小规模纳税人的表述中，正确的有（　　）。
A.小规模纳税人实行简易征税办法 B.小规模纳税人（其他个人除外），需要开具增值税专用发票，可使用增值税发票管理系统自行开具 C.小规模纳税人会计核算健全，能够提供准确税务资料的，可以向税务机关申请登记为一般纳税人

◆【考点母题——万变不离其宗】扣缴义务人

【判断金句】中华人民共和国境外的单位或者个人在境内销售劳务，在境内未设有经营机构的，以其境内代理人为扣缴义务人；在境内没有代理人的，以购买方为扣缴义务人。

♧【考点子题——举一反三，真枪实练】

[1]（历年真题·单选题）根据增值税法律制度的规定，关于增值税纳税人的下列表述中，正确的是（　　）。

    A. 单位以承包、承租、挂靠方式经营的，一律以承包人为纳税人

    B. 资管产品运营过程中发生的增值税应税行为，以资管产品管理人为纳税人

    C. 提供建筑安装服务，以建筑安装服务接收方为纳税人

    D. 转让无形资产，以无形资产受让方为纳税人

考点4：增值税征税范围

◆【考点母题——万变不离其宗】增值税征税范围

货劳服无不进

根据增值税法律制度的规定，在中华人民共和国境内从事的下列活动中，属于增值税征税范围的有（　　）。
A. 销售货物　　　　　B. 销售加工、修理修配劳务　　　　C. 销售服务 D. 销售无形资产　　　E. 销售不动产　　　　　　　　　　F. 进口货物（申报进入中国海关境内的货物）

考点4-1：销售货物

◆【考点母题——万变不离其宗】销售货物

根据增值税法律制度的规定，下列关于增值税销售货物的表述中，正确的有（　　）。
A. 在中国境内销售货物，是指销售货物的起运地或者所在地在境内 B. 销售货物是有偿转让货物的所有权 C. 货物，是指有形动产，包括电力、热力、气体在内 D. 有偿，是指从购买方取得货币、货物或者其他经济利益

考点4-2：销售劳务

◆【考点母题——万变不离其宗】销售劳务

根据增值税法律制度的规定，下列关于增值税销售劳务的表述中，正确的有（　　）。
A. 在中国境内销售劳务，是指提供的劳务发生地在境内 B. 有偿提供加工、修理修配劳务 C. 单位或者个体工商户聘用的员工为本单位或者雇主提供加工、修理修配劳务不属于增值税征税范围

🍀【考点子题——举一反三，真枪实练】

[2]（历年真题·多选题）根据增值税法律制度的规定，下列各项中，属于增值税征税范围的有（   ）。

A. 热力销售
B. 汽车修理
C. 服装加工
D. 软件销售

[3]（历年真题·单选题）根据增值税法律制度的规定，下列各项中，应按照"销售劳务"税目计缴增值税的是（   ）。

A. 有偿提供出租车服务
B. 有偿修理机器设备服务
C. 制衣厂员工为本厂提供的加工服装服务
D. 有偿提供安装空调服务

考点4-3：销售服务

◆【考点母题——万变不离其宗】销售服务

（1）根据增值税法律制度的规定，下列各项中，属于增值税征税范围内的销售服务的有（ ）。		
A.提供交通运输服务　　B.提供邮政服务　　C.提供电信服务　　　D.提供建筑服务 E.提供金融服务　　　　F.提供现代服务　　G.提供生活服务		

	（2）根据增值税法律制度的规定，增值税征税范围中的交通运输服务，包括（ ）。	
交通运输服务	A.陆路运输服务	出租车公司向使用本公司自有出租车的出租车司机收取的管理费用
	B.水路运输服务	程租、期租业务（同时提供船舶和人员）
	C.航空运输服务	湿租业务（同时提供飞机和人员）
		航天运输服务
	D.管道运输服务	
	（3）【判断金句】无运输工具承运业务，按照交通运输服务缴纳增值税。	
邮政服务	A.邮政普遍服务	a.寄递函件、包裹　　b.发行邮票、报刊　　c.邮政汇兑
	B.邮政特殊服务	a.义务兵平常信函　　b.革命烈士遗物 c.机要通信　　　　　d.盲人读物
	C.其他邮政服务	a.销售邮册等邮品　　b.邮政代理
电信服务	A.基础电信服务	a.提供语音通话服务　　b.出租/出售宽带、波长等网络元素的业务活动
	B.增值电信服务	a.短信和彩信服务　　b.电子数据和信息传输及应用服务 c.互联网接入服务　　d.卫星电视信号落地转接服务

建筑服务	（4）根据增值税法律制度的规定，下列各项中，属于建筑服务的有（　　）。	
	A. 工程服务	
	B. 安装服务	固定电话、有线电视、宽带、水、电、燃气、暖气等经营者向用户收取的安装费、初装费、开户费、扩容费
	C. 修缮服务（不动产）　　D. 装饰服务　　E. 其他建筑服务（拆除不动产、园林绿化）	
金融服务	（5）根据增值税法律制度的规定，下列各项中，属于金融服务的有（　　）。	
	A. 贷款服务（利息）	金融商品持有期间（含到期）利息收入；信用卡透支利息收入；买入返售金融商品利息收入；融资融券收取的利息收入；融资性售后回租、押汇、罚息、票据贴现、转贷等业务取得的利息及利息性质的收入；以货币资金投资收取的固定利润或者保底利润
	B. 直接收费金融服务（手续费、佣金、管理费、服务费）	货币兑换、账户管理、电子银行、信用卡、信用证、财务担保、资产管理、信托管理、基金管理、金融交易场所（平台）管理、资金结算、资金清算、金融支付等服务
	C. 金融商品转让（买卖差价）	转让外汇、有价证券、非货物期货、基金、信托、理财产品等各类资产管理产品以及金融衍生品的所有权
	D. 保险服务	人身/财产保险服务
现代服务	（6）根据增值税法律制度的规定，下列各项中，属于增值税"现代服务"税目的有（　　）。	
	A. 租赁服务（动产、不动产）	a. 融资租赁服务 ｜ 不包括融资性售后回租
		b. 经营租赁服务 ①将建筑物、构筑物等不动产或者飞机、车辆等有形动产的广告位出租给其他单位或者个人用于发布广告 ②车辆停放服务、道路通行服务（包括过路费、过桥费、过闸费等）等
	B. 研发和技术服务	a. 研发服务　　　　　　b. 合同能源管理服务 c. 工程勘察勘探服务　　d. 专业技术服务
	C. 信息技术服务	a. 软件服务　　　　　　b. 电路设计及测试服务 c. 信息系统服务　　　　d. 业务流程管理服务 e. 信息系统增值服务
	D. 物流辅助服务	a. 航空服务　　　b. 港口码头服务　　c. 货运客运场站服务 d. 打捞救助服务　e. 装卸搬运服务　　f. 仓储服务　　g. 收派服务
	E. 商务辅助服务	a. 企业管理服务　　　　b. 经纪代理服务 c. 人力资源服务　　　　d. 安全保护服务
	F. 鉴证咨询服务	a. 认证服务　　　　b. 鉴证服务　　　　c. 咨询服务 d. 翻译服务　　　　e. 市场调查服务

续表

现代服务	G. 广播影视服务	a. 广播影视节目（作品）的制作、发行、播映（含放映）服务
	H. 文化创意服务	a. 设计服务　　　　b. 知识产权服务　　c. 广告服务 d. 会议展览服务
生活服务	（7）根据增值税法律制度的规定，下列各项中，属于增值税"生活服务"税目的有（　　）。	
	A. 文化体育服务　　B. 教育医疗服务　　C. 旅游娱乐服务 D. 餐饮住宿服务　　E. 居民日常服务	

【考点子题——举一反三，真枪实练】

[4]（历年真题·单选题）根据增值税法律制度的规定，下列服务中，应按照"金融服务——贷款服务"税目计缴增值税的是（　　）。

　　A. 信用卡透支利息收入　　B. 货币兑换　　C. 资金结算　　D. 转让外汇

[5]（历年真题·单选题）根据增值税法律制度的规定，下列各项中，应按"现代服务——租赁服务"缴纳增值税的是（　　）。

　　A. 水路运输的程租业务　　　B. 航空运输的湿租业务

　　C. 融资性售后回租　　　　　D. 车辆停放业务

考点 4-4：销售无形资产和不动产

【考点母题——万变不离其宗】销售无形资产和不动产

无形资产	（1）根据增值税法律制度的规定，下列各项中，应按照"销售无形资产"税目计缴增值税的有（　　）。	
	A. 转让技术	包括专利技术和非专利技术
	B. 商标　　C. 著作权　　D. 商誉	
	E. 自然资源使用权	土地使用权、海域使用权、探矿权、采矿权、取水权和其他自然资源使用权
	F. 其他权益性无形资产	基础设施资产经营权、公共事业特许权、经营权（包括特许经营权、连锁经营权、其他经营权）、网络游戏虚拟道具、域名、冠名权等
不动产	（2）根据增值税法律制度的规定，下列各项中，应按照"销售不动产"税目计缴增值税的有（　　）。	
	A. 销售建筑物	住宅、商业营业用房、办公楼等
	B. 销售构筑物	道路、桥梁、隧道、水坝等
	【说明】在转让建筑物或者构筑物时一并转让其所占土地的使用权的，按照"销售不动产"缴纳增值税。	

♣【考点子题——举一反三，真枪实练】

[6]（历年真题·多选题）根据增值税法律制度的规定，下列各项中，应按照"销售无形资产"税目计缴增值税的有（　　）。

　　A. 转让网络游戏虚拟道具　　　B. 转让域名

　　C. 转让冠名权　　　　　　　　D. 转让机器设备

[7]（经典子题·多选题）根据增值税法律制度的规定，转让下列无形资产，应按照"销售无形资产—自然资源使用权"税目计缴增值税的有（　　）。

　　A. 土地使用权　　　　　　　　B. 海域使用权

　　C. 采矿权　　　　　　　　　　D. 经营权

考点 4-5：在境内销售服务、无形资产或者不动产的界定

◆【考点母题——万变不离其宗】在境内销售服务、无形资产或者不动产

发生在境内的标准	（1）根据增值税法律制度的规定，下列关于确定销售服务、无形资产或者不动产发生在境内标准的表述中，正确的有（　　）。
	A. 服务（租赁不动产除外）或者无形资产（自然资源使用权除外）的销售方或者购买方在境内 B. 所销售或者租赁的不动产在境内 C. 所销售自然资源使用权的自然资源在境内
不属于在境内的情形	（2）根据增值税法律制度的规定，下列情形中，不属于在境内销售服务或者无形资产的有（　　）。
	A. 境外单位或者个人向境内单位或者个人销售完全在境外发生的服务 B. 境外单位或者个人向境内单位或者个人销售完全在境外使用的无形资产 C. 境外单位或者个人向境内单位或者个人出租完全在境外使用的有形动产

♣【考点子题——举一反三，真枪实练】

[8]（历年真题·单选题）根据增值税法律制度的规定，下列各项中，属于在境内销售服务的是（　　）。

　　A. 境外单位向境内个人销售完全在境外发生的住宿服务

　　B. 境外单位向境内单位销售完全在境外发生的会议服务

　　C. 境外单位向境内单位销售完全在境内发生的建筑服务

　　D. 境内单位出租位于境外的不动产

考点 4-6：非经营活动和不征税项目

❖【考点母题——万变不离其宗】非经营活动和不征税项目

非经营活动	（1）根据增值税法律制度的规定，下列各项中，属于非经营活动无须缴纳增值税的有（　）。	
	A.行政单位收取的同时满足条件的政府性基金或者行政事业性收费	由国务院或者财政部批准设立的政府性基金，由国务院或者省级人民政府及其财政、价格主管部门批准设立的行政事业性收费
		收取时开具省级以上财政部门印制的财政票据
		所收款项全额上缴财政
	B.单位或者个体工商户聘用的员工为本单位或者雇主提供取得工资的服务 C.单位或者个体工商户为聘用的员工提供服务	
不征收增值税项目	（2）根据增值税法律制度的规定，下列项目中，不征收增值税的有（　）。	
	A.根据国家指令无偿提供的铁路运输服务、航空运输服务（用于公益事业） B.存款利息 C.被保险人获得的保险赔付 D.房地产主管部门或者其指定机构、公积金管理中心、开发企业以及物业管理单位代收的住宅专项维修资金 E.在资产重组过程中，通过合并、分立、出售、置换等方式，将全部或者部分实物资产以及与其相关联的债权、负债和劳动力一并转让给其他单位和个人，其中涉及的货物、不动产、土地使用权转让行为 F.纳税人取得的财政补贴收入，与其销售货物、劳务、服务、无形资产、不动产的收入或者数量直接挂钩的，应按规定计算缴纳增值税；不直接挂钩取得的其他情形的财政补贴收入不征收增值税	

♣【考点子题——举一反三，真枪实练】

[9]（历年真题·判断题）单位聘用的员工为本单位提供取得工资的服务属于非经营活动，不缴纳增值税。（　）

[10]（历年真题·单选题）根据增值税法律制度的规定，下列各项中，应征收增值税的是（　）。

A. 物业管理单位代收的住宅专项维修资金

B. 商业银行提供直接收费金融服务收取的手续费

C. 存款人取得的存款利息

D. 被保险人获得的保险赔偿

考点 4-7：视同销售行为

◆【考点母题——万变不离其宗】视同销售行为

视同销售货物	（1）根据增值税法律制度的规定，单位或者个体工商户的下列行为中，视同销售货物征收增值税的有（　　）。 A. 将货物交付其他单位或者个人代销　　B. 销售代销货物 C. 设有两个以上机构并实行统一核算的纳税人，将货物从一个机构移送至其他机构用于销售，但相关机构设在同一县（市）的除外 D. 将自产、委托加工的货物用于集体福利或者个人消费 E. 将自产、委托加工或者购进的货物作为投资，提供给其他单位或者个体工商户 F. 将自产、委托加工或者购进的货物分配给股东或者投资者 G. 将自产、委托加工或者购进的货物无偿赠送其他单位或者个人
视同销售服务、无形资产或者不动产	（2）根据增值税法律制度的规定，下列情形中，视同销售服务、无形资产或者不动产征收增值税的是（　　）。
	A. 单位或者个体工商户向其他单位或者个人无偿提供服务、单位或者个人无偿转让无形资产或者不动产，但用于公益事业或者以社会公众为对象的除外

❀【考点子题——举一反三，真枪实练】

[11]（历年真题·多选题）根据增值税法律制度的规定，企业发生的下列行为中，属于视同销售货物行为的有（　　）。

A. 将自产的产品用于建造办公楼　　　　B. 将外购的材料用于建造厂房

C. 将自产的产品分配给股东　　　　　　D. 将自产的产品用于集体福利

考点 4-8：混合销售和兼营

◆【考点母题——万变不离其宗】混合销售和兼营

混合销售（一项行为）	（1）根据增值税法律制度的规定，下列关于混合销售的表述中，正确的有（　　）。
	A. 一项销售行为如果既涉及货物又涉及服务，为混合销售 B. 从事货物的生产、批发或者零售的单位和个体工商户的混合销售行为，按照销售货物缴纳增值税；其他单位和个体工商户的混合销售行为，按照销售服务缴纳增值税 C. 纳税人销售活动板房、机器设备、钢结构件等自产货物的同时提供建筑、安装服务，不属于混合销售，应分别核算货物和建筑服务的销售额，分别适用不同的税率或者征收率

兼营 （不同行为）	（2）根据增值税法律制度的规定，下列关于兼营的表述中，正确的有（　　）。
	A.纳税人发生兼营行为，应当分别核算适用不同税率或征收率的销售额；未分别核算销售额的，兼有不同税率、征收率的销售货物、劳务、服务、无形资产或者不动产，从高适用税率 B.纳税人兼营免税、减税项目的，应当分别核算免税、减税项目的销售额；未分别核算的，不得免税、减税

【考点子题——举一反三，真枪实练】

[12]（历年真题·单选题）根据增值税法律制度的规定，下列各项中，属于兼营行为的是（　　）。

  A. 购物中心既销售商品又提供餐饮服务

  B. 装修公司在提供装修服务的同时销售装修材料

  C. 家用空调专卖店在销售家用空调的同时提供安装服务

  D. 门窗商店在销售门窗的同时提供送货服务

[13]（历年真题·多选题）甲公司为增值税一般纳税人，主要从事机器设备的生产与销售业务。2022年8月销售自产机器设备同时提供安装服务，取得机器设备不含增值税销售额1000000元，不含增值税安装费309000元。甲公司提供的安装服务选择简易计税方法计税。已知：增值税税率为13%；增值税征收率为3%；取得的扣税凭证均符合规定，并于当月抵扣。下列关于甲公司当月销售自产机器设备同时提供安装服务的增值税处理中，正确的有（　　）。

  A. 销售机器设备同时提供安装服务增值税销项税额为：

    [1000000+309000÷（1+3%）]×13%=169000（元）

  B. 销售机器设备增值税销项税额为：1000000×13%=130000（元）

  C. 提供安装服务应缴纳增值税税额为：309000×3%=9270（元）

  D. 销售机器设备同时提供安装服务应缴纳的增值税税额为：

    （1000000+309000）×3%=39270（元）

考点 5：增值税税率和征收率

❖【考点题源】增值税税率和征收率

一般计税方法（一般纳税人）	税率：13%、9%、6%、0%
简易计税方法（小规模纳税人、一般纳税人选择简易计税）	征收率：3%、5%

❖【考点母题——万变不离其宗】增值税征收率特殊规定

<table>
<tr><td rowspan="5">适用 5%
征收率情形</td><td colspan="2">（1）根据增值税法律制度的规定，下列情形中，按照 5% 的征收率征收增值税的有（　　）。</td></tr>
<tr><td>A. 小规模纳税人</td><td>转让不动产、出租不动产（不含个人出租住房）</td></tr>
<tr><td>B. 一般纳税人选择简易计税</td><td>转让不动产、出租不动产（2016 年 4 月 30 日前、老项目）</td></tr>
<tr><td colspan="2">C. 纳税人提供劳务派遣服务，选择差额纳税的
销售额 = 全部价款 + 价外费用 – 劳务派遣员工的工资、福利和为其办理社会保险及住房公积金</td></tr>
<tr><td colspan="2">【注意】简易计税方法下，向个人出租住房，按照 5% 的征收率减按 1.5% 计算缴纳增值税</td></tr>
</table>

续表

一般纳税人选择按照简易计税适用3%征收率的情形（36个月不能变）	（2）根据增值税法律制度的规定，一般纳税人销售的下列自产货物或服务中，可选择按照简易办法依照3%征收率计算缴纳增值税的有（　　）。			
	A.县级及县级以下小型水力发电单位生产的电力 B.建筑用和生产建筑材料所用的砂、土、石料 C.以自己采掘的砂、土、石料或其他矿物连续生产的砖、瓦、石灰 D.用微生物、微生物代谢产物、动物毒素、人或动物的血液或组织制成的生物制品 E.自来水 F.水泥混凝土 G.寄售商店代销寄售物品（包括居民个人寄售的物品在内） H.典当业销售死当物品 I.公共交通运输服务 G.经认定的动漫企业开发动漫产品提供的服务，以及在境内转让动漫版权 K.电影放映服务、仓储服务、装卸搬运服务、收派服务和文化体育服务 L.有形动产经营租赁服务（"营改增"试点之前取得有形动产或签订租赁合同） M.属于老项目的建筑服务			

销售自己使用过的物品	A.一般纳税人	销售自己使用过的固定资产	该固定资产购进时不得抵扣且未抵扣进项税额	简易办法依照3%的征收率减按2%征收（放弃减税，依照3%征收率缴纳，可开具增值税专用发票）	含税销售额/（1+3%）×2%
			购进固定资产时按规定抵扣进项税	按照适用税率征收增值税	销售额×税率
		销售自己使用过的除固定资产以外的物品			
	B.小规模纳税人	销售自己使用过的固定资产		减按2%征收率征收增值税（放弃减税，可开专票）	含税销售额/（1+3%）×2%
		销售自己使用过的除固定资产以外的物品		按3%的征收率征收增值税	含税销售额/（1+3%）×3%

销售旧货	A.按照简易办法依照3%的征收率减按2%征收增值税 B.自2020年5月1日至2023年12月31日，从事二手车经销业务的纳税人销售其收购的二手车，减按0.5%征收增值税，公式：销售额=含税销售额÷（1+0.5%）

♧【考点子题——举一反三，真枪实练】

[14]（历年真题·单选题）甲劳务派遣公司为一般纳税人，向某单位提供劳务派遣服务，每个月向用工单位收200万元的员工工资和社会保险等费用，同时收10万元的手

续费，共计 210 万元，该公司选择按照简易计税方法计税，则该公司每月应纳的增值税是（　　）万元。

A. 0.48　　　　B. 0.29　　　　C. 10　　　　D. 9.52

[15]（历年真题·单选题）某一从事二手车经销业务的公司，2022 年 5 月销售其收购的二手车取得含增值税销售额 68000 元。从事二手车经销业务的纳税人销售其收购的二手车，减按 0.5% 征收增值税。该公司应缴纳的增值税为（　　）元。

A. 310　　　B. 328.7　　　C. 330.6　　　D. 338.31

[16]（历年真题·单选题）根据增值税法律制度的规定，一般纳税人发生的下列行为中，不可以选择适用简易计税方法的是（　　）。

A. 仓储服务　　B. 收派服务　　C. 装卸搬运服务　　D. 咨询服务

考点 6：增值税应纳税额的计算

考点 6-1：一般计税方法应按税额的计算

◆【考点题源】一般计税方法应纳税额的计算

公式：应纳税额 = 当期销项税额 − 当期进项税额
当期销项税额小于当期进项税额不足抵扣时，其不足部分可以结转下期继续抵扣

考点 6-1-1：销售额的确定

【考点母题——万变不离其宗】销售额的确定

销售额的概念	销项税额 = 销售额（不含税）× 适用税率 不含税销售额 = 含税销售额 ÷（1+ 增值税税率） 销售额 = 全部价款 + 价外费用
	【注意1】价外费用例如包装费、包装物租金、运输装卸费、手续费、违约金等 【注意2】价外费用均为含税价格，应先换算为不含税价，再并入销售额
	（1）根据增值税法律制度的规定，纳税人发生应税销售行为向购买方收取的下列款项中，不属于价外费用的有（　　）。 A. 受托加工应征消费税的消费品所代收代缴的消费税 B. 符合条件的代为收取的政府性基金或者行政事业性收费 C. 销售货物的同时代办保险等而向购买方收取的保险费，以及向购买方收取的代购买方缴纳的车辆购置税、车辆牌照费 D. 以委托方名义开具发票代委托方收取的款项
	E. 同时符合以下条件的代垫运输费用 / 承运部门的运输费用发票开具给购买方的 纳税人将该项发票转交给购买方的
核定销售额	（2）纳税人发生应税销售行为，价格明显偏低并无正当理由的，或者视同发生应税销售行为而无销售额的，由主管税务机关按照下列顺序核定销售额（　　）。 A. 按照纳税人最近时期发生同类应税销售行为的平均价格确定 B. 按照其他纳税人最近时期发生同类应税销售行为的平均价格确定 C. 按照组成计税价格确定。组成计税价格的公式为： 组成计税价格 = 成本 ×（1+ 成本利润率）
特殊销售方式	（3）根据增值税法律制度的规定，下列关于折扣方式销售的增值税税务处理的表述中，正确的有（　　）。
	A. 销售额和折扣额在同一张发票上分别注明的，可以按折扣后的销售额征收增值税 B. 将折扣额另开发票的，不论其在财务上如何处理，均不得从销售额中减除折扣额
	（4）根据增值税法律制度的规定，下列关于以旧换新方式销售货物时销售额确定的表述中，正确的有（　　）。
	A. 对金银首饰以旧换新业务，可以按销售方实际收取的不含增值税的全部价款征收增值税 B. 纳税人采取以旧换新方式销售除金银首饰以外的货物的，应按新货物的同期销售价格确定销售额，不得扣减旧货物的收购价格
	（5）根据增值税法律制度的规定，下列关于销售折让、中止或者退回的增值税税务处理的表述中，正确的有（　　）。

特殊销售方式		A.纳税人适用一般计税方法计税的，因销售折让、中止或者退回而退还给购买方的增值税额，应当从当期的销项税额中扣减 B.因销售折让、中止或者退回而收回的增值税额，应当从当期的进项税额中扣减 C.纳税人发生应税销售行为，开具增值税专用发票后，发生开票有误或者销售折让、中止、退回等情形的，应当按照国家税务总局的规定开具红字增值税专用发票；未按照规定开具红字增值税专用发票的，不得扣减销项税额或者销售额
	（6）还本销售	其销售额就是货物的销售价格，不得从销售额中减除还本支出
	（7）以物易物	以各自发出的货物核算销售额计算销项税额，以各自收到的货物核算购货额计算进项税额（应分别开具增值税专用发票或其他合法票据）
	（8）直销方式销售	直销企业将货物销售给直销员，直销员再销售给消费者，分别确认销售额；直销企业直接向消费者收取货款，直销企业确认货物销售额。
包装物押金	一般规定	（9）根据增值税法律制度的规定，下列关于包装物押金税务处理的表述中，正确的有（ ）。
		A.纳税人为销售货物而出租、出借包装物收取的押金，单独记账核算的，且时间在1年以内，又未过期的，不并入销售额征税 B.纳税人对因逾期未收回包装物不再退还的押金，应按所包装货物的适用税率计算增值税款
	逾期包装物押金	（10）根据增值税法律制度的规定，下列关于逾期包装物押金税务处理的表述中，正确的有（ ）。
		A."逾期"是指按合同约定实际逾期或以1年为期限，对收取1年以上的押金，无论是否退还均并入销售额征税 B.包装物押金是含税收入，在并入销售额征税时，需要先将该押金换算为不含税收入，再计算应纳增值税款 C.包装物押金不同于包装物租金，包装物租金属于价外费用，在销售货物时随同货款一并计算增值税款 D.对销售除啤酒、黄酒外的其他酒类产品而收取的包装物押金，无论是否返还以及会计上如何核算，均应并入当期销售额征收增值税
"营改增"行业销售额	（11）金融服务	A.贷款服务，以提供贷款服务取得的全部利息及利息性质的收入为销售额
		B.直接收费金融服务，以直接收取的手续费、佣金、管理费、服务费等各类费用为销售额
		C.金融商品转让销售额＝卖出价－买入价 【注意】 1.转让金融商品出现正负差，按盈亏相抵后的余额为销售额。 2.相抵后出现负差，可结转下一纳税期与下期转让金融商品销售额相抵，但年末时仍出现负差的，不得转入下一个会计年度

续表

"营改增"行业销售额	（12）房地产开发企业	销售额（选择简易计税方法的房地产老项目除外）=（全部价款+价外费用）-受让土地时向政府部门支付的土地价款
	（13）经纪代理服务	销售额=（全部价款+价外费用）-向委托方收取并代为支付的政府性基金或者行政事业性收费
	（14）客运场站服务	销售额=（全部价款+价外费用）-支付给承运方的运费
	（15）旅游服务	销售额=（全部价款+价外费用）-向旅游服务购买方收取并支付给其他单位或者个人的相关费用（住宿费、餐饮费、交通费、签证费、门票费等）
	（16）航空运输服务	销售额=（全部价款+价外费用）-民航发展基金（机场建设费）-代售其他航空运输企业客票而代收转付的价款
	（17）建筑服务	销售额（适用简易计税方法）=全部价款和价外费用-分包款

🌼【考点子题——举一反三，真枪实练】

[17]（历年真题·多选题）根据增值税法律制度的规定，一般纳税人收取的下列款项中，应并入销售额计算销项税额的有（　　）。

　　A. 手续费　　　　　　　　　B. 违约金

　　C. 包装物租金　　　　　　　D. 受托加工应税消费品代收代缴的消费税

[18]（历年真题·单选题）甲公司为增值税一般纳税人，2022年9月向乙商场销售服装1 000套，含税售价678元/套。由于乙商场购买量大，给予其30%的价格优惠，销售额和折扣额在同一张发票上分别注明。已知增值税税率为13%。计算甲公司当月该笔业务增值税销项税额的下列算式中，正确的是（　　）。

　　A. 1 000×678×（1-30%）×13% = 61 698元

　　B. 1 000×678×13% = 88 140元

　　C. 1 000×678÷（1 + 13%）×（1-30%）×13% = 54 600元

　　D. 1 000×678÷（1 + 13%）×13% = 78 000元

[19]（历年真题·单选题）甲公司为增值税一般纳税人，某月将一批新研制的产品赠送给老顾客使用，甲公司并无同类产品销售价格，其他公司也无同类货物。已知该批产品的生产成本为100 000元，甲公司的成本利润率为10%，新产品适用的增值税税率为13%。甲公司当月视同销售的增值税销项税额的下列算式中，正确的是（　　）。

　　A. 100 000×13%=13 000元

　　B. 100 000×（1+10%）÷（1+13%）×13%=12 654.87元

　　C. 100 000×（1+10%）×13%=14 300元

　　D. 100 000×（1+10%）÷（1-10%）×13%=15 888.89元

[20]（历年真题·单选题）甲银行为增值税一般纳税人，2022年第四季度提供贷款服务取得含增值税利息收入3180万元，支付存款利息2650万元。已知增值税税率为6%。计算甲银行该季度贷款服务增值税销项税额的下列算式中，正确的是（　　）。

　　A. 3180×6%=190.8万元　　　　B. 3180÷（1+6%）×6%=180万元

　　C.（3180-2650）×6%=31.8万元　D.（3180-2650）÷（1+6%）×6%=30万元

[21]（历年真题·单选题）甲房地产开发企业为增值税一般纳税人。2020年1月购入土地一块用于建设某住宅项目，支付给政府的土地价款为7000万元。2022年1月公司开始次项目销售完毕，取得销售款项20000万元。甲房地产开发企业适用增值税税率为9%，因销售该住宅项目的销项税额计算公式正确的是（　　）。

　　A.（20000-7000）÷（1+9%）×9%=1073.4万元

　　B. 20000÷（1+9%）×9%=1651.4万元

　　C. 20000×9%=1800万元

　　D.（20000+7000）÷（1+9%）×9%=2229.4万元

[22]（历年真题·单选题）甲公司为增值税一般纳税人，2022年10月销售货物取得含增值税销售额113万元，当月可抵扣的增值税进项税额3.7万元，上期留抵税额2.8万元。已知增值税税率为13%。计算甲公司当月应缴纳增值税税额的下列算式中，正确的是（　　）。

　　A. 113÷（1+13%）×13%-3.7=9.3（万元）

　　B. 113÷（1+13%）×13%-2.8=10.2（万元）

　　C. 113×13%-3.7-2.8=8.19（万元）

　　D. 113÷（1+13%）×13%-3.7-2.8=6.5（万元）

考点 6-1-2：进项税额的确定

◆ **【考点母题——万变不离其宗】准予从销项税额中抵扣的进项税额**

（1）根据增值税法律制度的规定，准予从销项税额中抵扣的进项税额有（　　）。
A. 从销售方取得的增值税专用发票（含税控机动车销售统一发票）上注明的增值税额
B. 从海关取得的海关进口增值税专用缴款书上注明的增值税额

C. 购进农产品的进项税额	取得一般纳税人开具的增值税专用发票或者海关进口增值税专用缴款书的，以增值税专用发票或海关进口增值税专用缴款书上注明的增值税额为进项税额（凭票抵扣）
	从按照简易计税方法依照 3% 征收率计算缴纳增值税的小规模纳税人取得增值税专用发票的，以增值税专用发票上注明的金额和 9% 的扣除率计算进项税额
	取得（开具）农产品销售发票或收购发票的，以农产品收购发票或销售发票上注明的农产品买价和 9% 的扣除率计算进项税额
	纳税人购进用于生产或者委托加工 13% 税率货物的农产品，按照 10% 的扣除率计算进项税额：进项税额计算公式为：进项税额 = 买价 × 扣除率
D. 纳税人购进国内旅客运输服务未取得增值税专用发票的，暂按照以下规定确定进项税额	取得增值税电子普通发票的，为发票上注明的税额；
	取得注明旅客身份信息的航空运输电子客票行程单的，按照下列公式计算进项税额： 航空旅客运输进项税额 = (票价 + 燃油附加费) ÷ (1+9%) × 9%
	取得注明旅客身份信息的铁路车票的，按照下列公式计算进项税额： 铁路旅客运输进项税额 = 票面金额 ÷ (1+9%) × 9%
	取得注明旅客身份信息的公路、水路等其他客票的，按照下列公式计算进项税额： 公路、水路等其他旅客运输进项税额 = 票面金额 ÷ (1+3%) × 3%
E. 自境外单位或者个人购进劳务、服务、无形资产或者境内的不动产，从税务机关或者扣缴义务人取得的代扣代缴税款的完税凭证上注明的增值税额	

（2）根据增值税法律制度的规定，下列各项中，属于增值税扣税凭证的有（　　）。

A. 增值税专用发票　　　B. 海关进口增值税专用缴款书　　　C. 农产品收购发票
D. 农产品销售发票　　　E. 完税凭证　　　　　　　　　　　F. 符合规定的国内旅客运输发票 / 凭证

【考点子题——举一反三，真枪实练】

[23]（历年真题·单选题）甲公司为增值税一般纳税人，2022 年 7 月从小规模纳税人乙公司购进一批小麦用于加工成面粉，取得增值税专用发票注明金额 10000 元，税额 300 元。甲公司购进的该批农产品当月申报抵扣进项税额。已知农产品扣除率为 9%。甲公司当月购进该批农产品准予抵扣的进项税额为（　　）。

    A.1300 元　　　　B.900 元　　　　C.1000 元　　　　D.300 元

[24]（历年真题·单选题）某公司为增值税一般纳税人，公司的销售人员在 2022 年 2 月因公出差，差旅费用如下：2 月 9 日到 11 日赴深圳出差，取得注明销售人员身份信息的往返航空运输电子客票行程单，累计金额为 4000 元，其中注明的票价为 3500 元，燃油附加费 450 元，机场建设费 50 元。2 月 15 日到 17 日赴郑州出差，取得注明销售人员身份信息的铁路往返车票，共计 1200 元。2 月 20 日至 22 日坐长途汽车赴张家口出差，取得注明销售人员身份信息的客运发票，往返累计金额为 300

元。购进航空旅客运输服务和铁路运输服务进项税额9%，购进公路、水路运输服务征收率为3%。该公司当月可抵扣的进项税额是（　　）元。

A. 450.48　　B. 438.10　　C. 921.13　　D. 433.97

[25]（历年真题·单选题）2022年3月9日某食品厂支付10300元，从某小规模纳税人收购一批农产品（用于生产13%税率的食品）并取得专票，则该批农产品可抵扣的进项税额为（　　）元。

A. 360　　B. 1 000　　C. 0　　D. 1 339

◆【考点母题——万变不离其宗】不得从销项税额中抵扣的进项税额

（1）根据增值税法律制度的规定，下列各项中，不得从销项税额中抵扣的进项税额有（　　）。		
A. 用于简易计税方法计税项目、免征增值税项目、集体福利或者个人消费的购进货物、劳务、服务、无形资产和不动产	a. 仅专用于上述项目的固定资产、无形资产（不包括其他权益性无形资产）、不动产进项税额不得抵扣	
	b. 纳税人购置的固定资产、无形资产（不包括其他权益性无形资产）、不动产，或租入固定资产、不动产，既用于上述不可抵扣项目又用于可抵扣项目的，其进项税额准予从销项税额中全额抵扣	
B. 非正常损失的购进货物，以及相关的劳务和交通运输服务	非正常损失，指因管理不善造成货物被盗、丢失、霉烂变质，以及因违反法律法规造成货物或者不动产被依法没收、销毁、拆除	
C. 非正常损失的在产品、产成品所耗用的购进货物（不包括固定资产）、劳务和交通运输服务		
D. 非正常损失的不动产，以及其所耗用的购进货物、设计服务和建筑服务		
E. 非正常损失的不动产在建工程所耗用的购进货物、设计服务和建筑服务		
F. 购进的贷款服务、餐饮服务、居民日常服务和娱乐服务		
G. 纳税人接受贷款服务向贷款方支付的与该笔贷款直接相关的投融资顾问费、手续费、咨询费等费用		

👥【考点子题——举一反三，真枪实练】

[26]（历年真题·多选题）根据增值税法律制度的规定，纳税人购进的下列服务中，其进项税额不得从销项税额中抵扣的有（　　）。

A. 贷款服务
B. 餐饮服务
C. 居民日常服务
D. 娱乐服务

[27]（历年真题·判断题）增值税一般纳税人将租入的大楼兼用于办公和职工宿舍的，其进项税额不得从销项税额中抵扣。（　　）

◆【考点题源】进项税额转出计算

货物、劳务	A.一般纳税人已抵扣进项税额的购进货物、劳务、服务如果事后改变用途，用于集体福利或者个人消费、发生非正常损失等，应当将该项进项税额从当期的进项税额中扣减
	B.适用一般计税方法的纳税人，兼营简易计税方法计税项目、免征增值税项目而无法划分不得抵扣的进项税额，按照下列公式计算不得抵扣的进项税额： 不得抵扣的进项税额＝当期无法划分的全部进项税额×（当期简易计税方法计税项目销售额＋免征增值税项目销售额）÷当期全部销售额
固定资产、无形资产	C.固定资产不得抵扣的进项税额＝固定资产、无形资产净值×适用税率 固定资产、无形资产净值，是指纳税人按照财务会计制度计提折旧或摊销后计算的固定资产净值
	【注意】不得抵扣且未抵扣进项税额的固定资产、无形资产，发生用途改变，用于允许抵扣进项税额的应税项目，可在用途改变的次月计算可以抵扣的进项税额： 可以抵扣的进项税额＝固定资产、无形资产净值÷（1＋适用税率）×适用税率
不动产	D.不动产不得抵扣的进项税额＝已抵扣进项税额×不动产净值率 不动产净值率＝（不动产净值÷不动产原值）×100%

考点 6-2：简易计税方法应纳税额的计算

◆【考点题源】简易计税方法应纳税额的计算

应纳税额＝销售额（不含税）×征收率 销售额＝含税销售额÷（1＋征收率）
【注意】一般纳税人发生财政部和国家税务总局规定的特定应税行为，可以选择适用简易计税方法计税，但一经选择，36个月内不得变更。

【考点子题——举一反三，真枪实练】

[28] (历年真题·单选题) 甲修理厂为增值税小规模纳税人，2022年第二季度提供修理劳务取得含税销售额 103 000 元，购进修理用材料支付含税价款 30 900 元，均已开具增值税专用发票。已知增值税征收率为3%。计算甲修理厂第二季度应缴纳增值税税额的下列算式中，正确的是（   ）。

A. 103 000 ÷（1 + 3%）× 3% = 3 000 元

B. 103 000 × 3% = 3 090 元

C.（103 000−30 900）÷（1 + 3%）× 3% = 2 100 元

D.（103 000−30 900）× 3% = 2 163 元

考点6-3：进口货物应纳税额的计算

◆【考点题源】进口货物应纳税额的计算

应纳税额 = 组成计税价格 × 税率	
进口货物组成计税价格	组成计税价格 = 关税完税价格 + 关税 + 消费税
	关税完税价格 = 货价 + 货物运抵我国关境内输入地点起卸前的包装费、运费、保险费和其他劳务费等

【考点子题——举一反三，真枪实练】

[29] (历年真题·单选题) 2022年9月甲珠宝厂进口红宝石一批，海关核定的关税完税价格为 179.55 万元，缴纳关税 7.182 万元，缴纳消费税 20.7 万元。已知增值税税率为13%。计算甲珠宝厂当期上述业务应缴纳增值税税额的下列算式中，正确的是（   ）。

A. 179.55 × 13% = 23.3415 万元

B.（179.55 + 7.182）× 13% = 24.275 万元

C.（179.55 + 7.182 + 20.7）÷（1 + 13%）× 13% = 23.864 万元

D.（179.55 + 7.182 + 20.7）× 13% = 26.966 万元

考点7：增值税税收优惠

考点7-1:《增值税暂行条例》及其实施细则规定的免税项目

◆【考点母题——万变不离其宗】《增值税暂行条例》及其实施细则规定的免税项目

根据《增值税暂行条例》及其实施细则的规定，下列项目中，免纳增值税的有（　　）。

A. 农业生产者销售的自产农产品

B. 避孕药品和用具

C. 古旧图书（向社会收购的古书和旧书）

D. 直接用于科学研究、科学试验和教学的进口仪器、设备

E. 外国政府、国际组织无偿援助的进口物资和设备

F. 由残疾人的组织直接进口供残疾人专用的物品

G. 销售自己（其他个人）使用过的物品

【考点子题——举一反三，真枪实练】

[30]（历年真题·多选题）根据增值税法律制度的规定，下列各项中，免征增值税的有（　　）。

A. 农业生产者销售的自产农产品

B. 由残疾人的组织直接进口供残疾人专用的物品

C. 外国政府无偿援助的进口物资

D. 企业销售自己使用过的固定资产

考点 7-2："营改增"试点过渡政策的规定

◆【考点母题——万变不离其宗】"营改增"试点过渡政策的免税规定

根据"营改增"试点过渡政策的规定，下列项目免征增值税的有（　　）。

（1）托儿所、幼儿园提供的保育和教育服务。　　（2）养老机构提供的养老服务。

（3）残疾人福利机构提供的育养服务。　　（4）婚姻介绍服务。

（5）殡葬服务。　　（6）残疾人员本人为社会提供的服务。

（7）医疗机构提供的医疗服务。　　（8）从事学历教育的学校提供的教育服务。

（9）学生勤工俭学提供的服务。

（10）农业机耕、排灌、病虫害防治、植物保护、农牧保险以及相关技术培训业务，家禽、牲畜、水生动物的配种和疾病防治。

（11）纪念馆、博物馆、文化馆、文物保护单位管理机构、美术馆、展览馆、书画院、图书馆在自己的场所提供文化体育服务取得的第一道门票收入。

（12）寺院、宫观、清真寺和教堂举办文化、宗教活动的门票收入。

（13）行政单位之外的其他单位收取的符合《营业税改征增值税试点实施办法》第10条规定条件的政府性基金和行政事业性收费。

（14）个人转让著作权。

（15）个人销售自建自用住房。

（16）台湾航运公司、航空公司从事海峡两岸海上直航、空中直航业务在大陆取得的运输收入。

（17）纳税人提供的直接或者间接国际货物运输代理服务。

（18）符合规定条件的贷款、债券利息收入。

（19）被撤销金融机构以货物、不动产、无形资产、有价证券、票据等财产清偿债务。

（20）保险公司开办的一年期以上人身保险产品取得的保费收入。

（21）符合规定条件的金融商品转让收入。

（22）金融同业往来利息收入。

（23）同时符合规定条件的担保机构从事中小企业信用担保或者再担保业务取得的收入（不含信用评级、咨询、培训等收入）3年内免征增值税。

（24）国家商品储备管理单位及其直属企业承担商品储备任务，从中央或者地方财政取得的利息补贴收入和价差补贴收入。

（25）纳税人提供技术转让、技术开发和与之相关的技术咨询、技术服务。

（26）同时符合规定条件的合同能源管理服务。

（27）政府举办的从事学历教育的高等、中等和初等学校（不含下属单位），举办进修班、培训班取得的全部归该学校所有的收入。

（28）政府举办的职业学校设立的主要为在校学生提供实习场所并由学校出资自办、由学校负责经营管理、经营收入归学校所有的企业，从事《销售服务、无形资产或者不动产注释》中"现代服务"（不含融资租赁服务、广告服务和其他现代服务）、"生活服务"（不含文化体育服务、其他生活服务和桑拿、氧吧）业务活动取得的收入。

（29）家政服务企业由员工制家政服务员提供家政服务取得的收入。

（30）福利彩票、体育彩票的发行收入。

（31）将土地使用权转让给农业生产者用于农业生产。

（32）涉及家庭财产分割的个人无偿转让不动产、土地使用权。

（33）提供社区养老、托育、家政等服务取得的收入。

♣【考点子题——举一反三，真枪实练】

[31]（历年真题·判断题）学生勤工俭学提供的服务免征增值税。（　　）

◆【考点母题——万变不离其宗】增值税即征即退

（1）【判断金句】根据增值税法律制度的规定，一般纳税人提供管道运输服务，对其增值税实际税负超过3%的部分，实行增值税即征即退政策。
（2）【判断金句】经人民银行、银监会或者商务部批准从事融资租赁业务的试点纳税人中的一般纳税人，提供有形动产融资租赁服务和有形动产融资性售后回租服务，对其增值税实际税负超过3%的部分实行增值税即征即退政策。

◆【考点题源】个人销售住房的增值税政策

北上广深之外的地区	A.个人将购买不足2年的住房对外销售的，按照5%的征收率全额缴纳增值税	
	B.个人将购买2年以上（含2年）的住房对外销售的，免征增值税	
北上广深地区	C.个人将购买不足2年的住房对外销售的，按照5%的征收率全额缴纳增值税	
	D.个人将购买2年以上的住房对外销售	非普通住房：以销售收入减去购买住房价款后的差额按照5%的征收率缴纳增值税
		普通住房：免征增值税
深圳、上海和广州已将个人住房转让增值税征免年限调整为5年。		

考点7-3：小规模纳税人免税规定

◆【考点母题——万变不离其宗】小规模纳税人免税规定

自2022年4月1日至2022年12月31日，增值税小规模纳税人适用3%征收率的应税销售收入，免征增值税，按规定开具免税普通发票，不得开具增值税专用发票。

考点7-4：起征点

◆【考点母题——万变不离其宗】起征点

根据增值税法律制度的规定，下列关于起征点的表述中，正确的有（　　）。

续表

A. 纳税人发生应税销售行为的销售额未达到增值税起征点的，免征增值税；达到起征点的，全额计算缴纳增值税 B. 增值税起征点的适用范围限于个人，且不适用于登记为一般纳税人的个体工商户

考点 7-5：增值税期末留抵退税

◆【考点母题——万变不离其宗】增值税期末留抵退税

（1）根据期末留抵税额退税试行政策的有关规定，一般纳税人申请退还增量留抵税额的条件有（　　）。	
一般规定	A. 自 2019 年 4 月税款所属期起，连续六个月（按季纳税的，连续 2 个季度）增量留抵税额均大于零，且第六个月增量留抵税额不低于 50 万元 【注意】增量留抵税额：与 2019 年 3 月底相比新增的期末留抵税额 B. 纳税信用等级为 A 级或者 B 级 C. 申请退税前 36 个月未发生骗取留抵退税、出口退税或虚开增值税专用发票情形 D. 申请退税前 36 个月未因偷税被税务机关处罚两次及以上 E. 自 2019 年 4 月 1 日起未享受即征即退、先征后返（退）政策

计算公式：允许退还的增量留抵税额＝增量留抵税额 × 进项构成比例 ×60%
进项构成比例：已抵扣增值税专用发票（包括机动车销售统一发票）、收费公路通行费增值税电子普通发票，海关进口增值税专用缴款书、解缴税款完税凭证注明的增值税额占同期全部已抵扣进项税额的比重

【例1】甲公司（增值税一般纳税人）按月申报纳税，纳税信用为 B 级且无违法违规行为，并从未享受过即征即退、先征后返（退）政策。假设甲公司 2019 年 3 月底增值税留抵税额 20 万元，4 月底至 9 月底增值税留抵税额分别是为 28 万元、35 万元、25 万元、36 万元、43 万元、71 万元，2019 年 4 月 -9 月已经抵扣的进项税额为 310 万元，其中取得增值税专用发票 250 万元、海关进口增值税专用缴款书 50 万元、农产品收购发票进项税额为 10 万元。
要求：根据上述资料，回答下列问题：
（1）甲厂 2019 年 10 月能否享受增值税增量留抵退税政策，说明理由。
（2）计算甲厂进项税构成比例。
（3）计算甲厂申报的留抵退税额。
【答案】
（1）甲厂 10 月可以享受增值税增量留抵退税政策。因其自 2019 年 4 月纳税所属期起，连续六个月增量留抵税额分别为 8 万元、15 万元、5 万元、16 万元、23 万元、51 万元，均大于零，且第六个月增量留抵税额为 51 万元，符合税法规定的不低于 50 万元的标准，并且符合其他留抵退税条件。
（2）进项税构成比例 ＝（250+50）/310＝96.77%
（3）允许退还的增量留抵税额 ＝ 增量留抵税额 × 进项构成比例 ×60%=51×96.77%×60%=29.61（万元）

小微企业和制造业等行业企业	（2）适用小微企业和制造业等行业企业留抵税额退税政策的纳税人符合的条件包括（　　）。
	A．纳税信用等级为A级或者B级 B．申请退税前36个月未发生骗取留抵退税、出口退税或虚开增值税专用发票情形 C．申请退税前36个月未因偷税被税务机关处罚两次及以上 D．自2019年4月1日起未享受即征即退、先征后返（退）政策 【注意】电力、热力、燃气及水生产和供应业；软件和信息技术服务业；科学研究和技术服务业；交通运输、仓储和邮政业；制造业；生态保护和环境治理业；批发和零售业；农、林、牧、渔业；住宿和餐饮业；居民服务、修理和其他服务业；教育；卫生和社会工作；文化、体育和娱乐业
	允许退还的存量留抵税额 = 存量留抵税额 × 进项构成比例 ×100% 一次性存量留抵退税后则存量留抵税额为零

	存量留抵税额	当期末留抵税额 ≥ 2019年3月31日期末留抵税额，为2019年3月31日期末留抵税额
		当期末留抵税额 < 2019年3月31日期末留抵税额，为当期末留抵税额

允许退还的增量留抵税额 = 增量留抵税额 × 进项构成比例 ×100%

	增量留抵税额	存量留抵退税前	当期末留抵税额 – 2019年3月31日期末留抵税额
		存量留抵退税后	当期末留抵税额

【例2】某计算机科技有限公司从事计算机制造业务，属于小型企业。2019年3月31日的期末留抵税额为120万元，2022年4月31日的期末留抵税额为80万元，2019年4月至2022年4月取得增值税专用发票抵扣进项税额95万元，取得国内旅客运输服务取得的电子普通发票抵扣进项税额5万元。该公司满足留抵退税的各项条件。

【答案】

1. 该企业2022年5月申请并获得一次性存量留抵退税

进项构成比例 =95÷（95+5）=95%

允许退还的存量留抵税额 = 存量留抵税额 × 进项构成比例 ×100%=80×95%=80×95%=76万元。

2. 假设进项构成比例不变，该企业2022年6月30日期末留抵140万元，由于5月已获得一次性存量留抵退税，该纳税人的增量留抵税额 =140×95%=133万元。

考点7-6：增值税出口退税制度

◆ **【考点母题——万变不离其宗】增值税出口退税制度**

（1）除另有规定外，下列企业出口货物、劳务和跨境应税行为，给予免税并退税的有（　　）。

A．出口企业出口货物

续表

B. 出口企业或其他单位视同出口的货物	（2）下列情形中，出口企业可按视同出口货物处理，适用增值税退（免）税政策的有（　　）。 A. 出口企业对外援助、对外承包、境外投资的出口货物 B. 出口企业经海关报关进入国家批准的出口加工区、保税物流园区、保税港区、综合保税区并销售给特殊区域内单位或境外单位、个人的货物 C. 免税品经营企业销售的货物（国家规定不允许经营和限制出口的货物、卷烟和超出免税品经营企业经营范围的货物除外） D. 出口企业或其他单位销售给国际运输企业用于国际运输工具上的货物
C. 出口企业对外提供加工修理修配劳务	对进境复出口货物或从事国际运输的运输工具进行的加工修理修配
D. 境内单位和个人提供仅适用于零税率的应税服务	国际运输服务、航天运输服务、向境外单位提供的完全在境外消费的列举服务，例如转让技术、研发服务、设计服务等。

考点 8：　增值税征收管理

考点 8-1：纳税义务发生时间

◆【考点母题——万变不离其宗】纳税义务发生时间

根据增值税法律制度的规定，下列关于增值税纳税义务发生时间的表述中，正确的有（　　）。	
A. 纳税人发生应税销售行为，为收讫销售款项或者取得索取销售款项凭据的当天；先开具发票的，为开具发票的当天	a. 采取直接收款方式销售货物，不论货物是否发出，均为收到销售款或者取得索取销售款凭据的当天
	b. 采取托收承付和委托银行收款方式销售货物，为发出货物并办妥托收手续的当天
	c. 采取赊销和分期收款方式销售货物，为书面合同约定的收款日期的当天，无书面合同的或者书面合同没有约定收款日期的，为货物发出的当天
	d. 采取预收货款方式销售货物，为货物发出的当天；生产销售生产工期超过 12 个月的大型机械设备、船舶、飞机等货物，为收到预收款或者书面合同约定的收款日期的当天
	e. 委托其他纳税人代销货物，为收到代销单位的代销清单或者收到全部或部分货款的当天；未收到代销清单及货款的，为发出代销货物满 180 天的当天
	f. 提供租赁服务采取预收款方式的，为收到预收款的当天
	g. 从事金融商品转让的，为金融商品所有权转让的当天
	h. 发生相关视同销售货物行为，为货物移送的当天
	i. 发生视同销售劳务、服务、无形资产、不动产情形的，为劳务、服务、无形资产转让完成的当天或者不动产权属变更的当天

B. 纳税人进口货物，其纳税义务发生时间为报关进口的当天
C. 增值税扣缴义务发生时间为纳税人增值税纳税义务发生的当天

🔖【考点子题——举一反三，真枪实练】

[32]（历年真题·多选题）根据增值税法律制度的规定，下列关于增值税纳税义务发生时间的表述中，正确的有（　　）。

A. 纳税人进口货物的，为报关进口的当天

B. 纳税人从事金融商品转让的，为收到销售款的当天

C. 纳税人提供租赁服务采取预收款方式的，为交付租赁物的当天

D. 纳税人采取委托银行收款方式销售货物的，为发出货物并办妥托收手续的当天

考点 8-2：纳税地点

◆【考点母题——万变不离其宗】纳税地点

根据增值税法律制度的规定，下列关于增值税纳税地点的表述中，正确的有（　　）。	
固定业户	A. 向其机构所在地的税务机关申报纳税 【说明】总机构和分支机构不在同一县（市），应分别向各自所在地的税务机关申报纳税；经财政部和国家税务总局或者其授权的财政和税务机关批准，可以由总机构汇总向总机构所在地的主管税务机关申报纳税
非固定业户	B. 向销售地、劳务发生地的税务机关申报纳税
进口货物	C. 进口货物，应当向报关地海关申报纳税
其他个人	D. 其他个人提供建筑服务，销售或者租赁不动产，转让自然资源使用权，应向建筑服务发生地、不动产所在地、自然资源所在地税务机关申报纳税
扣缴义务人	E. 扣缴义务人应当向其机构所在地或者居住地的税务机关申报缴纳其扣缴的税款

考点 8-3：纳税期限

◆【考点母题——万变不离其宗】增值税纳税期限

根据增值税法律制度的规定，下列关于增值税纳税期限的表述中，正确的有（　　）。
A. 增值税的纳税期限分别为 1 日、3 日、5 日、10 日、15 日、1 个月或者 1 个季度
B. 以 1 个季度为纳税期限的规定适用于小规模纳税人、银行、财务公司、信托投资公司、信用社，以及财政部和国家税务总局规定的其他纳税人

C.纳税人以 1 个月或者 1 个季度为 1 个纳税期的，自期满之日起 15 日内申报纳税
D.纳税人以 1 日、3 日、5 日、10 日或者 15 日为 1 个纳税期的，自期满之日起 5 日内预缴税款，于次月 1 日起 15 日内申报纳税并结清上月应纳税款
E.纳税人进口货物，应当自海关填发进口增值税专用缴款书之日起 15 日内缴纳税款

【考点子题——举一反三，真枪实练】

［33］（历年真题·判断题）银行增值税的纳税期限为 1 个月。（　　）

考点 9：增值税专用发票使用规定

◆【考点题源】增值税专用发票的联次及用途

增值税专用发票基本联次	A.发票联，购买方记账凭证
	B.抵扣联，购买方进项税额抵扣凭证
	C.记账联，销售方记账凭证

◆【考点母题——万变不离其宗】专用发票开具范围

根据增值税法律制度的规定，下列情形中，不得开具增值税专用发票的有（　　）。
A.商业企业一般纳税人零售烟、酒、食品、服装、鞋帽（不包括劳保专用部分）、化妆品等消费品的 B.应税销售行为的购买方为消费者个人的 C.发生应税销售行为适用免税规定的

◆【考点母题——万变不离其宗】新办纳税人实行增值税电子专用发票

【判断金句】电子专票由各省税务局监制，采用电子签名代替发票专用章，属于增值税专用发票，其法律效力、基本用途、基本使用规定等与增值税纸质专用发票相同。

【考点子题——举一反三，真枪实练】

[34] (*历年真题·多选题*) 根据增值税法律制度的规定，一般纳税人发生的下列行为中，不得开具增值税专用发票的有（　　）。

A. 向消费者个人零售食品　　　　　B. 向小规模纳税人销售古旧图书

C. 向一般纳税人提供加工修理劳务　　D. 向消费者个人提供货物运输服务

[35] (*历年真题·不定项选择题*) 甲公司为增值税一般纳税人，主要从事食品生产和销售业务。2022年7月有关经营情况如下：

（1）向农民收购玉米10吨，开具农产品收购发票注明买价20000元，所收购玉米80%当月领用用于生产膨化食品，其余20%未生产领用。

（2）修缮产品展示厅，取得装饰设计公司开具的增值税普通发票注明税额280元，取得装修公司开具的增值税专用发票注明税额3500元。

（3）甲公司销售人员张某、王某到外地参加展销会，取得注明张某、王某身份信息的高铁车票，票价金额3200元；取得酒店开具的住宿费增值税专用发票注明税额260元。

（4）采取预收货款方式向乙公司销售果蔬食品一批，甲公司7月8日收到货款300000元，7月18日发出货物，7月20日开具增值税专用发票，乙公司7月25日收到该批果蔬食品。

（5）采取折扣方式向丙公司销售自产膨化食品一批。该批膨化食品不含增值税销售额500000元，因丙公司购货数量较大，甲公司给予丙公司55000元的价格优惠，销售额和折扣额在同一张发票上分别注明。因丙公司在规定的期限内付款，甲公司又给予丙公司17800元的现金折扣。

已知：农产品扣除率为9%，购进用于生产13%税率货物的产品，按照10%扣除率计算进项税额。铁路车票按照9%计算进项税额。销售货物增值税税率为13%。取得的增值税扣税凭证均符合抵扣规定并在当月申报抵扣。

要求：根据上述资料，不考虑其他因素，分析回答下列小题。

1.计算甲公司收购玉米当月准予抵扣进项税额的下列算式中，正确的是（　　）。

A. $20000 \times 80\% \times 10\% + 20000 \times 20\% \times （1+9\%） \times 9\% = 1992.4$（元）

B. 20000×80%×10%+20000×20%×9%=1960（元）

C. 20000×9%=1800（元）

D. 20000×10%=2000（元）

2. 甲公司下列进项税额中，准予抵扣的是（　　）。

A. 注明张某、王某身份信息的高铁车票计算的进项税额 264 元

B. 装饰设计公司开具的增值税普通发票注明的税额 280 元

C. 装修公司开具的增值税专用发票注明的税额 3500 元

D. 酒店开具的住宿费增值税专用发票注明的税额 260 元

3. 甲公司采取预收货款方式向乙公司销售果蔬食品，其增值税纳税义务发生时间是（　　）。

A. 7月8日　　B. 7月20日　　C. 7月18日　　D. 7月25日

4. 计算甲公司当月采取折扣方式向丙公司销售自产膨化食品增值税销项税额的下列算式中，正确的是（　　）。

A. 500000×13%=65000（元）

B. （500000-55000-17800）×13%=55536（元）

C. （500000-17800）×13%=62686（元）

D. （500000-55000）×13%=57850（元）

［本节考点子题答案及解析］

［1］【答案】B

【解析】单位以承包、承租、挂靠方式经营的，承包人以发包人名义对外经营并由发包人承担相关法律责任的，以该发包人为纳税人；承包人以自己名义对外经营并承担相关法律责任的，以该承包人为纳税人，选项 A 不正确。提供建筑安装服务、转让无形资产，以提供建筑服务方和转让无形资产方为纳税人，选项 CD 不正确。

［2］【答案】ABCD

【解析】选项 AD 为销售货物，选项 BC 为销售劳务。

［3］【答案】B

【解析】选项 AD 为销售服务，选项 C 不属于增值税征税范围。

［4］【答案】A

【解析】选项 BC 为金融服务—直接收费金融服务，选项 D 为金融服务—金融商品转让服务。

［5］【答案】D

【解析】选项 A 属于交通运输服务—水路运输服务；选项 B：属于交通运输服务—航空运输服务；选项 C：属于金融服务—贷款服务。

［6］【答案】ABC

【解析】转让机器设备应按销售货物税目计算缴纳增值税。

［7］【答案】ABC

【解析】选项 D 为销售无形资产—其他权益性无形资产税目。

[8]【答案】C

【解析】境外单位向境内单位销售完全在境内发生的建筑服务属于在境内销售服务。

[9]【答案】√

【解析】单位聘用的员工为本单位提供取得工资的服务属于非经营活动，不缴纳增值税。

[10]【答案】B

【解析】选项 B 是金融服务税目，应征收增值税；选项 ACD 是不征收增值税项目。

[11]【答案】CD

【解析】将自产或委托加工的货物用于集体福利或个人消费，将自产、委托加工或外购的货物分配给股东或投资者，属于视同销售货物，选项 CD 正确。

[12]【答案】A

【解析】选项 BCD 均属于混合销售行为。

[13]【答案】BC

【解析】纳税人销售活动板房、机器设备、钢结构件等自产货物的同时提供建筑、安装服务，不属于混合销售，应分别核算货物和建筑、安装服务的销售额，分别适用不同的税率或者征收率。

[14]【答案】A

【解析】一般纳税人提供劳务派遣服务，选择简易计税方法，按差额计税。劳务派遣公司以取得的全部价款和价外费用，扣除支付给劳务派遣员工的工资、福利和为其办理社会保险及住房公积金后的余额为销售额，再按照 5% 的征收率计算缴纳增值税。含税销售额 =210-200=10（万元），每月应缴纳的增值税 =10/（1+5%）×5%=0.48（万元）。

[15]【答案】D

【解析】应纳税额 = 68000÷（1 + 0.5%）×0.5% = 338.31（元）

[16]【答案】D

【解析】咨询服务不可以选择适用简易计税方法。

[17]【答案】ABC

【解析】选项 ABC 为价外费用，选项 D 不属于价外费用，不应并入销售额。

[18]【答案】C

【解析】将含税价换算成不含税价格 =1 000×678÷（1 + 13%）=600 000（元）

优惠后的不含税价 =600 000×（1-30%）=420 000（元）

应纳增值税 =420 000×13% = 54 600（元）。

[19]【答案】C

【解析】无同类产品销售价格，应按组成计税价格来计算增值税。

[20]【答案】B

【解析】贷款服务，以提供贷款服务取得的全部利息及利息性质的收入为销售额。不得减除支付的存款利息、转贷利息等。

[21]【答案】A

【解析】房地产开发企业适用一般计税方法的项目，销售额（选择简易计税方法的房地产老项目除外）=（全部价款 + 价外费用）– 受让土地时向政府部门支付的土地价款。销项税额 =（20000-7000）÷（1+9%）×9%=1073.4 万元

[22]【答案】D

【解析】当期销项税额小于当期进项税额不足抵扣时，其不足部分可以结转下期继续抵扣。

[23]【答案】B

【解析】从按照简易计税方法依照 3% 征收率计算缴纳增值税的小规模纳税人取得增值税专用发票的,以增值税专用发票上注明的金额和 9% 的扣除率计算进项税额。

[24]【答案】D

【解析】航空旅客运输进项税额 =(票价 + 燃油附加费)÷(1+9%)×9%=(3500+450)÷(1+9%)×9%=326.15(元)。铁路旅客运输进项税额 = 票面金额 ÷(1+9%)×9%=1200÷(1+9%)×9%=99.08(元)。公路、水路等其他旅客运输进项税额 = 票面金额 ÷(1+3%)×3%=300÷(1+3%)×3%=8.74(元)。总计 =326.15+99.08+8.74=433.97(元)。

[25]【答案】B

【解析】用于生产 13% 税率的食品可以按照 10% 抵扣进项税额,可以抵扣的进项税额 = 10300÷(1 + 3%)× 10% = 1000(元)

[26]【答案】ABCD

[27]【答案】×

【解析】购置的固定资产、无形资产(不包括其他权益性无形资产)、不动产,既用于不可抵扣项目又用于可抵扣项目的,其进项税额准予从销项税额中全额抵扣。

[28]【答案】A

【解析】销售额 = 含税销售额 ÷(1 + 征收率)=103 000 ÷(1 + 3%)=100 000(元)
应纳税额 = 销售额 × 征收率 =100 000×3% = 3 000(元)。

[29]【答案】D

【解析】增值税应纳税额 = 组成计税价格 × 税率,其中组成计税价格 = 关税完税价格 + 关税 + 消费税。

[30]【答案】ABC

[31]【答案】√

[32]【答案】AD

【解析】选项 B:纳税人从事金融商品转让的,增值税纳税义务发生时间为金融商品所有权转移的当天;选项 C:纳税人提供租赁服务采取预收款方式,增值税纳税义务发生时间为收到预收款的当天。

[33]【答案】×

【解析】银行增值税的纳税期限为 1 个季度。

[34]【答案】ABD

【解析】选项 AD 应税销售行为的购买方为消费者个人;选项 B 发生应税销售行为适用免税规定。

[35]

1.【答案】B

【解析】当月所购玉米的 80% 用于生产膨化食品(13% 税率货物),所以 80% 部分对应的进项税额 =20000×80%×10%;剩余 20% 未领用部分对应的进项税额 =20000×20%×9%。甲公司收购玉米当月准予抵扣的进项税额 =20000×80%×10%+20000×20%×9%=1960(元)。

2.【答案】ACD

【解析】选项 A:进项税额 =3200÷(1+9%)×9%=264(元);选项 B:除另有规定外,取得增值税"普通"发票,不得抵扣进项税额;选项 CD 为增值税专用发票,准予抵扣进项税额。

3.【答案】C

【解析】采取预收货款方式销售货物,增值税纳税义务发生时间为货物发出的当天(7 月 18 日),

但生产销售生产工期超过 12 个月的大型机械设备、船舶、飞机等货物，为收到预收款或书面合同约定的收款日期的当天。

4. 【答案】D

【解析】由于销售额和折扣额在同一张发票上分别注明，应以不含增值税的折后价（500000－55000）为计税销售额，排除选项 AC；现金折扣不能从销售额中扣除，排除选项 B。

第三节　消费税法律制度

【本节考点、考点母题及考点子题】

考点 10：消费税纳税人

◆ 【考点母题——万变不离其宗】消费税纳税人

【判断金句】在中国境内生产、委托加工和进口《消费税暂停条例》规定的消费品的单位和个人，为消费税的纳税人。

【说明】

1. 征收范围具有选择性：目前列举 15 种法定消费品。

2. 征税环节具有单一性：一般在生产、委托加工、进口环节（第一环节）；除另有规定外（卷烟、超豪华小汽车、金银首饰），批发、零售环节（第二环节）一般不缴纳消费税。

考点 11： 消费税税目

◆ 【考点题源】消费税税目

税　　目			税　率
A. 烟	卷烟（双环节征税）	第一环节（生产销售、委托加工、进口）	56%（36%）+0.003 元 / 支（复合计征）
		批发环节（批发商卖零售商）	11%+0.005 元 / 支（复合计征）
	雪茄烟、烟丝		36%、30%
	电子烟（双环节征税）		生产（进口）36%批发 11%
B. 酒（不包括调料酒、酒精）	白酒（粮食白酒和薯类白酒）		20%+0.5 元 /500 克（复合计征）
	黄酒、啤酒（饮食业、商业、娱乐业举办的啤酒屋利用啤酒生产设备生产啤酒，应征消费税）		240 元 / 吨、250（220）元 / 吨（定额税率从量计征）
	其他酒		10%
C. 高档化妆品	不包括舞台、戏剧、影视演员化妆用的上妆油、卸妆油、油彩		15%
D. 贵重首饰及珠宝玉石	金银首饰、铂金首饰和钻石及钻石饰品（零售环节征税）		5%
	其他贵重首饰和珠宝玉石		10%
E. 鞭炮、焰火	不包括体育上用的发令纸、鞭炮药引线		15%
F. 成品油	汽油、柴油、石脑油、溶剂油、航空煤油、润滑油、燃料油		1.52 元 / 升、1.2 元 / 升（定额税率从量计征）
G. 小汽车	乘用车	根据气缸容量（排气量）划分	1%、3%、5%...…
	中轻型商用客车		5%
	超豪华小汽车	零售价格 130 万元（不含增值税）及以上的乘用车和中轻型商用客车	10%（双环节，零售环节加征一道）
	不属于消费税征收范围，不征收消费税车辆：电动汽车、沙滩车、雪地车、卡丁车、高尔夫车企业购进货车或箱式货车改装生产的商务车、卫星通讯车等专用汽车		
H. 摩托车	气缸容量为 250 毫升、250 毫升以上		3%、10%
I. 高尔夫球及球具	本税目征收范围包括高尔夫球、高尔夫球杆、高尔夫球包（袋）以及高尔夫球杆的杆头、杆身和握把		10%

J. 木制一次性筷子	竹制一次性筷子不属于本税目征税范围	5%
K. 实木地板	实木家具、高档家具不属于本税目征税范围	5%
L. 高档手表　　M. 游艇　　N. 电池　　O. 涂料		20%/10%/4%/4%

【说明】纳税人兼营不同税率的应税消费品，应当分别核算不同税率应税消费品的销售额、销售数量。未分别核算销售额、销售数量，或者将不同税率的应税消费品组成成套消费品销售的，从高适用税率。

【考点子题——举一反三，真枪实练】

[1]（历年真题·单选题）根据消费税法律制度的规定，下列车辆中，应按照"小汽车"税目计缴消费税的是（　　）。

　　A. 卡丁车　　　　B. 沙滩车　　　C. 电动汽车　　　D. 中轻型商用客车

[2]（历年真题·多选题）根据消费税法律制度的规定，对下列各项应税消费品，在计算应纳消费税额时采用定额税率从量计征的有（　　）。

　　A. 高档化妆品　　B. 酒精　　　　C. 汽油　　　　　D. 黄酒

[3]（历年真题·多选题）根据消费税法律制度的规定，下列消费品中，实行从量定额与从价定率相结合的复合计征办法征收消费税的有（　　）。

　　A. 卷烟　　　　　B. 成品油　　　C. 白酒　　　　　D. 小汽车

考点 12：消费税征税环节

考点 12-1：生产应税消费品

◈ 【考点母题——万变不离其宗】生产应税消费品

一般规定	（1）根据消费税法律制度的规定，下列关于生产应税消费品缴纳消费税的表述中，正确的有（　　）。
	A. 纳税人生产的应税消费品，于纳税人销售时纳税 B. 纳税人自产自用的应税消费品，用于连续生产应税消费品的，不纳税 C. 纳税人自产自用的应税消费品用于其他方面的，于移送使用时纳税
自产自用用 于其他方面	（2）根据消费税法律制度的规定，纳税人将自产的应税消费品用于特定方面的，属于自产自用用于其他方面应缴纳消费税。该特定方面包括（　　）。
	A. 生产非应税消费品　　B. 在建工程　　C. 管理部门　　D. 非生产机构 E. 提供劳务　　　　　　F. 馈赠　　　　G. 赞助　　　　H. 集资 I. 广告　　　　　　　　J. 样品　　　　K. 职工福利　　L. 奖励

🍀 【考点子题——举一反三，真枪实练】

[4]（历年真题·多选题）根据消费税法律制度的规定，下列情形中，应缴纳消费税的有（　　）。

　　A. 卷烟厂将自产的卷烟用于个人消费　　B. 化妆品厂将自产的高档化妆品赠送给客户

　　C. 酒厂将自产的啤酒赞助啤酒节　　　　D. 地板厂将自产的实木地板用于办公室装修

考点12-2：委托加工应税消费品

◈ 【考点母题——万变不离其宗】委托加工应税消费品

委托加工的 界定	（1）【判断金句】委托加工的应税消费品，是指由委托方提供原料和主要材料，受托方只收取加工费和代垫部分辅助材料加工的应税消费品。
	（2）根据消费税法律制度的规定，下列情形中，不得作为委托加工应税消费品而应当按照销售自制应税消费品缴纳消费税的有（　　）。
	A. 由受托方提供原材料生产的应税消费品 B. 受托方先将原材料卖给委托方，然后再接受加工的应税消费品 C. 由受托方以委托方名义购进原材料生产的应税消费品

委托加工应税消费品的代收代缴	（3）根据消费税法律制度的规定，下列关于委托加工应税消费品代收代缴消费税的表述中，正确的有（　　）。
	A.委托加工的应税消费品，除受托方为个人外，由受托方在向委托方交货时代收代缴消费税 B.委托个人加工的应税消费品，由委托方收回后缴纳消费税
委托加工收回的应税消费品的税务处理	（4）根据消费税法律制度的规定，下列关于委托加工应税消费品收回后税务处理的表述中，正确的有（　　）。
	A.委托加工的应税消费品，委托方用于连续生产应税消费品的，所纳税款准予按规定抵扣 B.委托方将收回的应税消费品，以不高于受托方的计税价格出售的，为直接出售，不再缴纳消费税 C.委托方以高于受托方的计税价格出售的，不属于直接出售，需按照规定申报缴纳消费税，在计税时准予扣除受托方已代收代缴的消费税

考点12-3：进口应税消费品

◆【考点母题——万变不离其宗】进口应税消费品

根据消费税法律制度的规定，下列关于进口应税消费品的表述中，正确的有（　　）。
A.单位和个人进口应税消费品，于报关进口时缴纳消费税 B.进口环节缴纳的消费税由海关代征

考点12-4：特殊环节应税消费品

悟空，你还需要再缴纳一次消费税。

豪华小汽车不好做啊，生产交完税，销售时还交。

悟空车展

◆◆◆ **【考点母题——万变不离其宗】特殊环节应税消费品**

零售环节征收消费税的应税消费品	（1）根据消费税法律制度的规定，下列应税消费品中，在零售环节征收消费税的有（　　）。
	A.金银首饰、铂金首饰和钻石及钻石饰品 B.超豪华小汽车 【说明】对超豪华小汽车，在生产（进口）环节按现行税率征收消费税基础上，在零售环节加征消费税。
卷烟批发环节应纳消费税	（2）根据消费税法律制度的规定，下列关于卷烟批发环节缴纳消费税的表述中，正确的有（　　）。
	A.卷烟在批发环节从价从量计征消费税（复合计征） B.烟草批发企业将卷烟销售给其他烟草批发企业的，不缴纳消费税 C.卷烟消费税改为在生产和批发两个环节征收后，批发企业在计算应纳税额时不得扣除已含的生产环节的消费税税款 D.纳税人兼营卷烟批发和零售业务的，应当分别核算批发和零售环节的销售额、销售数量；未分别核算批发和零售环节销售额、销售数量的，按照全部销售额、销售数量计征批发环节消费税

🍀**【考点子题——举一反三，真枪实练】**

[5]（历年真题·多选题）根据消费税法律制度的规定，下列各项中，在零售环节应征收消费税的有（　　）。

A. 卷烟　　　　　　　　　　B. 白酒

C. 超豪华小汽车　　　　　　D. 金银首饰

[6]（历年真题·单选题）根据消费税法律制度的规定，下列各项中，应征收消费税的是（　　）。

A. 超市零售白酒　　　　　　B. 汽车厂销售自产电动汽车

C. 地板厂销售自产实木地板　D. 百货公司零售高档化妆品

[7]（历年真题·单选题）根据消费税法律制度的规定，下列行为中，不缴纳消费税的是（　　）。

A. 首饰店零售金银首饰

B. 烟草批发企业将卷烟销售给其他烟草批发企业

C. 外贸公司进口高档手表

D. 小汽车生产企业将自产小汽车奖励给优秀员工

考点 13：消费税应纳税额的确定

考点 13-1：计税依据的确定

考点 13-1-1：从价计征销售额的确定

◆ 【考点题源】销售额

（1）销售额 = 全部价款 + 价外费用 【说明】消费税同增值税的销售额均为含消费税不含增值税的销售额

♣ 【考点子题——举一反三，真枪实练】

[8] （历年真题·单选题）根据增值税和消费税法律制度的规定，下列关于增值税和消费税计税依据的表述中，正确的是（　　）。

A. 计算增值税时所依据的销售额中含应纳消费税本身，但不含增值税销项税额

B. 适用从价定率征收消费税的应税消费品，在计算增值税和消费税时各自依据的销售额不同

C. 适用从价定率征收消费税的应税消费品，其销售额中含增值税销项税额和应纳消费税本身

D. 适用从价定率征收消费税的应税消费品，其销售额中含增值税销项税额，但不含应纳消费税本身

[9]（历年真题·单选题）某化妆品厂 2022 年 7 月销售高档化妆品取得含税收入 46.09 万元，收取手续费 1.5 万元；另取得逾期包装物押金收入 1 万元。已知，增值税税率为 13%，消费税税率为 15%。根据消费税法律制度的规定，下列关于该化妆品厂本月应缴纳消费税的算式中，正确的是（　　）。

A. $46.09 \times 15\% = 6.9135$ 万元

B. $46.09 \div (1 + 13\%) \times 15\% = 6.12$ 万元

C. $(46.09 + 1.5) \div (1 + 13\%) \times 15\% = 6.32$ 万元

D. $(46.09 + 1.5 + 1) \div (1 + 13\%) \times 15\% = 6.45$ 万元

考点 13-1-2：从量计征销售数量的确定

◆【考点母题——万变不离其宗】销售数量

根据消费税法律制度的规定，下列关于消费税销售数量确定的表述中，正确的有（　　）。
A. 销售应税消费品的，为应税消费品的销售数量
B. 自产自用应税消费品的，为应税消费品的移送使用数量
C. 委托加工应税消费品的，为纳税人收回的应税消费品数量
D. 进口应税消费品的，为海关核定的应税消费品进口征税数量

♧【考点子题——举一反三，真枪实练】

[10]（历年真题·多选题）根据消费税法律制度的规定，下列关于消费税从量计征销售数量确定的表述中，正确的有（　　）。

A. 销售应税消费品的，为应税消费品的销售数量

B. 自产自用应税消费品的，为应税消费品的生产数量

C. 委托加工应税消费品的，为纳税人收回的应税消费品数量

D. 进口应税消费品的，为海关核定的应税消费品进口征税数量

[11]（历年真题·单选题）2022 年 12 月甲啤酒厂生产 150 吨啤酒，销售 100 吨，取得不含增值税销售额 30 万元、增值税税额 4.8 万元。甲啤酒厂当月销售啤酒消费税计税依据为（　　）。

A. 30 万元　　　　　　　　　　B. 34.8 万元

C. 100 吨　　　　　　　　　　D. 150 吨

考点 13-1-3：复合计征销售额和销售数量的确定

◆【考点母题——万变不离其宗】复合计征销售额和销售数量的确定

根据消费税法律制度的规定，下列应税消费品中，实行复合计征消费税的有（　　）。
A. 卷烟　　　B. 白酒
应纳税额 = 销售额 × 比例税率 + 销售数量 × 定额税率

♣【考点子题——举一反三，真枪实练】

[12]（历年真题·单选题）2022 年 10 月甲烟草批发企业向乙卷烟零售店销售卷烟 200 标准条，取得不含增值税销售额 20 000 元；向丙烟草批发企业销售卷烟 300 标准条，取得不含增值税销售额 30 000 元。已知卷烟批发环节消费税比例税率 11%，定额税率为 0.005 元 / 支；每标准条 200 支卷烟。计算甲烟草批发企业当月上述业务应缴纳消费税税额的下列算式中，正确的是（　　）。

A. 20 000 × 11%+30 000 × 11%=5 500 元

B. 20 000 × 11%+200 × 200 × 0.005=2 400 元

C. 30 000 × 11%+300 × 200 × 0.005=3 600 元

D. 20 000 × 11%+200 × 200 × 0.005+30 000 × 11%+300 × 200 × 0.005=6 000 元

考点 13-1-4：特殊情形下销售额和销售数量的确定

◆【考点母题——万变不离其宗】特殊情形下销售额和销售数量的确定

（1）【判断金句】纳税人通过自设非独立核算门市部销售的自产应税消费品，应当按照门市部对外销售额或者销售数量征收消费税。
（2）根据消费税法律制度的规定，下列各项中，应当以纳税人同类应税消费品的<u>最高销售价格</u>作为计税依据计算消费税的有（　　）。 A. 用于换取生产资料的应税消费品　　B. 用于换取消费资料的应税消费品 C. 用于投资入股的应税消费品　　　　D. 用于抵偿债务的应税消费品
（3）【判断金句】白酒生产企业向商业销售单位收取的"品牌使用费"属于应税白酒销售价款的组成部分，应并入白酒的销售额中缴纳消费税。
（4）包装物押金消费税税务处理（同增值税）

续表

金银首饰的消费税税务处理	（5）根据消费税法律制度的规定，下列关于以旧换新销售金银首饰销售额确定的表述中，正确的是（　　）。
	A.纳税人采用以旧换新（含翻新改制）方式销售的金银首饰，应按实际收取的不含增值税的全部价款确定计税依据征收消费税（同增值税） B.金银首饰与其他产品组成成套消费品销售的，按销售额全额征收消费税 C.金银首饰连同包装物销售的，无论包装是否单独计价以及会计上如何核算，均应并入金银首饰的销售额计征消费税
	（6）【判断金句】对既销售金银首饰，又销售非金银首饰的生产、经营单位，应将两类商品划分清楚，分别核算销售额。凡划分不清楚或不能分别核算的并在生产环节销售的，一律从高适用税率征收消费税；在零售环节销售的，一律按金银首饰征收消费税。

☘【考点子题——举一反三，真枪实练】

[13]（历年真题·单选题）根据消费税法律制度的规定，下列各项中，应当以纳税人同类应税消费品的最高销售价格作为计税依据计缴消费税的是（　　）。

　　A.甲酒厂将自产的白酒用于抵偿债务

　　B.乙化妆品厂将自产的高档化妆品赠送客户

　　C.丙首饰店将购进的金项链奖励优秀员工

　　D.丁汽车厂将自产的小汽车用于赞助运动会

[14]（历年真题·单选题）甲摩托车厂为增值税一般纳税人，2022年8月将一批自产气缸容量250毫升的摩托车移送至自设非独立核算门市部用于销售，出厂含增值税价为50.85万元，门市部对外销售了其中的80%，取得含增值税销售额67.8万元。已知增值税税率为13%，消费税税率为3%，计算甲摩托车厂上述业务应缴纳消费税的下列算式中，正确的是（　　）。

　　A. $50.85 \times 80\% \div (1+13\%) \times 3\% = 1.08$ 万元

　　B. $50.85 \div (1+13\%) \times 3\% = 1.35$ 万元

　　C. $67.8 \div (1+13\%) \times 3\% = 1.8$ 万元

　　D. $67.8 \times 3\% = 2.034$ 万元

[15]（经典子题·单选题）甲商店为增值税一般纳税人，2022年10月采取以旧换新方式销售金项链116条，金项链同期含增值税售价5 932.5元/条，折价收回同类旧金项链作价5 339.25元/条。已知增值税税率为13%，消费税税率为5%，计算甲商店当月该业务应缴纳消费税税额的下列算式中，正确的是（　　）。

　　A. $116 \times 5\ 932.5 \times 5\% = 34\ 408.5$ 元

　　B. $116 \times 5\ 932.5 \div (1+13\%) \times 5\% = 30\ 450$ 元

C. $116 \times （5\,932.5 - 5\,339.25） \div （1 + 5\%） \times 5\% = 3\,327$ 元

D. $116 \times （5\,932.5 - 5\,339.25） \div （1 + 13\%） \times 5\% = 3\,045$ 元

考点 13-2：应纳税额的计算

考点 13-2-1：生产销售应纳税额的计算

◆【考点题源】生产销售应纳消费税的计算

实行从价定率计征消费税的公式：应纳税额 = 销售额 × 比例税率
实行从量定额计征消费税的公式：应纳税额 = 销售数量 × 定额税率
实行从价定率和从量定额复合方法计征消费税的公式：应纳税额 = 销售额 × 比例税率 + 销售数量 × 定额税率

【考点子题——举一反三，真枪实练】

[16]（经典子题·单选题）甲企业为增值税一般纳税人，2022 年 8 月销售自产的竹制筷子取得含增值税销售额 18.08 万元，销售自产的木制一次性筷子取得含增值税销售额 24.86 万元。已知增值税税率为 13%；消费税税率为 5%。计算甲企业当月应缴纳消费税税额的下列算式中，正确的是（　　）。

A. （18.08 + 24.86）× 5% = 2.147 万元

B. （18.08 + 24.86）÷ （1 + 13%）× 5% = 1.9 万元

C. 24.86 ÷ （1 + 13%）× 5% = 1.1 万元

D. 18.08 × 5% = 0.904 万元

[17]（经典子题·单选题）某白酒生产企业为增值税一般纳税人，2022 年 1 月销售粮食白酒 30 吨，取得不含增值税销售额 180 万元；薯类白酒 50 吨，取得不含增值税销售额 150 万元。已知白酒消费税比例税率为 20%；定额税率为 0.5 元／500 克。计算该企业当月应纳消费税税额的下列算式中，正确的是（　　）。

A. （180 + 150）× 20% = 66 万元

B. （30 + 50）× 0.5 = 40 万元

C. （180 + 150）× 20% + （30 + 50）× 0.5 = 106 万元

D. （180 + 150）× 20% + （30 + 50）× 2 000 × 0.5 ÷ 10 000 = 74 万元

考点 13-2-2：自产自用应纳税额的计算

◆ 【考点题源】自产自用应纳消费税的计算

【判断金句】纳税人自产自用的应税消费品，凡用于其他方面的，于移送使用时，按照纳税人生产的同类消费品的销售价格计算纳税；没有同类消费品销售价格的，按照组成计税价格计算纳税。	
组成计税价格	实行从价定率计征消费税的： 公式：组成计税价格 =（成本 + 利润）÷（1- 消费税比例税率）
	实行从价定率和从量定额复合方法计征消费税的： 公式：组成计税价格 =（成本 + 利润 + 自产自用数量 × 定额税率）÷（1- 消费税比例税率）

♧ 【考点子题——举一反三，真枪实练】

[18]（历年真题·单选题）某日化厂为增值税一般纳税人，本月将自产的 100 件高档化妆品无偿赠送给消费者，每件化妆品的生产成本为 50 元。已知，消费税税率为 15%，成本利润率为 5%，没有同类化妆品的销售价格。有关该日化厂当月应缴纳消费税税额的下列算式中，正确的是（ ）。

A. 50×100×15%=750 元

B. 50×100×（1 + 5%）×15%=787.5 元

C. 50×100×（1 + 5%）÷（1 + 15%）×15%=684.78 元

D. 50×100×（1 + 5%）÷（1–15%）×15%=926.47 元

[19]（历年真题·单选题）2022 年 5 月甲石化公司销售自产汽油 800 吨，办公用小汽车领用自产汽油 1 吨，向子公司无偿赠送自产汽油 0.5 吨。已知消费税税率为 1.52 元 / 升，汽油 1 吨 = 1 388 升。计算甲石化公司当月上述业务应缴纳消费税税额的下列算式中，正确的是（ ）。

A.（800 + 0.5）×1 388×1.52 = 1 688 862.88 元

B. 800×1 388×1.52 = 1 687 808 元

C.（800 + 1 + 0.5）×1 388×1.52 = 1 690 972.64 元

D.（800 + 1）×1 388×1.52 = 1 689 917.76 元

第4章

考点 13-2-3：委托加工应纳消费税的计算

◆【考点题源】委托加工应纳消费税的计算

【判断金句】委托加工的应税消费品，按照受托方的同类消费品的销售价格计算纳税；没有同类消费品销售价格的，按照组成计税价格计算纳税。	
组成计税价格	实行从价定率计征消费税的： 公式：组成计税价格 =（材料成本 + 加工费）÷（1− 比例税率）
	实行从价定率和从量定额复合方法计征消费税的： 公式：组成计税价格 =（材料成本 + 加工费 + 委托加工数量 × 定额税率）÷（1− 比例税率）
材料成本	委托方所提供加工材料的实际成本
加工费	受托方加工应税消费品向委托方所收取的全部费用（包括代垫辅助材料的实际成本），不包括增值税税款

🔗【考点子题——举一反三，真枪实练】

[20]（历年真题·单选题）甲鞭炮厂为增值税一般纳税人，2022 年 8 月受托加工一批焰火，委托方提供原材料不含税金额为 48025 元，甲鞭炮厂收取含增值税加工费 9605 元。甲鞭炮厂无同类焰火销售价格。已知增值税税率为 13%，消费税税率为 15%。计算甲鞭炮厂该笔业务应代收代缴消费税税额的下列算式中，正确的是（　　）。

A.［48025+9605÷（1+13%）］÷（1−15%）×15%=9975 元

B.［48025+9605÷（1+13%）］×15%=8478.75 元

C.（48025+9605）÷（1+13%）÷（1−15%）×15%=9000 元

D.（48025+9605）×15%=8644.5 元

考点 13-2-4：进口环节应纳消费税的计算

◆【考点题源】进口环节应纳消费税的计算

从价定率	组成计税价格 =（关税的完税价格 + 关税）÷（1− 消费税比例税率）
	应纳税额 = 组成计税价格 × 消费税比例税率
复合计征	组成计税价格 =（关税的完税价格 + 关税 + 进口数量 × 定额税率）÷（1− 消费税比例税率）
	应纳税额 = 组成计税价格 × 消费税比例税率 + 进口数量 × 定额税率

考点 13-3：已纳消费税的扣除

◆ 【考点母题——万变不离其宗】外购应税消费品已纳税款的扣除

（1）根据消费税法律制度的规定，下列情形中，纳税人将外购或委托加工收回的已经缴纳消费税的应税消费品用于连续生产应税消费品时，准予扣除外购或委托加工收回的应税消费品已纳的消费税税款的有（　　）。

A. 外购或委托加工收回的已税烟丝生产的卷烟
B. 外购或委托加工收回的已税高档化妆品原料生产的高档化妆品
C. 外购或委托加工收回的已税珠宝、玉石原料生产的贵重首饰及珠宝、玉石
D. 外购或委托加工收回的已税鞭炮、焰火原料生产的鞭炮、焰火
E. 外购或委托加工收回的已税杆头、杆身和握把为原料生产的高尔夫球杆
F. 外购或委托加工收回的已税木制一次性筷子原料生产的木制一次性筷子
G. 外购或委托加工收回的已税实木地板原料生产的实木地板
H. 外购或委托加工收回的已税石脑油、润滑油、燃料油为原料生产的成品油
I. 外购或委托加工收回的已税汽油、柴油为原料生产的汽油、柴油
【说明】不包括：酒、金银铂钻饰品、小汽车、摩托车、高档手表、游艇、电池、涂料、溶剂油、航空煤油。

【注意1】纳税人用委托加工收回的已税珠宝、玉石原料生产的改在零售环节征收消费税的金银首饰，在计税时一律不得扣除委托加工收回的珠宝、玉石原料的已纳消费税税款。
【注意2】允许扣除已纳税款的应税消费品只限于从工业企业购进的应税消费品和进口环节已缴纳消费税的应税消费品，对从境内商业企业购进应税消费品的已纳税款一律不得扣除。

◆ 【考点子题——举一反三，真枪实练】

[21]（历年真题·单选题）根据消费税法律制度的规定，下列连续生产的应税消费品，在计征消费税时准予按当期生产领用数量计算扣除外购应税消费品已纳消费税税款的是（　　）。

A. 外购已税溶剂油生产的涂料　　　　B. 外购已税珠宝生产的铂金镶嵌首饰

C. 外购已税白酒生产的药酒　　　　　D. 外购已税烟丝生产的卷烟

[22]（历年真题·单选题）甲烟厂为增值税一般纳税人，2022年12月初库存的外购烟丝不含增值税买价5万元，当月外购烟丝不含增值税买价40万元，月末库存的外购烟丝不含增值税买价10万元，领用的烟丝当月全部用于连续生产卷烟。已知烟丝消费税税率为30%。计算甲烟厂当月准予扣除的外购烟丝已缴纳消费税税额的下列算式中，正确的是（　　）。

A. $40 \times 30\% = 12$（万元）　　　　B. $(40-10) \times 30\% = 9$（万元）

C. $(5+40-10) \times 30\% = 10.5$（万元）　　D. $(5+40) \times 30\% = 135$（万元）

考点 14：　消费税征收管理

考点 14-1：纳税义务发生时间

◆【考点母题——万变不离其宗】纳税义务发生时间

根据消费税法律制度的规定，下列关于消费税纳税义务发生时间的表述中，正确的有（　）。
A.纳税人自产自用应税消费品的，为移送使用的当天
B.纳税人委托加工应税消费品的，为纳税人提货的当天
C.其他情况同增值税纳税义务发生时间

♣【考点子题——举一反三，真枪实练】

[23]（历年真题·多选题）根据消费税法律制度的规定，关于消费税纳税义务发生时间的下列表述中，正确的有（　）。

  A.　纳税人采取预收货款结算方式销售应税消费品的，为收到预收款的当天

  B.　纳税人自产自用应税消费品的，为移送使用的当天

  C.　纳税人委托加工应税消费品的，为交付加工费当天

  D.　纳税人进口应税消费品的，为报关进口的当天

考点 14-2：纳税地点

◆【考点母题——万变不离其宗】纳税地点

【判断金句】委托加工的应税消费品，除受托方为个人外，由受托方向机构所在地或者居住地的税务机关解缴消费税税款；受托方为个人的，由委托方向机构所在地的税务机关申报纳税。

考点 14-3：纳税期限

  同增值税法律制度。

♣【考点子题——举一反三，真枪实练】

[24]（历年真题·不定项选择题）甲公司为增值税一般纳税人，主要从事小汽车的制造和销售业务。2022 年 7 月有关经营情况如下：

（1）销售一辆定制的自产小汽车，取得含增值税价款 226 000 元，另收取手续费 33 900 元。

（2）将 10 辆自产小汽车对外投资，小汽车生产成本 9 万元／辆。甲公司同类小汽车不含增值税最高销售价格 17 万元／辆、平均销售价格 15 万元／辆、最低销售价格 12 万元／辆。

（3）采取预收货款方式销售给 4S 店一批自产小汽车，6 日签订合同，11 日收到预收款，16 日发出小汽车，21 日开具发票。

（4）生产中轻型商用客车 180 辆，其中 171 辆用于销售、3 辆用于广告、2 辆用于本公司管理部门、4 辆用于赞助。

已知： 销售小汽车增值税税率为 13%，消费税率为 5%。

要求： 根据上述资料，不考虑其他因素，分析回答下列小题。

1. 计算甲公司当月销售定制的自产小汽车应缴纳消费税税额的下列算式中，正确的是（　　）。

A. 226 000×5%=11 300 元

B. 226 000÷（1+13%）×5%=10 000 元

C.（226 000+33 900）×5%=12 995 元

D.（226 000+33 900）÷（1+13%）×5%=11 500 元

2. 计算甲公司当月以自产小汽车对外投资应缴纳消费税税额的下列计算式中，正确的是（　　）。

A. 10×9×5%=4.5 万元　　　　　B. 10×15×5%=7.5 万元

C. 10×12×5%=6 万元　　　　　D. 10×17×5%=8.5 万元

3. 甲公司当月采取预收货款方式销售自产小汽车，消费税的纳税义务发生时间是（　　）。

A. 7 月 16 日　　B. 7 月 11 日　　C. 7 月 6 日　　D. 7 月 21 日

4. 甲公司的下列中轻型商务客车中，应缴纳消费税的是（　　）。

A. 用于广告的 3 辆　　　　　B. 用于销售的 171 辆

C. 用于赞助的 4 辆　　　　　D. 用于本公司管理部门的 2 辆

［本节考点子题答案及解析］

［1］【答案】D

【解析】选项 ABC 不属于消费税征收范围。

［2］【答案】CD

【解析】选项 A：采用从价定率方法计征消费税；选项 B 不征收消费税。

［3］【答案】AC

【解析】选项 B：成品油实行从量定额的办法计征消费税；选项 D 小汽车实行从价定率办法计征消费税。

[4]【答案】ABCD

[5]【答案】CD

【解析】在零售环节应征收消费税的有超豪华小汽车和金银首饰。

[6]【答案】C

【解析】白酒是在生产销售环节、委托加工环节、进口环节征收消费税，选项A不征收消费税；电动汽车不是应税消费品，选项B不征收消费税；高档化妆品是在生产销售环节、委托加工环节、进口环节征收消费税，零售环节不征收消费税，选项D不征收消费税。

[7]【答案】B

【解析】选项A，金银首饰在零售环节缴纳消费税；选项B，烟草批发企业将卷烟销售给零售单位的应加征一道消费税，但是将卷烟销售给"其他烟草批发企业"的，不缴纳消费税；选项C，高档手表在进口环节缴纳消费税；选项D，将自产的应税消费品用于集资、广告、样品、职工福利、奖励等方面的，应于移送使用时缴纳消费税。

[8]【答案】A

【解析】计算增值税时所依据的销售额中含应纳消费税本身，但不含增值税销项税额。

[9]【答案】D

【解析】①手续费为价外费用，题目中若无特别说明为含税金额，需先进行价税分离再计算消费税；②销售一般应税消费品而收取的包装物押金，在逾期时应计入销售额计征消费税；③该化妆品厂本月应缴纳消费税 = （46.09 + 1.5 + 1）÷（1 + 13%）×15% = 6.45万元。

[10]【答案】ACD

【解析】自产自用应税消费品的，为应税消费品的移送使用数量，选项B错误。

[11]【答案】C

【解析】啤酒从量（销售量）计征消费税。

[12]【答案】B

【解析】①卷烟采用复合计征方式计算消费税。②烟草批发企业将卷烟销售给零售单位的要再征一道11%的从价税，并按0.005元/支加征从量税；销售其他烟草批发企业的，"不"缴纳消费税。甲烟草批发企业当月上述业务应缴纳消费税税额 =20 000×11%+200×200×0.005=2 400（元）。

[13]【答案】A

【解析】纳税人用于换取生产资料和消费资料、投资入股和抵偿债务等方面的应税消费品，应当以纳税人同类应税消费品的最高销售价格作为计税依据计算消费税。

[14]【答案】C

【解析】纳税人通过自设非独立核算门市部销售的自产应税消费品，应当按照门市部对外销售额或者销售数量征收消费税；67.8万元为含增值税销售额，作价税分离处理，因此选项C正确。

[15]【答案】D

【解析】对金银首饰以旧换新业务，可以按销售方实际收取的不含增值税的全部价款征收增值税。销售方实际收取的不含增值税的全部价款=116×（5 932.5−5 339.25）÷（1 + 13%）=60 900（元）；应交消费税=60 900×5% = 3 045（元）。

[16]【答案】C

【解析】自产的木制一次性筷子属于应税消费品。应纳税额 = 销售额 × 比例税率 =24.86÷（1 + 13%）×5% = 1.1 万元。

［17］【答案】D

【解析】实行从价定率和从量定额复合方法计征消费税的：

应纳税额 = 销售额 × 比例税率 + 销售数量 × 定额税率

= （180 + 150）×20%+（30 + 50）×2 000×0.5÷10 000 = 74 万元

［18］【答案】D

【解析】该日化厂视同销售的高档化妆品没有同类化妆品的销售价格，应按照组成计税价格计算消费税 = 50×100×（1 + 5%）÷（1–15%）×15% = 926.47（元）。

［19］【答案】C

【解析】本题中，办公室领用的汽油和向子公司无偿赠送的汽油都应缴纳消费税。甲石化公司当月上述业务应缴纳消费税税额 = （800 + 1 + 0.5）×1 388×1.52 = 1 690 972.64（元）。

［20］【答案】A

【解析】实行从价定率计征消费税的组成计税价格 = （材料成本 + 加工费）÷（1– 比例税率），组成计税价格公式中加工费应为不含增值税的加工费，需价税分离，选项 A 正确。

［21］【答案】D

【解析】选项 AC：允许抵扣税额的税目不包括酒、摩托车、小汽车、高档手表、游艇、电池、涂料；选项 B：纳税人用外购的已税珠宝、玉石原料生产的改在零售环节征收消费税的金银首饰（镶嵌首饰），不得扣除外购珠宝、玉石的已纳税款。

［22］【答案】C

【解析】纳税人将外购或委托加工收回的已经缴纳消费税的应税消费品用于连续生产应税消费品时，准予扣除外购或委托加工收回的应税消费品已纳的消费税税款。按照实际领用金额计算准予抵扣消费税。

［23］【答案】BD

【解析】纳税人自产自用应税消费品的，为移送使用的当天；纳税人进口应税消费品的，为报关进口的当天。采取预收货款结算方式的，为发出应税消费品的当天；纳税人委托加工应税消费品的，为纳税人提货的当天。

［24］1.【答案】D

【解析】销售自产货物，以销售额为计税依据，手续费为价外费用，应并入销售额。226 000 元和 33 900 元均为含税价格，应先作价税分离，再乘以消费税税率。

2.【答案】D

【解析】以自产货物对外投资，消费税的计税依据为该应税消费品的最高售价。所以每辆小汽车的计税依据为最高售价 17 万元。

3.【答案】A

【解析】采取预收货款方式销售自产小汽车，消费税纳税义务发生的时间为货物发出的当天。

4.【答案】ABCD

【解析】选项 B 是销售自产的应税消费品，属于消费税的征税范围；自产自用应税消费品，用于其他方面的，应当缴纳消费税，选项 ACD 视同销售。

第四节　城市维护建设税、教育费附加和地方教育附加法律制度

【本节考点、考点母题及考点子题】

考点 15：城市维护建设税、教育费附加和地方教育附加

◆【考点题源】城市维护建设税、教育费附加和地方教育附加纳税人

A. 纳税人	在中国境内缴纳增值税、消费税的单位和个人，为城市维护建设税、教育费附加和地方教育附加的纳税人
B. 扣缴义务人	扣缴义务人为负有增值税、消费税扣缴义务的单位和个人，在扣缴增值税、消费税的同时扣缴城市维护建设税、教育费附加和地方教育附加

◆【考点题源】计税依据和应纳税额的计算

计税依据 = 纳税人实际缴纳的增值税 + 实际缴纳的消费税
应纳城市维护建设税、教育费附加、地方教育附加 =（实际缴纳增值税 + 消费税）× 适用税率
【说明】由受托方代扣代缴、代收代缴增值税、消费税的单位和个人，其代扣代缴、代收代缴的城市维护建设税按受托方所在地适用税率执行

🍀【考点子题——举一反三，真枪实练】

[1]（历年真题·单选题）根据城市维护建设税法律制度的规定，纳税人向税务机关实际缴纳的下列税款中，应作为城市维护建设税计税依据的是（　　）。

A. 土地增值税
B. 增值税
C. 房产税
D. 城镇土地使用税

[2]（历年真题·单选题）2022年10月甲公司向税务机关应缴纳增值税80 000元，实际缴纳增值税60 000元；应缴纳消费税50 000元，实际缴纳消费税30 000元；因违反增值税、消费税有关规定被税务机关加收5 000元滞纳金。已知城市维护建设税适用税率为7%。计算甲公司当月应缴纳城市维护建设税税额的下列算式中，正确的是（　　）。

A.（80 000 + 50 000）×7% = 9 100元

B.（80 000 + 50 000+5 000）×7% = 9 450元

C.（60 000 + 30 000）×7% = 6 300元

D.（60 000 + 30 000 + 5 000）×7% = 6 650元

◆【考点母题——万变不离其宗】城市维护建设税、教育费附加和地方教育附加

根据城市维护建设税法律制度的规定，下列关于城市维护建设税、教育费附加和地方教育附加税收优惠的表述中，正确的有（　　）。

A.城市维护建设税、教育费附加和地方教育附加税收优惠原则上比照增值税、消费税的减免规定
B.对海关进口产品征收的增值税、消费税，不征收城市维护建设税、教育费附加和地方教育附加
C.对出口产品退还增值税、消费税的，不退还已征的城市维护建设税、教育费附加和地方教育附加

🍀【考点子题——举一反三，真枪实练】

[3]（经典子题·判断题）对出口货物退还增值税的，附征的城市维护建设税、教育费附加和地方教育附加不予退还。（　　）

[4]（经典子题·单选题）某市工业企业2022年10月进口货物，向海关缴纳增值税20万元、消费税10万元、关税2万；向当地主管税务机关实际缴纳增值税50万元、消费税15万元、企业所得税20万元。已知城建税税率为7%，教育费附加征收率为3%，地方教育附加征收率2%，则该企业当月应缴纳城建税、教育费附加和地方教育附加合计为（　　）万元。

A. 6
B. 7.8
C. 11.4
D. 9.7

［本节考点子题答案及解析］

［1］【答案】B

　　【解析】城市维护建设税的计税依据为纳税人实际缴纳的增值税、消费税税额。

［2］【答案】C

　　【解析】城市维护建设税的计税依据为纳税人实际缴纳的增值税、消费税税额为计税依据，而不是应缴纳的增值税、消费税。计税依据中不包含税收滞纳金。

［3］【答案】√

［4］【答案】B

　　【解析】进口产品征收的增值税、消费税，不征收城建税和教育费附加。企业所得税也不是城建税和教育费附加征收的依据。该企业当月应缴纳城建税、教育费附加和地方教育附加合计为：（50+15）×（7%+3%+2%）= 7.8 万元。

第五节　车辆购置税法律制度

【本节考点、考点母题及考点子题】

考点 16：车辆购置税

◆【考点母题——万变不离其宗】车辆购置税的纳税人

（1）根据车辆购置税法律制度的规定，下列各项中，属于车辆购置税纳税人的是（　）。
A. 在中华人民共和国境内购置应税车辆的单位和个人
（2）根据车辆购置税法律制度的规定，下列行为中，属于"购置"应税车辆的有（　）。
A. 购买自用　　B. 进口自用　　C. 自产自用　　D. 受赠自用　　E. 获奖自用　　F. 其他方式取得并自用

🍀【考点子题——举一反三，真枪实练】

[1]（历年真题·单选题）甲汽车专卖店购入小汽车12辆。根据车辆购置税法律制度的规定，下列行为中，应当由甲汽车专卖店作为纳税人缴纳车辆购置税的是（　　）。

A. 将其中6辆销售给客户

B. 将其中2辆作为董事长、总经理的专用轿车

C. 将其中1辆赠送给乙企业

D. 库存3辆尚未售出

◆【考点母题——万变不离其宗】车辆购置税征税范围

根据车辆购置税法律制度的规定，下列车辆中，属于车辆购置税征税范围的有（　　）。
A.汽车　　B.有轨电车　　C.汽车挂车　　D.排气量超过150毫升的摩托车

🍀【考点子题——举一反三，真枪实练】

[2]（经典子题·多选题）根据车辆购置税法律制度的规定，下列各项中，属于车辆购置税征税范围的有（　　）。

A. 有轨电车　　B. 汽车挂车　　C. 火车　　D. 汽车

◆【考点题源】车辆购置税计税依据和纳税额的计算

A.购买自用应税车辆的计税依据＝全部价款
B.进口自用应税车辆的计税依据＝关税完税价格＋关税＋消费税（应税车辆）
C.自产自用应税车辆的计税依据＝①同类应税车辆的销售价格；②组成计税价格
D.受赠、获奖或者其他方式取得自用应税车辆的计税依据＝相关凭证载明的价格
应纳税额＝计税依据×税率，税率为10%

🍀【考点子题——举一反三，真枪实练】

[3]（历年真题·单选题）甲公司为增值税一般纳税人，2022年10月进口一辆小汽车自用，海关审定的关税完税价格为80万元，甲公司缴纳关税12万元，消费税9.3元，已知车辆购置税税率为10%。下列甲公司进口该辆自用小汽车应缴纳车辆购置税税额计算公式中，正确的是（　　）。

A. 80×10%=8万元

B. （80+12）×10%=9.2万元

C. （80+12+9.3）×10%=10.13万元　D. （80+9.3）×10%=8.93万元

[4]（经典子题·单选题）甲公司为增值税一般纳税人，主营业务为汽车生产与销售，2022年12月将自产的10量小汽车作为自用。每辆小汽车的生产成本为10万元，

并且没有同类车辆销售价格。已知，小汽车的成本利润率为10%，消费税税率为25%，车辆购置税税率为10%。下列甲公司自产自用小汽车应缴纳车辆购置税税额计算公式中，正确的是（　　）。

A. 10÷（1−25%）×10%×10=13.3 万元

B. 10×（1+10%）÷（1−25%）×10%×10=14.7 万元

C. 10×（1+10%）×（1+25%）×10%×10=13.75 万元

D. 10×（1−10%）×（1+25%）×10%×10=11.25 万元

◆【考点母题——万变不离其宗】车辆购置税税收优惠

根据车辆购置税法律制度的规定，下列车辆中，免征车辆购置税的有（　　）。
A. 依照法律规定应当予以免税的外国驻华使馆、领事馆和国际组织驻华机构及其有关人员自用的车辆
B. 中国人民解放军和中国人民武装警察部队列入装备订货计划的车辆
C. 悬挂应急救援专用号牌的国家综合性消防救援车辆
D. 设有固定装置的非运输专用作业车辆
E. 城市公交企业购置的公共汽电车辆
F. 2023 年 12 月 31 日前购置的新能源汽车

◆【考点母题——万变不离其宗】车辆购置税征收管理

纳税申报	A. 车辆购置税实行一次征收制度 B. 购置已征车辆购置税的车辆，不再征收车辆购置税
纳税环节	C. 纳税人应当在向公安机关交通管理部门办理车辆注册登记前，缴纳车辆购置税

［本节考点子题答案及解析］

［1］【答案】B

【解析】车辆购置税的纳税人是在中国境内购置应税车辆的单位和个人。购置应税车辆是指购买自用、进口自用、自产自用、受赠自用、获奖自用。上述选项中，属于甲汽车专卖店自用的只有选项 B。

［2］【答案】ABD

【解析】车辆购置税的征税范围包括汽车、有轨电车、汽车挂车、排气量超过 150 毫升的摩托车。不包括火车。

［3］【答案】C

【解析】纳税人进口自用应税车辆的，应缴纳的车辆购置税税额 =（关税完税价格 + 关税 + 消费税）× 税率 10%=（80+12+9.3）×10%=10.13 万元。

［4］【答案】B

【解析】含消费税的组成计税价格 =10×（1+10%）÷（1−25%），应缴纳的车辆购置税税额 =10×（1+10%）÷（1−25%）×10%×10=14.7 万元。

第六节 关税法律制度

【本节考点、考点母题及考点子题】

考点 17： 关税纳税人和课税对象

◆【考点母题——万变不离其宗】关税纳税人和课税对象

（1）根据关税法律制度相关规定，下列各项中，属于关税纳税人的有（ ）。
A.进口货物的收货人　　　B.出口货物的发货人　　　C.进出境物品的所有人
（2）根据关税法律制度的规定，下列各项中，属于关税课税对象的有（ ）。
A.进出境的货物　　　　　B.进出境的物品　　　　　C.从境外采购进口的原产于中国境内的货物

考点 18： 关税税率

◆【考点母题——万变不离其宗】关税税率

<table>
<tr><td rowspan="8">进口关税的种类</td><td colspan="2">（1）根据关税法律制度的规定，进口关税的税率种类有（　　）。</td></tr>
<tr><td>A. 普通税率</td><td>原产于未与我国共同适用最惠国条款的世界贸易组织成员，未与我国订有相互给予最惠国待遇、关税优惠条款贸易协定和特殊关税优惠条款贸易协定的国家或者地区的进口货物，以及原产地不明的货物</td></tr>
<tr><td>B. 最惠国税率</td><td>原产于与我国共同适用最惠国条款的世界贸易组织成员的进口货物，原产于与我国签订含有相互给予最惠国待遇的双边贸易协定的国家或者地区的进口货物，以及原产于我国的进口货物</td></tr>
<tr><td>C. 协定税率</td><td>原产于与我国签订含有关税优惠条款的区域性贸易协定的国家或地区的进口货物</td></tr>
<tr><td>D. 特惠税率</td><td>原产于与我国签订含有特殊关税优惠条款的贸易协定的国家或地区的进口货物</td></tr>
<tr><td>E. 关税配额税率</td><td>关税配额是进口国限制进口货物数量的措施，把征收关税和进口配额相结合以限制进口。对于在配额内进口的货物可以适用较低的关税配额税率，对于配额之外的则适用较高税率</td></tr>
<tr><td>F. 暂定税率</td><td>在最惠国税率的基础上，对于一些国内需要降低进口关税的货物，以及出于国际双边关系的考虑需要个别安排的进口货物</td></tr>
<tr><td colspan="2">【注意】进口货物适用何种税率是以进口货物的原产地为标准的；一般采用比例税率。</td></tr>
<tr><td rowspan="2">从量计征</td><td colspan="2">（2）根据关税法律制度的规定，下列进口货物中，实行从量计征的有（　　）。</td></tr>
<tr><td colspan="2">A. 啤酒　　　B. 原油</td></tr>
<tr><td rowspan="2">从价加从量的复合税率</td><td colspan="2">（3）根据关税法律制度的规定，下列进口货物中，实行从价加从量的复合税率的有（　　）。</td></tr>
<tr><td colspan="2">A. 录像机　　　B. 放像机　　　C. 摄像机</td></tr>
</table>

♧【考点子题——举一反三，真枪实练】

[1]（历年真题·多选题）根据关税法律制度的规定，下列各项中，属于进口关税税率的有（　　）。

    A. 普通税率　　　B. 最惠国税率　　　C. 特惠税率　　　D. 协定税率

[2]（经典子题·多选题）根据关税法律制度相关规定，下列货物中，实行复合税率计征的有（　　）。

    A. 啤酒　　　B. 原油　　　C. 录像机　　　D. 放像机

考点 19：　关税计税依据

◆【考点题源】关税计税依据

（1）根据关税法律制度的规定，下列关于进口货物的完税价格的表述中，正确的有（　　）。	
A. 一般贸易项下进口的货物以海关审定的成交价格为基础的到岸价格作为完税价格	进口货物关税完税价格（到岸价格）= 货价 +（货物运抵我国关境内输入地点起卸前的）包装费 + 运费 + 保险费 + 其他劳务费 【注意】为了在境内生产、制造、使用或出版、发行的目的而向境外支付的与该进口货物有关的专利、商标、著作权，以及专有技术、计算机软件和资料等费用，也应计入到岸价格。
B. 在货物成交过程中，进口人在成交价格外另支付给卖方的佣金，应计入成交价格 C. 向境外采购代理人支付的买方佣金不能列入成交价格 D. 卖方付给进口人的正常回扣，应从成交价格中扣除 E. 卖方违反合同规定延期交货的罚款，卖方在货价中冲减时，成交价格中不能冲减罚款	
（2）根据关税法律制度的规定，下列关于出口货物的完税价格的表述中，正确的有（　　）。	
A. 出口货物应当以海关审定的货物售予境外的离岸价格，扣除出口关税后作为完税价格 B. 出口货物完税价格 = 离岸价格 ÷（1 + 出口关税税率） C. 离岸价格不包括装船以后发生的费用	

♣【考点子题——举一反三，真枪实练】

[3]（历年真题·判断题）在进口货物成交过程中，卖方付给进口人的正常回扣，在计算进口货物完税价格时不得从成交价格中扣除。（　　）

[4]（历年真题·多选题）根据关税法律制度的规定，下列各项中，应计入到进口货物关税完税价格中的有（　　）。

　　A. 货物运抵我国关境内输入地点起卸前的包装费

　　B. 货物运抵我国关境内输入地点起卸前的运费

　　C. 货物运抵我国关境内输入地点起卸前的保险费

　　D. 向境外支付的与该进口货物有关的专利权费用

考点 20： 关税应纳税额的计算

◆ 【考点题源】关税应纳税额的计算

从价税计算方法	应纳税额 = 应税进（出）口货物数量 × 单位完税价格 × 适用税率
从量税计算方法	应纳税额 = 应税进口货物数量 × 关税单位税额
复合税计算方法	应纳税额 = 应税进口货物数量 × 关税单位税额 + 应税进口货物数量 × 单位完税价格 × 适用税率
滑准税计算方法	滑准税是指关税的税率随着进口商品价格的变动而反方向变动的一种税率形式，即价格越高，税率越低，税率为比例税率

♣ 【考点子题——举一反三，真枪实练】

[5]（历年真题·单选题）税率随着进口商品价格的变动而反方向变动的一种关税税率形式称为（   ）。

    A. 从价税   B. 从量税

    C. 滑准税   D. 复合税

[6]（历年真题·单选题）某进出口企业于 2022 年 5 月进口了一批货物，核定货价为 90 万。货物运抵我国关境内输入地点起卸前的包装费 2 万元，运费 5 万元，保险费 0.3 万元，关税税率为 10%。计算该企业该笔业务应纳关税的下列算式中，正确的是（   ）。

    A.（90+2）×10% = 9.2 万元

    B.（90+5+0.3）×10%= 9.53 万元

    C.（90+2+5）×10% = 9.7 万元

    D.（90+2+5+0.3）×10% =9.73 万元

[7]（历年真题·单选题）2022 年 9 月甲公司进口生产设备一台，海关审定的货价 45 万元，运抵我国关境内输入地点起卸前的运费 4 万元，保险费 2 万元。已知关税税率为 10%。计算甲公司当月该笔业务应缴纳关税税额的下列算式中，正确的是（   ）。

    A.（45+4+2）×10%=5.1 万元

    B. 45÷（1−10%）×10%=5 万元

    C.（45−2）×10%=4.3 万元

    D.（45−4）×10%=4.1 万元

考点 21: 关税税收优惠

◆ 【考点母题——万变不离其宗】法定性减免税

根据关税法律制度的规定,下列情形中,属于关税的法定性减免税的有( )。
A. 一票货物关税税额、进口环节增值税或者消费税税额在人民币 50 元以下的
B. 无商业价值的广告品及货样   C. 国际组织、外国政府无偿赠送的物资
D. 进出境运输工具装载的途中必需的燃料、物料和饮食用品
E. 因故退还的中国出口货物(免进口关税)   F. 因故退还的境外进口货物(免出口关税)

◎ 【考点子题——举一反三,真枪实练】

[8](经典子题·多选题)根据关税法律制度的规定,下列进口货物,免征关税的有( )。

    A. 无商业价值的广告品　　　　B. 国际组织有偿提供的设备

    C. 外国政府无偿赠送的物资　　D. 一票货物关税税额在人民币 50 元以下的

[9](历年真题·判断题)进出境运输工具装载的途中必须的燃料、物料和饮食用品,经海关审查无误后可以免于缴纳关税。( )

考点 22: 关税征收管理

◆ 【考点母题——万变不离其宗】关税征收管理

根据关税法律制度的规定,下列关于关税征收管理的表述中,正确的有( )。
A. 关税是在货物实际进出境时,即在纳税人按进出口货物通关规定向海关申报后、海关放行前一次性缴纳
B. 进出口货物的收发货人或其代理人应当在海关填发税款缴款凭证之日起 15 日内(星期日和法定节假日除外),向指定银行缴纳税款

🍀**【考点子题——举一反三，真枪实练】**

[10]（历年真题·单选题）进出口货物的收发货人或其代理人应当在海关填发税款缴款凭证之日起一定期限内（星期日和法定节假日除外）向指定银行缴清税款，该期限是（   ）。

A. 15天　　B. 30天　　C. 10天　　D. 5天

〔**本节考点子题答案及解析**〕

[1]【答案】ABCD

[2]【答案】CD

【解析】对广播用录像机、放像机、摄像机等实行从价加从量的复合税率计征关税。

[3]【答案】×

【解析】卖方付给进口人的正常回扣，应从成交价格中扣除。

[4]【答案】ABCD

[5]【答案】C

[6]【答案】D

【解析】到岸价格是指包括货价以及货物运抵我国关境内输入地点起卸前的包装费、运费、保险费和其他劳务费等费用构成的一种价格。

[7]【答案】A

【解析】甲公司进口该生产设备的关税税额 =（45+4+2）×10%=5.1万元。

[8]【答案】ACD

【解析】国际组织、外国政府无偿赠送的物资免征关税，选项B错误。

[9]【答案】√

[10]【答案】A

【解析】进出口货物的收发货人或其代理人应当在海关签发税款缴款凭证次日起15日内（星期日和法定节假日除外），向指定银行缴纳税款。

第**5**章

所得税法律制度

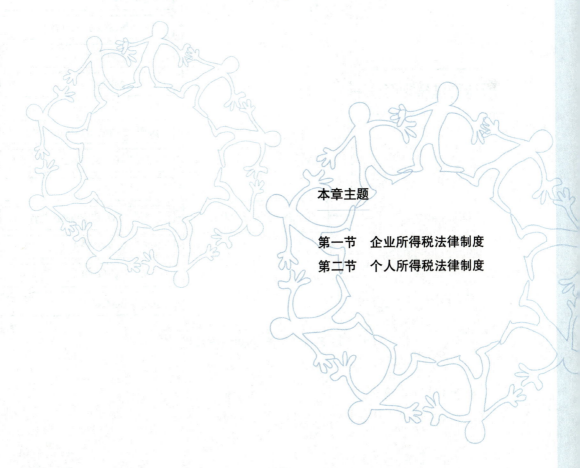

本章主题

第一节　企业所得税法律制度
第二节　个人所得税法律制度

本章知识框架

本章是所得税法律制度，包括企业所得税法律制度和个人所得税法律制度两节内容。本章是考试的重点章，极易出到不定项选择题；另外，本章的内容也极易考到计算，也是考生应当重点关注的章节。本章具体知识结构分布图如下：

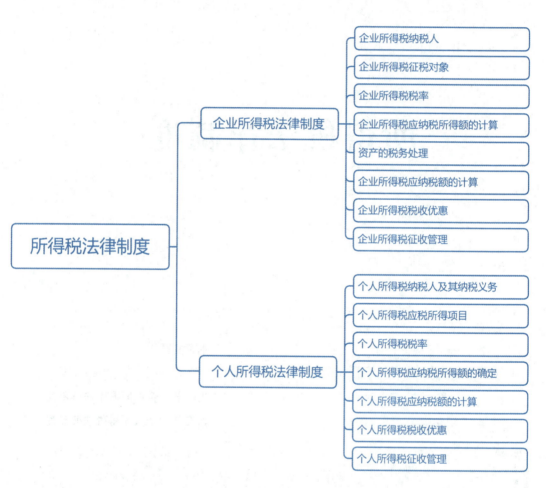

图5-1 第5章知识框架图

第一节　企业所得税法律制度

【本节考点、考点母题及考点子题】

考点 1：企业所得税纳税人

❖【考点母题——万变不离其宗】企业所得税的纳税人

企业所得税纳税人（法人）	（1）根据企业所得税法律制度的规定，下列企业中，属于企业所得税纳税人的有（　　）。
	A. 各类企业　　　　　　　B. 事业单位　　　　　　　　　C. 社会团体 D. 民办非企业单位　　　　E. 从事经营活动的其他组织
不属于企业所得税纳税人	（2）根据企业所得税法律制度的规定，下列企业中，不属于企业所得税纳税人的有（　　）。
	A. 合伙企业　　　　　　　B. 个人独资企业

🍀【考点子题——举一反三，真枪实练】

[1]（历年真题·多选题）根据企业所得税法律制度的规定，下列依照中国法律、行政法规成立的公司、企业中，属于企业所得税纳税人的有（   ）。

A. 国有独资公司

B. 合伙企业

C. 个人独资企业

D. 一人有限责任公司

[2]（历年真题·单选题）根据企业所得税法律制度的规定，下列企业和取得收入的组织中，不属于企业所得税纳税人的是（   ）。

A. 事业单位

B. 民办非企业单位

C. 个人独资企业

D. 社会团体

◆【考点母题——万变不离其宗】居民企业和非居民企业

居民企业	（1）根据企业所得税法律制度的规定，下列主体中，属于我国企业所得税法规定的居民企业的有（ ）。
	A. 依法在中国境内成立的企业 B. 依照外国（地区）法律成立但实际管理机构在中国境内的企业
非居民企业	（2）根据企业所得税法律制度的规定，下列主体中，属于我国企业所得税法规定的非居民企业的有（ ）。
	A. 依照外国（地区）法律、法规成立且实际管理机构不在中国境内，但在中国境内设立机构、场所的企业 B. 依照外国（地区）法律、法规成立且实际管理机构不在中国境内，在中国境内未设立机构、场所，但有来源于中国境内所得的企业

🍀【考点子题——举一反三，真枪实练】

[3]（历年真题·多选题）根据企业所得税法律制度的规定，下列各项中，属于企业所得税纳税人的有（   ）。

A. 外国公司在中国境内的分公司

B. 在中国境内注册成立的社会团体

C. 在中国境内注册成立的一人有限责任公司

D. 在中国境内注册成立的个人独资企业

[4]（历年真题·单选题）根据企业所得税法律制度规定，下列主体中，属于非居民企业的是（　　）。

A. 根据外国法律成立，实际管理机构在我国的甲公司

B. 根据我国企业法律成立，在国外设立机构场所的乙公司

C. 根据我国法律成立，实际管理机构在中国的丙公司

D. 根据外国法律成立且实际管理机构在国外，在我国设立机构场所的丁公司

考点 2：　企业所得税征税对象

◆【考点母题——万变不离其宗】企业所得税征税对象

居民企业的征税对象	（1）根据企业所得税法律制度的规定，下列关于居民企业征税对象的表述中，正确的是（　　）。	
	A.居民企业应当就来源于中国境内、境外的所得缴纳企业所得税	
非居民企业的征税对象	（2）根据企业所得税法律制度的规定，下列关于非居民企业征税对象的表述中，正确的有（　　）。	
	在中国境内设立机构、场所的非居民企业	A.应就其所设机构、场所取得的来源于中国境内的所得，缴纳企业所得税 B.应就其发生在中国境外但与其所设机构、场所有实际联系的所得，缴纳企业所得税
	在中国境内未设立机构场所的非居民企业，或者虽设立机构场所，但取得的所得与其所设机构、场所没有实际联系的	C.仅就其来源于中国境内的所得缴纳企业所得税

【考点子题——举一反三，真枪实练】

[5]（历年真题·判断题）居民企业无需就其来源于中国境外的所得缴纳企业所得税。（　）

[6]（历年真题·判断题）在中国境内设立机构、场所的非居民企业取得的发生在中国境外但与其所设机构、场所有实际联系的所得无需缴纳企业所得税。（　）

[7]（历年真题·多选题）根据企业所得税法律制度的规定，下列所得中，属于企业所得税征税对象的有（　）。

　　A. 居民企业来源于中国境外的所得

　　B. 在中国境内设立机构、场所的非居民企业，其机构、场所来源于中国境内的所得

　　C. 在中国境内未设立机构、场所的非居民企业来源于中国境外的所得

　　D. 居民企业来源于中国境内的所得

【考点母题——万变不离其宗】来源于中国境内、境外所得的确定原则

根据企业所得税法律制度的规定，下列关于来源于中国境内、境外所得确定原则的表述中，正确的有（　）。
A. 销售货物所得，按照交易活动发生地确定 B. 提供劳务所得，按照劳务发生地确定 C. 转让不动产所得按照不动产所在地确定 D. 转让动产所得按照转让动产的企业或者机构、场所所在地确定 E. 转让权益性投资资产所得按照被投资企业所在地确定 F. 股息、红利等权益性投资所得，按照分配所得的企业所在地确定 G. 利息所得、租金所得、特许权使用费所得，按照负担、支付所得的企业或者机构、场所所在地确定，或者按照负担、支付所得的个人的住所地确定

【考点子题——举一反三，真枪实练】

[8]（历年真题·多选题）根据企业所得税法律制度的规定，下列各项中，属于来源于中国境内所得的有（　）。

　　A. 甲国企业在中国境内提供咨询服务取得的收入

　　B. 乙国企业转让中国境内公司股权取得的收入

　　C. 丙国企业通过其代理商在中国境内销售货物取得的收入

　　D. 丁国企业在中国境外为中国公司技术人员提供培训服务取得的收入

第5章

[9] （历年真题·单选题）根据企业所得税法律制度的规定，关于确定来源于中国境内、境外所得的下列表述中，不正确的是（ ）。

A. 提供劳务所得，按照劳务发生地确定

B. 销售货物所得，按照交易活动发生地确定

C. 股息、红利等权益性投资所得，按照分配所得的企业所在地确定

D. 转让不动产所得，按照转让不动产的企业或者机构、场所所在地确定

考点3： 企业所得税应纳税所得额的计算

企业所得税的计税依据是应纳税所得额，即企业每一纳税年度的收入总额，减除不征税收入、免税收入、各项扣除以及允许弥补的以前年度亏损后的余额。

考点3-1：收入总额

◆ 【考点母题——万变不离其宗】收入总额

	（2）根据企业所得税法律制度的规定，下列关于确认收入实现时间的表述中，正确的有（ ）。
（1）根据企业所得税法律制度的规定，下列各项中，属于企业收入总额组成部分的有（ ）。	
A. 销售货物收入（主营业务收入、其他业务收入）	a. 企业销售货物收入的确认，遵循权责发生制原则 b. 销售商品采用托收承付方式的，在办妥托收手续时确认收入 c. 以分期收款方式销售货物的，按照合同约定的收款日期确认收入的实现 d. 销售商品采用预收款方式的，在发出商品时确认收入 e. 企业受托加工制造大型机械设备、船舶、飞机，持续时间超过12个月的，按照纳税年度内完工进度确认收入的实现 f. 销售商品需要安装和检验的，在购买方接受商品以及安装和检验完毕时确认收入；如果安装程序比较简单，可在发出商品时确认收入 g. 销售商品采用支付手续费方式委托代销的，在收到代销清单时确认收入

A. 销售货物收入（主营业务收入、其他业务收入）	（3）根据企业所得税法律制度的规定，下列关于销售货物收入的表述中，正确的有（　　）。	
	a. 商业折扣	按照扣除商业折扣后的金额作为销售收入
	b. 现金折扣	按照扣除现金折扣前的金额确定销售收入
	c. 销售折让、销售退回	在发生销售折让和销售退回当期冲减当期销售商品收入
	d. 售后回购方式销售	a. 销售商品按售价确认收入，回购商品作为购进商品处理 b. 若以融资为目的，收到的款项应确认为负债，回购价格大于原售价的差额确认为利息费用
	e. 以旧换新方式销售	按照销售商品确认收入，回收的商品作为购进商品处理
	f. 买一赠一	赠送商品不属于捐赠，应将总的销售金额按各项商品的公允价值的比例来分摊确认各项的销售收入
B. 提供劳务收入（主营业务收入）	企业从事建筑、安装、装配工程业务或者提供其他劳务等，持续时间超过 12 个月的，按照纳税年度内完成的工作量确认收入的实现	
C. 转让财产收入（资产处置损益、投资收益）	转让固定资产、生物资产、无形资产、股权、债权等财产取得的收入	
D. 股息、红利等权益性投资收益（投资收益）	收入确认日期为被投资方作出利润分配决定的日期	
E. 利息收入（投资收益）	收入确认日期为合同约定的债务人应付利息的日期	
F. 租金收入（其他业务收入）	a. 收入确认日期为合同约定的承租人应付租金的日期 b. 租金提前一次性支付，可在租赁期内，分期均匀计入相关年度收入	
G. 特许权使用费收入（其他业务收入）	a. 企业提供专利权、非专利技术、商标权、著作权的使用权取得的收入 b. 收入确认日期为特许权使用人应付特许权使用费的日期	
H. 接受捐赠收入（营业外收入）　　I. 其他收入		
视同销售	企业发生非货币性资产交换，以及将货物、财产、劳务用于捐赠、偿债、赞助、集资、广告、样品、职工福利或者利润分配等用途的，应当视同销售货物、转让财产或者提供劳务（视同销售看"所有权转移"）	

【考点子题——举一反三，真枪实练】

[10] (历年真题·单选题) 根据企业所得税法律制度的规定，下列关于不同方
式下销售商品收入金额确定的表述中，正确的是（　　）。

A. 采用商业折扣方式销售商品的，按照商业折扣前的金额确定销售商品收入金额

B. 采用现金折扣方式销售商品的，按照现金折扣前的金额确定销售商品收入金额

C. 采用售后回购方式销售商品的，按照扣除回购商品公允价值后的余额确定销售
商品收入金额

D. 采用以旧换新方式销售商品的，按照扣除回收商品公允价值后的余额确定销售
商品收入金额

[11] (经典子题·多选题) 根据企业所得税法律制度的规定，下列关于收入确认的表述
中，正确的有（　　）。

A. 销售商品采用托收承付方式的，在办妥托收手续时确认收入

B. 销售商品采用预收款方式的，在发出商品时确认收入

C. 销售商品采用支付手续费方式委托代销的，在收到代销清单时确认收入

D. 销售商品采用分期收款方式的，在发出商品时确认收入

[12] (历年真题·多选题) 根据企业所得税法律制度规定，以下属于转让财产收入的
有（　　）。

A. 转让股权收入　　　　　　　　B. 转让固定资产收入

C. 转让土地使用权收入　　　　　D. 转让债权收入

[13] (经典子题·单选题) 根据企业所得税法律制度的规定，除另有规定外，下列关于
股息、红利等权益性投资收益确认收入实现的表述中，正确的是（　　）。

A. 按照被投资方计算出利润的日期确认收入的实现

B. 按照被投资方作出利润分配决定的日期确认收入的实现

C. 按照被投资方账面作出利润分配处理的日期确认收入的实现

D. 按照投资方取得分回利润的日期确认收入的实现

[14] (历年真题·多选题) 根据企业所得税法律制度的规定，下列各项中，属于特许权
使用费收入的有（　　）。

A. 甲企业转让专利权取得的收入

B. 乙企业许可他人使用本企业的专利取得的收入

C. 丙企业许可他人使用本企业的商标取得的收入

D. 丁企业许可他人使用本企业的非专利技术取得的收入

[15]（历年真题·多选题）根据企业所得税法律制度的规定，下列各项中，属于视同销售货物的有（   ）。

A. 将外购货物用于偿债　　　　　B. 将外购货物用于赞助

C. 将外购货物用于广告　　　　　D. 将外购货物用于捐赠

考点 3-2：不征税收入

◆【考点母题——万变不离其宗】不征税收入

根据企业所得税法律制度的规定，下列各项中，属于不征税收入的有（   ）。

A. 财政拨款

B. 依法收取并纳入财政管理的行政事业性收费

C. 依法收取并纳入财政管理的政府性基金

D. 企业取得的，由国务院财政、税务主管部门规定专项用途并经国务院批准的财政性资金

E. 县级以上人民政府无偿划入企业的、指定专门用途并按规定进行管理的国有资产

F. 全国社会保障基金理事会及基本养老保险基金管理机构在国务院批准的投资范围内，运用养老基金投资取得的归属于养老基金的投资收入

G. 全国社会保障基金取得的直接股权投资收益、股权投资基金收益

考点 3-3：免税收入

◆【考点母题——万变不离其宗】免税收入

根据企业所得税法律制度的规定，下列收入中，可以免征企业所得税的有（   ）。

A. 国债利息收入			
B. 符合条件的居民企业之间的股息、红利等权益性投资收益	被投资企业为非上市居民企业		免税
	被投资企业为上市居民企业	持有期 ≥ 12 个月	免税
		持有期 < 12 个月	交税
C. 在中国境内设立机构、场所的非居民企业从居民企业取得与该机构、场所有实际联系的股息、红利等权益性投资收益			
D. 符合条件的非营利组织的收入	从事非营利性活动取得的收入免税		
	从事营利性活动取得的收入交税		

【考点子题——举一反三，真枪实练】

[16]（历年真题·多选题）根据企业所得税法律制度的规定，下列各项中，属于不征税收入的有（　　）。

　　A. 财政拨款　　　　　B. 依法收取并纳入财政管理的行政事业性收费

　　C. 利息收入　　　　　D. 依法收取并纳入财政管理的政府性基金

[17]（历年真题·多选题）根据企业所得税法律制度的规定，下列各项中，属于不征税收入的有（　　）。

　　A. 国债利息收入　　　B. 居民企业直接投资于其他居民企业取得的投资收益

　　C. 财政拨款　　　　　D. 依法收取并纳入财政管理的行政事业性收费

[18]（历年真题·单选题）根据企业所得税法律制度的规定，下列各项中，属于企业所得税免税收入的是（　　）。

　　A. 事业单位取得的财政拨款

　　B. 企业投资国债取得的利息收入

　　C. 事业单位从事营利性活动取得的收入

　　D. 企业转让股权取得的转让收入

考点 3-4：企业所得税税前扣除项目

◆【考点母题——万变不离其宗】企业所得税税前扣除项目

（1）根据企业所得税法律制度的规定，下列关于所得税税前扣除项目的表述中，正确的有（　）。
A. 企业实际发生的与取得收入有关的、合理的支出，包括成本、费用、税金、损失和其他支出，准予在计算应纳税所得额时扣除 B. 收益性支出在发生当期直接扣除；资本性支出应当分期扣除或者计入有关资产成本，不得在发生当期直接扣除 C. 企业的不征税收入用于支出所形成的费用或者财产，不得扣除或者计算对应的折旧、摊销扣除
（2）根据企业所得税法律制度的规定，下列各项税金支出中，纳税人在计算企业所得税应纳税所得额时不得扣除的项目有（　　）。
A. 增值税　　B. 企业所得税（包括预缴的企业所得税）

【考点子题——举一反三，真枪实练】

[19]（历年真题·单选题）根据企业所得税法律制度的规定，企业缴纳的下列税金中，不得在计算企业应纳税所得额时扣除的是（　　）。

　　A. 增值税　　　　　B. 消费税　　　　　C. 印花税　　　　　D. 房产税

考点 3-5：企业所得税税前扣除标准

◆【考点母题——万变不离其宗】企业所得税税前扣除标准

工资、薪金	A. 企业发生的合理的工资、薪金支出，准予据实扣除 B. 工资、薪金包括基本工资、奖金、津贴、补贴、年终加薪、加班工资
职工福利费 工会经费 职工教育经费	（1）下列关于"三费"税前扣除的标准的下列表述中，正确的有（　　）。
	A. 职工福利费、工会经费、职工教育经费分别按不超过工资薪金总额14%、2%、8%的部分准予扣除 B. 职工教育经费，超过限额部分，准予在以后纳税年度结转扣除
社会保险费	（2）根据企业所得税法律制度的规定，企业支付的下列保险费中，准予在计算企业所得税应纳税所得额时扣除的有（　　）。
	A. 按规定的范围和标准为职工缴纳的基本养老保险费、基本医疗保险费、工伤保险费、失业保险费和住房公积金 B. 企业为在本企业任职或者受雇的全体员工支付的补充养老保险费、补充医疗保险费，分别在不超过职工工资总额5%标准内的部分
利息费用	（3）【判断金句】企业在生产经营活动中发生的合理的不需要资本化的借款费用，准予扣除。
	（4）根据企业所得税法律制度的规定，下列利息支出中，在计算企业所得税应纳税所得额时准予据实扣除的有（　　）。
	A. 非金融企业向金融企业借款的利息支出 B. 金融企业的各项存款利息支出以及同业拆借利息支出 C. 企业经批准发行债券的利息支出 【说明】① 企业实际支付给关联方的利息支出，除符合下面第②条规定外，其接受关联方债权性投资与其权益性投资比例为：金融企业5:1；其他企业2:1。 ② 企业如果能够按照有关规定提供相关资料，并证明相关交易活动符合独立交易原则的；或者该企业的实际税负不高于境内关联方的，其实际支付给境内关联方的利息支出，在计算应纳税所得额时准予扣除。
	（5）【判断金句】非金融企业向非金融企业借款的利息支出，不超过金融企业同期同类贷款利率计算的数额可据实扣除，超过部分不许扣除。
公益性捐赠	公益性捐赠，是指企业通过公益性社会组织或者县级以上（含县级）人民政府及其组成部门和直属机构，用于慈善活动、公益事业的捐赠。
	（6）【判断金句】企业发生的公益性捐赠支出，在年度利润总额12%以内的部分，准予在计算应纳税所得额时扣除；超过年度利润总额12%的部分，准予结转以后三年内在计算应纳税所得额时扣除。
	（7）【判断金句】自2019年1月1日至2025年12月31日，企业通过公益性社会组织或者县级（含县级）以上人民政府及其组成部门，用于目标脱贫地区的扶贫捐赠支出，准予在计算企业所得税应纳税所得额时据实扣除（单独计算）。

续表

业务招待费	（8）【判断金句】企业发生的与生产经营活动有关的业务招待费支出，按照发生额的 60% 扣除，但最高不得超过当年销售（营业）收入的 5‰。 【注意】销售（营业）收入 = 主营业务收入 + 其他业务收入 + 视同销售收入
	（9）【判断金句】企业在筹建期间，发生的与筹办活动有关的业务招待费支出，可按实际发生额的 60% 计入企业筹办费，并按有关规定在税前扣除。
广告费和业务宣传费	（10）【判断金句】企业发生的符合条件的广告费和业务宣传费支出，不超过当年销售（营业）收入 15% 的部分，准予扣除；超过部分，准予结转以后纳税年度扣除。
	（11）【判断金句】自 2021 年 1 月 1 日起至 2025 年 12 月 31 日，对化妆品制造或销售、医药制造和饮料制造（不含酒类制造）企业发生的广告费和业务宣传费支出，不超过当年销售（营业）收入 30% 的部分，准予扣除；超过部分，准予在以后纳税年度结转扣除。
	（12）【判断金句】烟草企业的烟草广告费和业务宣传费支出，一律不得在计算应纳税所得额时扣除。
保险费	（13）根据企业所得税法律制度的规定，下列关于企业支付的保险费税前扣除的表述中，正确的有（　　）。 A.企业参加财产保险，按照规定缴纳的保险费，准予扣除 B.企业依照国家有关规定为特殊工种职工支付人身安全保险费和国务院财政税务主管部门规定可以扣除的其他商业保险费，准予扣除 C.除 B 外，企业为投资者或者职工支付的商业保险费，不得扣除 D.企业参加雇主责任险、公众责任险等责任保险，按照规定缴纳的保险费，准予扣除 E.企业职工因公出差乘坐交通工具发生的人身意外保险费支出，准予扣除

手续费及佣金支出	（14）根据企业所得税法律制度的规定，下列关于企业手续费及佣金支出税前扣除的表述中，正确的有（　　）。	
	A.保险企业	不超过当年全部保费收入扣除退保金等后余额的 18%（含本数）的部分，在计算应纳税所得额时准予扣除；超过部分，允许结转以后年度扣除
	B.其他企业	与具有合法经营资格的中介服务机构或个人所签订服务协议或合同确认的收入金额的 5% 作为扣除限额
	C.证券、期货、保险代理等企业	为取得手续费、佣金收入收入而实际发生的营业成本（包括手续费及佣金支出），准予据实扣除
	D.企业为发行权益性证券支付给有关证券承销机构的手续费及佣金不得在税前扣除	
	【注意】除委托个人代理外，企业以现金等非转账方式支付的手续费及佣金不得在税前扣除。	

党组织工作经费	（15）【判断金句】不超过职工年度工资薪金总额 1% 的部分，可以据实扣除。
其他项目	A.企业依照有关规定提取的用于环境保护、生态恢复等方面的专项资金，准予扣除 B.企业发生的合理的劳动保护支出，准予扣除

第 5 章

🍀【考点子题——举一反三，真枪实练】

[20]（历年真题·单选题）根据企业所得税法律制度的规定，下列关于企业所得税税前扣除的表述中，不正确的是（　　）。

A. 企业职工因公出差乘坐交通工具发生的人身意外保险费支出，准予扣除

B. 企业发生的职工福利费支出超过工资薪金总额的14%的部分，准予在以后纳税年度结转扣除

C. 企业发生的合理的劳动保护支出，准予扣除

D. 企业参加财产保险，按照规定缴纳的保险费，准予扣除

[21]（历年真题·多选题）根据企业所得税法律制度的规定，企业依照国务院有关主管部门或省级人民政府规定的范围和标准为职工缴纳的下列社会保险费中，在计算企业所得税应纳税所得额时准于扣除的有（　　）。

A. 基本养老保险费　　B. 工伤保险费　　C. 失业保险费　　D. 基本医疗保险费

[22]（历年真题·单选题）甲公司2022年度利润总额为3000万元，当年通过公益性社会团体捐赠200万元用于救助灾害，直接向某学校捐款100万元，准予结转的上年度未在税前扣除的公益性捐赠支出100万元。已知企业当年发生以及以前年度结转的公益性捐赠支出，不超过年度利润总额12%的部分，准予在计算企业所得税应纳税所得额时扣除。在计算甲公司2022年度企业所得税应纳税所得额时，准予扣除的公益性捐赠支出为（　　）。

A. 300万元　　　　B. 360万元　　　　C. 320万元　　　　D. 420万元

[23]（历年真题·单选题）根据企业所得税法律制度的规定，企业发生的公益性捐赠支出，超过年度利润总额12%的部分，准予在一定年限内结转扣除。该年限最高为（　　）。

A. 1年　　　　　　B. 2年　　　　　　C. 3年　　　　　　D. 5年

[24]（经典子题·单选题）某企业2022年度销售收入为1 000万元，全年发生的业务招待费用为6万元，且能提供有效凭证。已知企业所得税前业务招待费支出按照发生额的60%扣除，但最高不得超过当年销售（营业）收入的5‰。该企业在计算当年企业所得税应纳税所得额时，准予扣除的业务招待费为（　　）。

A. 6万元　　　　　B. 3.6万元　　　　C. 4.97万元　　　　D. 5万元

[25]（经典子题·单选题）甲企业2022年取得销售收入3 000万元，广告费支出400万元，上年结转广告费60万元。已知所得税前广告费可以按企业销售收入的15%扣除。甲企业2022年准予扣除的广告费是（　　）。

A. 460万元　　　　　B. 510万元　　　　C. 450万元　　　　D. 340万元

考点 3-6：企业所得税前不得扣除项目

◆【考点母题——万变不离其宗】企业所得税前不得扣除项目

> 根据《企业所得税法》的规定，下列支出项目中，在计算企业所得税应纳税所得额时，不得扣除的有（　　）。
>
> A. 向投资者支付的股息、红利等权益性投资收益款项
> B. 企业所得税税款（包括预缴）、允许抵扣的增值税
> C. 税收滞纳金　　　　　　　D. 罚金、罚款和被没收财物的损失　　　E. 超出规定标准的捐赠支出
> F. 企业发生的与生产经营活动无关的各种非广告性质的赞助支出　　　G. 未经核定的准备金支出
> H. 企业之间支付的管理费、企业内营业机构之间支付的租金和特许权使用费，以及非银行企业内营业机构之间支付的利息　　　I. 与取得收入无关的其他支出

🐱【考点子题——举一反三，真枪实练】

[26]（历年真题·多选题）根据企业所得税法律制度的规定，下列各项中，不得在企业所得税税前扣除的有（　　）。

　　A. 税收滞纳金　　　　　　　　　B. 被没收财物的损失

　　C. 向投资者支付的股息　　　　　D. 缴纳的教育费附加

[27]（历年真题·多选题）根据企业所得税法律制度的规定，下列各项中，在计算企业所得税应纳税所得额时不得扣除的有（　　）。

　　A. 向投资者支付的红利

　　B. 企业内部营业机构之间支付的租金

　　C. 企业内部营业机构之间支付的特许权使用费

　　D. 未经核定的准备金支出

考点 3-7：亏损弥补

◆【考点母题——万变不离其宗】亏损弥补

> 根据企业所得税法律制度的规定，下列关于亏损弥补的表述中，正确的有（　　）。
>
> A. 企业某一纳税年度发生的亏损可以用下一年度的所得弥补，下一年度的所得不足以弥补的，可以逐年延续弥补，但最长不得超过 5 年
> B. 企业在汇总计算缴纳企业所得税时，其境外营业机构的亏损不得抵减境内营业机构的盈利
> C. 自 2018 年 1 月 1 日起，当年具备高新技术企业或科技型中小企业资格的企业，其具备资格年度之前 5 个年度发生的尚未弥补完的亏损，准予结转以后年度弥补，最长结转年限从 5 年延长至 10 年

第 5 章

【考点子题——举一反三，真枪实练】

[28]（经典子题·单选题）甲公司2016至2022年度未弥补亏损前的应纳税所得额情况如下：

年度	2016	2017	2018	2019	2020	2021	2022
未弥补亏损前应纳税所得额（万元）	-1000	350	-110	400	100	50	410

已知：甲公司适用企业所得税税率为25%。甲公司2022年度应纳的企业所得税税额为（　　）。

A. 102.5万元　　B. 50万元　　C. 100万元　　D. 75万元

[29]（历年真题·判断题）居民企业在汇总计算缴纳企业所得税时，其境外营业机构的亏损可以抵减境内营业机构的盈利。（　　）

考点3-8：非居民企业的应纳税所得额

◆【考点母题——万变不离其宗】非居民企业的应纳税所得额

根据企业所得税法律制度的规定，在中国境内未设立机构、场所的，或者虽设立机构、场所但取得的所得与其所设机构、场所没有实际联系的非居民企业，取得的来源于中国境内的所得计算其应纳税所得额的下列表述中，正确的有（　　）。

A. 股息、红利等权益性投资收益和利息、租金、特许权使用费所得，以收入全额为应纳税所得额
B. 转让财产所得，以收入全额减除财产净值后的余额为应纳税所得额

【说明】适用企业所得税税率为10%。

【考点子题——举一反三，真枪实练】

[30]（历年真题·多选题）根据企业所得税法律制度的规定，在中国境内未设立机构、场所的非居民企业从中国境内取得的下列所得中，应以收入全额为应纳税所得额的有（　　）。

A. 红利　　B. 转让财产所得　　C. 租金　　D. 利息

[31]（历年真题·单选题）根据企业所得税法律制度的规定，关于在中国境内未设立机构、场所的非居民企业来源于中国境内的所得，其应纳税所得额确定的下列表述中，不正确的是（　　）。

A. 租金所得以收入全额为应纳税所得额

B. 股息所得以收入全额为应纳税所得额

C. 特许权使用费所得以收入全额为应纳税所得额

D. 转让财产所得以收入全额为应纳税所得额

考点 4： 资产的税务处理

考点 4-1： 固定资产

◆【考点母题——万变不离其宗】固定资产

计提折旧的固定资产范围	（1）根据企业所得税法律制度的规定，下列固定资产中，不得计算折旧扣除的有（　　）。
	A. 房屋、建筑物以外未投入使用的固定资产（会计实务：未使用的固定资产可计提折旧） B. 以经营租赁方式租入的固定资产　　　C. 以融资租赁方式租出的固定资产 D. 已足额提取折旧仍继续使用的固定资产　　E. 与经营活动无关的固定资产 F. 单独估价作为固定资产入账的土地　　　G. 其他不得计算折旧扣除的固定资产
	（2）根据企业所得税法律制度的规定，下列固定资产中，可以计提折旧的有（　　）。
	A. 季节性停用和修理停用的机器设备　　　B. 未投入使用的房屋、建筑物 C. 接受捐赠和盘盈的固定资产　　　　　　D. 以经营租赁方式租出的固定资产 E. 以融资租赁方式租入的固定资产
固定资产计税基础	（3）根据企业所得税法律制度的规定，下列关于固定资产计税基础的表述中，正确的有（　　）。
	A. 外购的固定资产，以购买价款和支付的相关税费以及直接归属于使该资产达到预定用途发生的其他支出为计税基础 B. 自行建造的固定资产，以竣工结算前发生的支出为计税基础 C. 融资租入的固定资产，以租赁合同约定的付款总额和承租人在签订租赁合同过程中发生的相关费用为计税基础，租赁合同未约定付款总额的，以该资产的公允价值和承租人在签订租赁合同过程中发生的相关费用为计税基础 D. 盘盈的固定资产，以同类固定资产的重置完全价值为计税基础 E. 通过捐赠、投资、非货币性资产交换、债务重组等方式取得的固定资产，以该资产的公允价值和支付的相关税费为计税基础 F. 改建的固定资产，除法定的支出外，以改建过程中发生的改建支出增加计税基础

固定资产计提折旧的方法	（4）根据企业所得税法律制度的规定，下列关于固定资产计提折旧方法的表述中，正确的有（　）。
	A. 固定资产按照直线法计算的折旧，准予扣除 B. 企业应当自固定资产投入使用月份的次月起计算折旧 C. 停止使用的固定资产，应当自停止使用月份的次月起停止计算折旧
固定资产计提折旧的年限	（5）根据企业所得税法律制度的规定，除另有规定外，下列固定资产计算折旧的最低年限正确的有（　）。
	A. 房屋、建筑物，为20年 B. 飞机、火车、轮船、机器、机械和其他生产设备，为10年 C. 与生产经营活动有关的器具、工具、家具等，为5年 D. 飞机、火车、轮船以外的运输工具，为4年　　E. 电子设备，为3年

♧【考点子题——举一反三，真枪实练】

[32]（历年真题·多选题）根据企业所得税法律制度的规定，企业的下列资产支出项目中，不得计算折旧或摊销费用在税前扣除的有（　）。

　　A. 已足额提取折旧的固定资产的改建支出　　B. 单独估价作为固定资产入账的土地

　　C. 以融资租赁方式租入的固定资产　　D. 未投入使用的机器设备

[33]（历年真题·多选题）根据企业所得税法律制度的规定，下列固定资产中，在计算企业所得税应纳税所得额时不得计算折旧的扣除有（　）。

　　A. 未使用的厂房　　B. 经营租赁方式租入的固定资产

　　C. 已足额提取折旧仍继续使用的固定资产　　D. 与经营活动无关的固定资产

[34]（历年真题·判断题）融资租入的固定资产，以租赁合同约定的付款总额和承租人在签订租赁合同过程中发生的相关费用为企业所得税计税基础。（　）

[35]（历年真题·多选题）根据企业所得税法律制度的规定，下列固定资产折旧的处理中，不正确的有（　）。

　　A. 甲企业2022年3月1日购进一台起重机，2022年4月1日投入使用，应当自2022年4月起计算折旧

　　B. 乙企业因生产经营调整，于2022年11月1日停止使用一批设备，应当自2022年12月起停止计算折旧

　　C. 丙企业2022年5月以融资租赁方式租出一架小型喷气式飞机，之后继续对该飞机计提折旧

　　D. 丁企业2022年10月以经营租赁方式租入一辆大型巴士，在计算企业所得税时，对该巴士计提折旧

考点 4-2：生产性生物资产

◆【考点母题——万变不离其宗】生产性生物资产折旧

生产性生物资产的计税基础	（1）根据企业所得税法律制度的规定，下列关于生产性生物资产计税基础的表述中，正确的有（　　）。
	A.外购的生产性生物资产，以购买价款和支付的相关税费为计税基础 B.通过捐赠、投资、非货币性资产交换、债务重组等方式取得的生产性生物资产，以该资产的公允价值和支付的相关税费为计税基础
生产性生物资产的折旧方法	（2）根据企业所得税法律制度的规定，下列关于生产性生物资产折旧方法的表述中，正确的有（　　）。
	A.按照直线法计算的折旧，准予扣除 B.企业应当自生产性生物资产投入使用月份的次月起计算折旧；停止使用的生产性生物资产，应当自停止使用月份的次月起停止计算折旧
生产性生物资产最低折旧年限	（3）根据企业所得税法律制度的规定，下列关于生产性生物资产最低折旧年限的表述中，正确的有（　　）。
	A.林木类生产性生物资产，为 10 年　　B.畜类生产性生物资产，为 3 年

考点 4-3：无形资产

◆【考点母题——万变不离其宗】无形资产摊销

无形资产的计税基础	（1）根据企业所得税法律制度的规定，下列关于无形资产计税基础的表述中，正确的有（　　）。
	A.外购的无形资产，以购买价款和支付的相关税费以及直接归属于使该资产达到预定用途发生的其他支出为计税基础 B.自行开发的无形资产，以开发过程中该资产符合资本化条件后至达到预定用途前发生的支出为计税基础 C.通过捐赠、投资、非货币性资产交换、债务重组等方式取得的无形资产，以该资产的公允价值和支付的相关税费为计税基础
不得计算摊销费用扣除	（2）根据企业所得税法律制度的规定，下列无形资产中，不得计算摊销费用扣除的有（　　）。
	A.自行开发的支出已在计算应纳税所得额时扣除的无形资产　　B.自创商誉 C.与经营活动无关的无形资产
外购商誉的支出	（3）【判断金句】外购商誉的支出，在企业整体转让或者清算时，准予扣除。
摊销年限	（4）根据企业所得税法律制度的规定，下列关于无形资产摊销的表述中，正确的有（　　）。
	A.应按照直线法计算摊销费用　　B.无形资产摊销年限不得低于 10 年 C.作为投资或者受让的无形资产，有关法律规定或者合同约定了使用年限的，可以按照规定或者约定的使用年限分期摊销

👤【考点子题——举一反三，真枪实练】

[36]（经典子题·多选题）根据企业所得税法律制度的规定，下列关于无形资产摊销的表述中，正确的有（   ）。

 A. 自创商誉不得计算摊销费用扣除

 B. 无形资产按照直线法计算的摊销费用，准予扣除

 C. 外购商誉的支出，在企业整体转让或者清算时，不得扣除

 D. 无形资产的摊销年限不得低于 5 年

考点 4-4：长期待摊费用

◈【考点母题——万变不离其宗】长期待摊费用

长期待摊费用的税务处理	（1）根据企业所得税法律制度的规定，在计算应纳税所得额时，企业发生的下列支出作为长期待摊费用，按照规定摊销并准予扣除的有（ ）。
	A. 已足额提取折旧的固定资产的改建支出，按照固定资产预计尚可使用年限分期摊销 B. 租入固定资产的改建支出，按照合同约定的剩余租赁期限分期摊销 C. 固定资产的大修理支出，符合规定条件的，按照固定资产尚可使用年限分期摊销
固定资产的大修理支出	（2）根据企业所得税法律制度的规定，固定资产的大修理支出，按照固定资产尚可使用年限分期摊销，必须同时满足的条件有（ ）。
	A. 修理支出达到取得固定资产时的计税基础 50% 以上 B. 修理后固定资产的使用年限延长 2 年以上

考点 4-5：资产损失

◈【考点母题——万变不离其宗】资产损失

根据企业所得税法律制度的规定，下列关于资产损失税前扣除的表述中，正确的有（   ）。
A.企业发生的资产损失，应在按税法规定实际确认或者实际发生的当年申报扣除
B.企业以前年度发生的资产损失未能在当年税前扣除的，可以按照规定，向税务机关说明并进行专项申报扣除；其中，属于实际资产损失，准予追补至该项损失发生年度扣除，其追补确认期限一般不得超过 5 年
C.企业因以前年度实际资产损失未在税前扣除而多缴的企业所得税款，可在追补确认年度企业所得税应纳税款中予以抵扣，不足抵扣的，向以后年度递延抵扣

考点5： 企业所得税的应纳税额

◆【考点母题——万变不离其宗】企业所得税的应纳税额

应纳税额公式	（1）企业所得税应纳税额计算公式：应纳税额＝应纳税所得额 × 适用税率 − 减免税额 − 抵免税额
境外所得已纳税额从应纳税额中的抵免	（2）根据企业所得税法律制度的规定，企业取得的下列所得已在境外缴纳的所得税税额，可以从其当期应纳税额中抵免的有（　　）。 A.居民企业来源于中国境外的应税所得（超过限额部分可在5个年度内抵补） B.非居民企业在中国境内设立机构、场所，取得发生在中国境外但与该机构、场所有实际联系的应税所得

♣【考点子题——举一反三，真枪实练】

[37]（历年真题·单选题）甲公司2022年应纳税所得额为1000万元，减免税额为10万元，抵免税额为20万元，企业所得税税率为25%，则甲公司企业所得税应纳税额的下列算式中，正确的是（　　）。

A. 1000×25%−20= 230 万元　　B. 1000×25%−10−20 =220 万元

C. 1000×25%−10=240 万元　　D. 1000×25%=250 万元

考点6： 企业所得税税收优惠

考点6-1：减、免税的所得

◆【考点母题——万变不离其宗】减、免税的所得

农、林、牧、渔业所得的税收优惠	（1）根据企业所得税法律制度的规定，下列行为中，取得的所得免征企业所得税的有（　　）。
	A.蔬菜、谷物、薯类、油料、豆类、棉花、麻类、糖料、水果、坚果的种植 B.农作物新品种的选育　　C.中药材的种植　　D.林木的培育和种植 E.牲畜、家禽的饲养　　F.林产品的采集　　G.远洋捕捞 H.灌溉、农产品初加工、兽医、农技推广、农机作业和维修等农、林、牧、渔服务业项目
	（2）根据企业所得税法律制度的规定，企业从事下列项目的所得，减半征收企业所得税的有（　　）。
	A.花卉、茶以及其他饮料作物和香料作物的种植　　B.海水养殖　　C.内陆养殖

续表

居民企业技术转让所得	（3）【判断金句】一个纳税年度内，居民企业技术转让所得不超过500万元的部分，免征企业所得税；超过500万元的部分，减半征收企业所得税。
非居民企业的免税所得	（4）根据企业所得税法律制度的规定，下列非居民企业取得的所得中，免征企业所得税的有（　　）。 A.外国政府向中国政府提供贷款取得利息所得 B.国际金融组织向中国政府和居民企业提供优惠贷款取得的利息所得

【考点子题——举一反三，真枪实练】

[38]（经典子题·多选题）根据企业所得税法律制度的规定，企业取得的下列各项所得中，可以免征企业所得税的有（　　）。

　　A. 林产品的采集所得　　　　　B. 海水养殖、内陆养殖所得

　　C. 农作物新品种的选育所得　　D. 牲畜家禽的饲养所得

[39]（经典子题·单选题）甲公司为居民企业，2022年取得符合条件的生产技术转让所得800万元，在计算甲公司2022年度企业所得税应纳税所得额时，符合条件的生产技术转让所得应当纳税调减的金额是（　　）。

　　A. 650万元　　B. 800万元　　C. 400万元　　D. 500万元

考点6-2：不同类型企业税收优惠

◆【考点母题——万变不离其宗】小型微利企业税收优惠

小微企业的界定	（1）根据企业所得税法律制度的规定，小型微利企业是指从事非限制和禁止行业，且同时符合特定条件的企业。该特定条件有（　　）。 A.年度应纳税所得额不超过300万元　B.从业人数不超过300人 C.资产总额不超过5 000万元
小微企业的税收优惠	（2）根据企业所得税法律制度的规定，下列关于小微企业的企业所得税优惠的表述中，正确的有（　　）。 A.自2021年1月1日至2022年12月31日，对小型微利企业年应纳税所得额不超过100万元的部分，减按12.5%计入应纳税所得额，按20%的税率缴纳企业所得税 B.对年应纳税所得额超过100万元但不超过300万元的部分，减按25%（2022年）计入应纳税所得额，按20%的税率缴纳企业所得税

【考点子题——举一反三，真枪实练】

[40]（历年真题·单选题）甲公司2022年度为符合条件的小型微利企业，当年企业所得税应纳税所得额为100万元。已知小型微利企业减按20%的税率征收企业所得税。

甲公司2022年度应缴纳企业所得税税额为（　　）。

A. 5万元　　　　B. 2.5万元　　　　C. 25万元　　　　D. 20万元

◆【考点母题——万变不离其宗】高新技术企业和技术先进型服务企业税收优惠

根据企业所得税法律制度的规定，下列关于高新技术企业和技术先进型服务企业税收优惠的表述中，正确的有（　　）。
A. 国家需要重点扶持的高新技术企业，减按15%的税率征收企业所得税
B. 自2018年1月1日起，对经认定的技术先进型服务企业（服务贸易类），减按15%的税率征收企业所得税

考点6-3：加计扣除

◆【考点母题——万变不离其宗】加计扣除

研究开发费用	（1）根据企业所得税法律制度的规定，下列关于研究开发费用税收优惠的表述中，正确的有（　　）。
	A. 企业开展研发活动中实际发生的研发费用，未形成无形资产计入当期损益的，在按规定据实扣除的基础上，在2018年1月1日至2023年12月31日期间，再按照实际发生额的75%在税前加计扣除；形成无形资产的，在上述期间按照无形资产成本的175%在税前摊销 B. 制造业企业开展研发活动中实际发生的研发费用，未形成无形资产计入当期损益的，在按规定据实扣除的基础上，自2021年1月1日起，再按照实际发生额的100%在税前加计扣除；形成无形资产的，按照无形资产成本的200%在税前摊销；科技型中小企业自2022年1月1日起也使用以上政策。
	（2）根据企业所得税法律制度的规定，下列行业中，研究开发费用不适用企业所得税前加计扣除政策的有（　　）。
	A. 烟草制造业　　B. 住宿和餐饮业　　　C. 批发和零售业 D. 房地产业　　　E. 租赁和商务服务业　　F. 娱乐业
安置残疾人员所支付的工资	（3）【判断金句】企业安置残疾人员所支付的工资的加计扣除，是指企业安置残疾人员的，在按照支付给残疾职工工资据实扣除的基础上，按照支付给残疾职工工资的100%加计扣除。

【考点子题——举一反三，真枪实练】

[41]（历年真题·单选题）根据企业所得税法律制度的规定，自2021年1月1日起，制造业企业开展研发活动中实际发生的研发费用，未形成无形资产计入当期损益的，在按照规定据实扣除的基础上，按照研究开发费用的一定比例加计扣除，该比例为（　　）。

A. 50%　　　　B. 75%　　　　C. 100%　　　　D. 175%

[42]（历年真题·多选题）根据企业所得税法律制度的规定，下列行业中，不适用研究

开发费用税前加计扣除政策的有（　　）。

　　A. 烟草制造业　　　B. 住宿和餐饮业　　C. 租赁和商务服务业　　D. 软件行业

[43]（经典子题·单选题）某企业 2022 年利润总额为 200 万元，当年支付给企业安置残疾人员的工资实际支出为 20 万元。已知该企业适用的企业所得税税率为 25%。假设没有其他纳税调整项目，该企业当年应纳企业所得税税额为（　　）。

　　A. 50 万元　　　　　B. 37.5 万元　　　C. 45 万元　　　　　　D. 47.5 万元

[44]（历年真题·多选题）根据企业所得税法律制度的规定，企业的下列支出中，可以在计算企业所得税应纳税所得额时加计扣除的有（　　）。

　　A. 电信公司研究开发新通信技术的支出

　　B. 家电制造企业购进专利技术的支出

　　C. 化工厂购置环境保护专用设备的支出

　　D. 连锁超市安置残疾人员所支付的工资

考点 6-4：加速折旧

◆【考点母题——万变不离其宗】加速折旧

可以加速折旧的固定资产	（1）根据企业所得税法律制度的规定，可以采取缩短折旧年限或者采取加速折旧的方法的固定资产包括（　　）。
	A. 由于技术进步，产品更新换代较快的固定资产　　B. 常年处于强震动的固定资产 C. 常年处于高腐蚀状态的固定资产
加速折旧的方法	（2）根据企业所得税法律制度的规定，企业可以采用的加速折旧方法有（　　）。
	A. 采取缩短折旧年限方法的，最低折旧年限不得低于法定折旧年限的 60% B. 采取加速折旧方法的，可以采取双倍余额递减法或者年数总和法
一次性扣除	（3）【判断金句】企业在 2018 年 1 月 1 日至 2023 年 12 月 31 日期间新购进（包括自行建造）的设备、器具（除房屋、建筑物以外），单位价值不超过 500 万元的，允许一次性计入当期成本费用在计算应纳税所得额时扣除，不再分年度计算折旧。

♧【考点子题——举一反三，真枪实练】

[45]（经典子题·多选题）根据企业所得税法律制度的规定，下列资产中，可采用加速折旧方法的有（　　）。

　　A. 常年处于强震动状态的固定资产

　　B. 常年处于高腐蚀状态的固定资产

　　C. 单独估价作为固定资产入账的土地

　　D. 由于技术进步原因产品更新换代较快的固定资产

考点 6-5：应纳税所得额抵扣和应纳税额抵免

◆【考点母题——万变不离其宗】应纳税所得额抵扣和应纳税额抵免

应纳税所得额抵扣	（1）【判断金句】创业投资企业采取股权投资方式投资于未上市的中小高新技术企业2年以上的，可以按照其投资额的70%在股权持有满2年的当年抵扣该创业投资企业的应纳税所得额；当年不足抵扣的，可以在以后纳税年度结转抵扣。
税额抵免	（2）【判断金句】企业购置并实际使用相关目录规定的环境保护、节能节水、安全生产等专用设备的，该专用设备的投资额的10%可以从企业当年的应纳税额中抵免；当年不足抵免的，可以在以后5个纳税年度结转抵免。

☙【考点子题——举一反三，真枪实练】

[46]（历年真题·单选题）某企业为创业投资企业。2020年8月1日，该企业向境内某未上市的中小高新技术企业投资200万元。2022年度该企业利润总额890万元；未经财税部门核准，提取风险准备金10万元。已知企业所得税税率为25%。假定不考虑其他纳税调整事项，2022年该企业应纳企业所得税税额为（　　）。

A. 82.5万元　　　　　　　　　　B. 85万元

C. 187.5万元　　　　　　　　　　D. 190万元

[47]（历年真题·单选题）甲公司2022年度企业所得税应纳税所得额1 000万元，当年购置并实际使用一台符合《节能节水专用设备企业所得税优惠目录》规定的节能节水专用设备，该专用设备投资额510万元。已知甲公司适用的企业所得税税率为25%。计算甲公司2022年度应纳企业所得税税额的下列算式中，正确的是（　　）。

A. 1 000×25%−510×10%=199万元　　B. （1 000−510×10%）×25%=237.25万元

C. 1 000×25%=250万元　　　　　　　D. （1 000−510）×25%=122.5万元

考点 6-6：债券利息减免税

◆【考点母题——万变不离其宗】债券利息减免税

根据企业所得税法律制度的规定，下列关于债券利息减免税税收优惠的表述中，正确的是（　　）。
A. 对企业取得的2012年及以后年度发行的地方政府债券利息收入，免征企业所得税
B. 对企业投资者持有2019~2023年发行的铁路债券取得的利息收入，减半征收企业所得税

【考点子题——举一反三，真枪实练】

[48] (经典子题·单选题) 某企业 2022 年度实现销售收入 1 000 万元、利润总额 200 万
元，全年发生的与生产经营活动有关的业务招待费支出 10 万元，持有地方政府债
券取得的利息收入 3 万元，除上述两项外无其他纳税调整项目。已知企业所得税税
率为 25%。该企业 2022 年度企业所得税应纳税额为（   ）。

A. 50 万元   B. 50.5 万元

C. 52 万元   D. 51.75 万元

考点 7： 企业所得税征收管理

考点 7-1： 企业所得税纳税地点

【考点母题——万变不离其宗】纳税地点

居民企业纳税地点	（1）根据企业所得税法律制度的规定，下列关于居民企业缴纳企业所得税纳税地点的表述中，正确的有（ ）。
	A.企业一般以登记注册地为纳税地点 B.登记注册地在境外的，以实际管理机构所在地为纳税地点
非居民企业纳税地点	（2）根据企业所得税法律制度的规定，下列关于非居民企业所得税纳税地点的表述中，正确的有（ ）。
	A.非居民企业在中国境内设立机构、场所的，以机构、场所所在地为纳税地点 B.在中国境内未设立机构、场所的，或者虽设立机构、场所但取得的所得与其所设机构、场所没有实际联系的非居民企业，以扣缴义务人所在地为纳税地点

【考点子题——举一反三，真枪实练】

[49] (经典子题·多选题) 根据企业所得税法律制度的规定，下列关于居民企业缴纳企
业所得税纳税地点的表述中，正确的有（   ）。

A. 企业一般以实际经营管理地为纳税地点

B. 企业一般以登记注册地为纳税地点

C. 登记注册地在境外的，以登记注册地为纳税地点

D. 登记注册地在境外的，以实际管理机构所在地为纳税地点

考点 7-2：企业所得税纳税期限

◆【考点母题——万变不离其宗】企业所得税纳税期限

根据企业所得税法律制度的规定，下列关于企业所得税纳税期限的表述中，正确的有（　　）。
A. 企业所得税按年计征，分月或者分季预缴，年终汇算清缴，多退少补
B. 企业按月或按季预缴的，应当自月份或者季度终了之日起 15 日内，向税务机关报送预缴企业所得税纳税申报表，预缴税款
C. 纳税年度自公历 1 月 1 日起至 12 月 31 日止
D. 企业在一个纳税年度中间开业，或者终止经营活动，使该纳税年度的实际经营期不足 12 个月的，应当以其实际经营期为 1 个纳税年度
E. 企业依法清算时，应当以清算期间作为 1 个纳税年度
F. 企业应当自年度终了之日起 5 个月内，向税务机关报送年度企业所得税纳税申报表，并汇算清缴，结清应缴应退税款
G. 企业在年度中间终止经营活动的，应当自实际经营终止之日起 60 日内，向税务机关办理当期企业所得税汇算清缴

♧【考点子题——举一反三，真枪实练】

[50]（历年真题·多选题）根据企业所得税法律制度的规定，下列关于企业所得税纳税期限的表述中，正确的有（　　）。

A. 企业所得税按年计征，分月或者分季预缴，年终汇算清缴，多退少补

B. 企业在一个纳税年度中间开业，使该纳税年度的实际经营不足 12 个月的，应当以其实际经营期为 1 个纳税年度

C. 企业依法清算时，应当以清算期作为 1 个纳税年度

D. 企业在纳税年度中间终止经营活动的，应当自实际经营终止之日起 60 日内，向税务机关办理当期企业所得税汇算清缴

考点 7-3：企业重组业务

◆【考点母题——万变不离其宗】企业重组的认定和一般性税务处理方法

企业重组类型	（1）根据企业所得税法律制度的规定，企业重组类型包括（　　）。 A. 企业法律形式改变　B. 债务重组　C. 股权收购　D. 资产收购　E. 合并　F. 分立
	（2）下列关于企业债务重组的一般性税务处理的表述中，正确的有（　　）。
企业债务重组	A. 以非货币资产清偿债务，应当分解为转让相关非货币性资产、按非货币性资产公允价值清偿债务两项业务，确认相关资产的所得或损失 B. 发生债权转股权的，应当分解为债务清偿和股权投资两项业务，确认有关债务清偿所得或损失

续表

企业股权收购、资产收购重组交易	（3）下列关于企业股权、资产收购重组的一般性税务处理的表述中，正确的有（　　）。
	A．被收购方应确认股权、资产转让所得或损失 B．收购方取得股权或资产的计税基础应以公允价值为基础确定
企业合并	（4）下列关于企业合并的一般性税务处理的表述中，正确的有（　　）。
	A．合并企业应按公允价值确定接受被合并企业各项资产和负债的计税基础 B．被合并企业的亏损不得在合并企业结转弥补
企业分立	（5）下列关于企业分立的一般性税务处理的表述中，正确的有（　　）。
	A．被分立企业对分立出去资产应按公允价值确认资产转让所得或损失 B．分立企业应按公允价值确认接受资产的计税基础 C．企业分立相关企业的亏损不得相互结转弥补

◆【考点母题——万变不离其宗】特殊性税务处理

适用特殊性税务处理的条件	适用特殊性税务处理的企业重组需要同时符合的条件有（　　）。
	A．具有合理的商业目的，且不以减少、免除或者推迟缴纳税款为主要目的 B．被收购、合并或分立部分的资产或股权比例符合规定的比例（50%以上） C．企业重组后的连续12个月内不改变重组资产原来的实质性经营活动 D．重组交易对价中涉及股权支付金额符合规定的比例（不低于其交易支付总额的85%） E．企业重组中取得股权支付的原主要股东，在重组后连续12个月内，不得转让所取得的股权
企业债务重组	A．企业债务重组确认的应纳税所得额占该企业当年应纳税所得额50%以上，可以在5个纳税年度的期间内，均匀计入各年度的应纳税所得额 B．企业发生债权转股权业务，对债务清偿和股权投资两项业务暂不确认有关债务清偿所得或损失，股权投资的计税基础以原债权的计税基础确定。企业其他相关所得事项保持不变
股权、资产收购	收购企业、被收购企业、转让企业受让企业的原有各项资产和负债的计税基础和其他相关所得税事项保持不变
企业合并	A．合并企业接受被合并企业资产和负债的计税基础，以被合并企业的原有计税基础确定 B．可由合并企业限额弥补的被合并企业亏损
企业分立	A．分立企业接受被分立企业资产和负债的计税基础，以被分立企业的原有计税基础确定 B．被分立企业亏损由分立企业在限额内继续弥补

［本节考点子题答案及解析］

［1］【答案】AD

［2］【答案】C

［3］【答案】ABC

【解析】选项 A 属于非居民企业，选项 B 和 C 属于居民企业。选项 D 个人独资企业不是企业所得税纳税人。

［4］【答案】D

［5］【答案】×

［6］【答案】×

［7］【答案】ABD

［8］【答案】ABC

【解析】选项 AD 属于提供劳务所得，按照劳务发生地确定；选项 B 属于权益性投资资产转让所得按照被投资企业所在地确定；选项 C 属于销售货物所得，按照交易活动发生地确定。

［9］【答案】D

［10］【答案】B

［11］【答案】ABC

［12］【答案】ABCD

【解析】转让财产收入，是指企业转让固定资产（选项 B）、生物资产、无形资产（选项 C）、股权（选项 A）、债权（选项 D）等财产取得的收入。

［13］【答案】B

［14］【答案】BCD

【解析】特许权使用费收入，是指企业提供专利权（选项 B）、非专利技术（选项 D）、商标权（选项 C）、著作权以及其他特许权的使用权取得的收入。选项 A 属于转让财产收入。

［15］【答案】ABCD

【解析】企业所得税视同销售看"所有权转移"。

［16］【答案】ABD

【解析】选项 C 利息收入属于征税收入。

［17］【答案】CD

【解析】选项 A 和 B 属于免税收入。

［18］【答案】B

【解析】选项 A 属于不征税收入；选项 C 和 D 属于征税收入。

［19］【答案】A

【解析】增值税属于价外税，不得在计算企业应纳税所得额时扣除。

［20］【答案】B

【解析】职工福利费支出超过工资薪金总额的 14% 的部分，不准在以后纳税年度结转扣除。

［21］【答案】ABCD

[22]【答案】A

【解析】直接捐赠的 100 万元不得扣除；公益性捐赠支出扣除限额 =3000×12%=360（万元）＞ 300 万元（本年发生额 200 万元 + 上年结转额 100 万元），当年准予扣除的公益性捐赠支出为 300 万元。

[23]【答案】C

[24]【答案】B

【解析】企业发生的与生产经营活动有关的业务招待费支出，按照发生额的 60% 扣除，但最高不得超过当年销售（营业）收入的 5‰。6×60%=3.6（万元），不超过 1 000×5‰=5（万元）。

[25]【答案】C

【解析】甲企业可以税前扣除广告费的限额 =3 000×15%=450（万元），当年实际发生额 =400+60=460（万元），甲企业准予扣除的广告费为 450（万元）。

[26]【答案】ABC

【解析】缴纳的教育费附加可以在企业所得税前扣除。

[27]【答案】ABCD

[28]【答案】D

【解析】甲公司 2016 年的亏损，在 2021 年未得到足额弥补，2021 年不再税前弥补。2022 年的所得额中，弥补 2018 年的亏损 110 万元。2022 年的应纳税所得额为 410-110=300（万元），2022 年度应纳的企业所得税税额 =300×25%=75（万元）。

[29]【答案】×

【解析】企业在汇总计算缴纳企业所得税时，其境外营业机构的亏损"不得"抵减境内营业机构的盈利。

[30]【答案】ACD

【解析】在中国境内未设立机构、场所的非居民企业转让财产所得，以收入全额减除财产净值后的余额为应纳税所得额。

[31]【答案】D

【解析】在中国境内未设立机构、场所的非居民企业转让财产所得，以收入全额减除财产净值后的余额为应纳税所得额。

[32]【答案】BD

[33]【答案】BCD

[34]【答案】√

[35]【答案】ACD

【解析】企业应当自固定资产投入使用月份的次月起计算折旧；以经营租赁方式租入的固定资产和以融资租赁方式租出的固定资产不得计提折旧。

[36]【答案】AB

[37]【答案】B

【解析】减免税额为 10 万元和抵免税额为 20 万元可以直接从应纳税额中扣减。

[38]【答案】ACD

【解析】海水养殖、内陆养殖所得减半征收企业所得税。

第 5 章

[39]【答案】A

　　【解析】应当纳税调减的金额 =500+（800-500）×50%=650（万元）。

[40]【答案】B

　　【解析】对小型微利企业年应纳税所得额不超过 100 万元的部分，减按 12.5% 计入应纳税所得额，按 20% 的税率缴纳企业所得税。故甲公司 2022 年度应缴纳的企业所得税税额 =100×12.5%×20%=2.5（万元）。

[41]【答案】C

[42]【答案】ABC

[43]【答案】C

　　【解析】当年支付给企业安置残疾人员的工资 20 万元已在利润总额中扣除，再加计扣除 20 万元。（200-20）×25%=45（万元）。

[44]【答案】AD

　　【解析】选项 A：企业为开发新技术、新产品、新工艺发生的研究开发费用，未形成无形资产计入当期损益的，在按规定据实扣除的基础上，在 2018 年 1 月 1 日至 2020 年 12 月 31 日期间，再按照实际发生额的 75% 在税前加计扣除；形成无形资产的，在上述期间按照无形资产成本的 175% 在税前摊销。选项 D：企业安置残疾人员的，在按照支付给残疾职工工资据实扣除的基础上，按照支付给残疾职工工资的 100% 加计扣除。

[45]【答案】ABD

　　【解析】选项 C 不得计算折旧在税前扣除。

[46]【答案】D

　　【解析】创业投资企业采取股权投资方式投资于未上市的中小高新技术企业 2 年以上的，可以按照其投资额的 70% 在股权持有满 2 年的当年抵扣该创业投资企业的应纳税所得额；当年不足抵扣的，可以在以后纳税年度结转抵扣。未经财税部门核准，提取风险准备金 10 万元不得在税前扣除。（890-200×70%+10）×25%=190（万元）。

[47]【答案】A

　　【解析】该专用设备的投资额的 10% 可以从企业当年的应纳税额中抵免。

[48]【答案】B

　　【解析】业务招待费扣除限额 1=1000×5‰=5（万元），扣除限额 2=10×60%=6（万元），准予扣除的数额为 5 万元，调增额为 5 万元，应纳税所得额 =200+5-3=202（万元），应纳税额 =202×25%=50.5（万元）。

[49]【答案】BD

[50]【答案】ABCD

第二节　个人所得税法律制度

【本节考点、考点母题及考点子题】

考点 8：个人所得税纳税人和所得来源的确定

税务大厅

你在我东土大唐取得的所得，一样得纳税！

没我的事。

monkey

考点 8-1：个人所得税纳税人

❖【考点母题——万变不离其宗】个人所得税纳税人

（1）根据个人所得税法律制度的规定，下列主体中，属于个人所得税纳税人的有（　　）。		
A.中国公民　　B.个体工商户　　C.个人独资企业投资者　　D.合伙企业个人合伙人		
居民个人	（2）根据个人所得税法律制度的规定，下列主体中，属于居民个人的有（　　）。	
	A.在中国境内有住所的个人	在中国境内有住所，是指因户籍、家庭、经济利益关系而在中国境内习惯性居住
	B.在中国境内无住所而一个纳税年度内在中国境内居住累计满 183 天的个人	纳税年度，自公历 1 月 1 日起至 12 月 31 日止

续表

非居民个人	（3）根据个人所得税法律制度的规定，下列主体中，属于非居民个人的有（　　）。
	A.在中国境内无住所又不居住的个人 B.在中国境内无住所而一个纳税年度内在中国境内居住累计不满183天的个人
纳税义务	（4）根据个人所得税法律制度的规定，下列关于个人所得税纳税人纳税义务的表述中，正确的有（　　）。
	A.居民个人从中国境内和境外取得的所得，依照法律规定缴纳个人所得税 B.非居民个人从中国境内取得的所得，依照法律规定缴纳个人所得税

【考点子题——举一反三，真枪实练】

[1]（历年真题·单选题）根据个人所得税法律制度的规定，下列各项中，不属于个人所得税纳税人的是（　　）。

A. 个人独资企业的投资者个人　　B. 个体工商户

C. 一人有限责任公司　　D. 合伙企业中的自然人合伙人

[2]（历年真题·判断题）对个人独资企业投资者取得的经营所得应征收企业所得税，不征收个人所得税。（　　）

[3]（历年真题·多选题）根据个人所得税法律制度的规定，下列外籍人员中，属于2022年度居民个人的有（　　）。

A. 在中国境内无住所但2022年度在中国境内居住累计173天的托尼

B. 在中国境内无住所又不居住的佩琪

C. 在中国境内有住所的汉姆

D. 在中国境内无住所但2022年度在中国境内居住累计270天的汤姆

考点8-2：所得来源的确定

【考点母题——万变不离其宗】所得来源的确定

根据个人所得税法律制度的规定，除另有规定外，下列所得中，不论支付地点是否在中国境内，均为来源于中国境内的有（　　）。

A.因任职、受雇、履约等在中国境内提供劳务取得的所得（劳务发生地）
B.将财产出租给承租人在中国境内使用而取得的所得（使用地）
C.许可各种特许权在中国境内使用而取得的所得（使用地）
D.转让中国境内的不动产等财产或者在中国境内转让其他财产取得的所得（转让地）
E.从中国境内企业、事业单位、其他组织以及居民个人取得的利息、股息、红利所得（负担人）

👌【考点子题——举一反三，真枪实练】

[4]（历年真题·多选题）根据个人所得税法律制度的规定，下列所得中，不论支付地点是否在中国境内，均为来源于中国境内所得的有（　　）。

A. 将财产出租给承租人在中国境内使用而取得的所得

B. 转让中国境内的不动产取得的所得

C. 许可各种特许权在中国境内使用而取得的所得

D. 因任职在中国境内提供劳务取得的所得

考点9： 个人所得税应税所得项目

◆【考点母题——万变不离其宗】个人所得税应税所得项目

		（1）根据个人所得税法律制度的规定，下列各项中，属于个人所得税应税所得项目的有（　　）。
四项综合所得	A. 工资、薪金所得（雇佣关系）	（2）根据个人所得税法律制度规定，下列各项中，不属于工资、薪金所得的有（　　）。
		a.独生子女补贴　　b.托儿补助费　　c.差旅费津贴、误餐补助 d.执行公务员工资制度未纳入基本工资的补贴、津贴差额和家属成员的副食补贴
	B. 劳务报酬所得（非雇佣关系）	（3）根据个人所得税法律制度规定，下列各项中，属于劳务报酬所得的有（　　）。
		a.个人兼职取得的收入 b.律师以个人名义再聘请其他人员为其工作而支付的报酬
	C. 稿酬所得	（4）【判断金句】个人因其作品以图书、报刊形式出版、发表而取得的所得。 【说明】作者去世后，财产继承人取得的遗作稿酬按"稿酬所得"征收个人所得税。

四项综合所得	D. 特许权使用费所得	（5）根据个人所得税法律制度规定，下列所得中，属于特许权使用费所得的有（　　）。
		a. 个人提供专利权、非专利技术、商标权、著作权等的使用权取得的所得 b. 作者将自己的文字作品手稿原件或复印件公开拍卖取得的所得 c. 个人取得专利赔偿所得 d. 剧本作者从电影、电视剧的制作单位取得的剧本使用费（不再区分剧本的使用方是否为其任职单位）
E. 经营所得		（6）根据个人所得税法律制度规定，下列所得中，属于经营所得的有（　　）。
		a. 个体工商户、个人独资企业投资人、合伙企业个人合伙人从事生产、经营活动取得的所得 b. 个人依法从事办学、医疗、咨询以及其他有偿服务活动取得的所得 c. 个人对企业、事业单位承包经营、承租经营以及转包、转租取得的所得 【说明】经营所得特征：相对固定的场所、主动且连续经营、收入事先不确定；劳务报酬所得特征：偶然性、收入事先确定、被动接受委托。

F. 利息、股息、红利所得
【说明】企业出资购买房屋及其他财产，将所有权登记为投资者个人、投资者家庭成员或企业其他人员按利息、股息、红利所得缴纳个人所得税。

G. 财产租赁所得	个人出租不动产、机器设备、车船等财产所得以及个人取得的房屋转租收入所得
H. 财产转让所得	个人转让有价证券、股权、合伙企业份额、不动产、机器设备、车船等财产所得 【说明】个人通过网络收购玩家的虚拟货币，加价后向他人出售取得的收入，按"财产转让所得"缴纳个人所得税。
I. 偶然所得	个人得奖、中奖、中彩等偶然性质所得 【说明】对个人购买福利彩票、赈灾彩票、体育彩票，一次中奖收入在1万元以下的（含1万元）暂免征收个人所得税，超过1万元的，全额征收个人所得税。
	（7）根据个人所得税法律制度的规定，下列各项中，属于偶然所得的有（　　）。
	a. 企业对累积消费达到一定额度的顾客，给予额外抽奖机会，个人的获奖所得 b. 个人取得单张有奖发票奖金所得超过800元的（不超过800元免税） c. 个人参加各种有奖竞赛活动，取得名次得到的奖金 d. 个人为单位或他人提供担保获得收入 e. 房屋产权所有人将房屋产权无偿赠与他人的，受赠人无偿取得的受赠收入 f. 企业在业务宣传、广告等活动中，随机向本单位以外的个人赠送礼品（包括网络红包），以及企业在年会、座谈会、庆典以及其他活动中向本单位以外的个人赠送礼品，个人取得的礼品收入；但企业赠送的具有价格折扣或折让性质的消费券、代金券、抵用券、优惠券等礼品除外
	（8）根据个人所得税法律制度的规定，企业在销售商品（产品）和提供服务过程中向个人赠送礼品，不征收个人所得税的有（　　）。
	a. 企业通过价格折扣、折让方式向个人销售商品（产品）和提供服务 b. 企业在向个人销售商品（产品）和提供服务的同时给予赠品，如通信企业对个人购买手机赠话费、入网费，或者购话费赠手机等 c. 企业对累积消费达到一定额度的个人按消费积分反馈礼品

第 5 章

🏵️ 【考点子题——举一反三，真枪实练】

[5] (历年真题·单选题) 根据个人所得税法律制度，下列应按"工资、薪金所得"税目征收个人所得税的是（　　）。

A. 单位全勤奖

B. 参加商场活动中奖

C. 出租闲置房屋取得的所得

D. 国债利息所得

[6] (历年真题·多选题) 根据个人所得税法律制度的规定，下列各项中，不属于工资、薪金性质的补贴、津贴，不予征收个人所得税的有（　　）。

A. 托儿补助费

B. 独生子女补贴

C. 离退休人员从原任职单位取得的补贴

D. 差旅费津贴

[7] (经典子题·单选题) 根据个人所得税法律制度的规定，下列项目中，属于劳务报酬所得的是（　　）。

A. 发表论文取得的报酬

B. 提供著作的版权而取得的报酬

C. 将国外的作品翻译出版取得的报酬

D. 高校教师受出版社委托进行审稿取得的报酬

[8] (历年真题·多选题) 根据个人所得税法律制度的规定，下列个人所得中，应按"劳务报酬所得"项目征收个人所得税的有（　　）。

A. 某大学教授从甲企业取得咨询费

B. 某公司高管从乙大学取得的讲课费

C. 某设计院设计师从丙家装公司取得的设计费

D. 某编剧从丁电视剧制作单位取得的剧本使用费

[9] (历年真题·单选题) 某画家 2022 年 8 月将其精选的书画作品交由某出版社出版，从出版社取得报酬 10 万元。该笔报酬在缴纳个人所得税时适用的税目是（　　）。

A. 工资薪金所得

B. 劳务报酬所得

C. 稿酬所得

D. 特许权使用费所得

[10] (经典子题·多选题) 根据个人所得税法律制度的规定，下列收入中，按照"特许权使用费所得"税目缴纳个人所得税的有（　　）。

A. 提供商标权的使用权取得的收入

B. 转让非专利技术取得的收入

C. 提供著作权的使用权取得的收入

D. 提供专利权的使用权取得的收入

[11]（历年真题·单选题）作家马某 2022 年 12 月从某电视剧制作中心取得剧本使用费 50 000 元。关于马某该项收入计缴个人所得税的下列表述中，正确的是（　　）。

A. 应按"稿酬所得"计缴个人所得税

B. 应按"工资、薪金所得"计缴个人所得税

C. 应按"劳务报酬所得"计缴个人所得税

D. 应按"特许权使用费所得"计缴个人所得税

[12]（经典子题·多选题）根据个人所得税法律制度的规定，下列各项中，属于"经营所得"的有（　　）。

A. 个人独资企业投资人来源于境内注册的个人独资企业生产、经营的所得

B. 个人依法从事医疗咨询取得的所得

C. 个人对企业转包、转租取得的所得

D. 个人储蓄存款的利息所得

[13]（历年真题·判断题）小张通过网络向玩家收购虚拟货币，抬价售出取得收入，可以不征收个人所得税。（　　）

[14]（历年真题·多选题）根据个人所得税法律制度的规定，甲公司员工王某取得的下列收益中，应按"偶然所得"项目缴纳个人所得税的有（　　）。

A. 为张某提供担保获得收入 4000 元

B. 在乙公司业务宣传活动中取得随机赠送的电脑一台

C. 王某参加职业技能大赛获得奖金 5000 元

D. 取得房屋转租收入 10000 元

考点 10：个人所得税税率

◆◆◆【考点题源】个人所得税税率

所得种类	税率
综合所得	3%–45% 超额累进税率
经营所得	5%–35% 超额累进税率
利息、股息、红利所得 财产租赁所得 财产转让所得 偶然所得	比例税率 20% （个人出租住房减按 10% 的税率征收个人所得税）

考点 11： 个人所得税应纳税所得额的确定

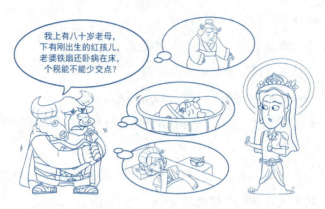

考点 11-1： 居民个人综合所得应纳税所得额的确定

◆ 【考点题源】居民个人综合所得的应纳税所得额的确定

计算公式		应纳税额＝应纳税所得额 × 适用税率 − 速算扣除数 应纳税所得额＝每一纳税年度的收入额 − 费用 6 万元 − 专项扣除 − 专项附加扣除 − 依法确定的其他扣除	
每一纳税年度的收入额	A. 工资、薪金所得	以全年收入确认收入额	
	B. 劳务报酬所得	收入额＝全年收入 ×（1−20%）	
	C. 稿酬所得	收入额＝全年收入 ×（1−20%）×70% （收入额减按 70% 计算）	
	D. 特许权使用费所得	收入额＝全年收入 ×（1−20%）	
专项扣除	A. 基本养老保险　　B. 基本医疗保险　　C. 失业保险　　D. 住房公积金		
	【说明】企事业单位和个人超过规定的比例和标准缴付的基本养老保险费、基本医疗保险费、失业保险费和住房公积金，将超过部分并入个人当期的工资、薪金收入 住房公积金限额（单位和个人）≤职工本人上一年度月平均工资 ×12% （职工本人上一年度月平均工资 ≤ 工作地所在城市上一年度职工月平均工资 3 倍）		
专项附加扣除	项目	内容	扣除标准
	A. 子女教育	纳税人的子女处于全日制学历教育、年满 3 岁学前教育阶段	每个子女每月 1 000 元
	B. 婴幼儿照护	纳税人照护 3 岁以下婴幼儿子女的相关支出	每个婴幼儿每月 1000 元
	【说明】针对 A 和 B 选项父母一方按 100% 扣除或父母双方分别按 50% 扣除。		

专项附加扣除	C. 继续教育	纳税人在中国境内接受学历（学位）继续教育（同一学历（学位）扣除期限不超过 48 个月）	每月 400 元
		【说明】个人接受本科及以下学历（学位）继续教育，可以选择由其父母扣除，也可以选择由本人扣除。	
		纳税人接受技能人员职业资格继续教育、专业技术人员职业资格继续教育，取得相关证书	全年一次性 3 600 元
	D. 大病医疗	一个纳税年度内，纳税人发生的与基本医保相关的医药费用支出，扣除医保报销后个人负担（指医保目录范围内的自付部分）	累计超过 1.5 万元，可在 8 万元限额内据实扣除 1.5 万 < 个人负担 ≤ 9.5 万
		【说明】纳税人发生的医药费用支出可以选择由本人或者其配偶扣除；未成年子女发生的医药费用支出可以选择由其父母一方扣除。	
	E. 住房贷款利息	通过商业银行或者住房公积金办理个人住房贷款的首套住房利息支出	每月 1 000 元，扣除期限最长不超过 240 个月
		【说明】①纳税人只能享受一次首套住房贷款的利息扣除。②夫妻双方可选择由其中一方扣除，一个纳税年度内不得变更。③夫妻双方婚前分别购买住房发生的首套住房贷款，其贷款利息支出，婚后可以选择其中一套购买的住房，由购买方按扣除标准的 100% 扣除，也可以由夫妻双方对各自购买的住房分别按扣除标准的 50% 扣除，一个纳税年度内不能变更。	
	F. 住房租金	纳税人或配偶在主要工作城市没有自有住房而发生住房租金支出	直辖市、省会城市、计划单列市 … 每月 1500 元
			城市户籍人口 > 100 万 … 每月 1100 元
			城市户籍人口 ≤ 100 万 … 每月 800 元
		【说明】①夫妻双方主要工作城市相同，由一方扣除（承租人）；工作城市不同，各自扣除。②一个纳税年度内不能同时分别享受住房贷款利息和住房租金专项附加扣除。	
	G. 赡养老人	纳税人赡养一位及以上被赡养人（年满 60 岁的父母，以及子女均已去世的年满 60 岁的祖父母、外祖父母）的赡养支出	每月 2 000 元
		【说明】纳税人为非独生子女的，由其与其兄弟姐妹分摊，每人分摊的额度不能超过每月 1000 元；可由赡养人均摊或者约定分摊，也可以被赡养人指定分摊。	

续表

依法确定的其他扣除	A. 个人缴付符合国家规定的企业年金、职业年金（本人缴费工资计税基数的 4%） B. 个人购买符合国家规定的商业健康保险（扣除限额 2400 元 / 年）、税收递延型商业养老保险的支出

【注意】专项扣除、专项附加扣除和依法确定的其他扣除，以居民个人一个纳税年度的应纳税所得额为限额，一个纳税年度扣除不完的，不结转以后年度扣除。

【考点子题——举一反三，真枪实练】

[15]（经典子题·单选题）居民个人武某 2022 年取得工资薪金所得 180 000 元，取得劳务报酬所得 50 000 元，稿酬 40 000 元。已知劳务报酬所得、稿酬所得、特许权使用费所得以收入减除 20% 的费用后的余额为收入额；稿酬所得的收入额减按 70% 计算。在将武某的这些所得计入 2022 年综合所得收入额的下列算式中，符合个人所得税法律制度规定的是（   ）。

A. 180 000+50 000+40 000=270 000 元

B. 180 000+（50 000+40 000）×（1-20%）=252 000 元

C. 180 000+50 000×（1-20%）+40 000×70%=248 000 元

D. 180 000+50 000×（1-20%）+40 000×（1-20%）×70%=242 400 元

[16]（经典子题·多选题）根据个人所得税法律制度的规定，下列各项中，属于居民个人综合所得专项扣除项目的有（   ）。

A. 基本养老保险   B. 失业保险费

C. 子女教育费   D. 继续教育费

[17]（历年真题·多选题）根据个人所得税法律制度的规定，下列各项中，属于专项附加扣除的有（   ）。

A. 购车贷款利息   B. 租赁生产厂房支出

C. 大病医疗支出   D. 子女教育支出

[18]（经典子题·判断题）在确定居民个人综合所得的应纳税所得额时，纳税人及其配偶不得同时分别享受住房贷款利息专项附加扣除和住房租金专项附加扣除。（   ）

[19]（经典子题·多选题）根据个人所得税法律制度的规定，下列个人缴纳的年金或保险费中，在规定的标准以内，允许在计征个人所得税时扣除的有（   ）。

A. 企业年金   B. 职业年金

C. 符合国家规定的商业健康保险   D. 税收递延型养老保险

考点 11-2：经营所得

❖ 【考点母题——万变不离其宗】经营所得

一般情况	应纳税额 = 应纳税所得额 × 适用税率 − 速算扣除数 应纳税所得额 = 全年收入总额 − 成本、费用、税金、损失、其他支出及以前年度亏损	
没有综合所得	应纳税所得额 = 全年收入总额 − 成本、费用、税金、损失、其他支出及以前年度亏损 −60000 元 − 专项扣除 − 专项附加扣除 − 其他扣除	
个体工商户税前不得扣除的项目	（1）根据个人所得税法律制度的规定，计算个体工商户个人所得税应纳税所得额时，下列支出中，不得扣除的有（　　）。 A. 个人所得税税款、允许抵扣的增值税款 B. 税收滞纳金　　　　　　　　C. 罚金、罚款和被没收财物的损失 D. 不符合扣除规定的捐赠支出　　E. 赞助支出　　F. 计提的各种准备金 G. 用于个人和家庭的支出（对于生产经营与个人、家庭生活混用难以分清的，其40%视为与生产经营有关的费用） H. 业主的工资薪金支出（社会保险可以税前扣除） I. 代其从业人员或者他人负担的税款	
个体工商户税前准予扣除的项目	（2）根据个人所得税法律制度的规定，计算个体工商户个人所得税应纳税所得额时，下列支出中，准予扣除的有（　　）。	
	工资、薪金	A. 实际支付给从业人员的合理的工资薪金支出
	社会保险	B. 为业主本人和从业人员缴纳的"四险一金" C. 为从业人员支付的补充养老保险费、补充医疗保险费，分别在不超过从业人员工资总额 5% 标准内的部分 D. 为业主本人缴纳的补充养老保险费、补充医疗保险费，以当地上年度社会平均工资的 3 倍为计算基数，分别在不超过该计算基数 5% 标准内的部分

个体工商户税前准予扣除的项目	三项经费	E. 职工福利费、工会经费、职工教育经费支出分别在工资薪金总额的14%、2%、2.5%的标准内据实扣除
	利息费用	F. 不需要资本化的借款费用 扣除标准：向金融企业借款的利息支出；向非金融企业和个人借款的利息支出，不超过按照金融企业同期同类贷款利率计算的数额的部分
	公益性捐赠	G. 通过公益性社会团体或者县级以上人民政府及其部门，用于规定的公益事业的捐赠，捐赠额不超过其应纳税所得额30%的部分
	业务招待费	H. 实际发生额的60%扣除，但最高不得超过当年销售（营业）收入的5‰
	广告费和业务宣传费	I. 当年销售（营业）收入15%的部分，可以据实扣除；超过部分，准予在以后纳税年度结转扣除
	保险费	J. 参加财产保险，按照规定缴纳的保险费 K. 依照国家有关规定为特殊工种从业人员支付的人身安全保险费和财政部、国家税务总局规定可以扣除的其他商业保险费 L. 除K外，业主本人或者为从业人员支付的商业保险费，不得扣除
	开办费	M. 个体工商户自申请营业执照之日起至开始生产经营之日止所发生符合规定的开办费，可以选择在开始生产经营的当年一次性扣除，也可自生产经营月份起在不短于3年期限内摊销扣除，但一经选定，不得改变
	研发支出	N. 个体工商户研究开发新产品、新技术、新工艺所发生的开发费用，以及研究开发新产品、新技术而购置单台价值在10万元以下的测试仪器和试验性装置的购置费准予直接扣除
	弥补亏损	O. 个体工商户发生的年度亏损，准予向以后年度结转，用以后年度的生产经营所得弥补，但结转年限最长不得超过5年

【考点子题——举一反三，真枪实练】

[20]（历年真题·多选题）根据个人所得税法律制度的规定，个体工商户的下列支出中，在计算个人所得税应纳税所得额时，不得扣除的有（　　）。

A. 在生产经营活动中因自然灾害造成的损失

B. 业主的工资薪金支出

C. 税收滞纳金

D. 个人所得税税款

[21]（历年真题·单选题）根据个人所得税法律制度的规定，个体工商户的下列支出中，在计算个人所得税应纳税所得额时，准予扣除的是（　　）。

A. 因经营需要向银行借款的利息支出　　B. 因逾期纳税产生的税收滞纳金

C. 业主的工资薪金支出　　D. 用于业主家庭的餐饮支出

[22]（历年真题·单选题）根据个人所得税法律制度的规定，下列关于个人独资企业个人所得税扣除项目的表述中，正确的是（　　）。

A. 业务招待费支出超过当年销售（营业）收入5‰的部分，准予在以后纳税年度结转扣除

B. 计提的各种准备金，不得扣除

C. 向从业人员实际支付的合理的工资、薪金支出，不得扣除

D. 投资者及其家庭发生的生活费用与生产经营费用混合并难以划分的，准予全额扣除

考点 11-3：公益性捐赠扣除

◆【考点母题——万变不离其宗】公益性捐赠扣除

根据个人所得税法律制度的规定，下列关于公益性捐赠税前扣除的表述中，正确的有（　　）。	
一般规定	A. 个人将其所得对教育、扶贫、济困等公益慈善事业进行捐赠，捐赠额未超过纳税人申报的应纳税所得额30%的部分，可以从其应纳税所得额中扣除
在个人所得税前全部扣除	B. 个人通过非营利性社会团体和国家机关向红十字事业、教育事业、农村义务教育、福利性或非营利性老年服务机构、公益性青少年活动场所的捐赠 C. 个人通过宋庆龄基金会等6家单位、中国医药卫生事业发展基金会、中国教育发展基金会、中国老龄事业发展基金会等8家单位、中华健康快车基金会等5家单位用于公益救济性的捐赠

☺【考点子题——举一反三，真枪实练】

[23]（历年真题·多选题）根据个人所得税法律制度的规定，个人通过境内非营利社会团体进行的下列捐赠中，在计算缴纳个人所得税时，准予税前全额扣除的有（　　）。

A. 向贫困地区的捐赠　　B. 向农村义务教育的捐赠

C. 向红十字事业的捐赠　　D. 向公益性青少年活动场所的捐赠

[24]（历年真题·单选题）2022年2月中国居民张某发生两笔捐赠支出：通过市教育局向教育事业捐款20 000元，直接捐款给低保户李某5 000元。张某当月取得彩票中奖收入50 000元。张某选择在偶然所得中扣除当月的公益捐赠支出。已知偶然所得个人所得税税率为20%。计算张某该笔中奖收入应缴纳个人所得税税额的下列算

式中，正确的是（　　）。

A.（50 000-20 000）×20%=6 000 元

B.（50 000-20 000-5 000）×20%=5 000 元

C. 50 000÷（1-20%）×20%=12 500 元

D.（50 000-50 000×30%）×20%=7 000 元

考点 12：个人所得税应纳税额的计算

考点 12-1：应纳税额的计算

考点 12-1-1：综合所得应纳税额的计算

◆【考点题源】综合所得应纳税额的计算

应纳税额 = 应纳税所得额 × 适用税率 - 速算扣除数 =（每一纳税年度的收入额 - 费用 6 万元 - 专项扣除 - 专项附加扣除 - 依法确定的其他扣除）× 适用税率 - 速算扣除数

考点 12-1-2：扣缴义务人对居民个人工资、薪金所得，劳务报酬所得，稿酬所得，特许权使用费所得预扣预缴个人所得税的计算

◆【考点题源】扣缴义务人对居民个人工资、薪金所得，劳务报酬所得，稿酬所得，特许权使用费所得预扣预缴个人所得税的计算

A. 工资、薪金预扣预缴	本期应预扣预缴税额 =（累计预扣预缴应纳税所得额 × 预扣率 - 速算扣除数）- 累计减免税额 - 累计已预扣预缴税额 累计预扣预缴应纳税所得额 = 累计收入 - 累计免税收入 - 累计减除费用 - 累计专项扣除 - 累计专项附加扣除 - 累计依法确定的其他扣除 累计减除费用 =5000 元 / 月 × 纳税人当年截止本月在本单位的任职受雇月份	
	【注意 1】对一个纳税年度内首次取得工资、薪金所得的居民个人： 累计减除费用 =5 000 元 / 月 × 当年截止本月累计月份数 【注意 2】上一完整纳税年度内每月均在同一单位预扣预缴工资、薪金所得个人所得税且全年工资、薪金收入不超过 6 万元的居民个人： 累计减除费用 =6 万元	
B. 劳务报酬所得	预扣预缴税额 = 预扣预缴应纳税所得额 × 预扣率 - 速算扣除数	每次收入 > 4000 元： 预扣预缴应纳税所得额 = 收入 ×（1-20%） 每次收入 ≤ 4000 元： 预扣预缴应纳税所得额 = 收入 -800 元 （稿酬所得收入额减按 70% 计算）
C. 稿酬所得	预扣预缴税额 = 预扣预缴应纳税所得额 ×20%	
D. 特许权使用费所得	预扣预缴税额 = 预扣预缴应纳税所得额 ×20%	

【考点子题——举一反三，真枪实练】

[25] (历年真题·单选题) 2022 年 9 月李某出版小说取得稿酬 40000 元。为创作该小说，李某发生资料购买费等各种费用 5000 元。已知稿酬所得个人所得税预扣率为 20%；每次收入 4000 元以上的，减除费用按 20% 计算，收入额减按 70% 计算。下列关于李某该笔稿酬所得应预扣预缴个人所得税税额的计算公式中，正确的是（　　）。

A. 40000×（1-20%）×70%×20%=4480 元

B. 40000×（1-20%）×20%=6400 元

C. （40000-5000）×（1-20%）×70%×20%=3920 元

D. （40000-5000）×（1-20%）×20%=5600 元

考点 12-1-3：扣缴义务人对非居民个人四项所得扣缴个人所得税的计算

◆【考点题源】扣缴义务人对非居民个人四项所得扣缴个人所得税的计算

应纳税额 = 应纳税所得额 × 适用税率 - 速算扣除数	
A. 非居民个人的工资、薪金所得	应纳税所得额 = 工资、薪金 -5000
B. 非居民个人的劳务报酬所得	应纳税所得额 = 每次收入 ×（1-20%）
C. 非居民个人的稿酬所得	应纳税所得额 = 每次收入 ×（1-20%）×70%
D. 非居民个人的特许权使用费所得	应纳税所得额 = 每次收入 ×（1-20%）

【说明】非居民个人取得的劳务报酬所得、稿酬所得、特许权使用费所得，属于一次性收入的，以取得该项收入为一次；属于同一项目连续性收入的，以一个月内取得的收入为一次。

【考点子题——举一反三，真枪实练】

[26] (经典子题·单选题) 美国人迈克在中国境内无住所也不居住。2022 年 8 月将其一项非专利技术的使用权许可境内甲公司在中国使用，甲公司支付其使用费 150 000 元（人民币）。已知迈克在中国境内没有代理人；根据中国税法的规定，应纳税所得额超过 80 000 元的部分，税率为 45%，速算扣除数为 15 160 元。甲公司向迈克支付非专利技术使用费应扣缴的个人所得税税额的下列算式中，正确的是（　　）。

A. 150 000×45% = 67 500 元

B. 150 000×45%-15 160 =52 340 元

C. 150 000×（1-20%）×45%-15 160 =38 840 元

D. 150 000×（1-20%）×70%×45%-15 160 = 22 640 元

考点 12-1-4：经营所得应纳税额的计算

◆**【考点题源】经营所得应纳税额的计算**

一般情况	应纳税额＝应纳税所得额 × 适用税率－速算扣除数 应纳税所得额＝全年收入总额－成本、费用、税金、损失、其他支出及以前年度亏损
没有综合 所得	应纳税所得额＝全年收入总额－成本、费用、税金、损失、其他支出及以前年度亏损－60000 元－专项扣除－专项附加扣除－其他扣除

考点 12-1-5：财产租赁所得应纳税额的计算

◆**【考点题源】财产租赁所得应纳税额的计算**

（1）每次（月）收入 ≤ 4 000 元	应纳税额＝［每次（月）收入额－财产租赁过程中缴纳的税费－由纳税人负担的租赁财产实际开支的修缮费用（800 元为限）－800 元］×20%
（2）每次（月）收入 > 4 000 元	应纳税额＝［每次（月）收入额－财产租赁过程中缴纳的税费－由纳税人负担的租赁财产实际开支的修缮费用（800 元为限）］×（1－20%）×20%

【说明】①每次（月）收入（以一个月内取得的收入为一次）＝每次（月）收入额－财产租赁过程中缴纳的税费－由纳税人负担的租赁财产实际开支的修缮费用（800 元为限）。
②个人出租房屋的个人所得税应税收入不含增值税。
③个人转租房屋的，其向房屋出租方支付的租金及增值税额，在计算转租所得时予以扣除。

♧**【考点子题——举一反三，真枪实练】**

[27]（历年真题·单选题）2022 年 9 月王某出租自有住房取得租金收入 6 000 元，房屋租赁过程中缴纳的税费 240 元，支付该房屋的修缮费 1 000 元。已知个人出租住房个人所得税税率暂减按 10%；每次收入 4 000 元以上的，减除 20% 的费用。计算

王某当月出租住房应缴纳个人所得税税额的下列算式中，正确的是（　　）。

A.（6 000-240-800）×（1-20%）×10% = 396.8 元

B.（6 000-240-1 000）×10% = 476 元

C.（6 000-240-1 000）×（1-20%）×10% = 380.8 元

D.（6 000-240-800）×10% = 496 元

考点 12-1-6：财产转让应纳税额的计算

◆【考点题源】财产转让应纳税额的计算

应纳税额 = 应纳税所得额 × 适用税率 =（收入总额 - 财产原值 - 合理费用）×20%	
A. 财产原值	a.有价证券，为买入价以及买入时按照规定交纳的有关费用 b.建筑物，为建造费或者购进价格以及其他有关费用 c.土地使用权，为取得土地使用权所支付的金额、开发土地的费用以及其他有关费用 d.机器设备、车船，为购进价格、运输费、安装费以及其他有关费用
B. 个人转让房屋的应税收入不含增值税，计算转让所得时可扣除的税费不包括转让发生的增值税	

♻【考点子题——举一反三，真枪实练】

[28]（经典子题·单选题）居民个人李先生通过拍卖行将一幅珍藏多年的字画拍卖，取得收入 500000 元，主管税务机关核定李先生收藏该字画发生的费用为 100 000 元，拍卖时支付相关税费 50 000 元。拍卖字画所得应缴纳个人所得税（　　）。

A. 50 000 元　　　B. 70 000 元　　　C. 90 000 元　　　D. 100 000 元

[29]（历年真题·单选题）依据个人所得税法律制度的规定，计算财产转让的应纳税所得额时，下列各项中，准予扣除的是（　　）。

A. 定额 800 元

B. 定额 800 元或定率 20%

C. 财产净值

D. 财产原值和合理费用

考点 12-1-7：利息、股息、红利、偶然所得应纳税额的计算

◆【考点题源】利息、股息、红利、偶然所得应纳税额的计算

> 应纳税额 = 应纳税所得额 × 适用税率 = 每次收入额 ×20%
> 【说明】利息、股息、红利所得，以支付利息、股息、红利时取得的收入为一次；偶然所得，以每次取得该项收入为一次。

🍀【考点子题——举一反三，真枪实练】

[30]（历年真题·单选题）2022 年 1 月周某在商场举办的有奖销售活动中获得奖金 4 000 元，随后将其中 800 元直接捐赠给某农村小学。另外，周某领奖时支付交通费 30 元、餐费 70 元。已知偶然所得个人所得税税率为 20%。计算周某中奖奖金应缴纳个人所得税税额的下列算式中，正确的是（　　）。

A.（4 000-30-70）×20% = 780 元　　　　B.（4 000-800）×20% = 640 元

C.（4 000-800-30-70）×20% = 620 元　　D. 4 000×20% = 800 元

[31]（历年真题·多选题）根据个人所得税法律制度的规定，下列所得中，按次计征个人所得税的有（　　）。

A. 利息所得　B. 股息所得　C. 红利所得　　D. 偶然所得

考点 12-2：个人取得股权转让所得和股息红利所得的征税规定

◆【考点题源】个人取得股权转让所得和股息红利所得的征税规定

股权转让所得	免税	A. 个人在上海、深圳证券交易所转让从上市公司公开发行和转让市场取得的股票
		B. 个人转让全国中小企业股份转让系统（新三板）挂牌公司非原始股取得的所得
	交税	C. 个人转让上海、深圳证券交易所上市公司原始股、新三板挂牌公司原始股、非上市公司股权取得的所得，按照"财产转让所得"项目征收个人所得税
		D. 个人转让限售股取得的所得，按照"财产转让所得"项目征收个人所得税
股息、红利所得		A. 个人从公开发行和转让市场取得的上市公司股票，获得股息、红利所得：

持有时间 ≤ 1 个月	1 个月 < 持有时间 ≤ 1 年	1 年 < 持有时间
全额计入应纳税所得额	减按 50% 计入应纳税所得额	免税

股息、红利所得	B. 个人持有全国中小企业股份转让系统挂牌公司（新三板）的股票，以及证券投资基金从挂牌公司取得的股息红利所得，按照上市公司股息红利差别化个人所得税政策规定计征个人所得税
	C. 个人持有上市公司限售股而取得股息红利所得	解禁前 = 股息、红利收入 ×50%×20%
		解禁后参照上市公司股息红利差别化个人所得税政策规定

考点 12-3：应纳税所得额计算的其他规定

◆【考点母题——万变不离其宗】应纳税所得额计算的其他规定

根据个人所得税法律制度的规定，下列关于个人所得税特殊规定的表述中，正确的有（　　）。	
A. 全年一次性奖金	2023 年 12 月 31 日前，可以选择并入当年综合所得计算纳税，也可以选择不并入 不并入的计算公式为： ①全年一次性奖金收入 ÷ 12，查找适用税率 ②应纳税额 = 全年一次性奖金收入 × 适用税率 − 速算扣除数
	【例题】王某 2022 年 8 月取得全年一次性奖金 54000 元，当月王某的工资收入为 10000 元，各项扣除合计为 2100 元。他对全年一次性奖金选择单独计算纳税，该项全年一次性奖金应缴纳个税为：商数 =54000/12=4500（元），适用税率为 10%，速算扣除数为 210 元。应纳税额 =54000×10%-210=5190（元）。

B. 个人达到国家规定的退休年龄，领取的企业年金、职业年金，符合相关规定的，不并入综合所得，全额单独计算应纳税款
C. 退休人员再任职取得的收入，在减除按个人所得税法规定的费用扣除标准后，按"工资、薪金所得"应税项目缴纳个人所得税
D. 离退休人员除按规定领取离退休工资或养老金外，另从原任职单位取得的各类补贴、奖金、实物，不属于免税的退休工资、离休工资、离休生活补助费，应在减除费用扣除标准后，按"工资、薪金所得"应税项目缴纳个人所得税
E. 保险营销员、证券经纪人取得的佣金收入，属于"劳务报酬所得"

⚘【考点子题——举一反三，真枪实练】

[32]（历年真题·单选题）根据个人所得税法律制度的规定，证券经纪人从证券公司取得的佣金收入在计缴个人所得税时适用的税目是（　　）。

A. 工资、薪金所得　　　　　　　　B. 劳务报酬所得

C. 经营所得　　　　　　　　　　　D. 特许权使用费所得

[33]（历年真题·多选题）根据个人所得税法律制度的规定，下列各项中，应按照"劳务报酬所得"税目计缴个人所得税的有（　　）。

A. 个人因从事彩票代销业务取得的所得　B. 个人兼职取得的收入

C. 个人取得的专利赔偿收入　　　　　　D. 证券经纪人从证券公司取得的佣金收入

考点 13： 个人所得税税收优惠

考点 13-1： 免税和减税项目

◆【考点母题——万变不离其宗】免税和减税项目

（1）根据个人所得税法律制度的规定，下列各项中，属于免税项目的有（　）。
A.省级人民政府、国务院部委和中国人民解放军军以上单位，以及外国组织、国际组织颁发的科学、教育、技术、文化、卫生、体育、环境保护等方面的奖金
B.国债和国家发行的金融债券利息　　C.保险赔款　　D.福利费、抚恤金、救济金
E.军人的转业费、复员费、退役金　　F.按照国家统一规定发给的补贴、津贴
G.按国家统一规定发给干部、职工的安家费、退职费、基本养老金或者退休费、离休费、离休生活补助费
（2）根据个人所得税法律制度的规定，下列情形中，属于减税项目的有（　）。
A.残疾、孤老人员和烈属的所得　　B.因严重自然灾害造成重大损失的

♧【考点子题——举一反三，真枪实练】

[34]（历年真题·多选题）根据个人所得税法律制度的规定，下列个人所得中，免征个人所得税的有（　）。

  A. 国际组织颁发的环境保护奖　　B. 教师工资所得

  C. 作家拍卖手稿所得　　D. 国家发行的金融债券利息

[35]（历年真题·多选题）根据个人所得税法律制度的规定，下列所得中，免予缴纳个人所得税的有（　）。

  A. 保险赔偿　　B. 劳动分红

  C. 退休工资　　D. 军人转业费

考点 13-2：其他免税项目

◆ **【考点母题——万变不离其宗】其他免税项目**

（1）根据个人所得税法律制度的规定，下列情形中，暂免征收个人所得税的有（　　）。
A. 个人举报、协查各种违法、犯罪行为而获得的奖金 B. 个人办理代扣代缴手续，按规定取得的扣缴手续费（扣缴税款的 2%） C. 个人转让自用达 5 年以上，并且是唯一的家庭生活用房取得的所得 D. 达到离休、退休年龄，但确因工作需要，适当延长离休、退休年龄的高级专家（指享受国家发放的政府特殊津贴的专家、学者），其在延长离休、退休期间的工资、薪金所得，视同离休、退休工资 E. 个人领取原提存的住房公积金、基本医疗保险金、基本养老保险金、失业保险金以及按规定享受工伤保险待遇 F. 储蓄存款利息所得 G. 对被拆迁人按照国家有关规定标准取得的拆迁补偿款 H. 自 2022 年 10 月 1 日至 2023 年 12 月 31 日，对出售自有住房并在现住房出售后 1 年内在市场重新购买住房的纳税人，对其出售现住房已缴纳的个人所得税予以退税优惠
（2）根据个人所得税法律制度的规定，特定情形下的房屋无偿赠与，对当事双方都不征收个人所得税。该情形有（　　）。
A. 房屋产权所有人将房屋产权无偿赠与配偶、父母、子女、祖父母、外祖父母、孙子女、外孙子女、兄弟姐妹 B. 房屋产权所有人将房屋产权无偿赠与对其承担直接抚养或者赡养义务的抚养人或者赡养人 C. 房屋产权所有人死亡，依法取得房屋产权的法定继承人、遗嘱继承人或者受遗赠人

考点 14： 个人所得税征收管理

考点 14-1：个人所得税纳税申报

◆【考点母题——万变不离其宗】纳税申报

扣缴义务人纳税申报	（1）根据个人所得税法律制度的规定，下列关于扣缴义务人纳税申报的表述中，正确的有（　　）。 A. 税务机关对扣缴义务人按照所扣缴的税款，付给 2% 的手续费 B. 扣缴义务人在代扣税款的次月 15 日内，向主管税务机关报送其支付所得的所有个人的有关信息、支付所得数额、扣除事项和数额、扣缴税款的具体数额和总额以及其他相关涉税信息资料	
纳税人办理纳税申报	（2）根据个人所得税法律制度的规定，下列情形中，纳税人应当依法办理纳税申报的有（　　）。	
	A. 取得综合所得需要办理汇算清缴	（3）下列情形中，个人取得综合所得需要办理汇算清缴的有（　　）。
		a. 在两处或两处以上取得综合所得，且综合所得年收入额减去专项扣除的余额超过 6 万元
		b. 取得劳务报酬所得、稿酬所得、特许权使用费所得中一项或多项所得，且综合所得年收入额减去专项扣除的余额超过 6 万元
		c. 纳税年度内预缴税额低于应纳税额的
		d. 纳税人申请退税
	B. 取得应税所得没有扣缴义务人　　　C. 取得应税所得，扣缴义务人未扣缴税款 D. 取得境外所得　　　E. 因移居境外注销中国户籍 F. 非居民个人在中国境内从两处以上取得工资、薪金所得	

♧【考点子题——举一反三，真枪实练】

[36]（经典子题·多选题）根据个人所得税法律制度的规定，下列各项中，纳税人应当自行申报缴纳个人所得税的有（　　）。

A. 取得综合所得需要办理汇算清缴

B. 取得应税所得，扣缴义务人未扣缴税款

C. 取得应税所得没有扣缴义务人的

D. 非居民个人在中国境内从两处以上取得工资、薪金所得

[37]（历年真题·多选题）根据个人所得税法律制度的规定，下列情形中，需要办理汇算清缴的有（　　）。

A. 在两处或者两处以上取得综合所得

B. 只取得劳务报酬所得，且综合所得年收入额减去专项扣除的余额超过 6 万元

C. 纳税年度内应纳税额高于预缴税额的

D. 纳税人申请退税

考点 14-2：个人所得税纳税期限

◆【考点母题——万变不离其宗】居民个人综合所得纳税期限

根据个人所得税法律制度的规定，下列关于居民个人综合所得纳税期限的表述中，正确的有（　　）。

A. 居民个人取得综合所得，按年计算个人所得税；有扣缴义务人的，由扣缴义务人按月或者按次预扣预缴税款；需要办理汇算清缴的，应当在取得所得的次年3月1日至6月30日内办理汇算清缴

B. 非居民个人取得工资、薪金所得，劳务报酬所得，稿酬所得和特许权使用费所得，有扣缴义务人的，由扣缴义务人按月或者按次代扣代缴税款，不办理汇算清缴

C. 纳税人取得经营所得，按年计算个人所得税，由纳税人在月度或者季度终了后15日内向税务机关报送纳税申报表，并预缴税款；在取得所得的次年3月31日前办理汇算清缴

D. 纳税人取得利息、股息、红利所得，财产租赁所得，财产转让所得和偶然所得，按月或者按次计算个人所得税，有扣缴义务人的，由扣缴义务人按月或者按次代扣代缴税款

E. 纳税人取得应税所得没有扣缴义务人的，应当在取得所得的次月15日内向税务机关报送纳税申报表，并缴纳税款

♧【考点子题——举一反三，真枪实练】

[38]（经典子题·单选题）根据个人所得税法律制度的规定，个人取得综合所得办理汇算清缴的时间期限是（　　）。

A. 次年1月1日至3月31日　　　B. 次年1月1日至4月30日

C. 次年3月1日至3月31日　　　D. 次年3月1日至6月30日

[39]（历年真题·不定项选择题）中国居民李某为境内A公司技术员工。李某有一儿子，正就读初中一年级。拥有住房一套，全年支付首套住房贷款利息95000元。李某为独生子，其父母均已年过60岁。2022年李某有关收支情况如下：

（1）全年工资260000元，全年专项扣除58500元；子女教育专项附加扣除、住房贷款利息专项附加扣除，由李某按照扣除标准的100%扣除；1-11月工资、薪金所得累计已预扣预缴个人所得税税款5524元。

（2）3月出版一部专业著作取得稿酬80000元，将其中的10000元直接捐赠给某小学。

（3）4月从上市公司公开发行和转让市场购入境内甲上市公司股票，9月从甲上市公司取得非限售股股息6000元，并于当月将股票全部转让。

（4）8月李某获得省人民政府颁发的科学技术奖金10000元。

（5）10月在丙商场十周年庆典上获得价值500元的购物优惠券。

（6）11月参加丁电信公司业务宣传活动中，获赠价值300元的保温杯一个。

（7）12月领取保险赔偿金5000元。

已知：工资、薪金所得预扣预缴个人所得税减除费用为 5000 元 / 月；子女教育专项附加扣除按照每个子女每月 1000 元的标准定额扣除；赡养老人专项附加扣除标准为 2000 元 / 月；住房贷款利息专项附加扣除标准为 1000 元 / 月；稿酬所得个人所得税预扣率为 20%，每次收入 4000 元以上的，减除费用按 20% 计算，收入额减按 70% 计算。利息、股息、红利所得个人所得税税率为 20%。

个人所得税预扣率表
（居民个人工资、薪金所得预扣预缴适用）

级数	累计预扣预缴应纳税所得额	预扣率（%）	速算扣除数（元）
1	不超过 36000 元的部分	3	0
2	超过 36000 元至 144000 元的部分	10	2520
3	超过 144000 元至 300000 元的部分	20	16920
……	……	……	……

1.计算李某 12 月份工资应预扣预缴个人所得税税额的下列算式中，正确的是（　　）。

A.（260000-5000×12-1000×12-2000×12×2-1000×12）×10%-2520-5524=4756 元

B.（260000-5000×12-58500-1000×12-2000×12×2-1000×12）×10%-2520=4430 元

C.（260000-58500-1000×12-2000×12-1000×12）×20%-16920-5524=8256 元

D.（260000-5000×12-58500-1000×12-2000×12-1000×12）×10%-2520-5524=1306 元

2.计算李某 3 月出版专业著作取得的稿酬应预扣预缴个人所得税税额的下列算式中，正确的是（　　）。

A.（80000-10000）×（1-20%）×20%=11200 元

B. 80000×（1-20%）×70%×20%=8960 元

C. 80000×（1-20%）×20%=12800 元

D.（80000-10000）×70%×20%=9800 元

3.计算李某 9 月取得非限售股股息应缴纳个人所得税税额的下列算式中，正确的是（　　）。

A. 6000×50%×20%=600 元　　　　B. 6000×50%×（1-20%）×20%=480 元

C. 6000×20%=1200 元　　　　　　D. 6000×（1-20%）×20%=960 元

4.李某 2022 年取得的下列收入中，免予征收或不征收个人所得税的是（　　）。

A. 省人民政府颁发的科技技术奖金 10000 元

B. 丙商场发放的价值 500 元购物优惠券

C. 丁电信公司赠送的价值 300 元的保温杯

D. 领取的保险赔偿金 5000 元

［本节考点子题答案及解析］

［1］【答案】C

　　【解析】一人有限责任公司缴纳企业所得税。

［2］【答案】×

［3］【答案】CD

　　【解析】选项 A 和 B 属于非居民个人。

［4］【答案】ABCD

［5］【答案】A

　　【解析】单位全勤奖应按"工资、薪金所得"税目征收个人所得税。

［6］【答案】ABD

　　【解析】选项 C 需要按"工资、薪金所得"税目征收个人所得税。

［7］【答案】D

　　【解析】选项 A 和 C 属于稿酬所得，选项 B 属于特许权使用费所得。

［8］【答案】ABC

　　【解析】某编剧从丁电视剧制作单位取得的剧本使用费属于特许权使用费所得。

［9］【答案】C

　　【解析】发表文学作品、书画作品、摄影作品，以及其他作品取得的所得属于稿酬所得。

［10］【答案】ACD

　　【解析】选项 B 属于财产转让所得。

［11］【答案】D

　　【解析】编剧从电视剧的制作单位取得的剧本使用费，不再区分剧本的使用方是否为其任职单位，统一按特许权使用费所得项目征收个人所得税。

［12］【答案】ABC

　　【解析】储蓄存款的利息所得属于利息、股息、红利所得。

［13］【答案】×

　　【解析】个人通过网络收购玩家的虚拟货币，加价后向他人出售取得的收入，按照"财产转让所得"项目计缴个人所得税。

［14］【答案】ABC

　　【解析】选项 D：应按"财产租赁所得"项目缴纳个人所得税。

［15］【答案】D

　　【解析】工资薪金所得 180 000 元全额计入综合所得收入额；劳务报酬所得、稿酬所得、特许权使用费所得以收入减除 20% 的费用后的余额为收入额，因此武某取得劳务报酬所得 50 000 元按 $50\,000 \times (1-20\%)$ 计入综合所得收入额；稿酬所得的收入额减按 70% 计算，因此武某取得的稿酬 40 000 元按 $40\,000 \times (1-20\%) \times 70\%$ 计入综合所得收入额。

［16］【答案】AB

　　【解析】专项扣除，包括居民个人按照国家规定的范围和标准缴纳的基本养老保险、基本医疗保险、失业保险等社会保险费和住房公积金等。

［17］【答案】CD

【解析】专项附加扣除,包括子女教育、继续教育、大病医疗、住房贷款利息或者住房租金、赡养老人等支出。

[18]【答案】√

[19]【答案】ABCD

[20]【答案】BCD

【解析】在生产经营活动中因自然灾害造成的损失可以在企业所得税前扣除。

[21]【答案】A

【解析】个体工商户向金融企业借款的利息支出准予扣除。

[22]【答案】B

【解析】选项 A:业务招待费支出按照实际发生额的 60% 扣除,但最高不得超过当年销售(营业)收入 5‰;选项 C:向从业人员实际支付的合理的工资、薪金支出,可以扣除;选项 D:投资者及其家庭发生的生活费用与生产经营费用混合并难以划分的,其 40% 视为与生产经营有关的费用,准予扣除。

[23]【答案】BCD

【解析】选项 A 个人将其所得对教育、扶贫、济困等公益慈善事业进行捐赠,捐赠额未超过纳税人申报的应纳税所得额 30% 的部分,可以从其应纳税所得额中扣除。

[24]【答案】A

【解析】直接捐款给低保户李某 5 000 元不属于公益性捐赠,不得扣除。通过市教育局向教育事业捐款 20 000 元可在税前全额扣除。

[25]【答案】A

【解析】稿酬所得每次收入不超过 4000 元的,减除费用按 800 元计算;每次收入 4000 元以上的,减除费用按 20% 计算;不能减除其他费用,选项 CD 错误;稿酬所得收入额减按 70% 计算,选项 B 错误。

[26]【答案】C

【解析】根据中国税法的规定,应纳税所得额超过 80 000 元的部分,税率为 45%,速算扣除数为 15 160 元。150 000×(1−20%)超过 80 000 元的部分,税率为 45%。150 000×(1−20%)×45%−15 160 =38 840 元。

[27]【答案】A

【解析】王某支付该房屋的修缮费 1 000 元按限额 800 元扣除。

[28]【答案】B

【解析】财产转让应纳税额 = 应纳税所得额 × 适用税率 =(收入总额 − 财产原值 − 合理费用)×20%=(500 000−100 000−50 000)×20%=70 000 元。

[29]【答案】D

【解析】以转让财产的收入额减除财产原值和合理费用后的余额,为应纳税所得额。

[30]【答案】D

【解析】偶然所得应纳税额 = 每次收入额 ×20%。直接捐赠不属于公益性捐赠,不得在税前扣除。

[31]【答案】ABCD

【解析】利息、股息、红利所得，偶然所得，以每次收入额为应纳税所得额。

[32]【答案】B

【解析】证券经纪人从证券公司取得的佣金收入在计缴个人所得税时适用的税目是劳务报酬所得。

[33]【答案】BD

【解析】个人因从事彩票代销业务取得的所得属于经营所得；个人取得的专利赔偿收入属于特许权使用费所得。

[34]【答案】AD

【解析】省级人民政府、国务院部委和中国人民解放军军以上单位，以及外国组织、国际组织颁发的科学、教育、技术、文化、卫生、体育、环境保护等方面的奖金，属于免税项目。国债和国家发行的金融债券利息，属于免税项目。

[35]【答案】ACD

【解析】劳动分红属于个人所得税应税项目。

[36]【答案】ABCD

[37]【答案】BCD

【解析】在两处或者两处以上取得综合所得，且综合所得年收入额减去专项扣除的余额超过 6 万元，选项 A 缺少后半句内容。

[38]【答案】D

【解析】需要办理汇算清缴，应当在取得所得的次年 3 月 1 日至 6 月 30 日内办理汇算清缴。

[39]

1.【答案】D

【解析】居民个人工资、薪金所得，应当按照累计预扣法计算预扣税款，累计预扣预缴应纳税所得额 = 累计收入 − 累计免税收入 − 累计减除费用 − 累计专项扣除 − 累计专项附加扣除 − 累计依法确定的其他扣除 =260000−5000×12−58500−1000×12−2000×12−1000×12=93500（元）；本期应预扣预缴税额 =（累计预扣预缴应纳税所得额 × 预扣率 − 速算扣除数）− 累计减免税额 − 累计已预扣预缴税额 =93500×10%−2520−5524=1306（元）。

2.【答案】B

【解析】居民个人取得劳务报酬所得、稿酬所得、特许权使用费所得的，预扣预缴时不扣除公益捐赠支出，统一在汇算清缴时扣除；预扣预缴税款时，稿酬所得每次收入 4000 元以上的，减除费用按收入的 20% 计算，收入额减按 70% 计算；应预扣预缴的税额 =80000×（1−20%）×70%×20%=8960（元）。

3.【答案】A

【解析】个人从公开发行和转让市场取得的上市公司股票，持股期限在 1 个月以上至 1 年（含 1 年）的，股息红利所得暂减按 50% 计入应纳税所得额，适用 20% 的税率计征个人所得税。

4.【答案】ABD

【解析】选项 AD 选项：免税收入；选项 B：企业赠送的具有价格折扣或折让性质的消费券、代金券、抵用券、优惠券等礼品不属于偶然所得；选项 C：按照"偶然所得"征收个人所得税。

第**6**章

财产和行为税法律制度

本章知识框架

本章内容十分庞杂，一共有十一个税种。每个税种都有纳税人、征税范围、税率、计税依据、应纳税额的计算、税收优惠以及征收管理。本章在单选题中极易出到计算题。本章具体知识结构分布图如下：

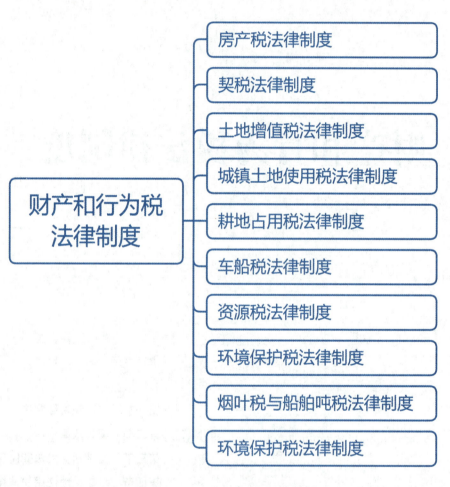

图 6-1　第 6 章知识框架图

自 2022 年 1 月 1 日至 2024 年 12 月 31 日，由省、自治区、直辖市人民政府根据本地区实际情况，以及宏观调控的需要，对增值税小规模纳税人、小型微利企业和个体工商户可以在 50% 的税额幅度内减征资源税、城市维护建设税、房产税、城镇土地使用税、印花税（不含证券交易印花税）、耕地占用税和教育费附加、地方教育附加。

第一节　房产税法律制度

【本节考点、考点母题及考点子题】

考点 1：房产税的纳税人

◆【考点母题——万变不离其宗】房产税的纳税人

概念：房产税的纳税人，是指在我国城市、县城、建制镇和工矿区内拥有房屋产权的单位和个人。

根据房产税法律制度的规定，下列关于房产税纳税人的表述中，正确的有（　　）。

A. 产权属于国家所有的，其经营管理的单位为纳税人

B. 产权属于集体和个人的，集体单位和个人为纳税人

C. 产权出典的，承典人为纳税人

D. 产权所有人、承典人均不在房产所在地的，房产代管人或者使用人为纳税人

E. 产权未确定或者租典纠纷未解决的，房产代管人或者使用人为纳税人

F. 纳税单位和个人无租使用房产管理部门、免税单位及纳税单位的房产，由使用人代为缴纳房产税

👐 【考点子题——举一反三，真枪实练】

[1]（历年真题·单选题）根据房产税法律制度的规定，关于房产税纳税人的下列表述中，不符合法律制度规定的是（　　）。

  A. 房屋出租的，承租人为纳税人

  B. 房屋产权所有人不在房产所在地的，房产代管人为纳税人

  C. 房屋产权属于国家的，其经营管理单位为纳税人

  D. 房屋产权未确定的，房产代管人为纳税人

考点 2：房产税征税范围

◆ 【考点母题——万变不离其宗】房产税征税范围

根据房产税法律制度的规定，下列关于房产税征税范围的表述中，正确的有（　　）。

A. 房产税的征税范围为城市、县城、建制镇和工矿区的房屋

B. 农村的房屋不缴纳房产税

C. 独立于房屋之外的建筑物（如水塔、围墙、烟囱、菜窖、室外游泳池等）不属于房产，不征房产税

👐 【考点子题——举一反三，真枪实练】

[2]（历年真题·单选题）根据房产税法律制度的规定，下列房屋中，不属于房产税征税范围的是（　　）。

  A. 城市的房屋 B. 县城的房屋 C. 建制镇的房屋 D. 农村的房屋

考点 3：房产税的计税依据

考点 3-1：从价计征的房产税的计税依据

◆ 【考点母题——万变不离其宗】从价计征的房产税的计税依据

从价计征的房产税的计税依据：房产余值 = 房产原值 × （1-10%~30%）	
房屋附属设备和配套设施	（1）根据房产税法律制度的规定，下列关于房屋附属设备和配套设施是否计入房产原值的表述中，正确的有（　　）。
	A. 房产原值应包括与房屋不可分割的各种附属设备或一般不单独计算价值的配套设施 B. 凡以房屋为载体，不可随意移动的附属设备和配套设施，应计入房产原值，计征房产税 C. 纳税人对原有房屋进行改建、扩建的，要相应增加房屋的原值 D. 对更换房屋附属设备和配套设施的，在将其价值计入房产原值时，可扣减原来相应设备和设施的价值 E. 对附属设备和配套设施中易损坏、需要经常更换的零配件，更新后不再计入房产原值
投资联营房产	（2）根据房产税法律制度的规定，下列关于投资联营房产计税的表述中，正确的有（　　）。
	A. 对以房产投资联营、投资者参与投资利润分红、共担风险的，按房产余值作为计税依据计缴房产税 B. 对以房产投资收取固定收入、不承担经营风险的，实际上是以联营名义取得房屋租金，应以出租方取得的租金收入为计税依据计缴房产税
融资租赁房屋	（3）根据房产税法律制度的规定，下列关于融资租赁房屋计税规定的表述中，正确的是（　　）。
	A. 由承租人自融资租赁合同约定开始日的次月起依照房产余值缴纳房产税；合同未约定开始日的，由承租人自合同签订的次月起依照房产余值缴纳房产税

♣【考点子题——举一反三，真枪实练】

[3]（经典子题·判断题）投资联营的房产，一律按照"房产余值"作为计税依据计征房产税。（　　）

[4]（历年真题·单选题）某上市公司 2021 年以 5000 万元购得一处高档会所，然后加以改建，支出 500 万元在后院新建一露天泳池，支出 500 万元新增中央空调系统，拆除 200 万元的照明设施，再支付 500 万元安装智能照明和楼宇声控系统，会所于 2022 年底改建完毕并对外营业。房产税从价计征税率为 1.2%。当地规定计算房产余值扣除比例为 30%，2022 年该会所应缴纳房产税（　　）万元。

    A. 42　　B. 48.72　　C. 50.4　　D. 54.6

考点 3-2：从租计征的房产税的计税依据

◆【考点母题——万变不离其宗】从租计征房产税的计税依据

从租计征的房产税的计税依据：不含增值税的租金收入
【说明】对以劳务或其他形式为报酬抵付房租收入的，应根据当地同类房产的租金水平，确定一个标准租金额从租计征收入

♣【考点子题——举一反三，真枪实练】

[5]（经典子题·多选题）根据房产税法律制度的规定，下列各项中，符合房产税计税依据规定的有（　　）。

    A. 房产出租时，如果以劳务为报酬抵付房租收入的，应根据当地同类劳务的平均价格折算为房租收入

    B. 融资租赁方式租入的房屋，以每期支付的租赁费为计税依据

    C. 更新房屋附属设备将新附属设备价值计入原值时，可以扣减原来相关设备价值后的余额为计税依据

    D. 以房地产对外投资收取固定收入，不承担投资风险的，以固定收入作为计税依据

[6]（经典子题·多选题）根据房产税法律制度的规定，下列关于房产税计税依据的表述中，正确的有（　　）。

    A. 融资租赁房屋的，以房产原值为计税依据

    B. 联营投资房产，共担投资风险的，以房产余值为计税依据

    C. 出租房产的，出租人以租金为计税依据

    D. 租入房产的，承租人以租金为计税依据

考点4：房产税应纳税额的计算

◆ 【考点题源】房产税应纳税额的计算

计税方法	计税依据	税率	税额计算公式
从价计征	房产余值	1.2%（年）	全年应纳税额＝应税房产原值×（1－扣除比例）×1.2%
从租计征	房产租金	12%（或4%）	全年应纳税额＝租金收入×12%（或4%）

☘ 【考点子题——举一反三，真枪实练】

[7]（历年真题·判断题）我国现行房产税对从价计征和从租计征实行不同标准的比例税率。（　　）

[8]（历年真题·单选题）某企业2022年度生产经营用房原值12 000万元；幼儿园用房原值400万元；出租房屋原值600万元，年租金80万元。已知房产原值减除比例为30%；房产税税率从价计征的为1.2%，从租计征的为12%。该企业当年应缴纳房产税税额的下列计算中，正确的是（　　）。

A. 12 000×（1－30%）×1.2%＝100.8万元

B. 12 000×（1－30%）×1.2%＋80×12%＝110.4万元

C. （12 000＋400）×（1－30%）×1.2%＋80×12%＝113.76万元

D. （12 000＋400＋600）×（1－30%）×1.2%＝109.2万元

[9]（历年真题·单选题）2022年甲公司出租办公用房取得含增值税租金199 500元。已知增值税征收率为5%；房产税从租计征的税率为12%。计算甲公司当年出租办公用房应缴纳房产税税额的下列算式中，正确的是（　　）。

A. 199 500÷（1＋5%）×12%＝22 800元

B. 199 500×12%＝23 940元

C. 199 500×（1－5%）×12%＝22 743元

D. 199 500÷（1－5%）×12%＝25 200元

考点5：房产税的税收优惠

❖ **【考点母题——万变不离其宗】房产税的税收优惠**

（1）根据房产税法律制度的规定，下列房产中，免征房产税的有（   ）。
A. 国家机关、人民团体、军队自用的房产 B. 由国家财政部门拨付事业经费（全额或差额）的单位（学校、医疗卫生单位、托儿所、幼儿园、敬老院以及文化、体育、艺术类单位）所有的、本身业务范围内使用的房产 C. 宗教寺庙、公园、名胜古迹自用的房产 D. 个人所有非营业用的房产 E. 非营利性医疗机构、疾病控制机构和妇幼保健机构等卫生机构自用的房产 F. 老年服务机构自用的房产免征房产税 G. 对企事业单位、社会团体以及其他组织向个人、专业化规模化住房租赁企业出租住房的，减按4% 的税率征收房产税 H. 纳税人因房屋大修导致连续停用半年以上的，在房屋大修期间免征房产税
（2）根据房产税法律制度的规定，下列房产中，不免征房产税的有（   ）。
A. 国家机关、人民团体出租的房产以及非自身业务使用的生产、营业用房 B. 由国家财政部门拨付事业经费（全额或差额）的单位所属的附属工厂、商店、招待所 C. 宗教寺庙、公园、名胜古迹中附设的营业单位，如影剧院、饮食部、茶社、照相馆等所使用的房产及出租的房产 D. 对个人拥有的营业用房或者出租的房产

🎯 **【考点子题——举一反三，真枪实练】**

[10]（历年真题·单选题）根据房产税法律制度的规定，下列各项中，不予免征房产税的是（　）。

  A. 名胜古迹中附设的经营性茶社 B. 公园自用的办公用房

  C. 个人所有的唯一普通居住用房 D. 国家机关的职工食堂

[11]（历年真题·判断题）对个人按市场价格出租的居民住房，暂免征收房产税。（　）

[12]（历年真题·单选题）根据房产税法律制度的规定，下列各项中，免征房产税的是（　）。

  A. 国家机关用于出租的房产 B. 公立幼儿园自用的房产

  C. 公园附设饮食部使用的房产 D. 公立学校附设招待所使用的房产

考点 6：　房产税征收管理

◆ **【考点母题——万变不离其宗】纳税义务发生时间**

根据房产税法律制度的规定，下列关于房产税纳税义务发生时间的表述中，正确的有（　）。
A. 纳税人将原有房产用于生产经营，从生产经营之月起，缴纳房产税 B. 纳税人自行新建房屋用于生产经营，从建成之次月起，缴纳房产税 C. 纳税人委托施工企业建设的房屋，从办理验收手续之次月起，缴纳房产税 D. 纳税人购置新建商品房，自房屋交付使用之次月起，缴纳房产税 E. 纳税人购置存量房，自办理房屋权属转移、变更登记手续，房地产权属登记机关签发房屋权属证书之次月起，缴纳房产税 F. 纳税人出租、出借房产，自交付出租、出借房产之次月起，缴纳房产税 G. 房地产开发企业自用、出租、出借本企业建造的商品房，自房屋使用或交付之次月起，缴纳房产税 【注意】只有第一种情形从生产经营之月起缴纳房产税，其他均从"次月"起。

【考点子题——举一反三，真枪实练】

[13]（历年真题·单选题）甲公司委托某施工企业建造一幢办公楼，工程于2021年12月完工，2022年1月办妥（竣工）验收手续，4月付清全部价款。甲公司此幢办公楼房产税的纳税义务发生时间是（　　）。

A. 2021年12月

B. 2022年1月

C. 2022年2月

D. 2022年4月

[14]（经典子题·单选题）某企业有一处房产原值2000万元，2021年6月29日用于投资联营（收取固定收入，不承担联营风险），投资期为5年。该企业当年取得固定收入50万元。已知该投资房产已于2021年6月30日交付；当地政府规定的扣除比例为20%，房产税从价计征的税率为1.2%，从租计征的税率为12%。该企业2021年该房产应缴纳房产税为（　　）。

A. 15.6万元

B. 18.72万元

C. 24万元

D. 25.2万元

[本节考点子题答案及解析]

[1]【答案】A

【解析】房屋出租的，房屋产权人为纳税人。

[2]【答案】D

【解析】农村的房屋不缴纳房产税。

[3]【答案】×

[4]【答案】B

【解析】露天泳池不属于房产税的征税对象；纳税人对原有房屋进行改建、扩建的，要相应增加房屋的原值，支出500万元新增中央空调系统需要缴纳房产税；对更换房屋附属设备和配套设施的，在将其价值计入房产原值时，可扣减原来相应设备和设施的价值，因此支付500万元安装智能照明和楼宇声控系统在计入房产原值的同时，可扣减拆除200万元的照明设施的价值。2022年该会所应缴纳房产税＝［5000+500+（500-200）］×（1-30%）×1.2%=48.72（万元）。

[5]【答案】CD

【解析】对以劳务或其他形式为报酬抵付房租收入的，应根据当地同类房产的租金水平，确定一个标准租金额从租计征收入，选项A错误；融资租赁房屋，由承租人自融资租赁合同约定开始日的次月起依照房产余值缴纳房产税，选项B错误。

[6]【答案】BC

【解析】融资租赁房屋的，以房产余值为计税依据，选项A不正确；承租人不是房产税的纳税人，选项D不正确。

［7］【答案】√

［8］【答案】B

【解析】幼儿园用房免税。生产经营用房按房屋余值从价计征房产税；出租房屋按租金收入计征房产税。

［9］【答案】A

【解析】房产税的租金收入应为不含税的收入，应对含税收入作价税分离，按不含税的租金收入计缴房产税。

［10］【答案】A

【解析】宗教寺庙、公园、名胜古迹中附设的营业单位，如影剧院、饮食部、茶社、照相馆等所使用的房产及出租的房产，不予免征房产税，选项A为适选答案。

［11］【答案】×

【解析】个人按市场价格出租的居民住房，为房产税的征税范围，不予免征房产税。

［12］【答案】B

【解析】选项A国家机关用于出租的房产，不予免征房产税。选项C公园附设的营业单位不予免征房产税。选项D由国家财政部门拨付事业经费的单位所属的附属工厂、商店、招待所不予免征房产税。

［13］【答案】C

【解析】纳税人委托施工企业建设的房屋，从办理验收手续之次月起，缴纳房产税。办公楼于2022年1月办妥验收手续，从2022年2月开始起缴纳房产税。

［14］【答案】A

【解析】以房产投资联营收取固定收入、不承担经营风险的，应当以出租方取得的租金收入为计税依据计征房产税。该房产出租之前的半年按从价计征方式计缴房产税，投资联营后按从租计征方式计缴房产税。计算过程：［2 000×（1−20%）×1.2%］÷12×6＋50×12%＝15.6（万元）。

第二节　契税法律制度

【本节考点、考点母题及考点子题】

考点7：契税纳税人

◆【考点母题——万变不离其宗】契税纳税人

（1）【判断金句】在我国境内承受土地、房屋权属转移的单位和个人，为契税的纳税人。

（2）根据契税法律制度的规定，下列主体中，属于契税纳税人的有（　）。

A.土地、房屋权属的受让人　　B.土地、房屋权属的购买人

C.土地、房屋权属的受赠人　　D.以交换方式取得土地、房屋权属的单位和个人

♣【考点子题——举一反三，真枪实练】

[1]（历年真题·单选题）根据契税法律制度的规定，下列各项中，不属于契税纳税人的是（　）。

A. 出售房屋的个人　　　　　B. 受赠土地使用权的企业

C. 购买房屋的个人　　　　　D. 受让土地使用权的企业

[2]（历年真题·单选题）根据契税法律制度的规定，下列各项中，属于契税纳税人的是（　　）。

    A. 获得住房奖励的个人　　　　B. 转让土地使用权的企业

    C. 继承父母汽车的子女　　　　D. 出售房屋的个体工商户

[3]（历年真题·单选题）根据税收法律制度的规定，下列各项中，属于契税纳税人的是（　　）。

    A. 向养老院捐赠房产的李某　　B. 承租住房的刘某

    C. 购买商品房的张某　　　　　D. 出售商铺的林某

考点8：契税征税范围

◈【考点母题——万变不离其宗】契税征税范围

契税以在我国境内转移土地、房屋权属的行为作为征税对象。土地、房屋权属未发生转移的，不征收契税。
（1）根据契税法律制度的规定，下列各项中，属于契税征税范围的有（　　）。
A.土地使用权出让　　　B.土地使用权转让（包括出售、赠与、互换） C.房屋买卖　　　　　　D.房屋赠与　　　　　E.房屋互换
（2）根据契税法律制度的规定，下列各项中，不属于契税征税范围的是（　　）。
A.土地、房屋典当、分拆（分割）、抵押以及出租

♣【考点子题——举一反三，真枪实练】

[4]（历年真题·单选题）根据契税法律制度的规定，下列各项中，应缴纳契税的是（　　）。

    A. 承包者获得农村集体土地承包经营权　　　　B. 企业受让土地使用权

    C. 企业将厂房抵押给银行　　　　　　　　　　D. 个人承租居民住宅

[5]（历年真题·多选题）根据契税法律制度的规定，下列各项中，属于契税征税范围的有（　　）。

    A. 房屋互换　　B. 房屋赠与　　C. 房屋买卖　　D. 房屋租赁

[6]（历年真题·单选题）根据契税法律制度的规定，下列行为中，不属于契税征税范围的是（　　）。

    A. 房屋买卖　　B. 房屋交换　　C. 房屋租赁　　D. 房屋赠与

[7]（历年真题·判断题）以房屋抵债不属于契税的征税范围。（　　）

考点9： 契税计税依据

◆ **【考点母题——万变不离其宗】契税计税依据**

成交价格	（1）根据契税法律制度的规定，下列情形中，以成交价格作为计税依据的有（　　）。
	A.土地使用权出让　　　B.土地使用权出售　　　C.房屋买卖 【注意】计征契税的价格不含增值税。
	（2）根据契税法律制度的规定，下列关于成交价格说法正确的有（　　）。
成交价格	A.土地使用权及所附建筑物、构筑物等（包括在建的房屋、其他建筑物、构筑物和其他附着物）转让的，计税依据为承受方应交付的总价款 B.房屋附属设施（包括停车位、机动车库、非机动车库、顶层阁楼、储藏室及其他房屋附属设施）与房屋为同一不动产单元的，计税依据为承受方应交付的总价款；房屋附属设施与房屋为不同不动产单元的，计税依据为转移合同确定的成交价格，并按当地确定的适用税率计税 C.承受已装修房屋的，应将包括装修费用在内的费用计入承受方应交付的总价款
价格差额	（3）根据契税法律制度的规定，下列情形中，以价格差额作为计税依据的有（　　）。
	A.土地使用权互换　　　B.房屋互换
	【说明】土地使用权或房屋互换价格不相等的，由多交付货币、实物、无形资产或其他经济利益的一方缴纳契税；互换价格相等的，免征契税。 【注意】土地使用权与房屋所有权之间相互交换，按上述办法确定计税依据。
税务机关核定的价格	（4）根据契税法律制度的规定，下列情形中，以税务机关依法核定的价格为计税依据的有（　　）。
	A.土地使用权赠与　　　B.房屋赠与 C.成交价格明、差额显偏低且无正当理由的
（5）【判断金句】先以划拨方式取得土地使用权，后经批准转让房地产，划拨土地性质改为出让的，承受方应分别以补缴的土地出让价款和房地产权属转移合同确定的成交价格为计税依据缴纳契税。	

♣【考点子题——举一反三，真枪实练】

[8]（历年真题·多选题）根据契税法律制度的规定，下列各项中，以成交价格作为契税计税依据的有（　　）。

　　A. 房屋买卖　　　B. 土地使用权互换　　　C. 房屋赠与　　　D. 国有土地使用权出让

[9]（历年真题·多选题）根据契税法律制度的规定，关于契税计税依据的下列表述中，符合法律制度规定的有（　　）。

　　A. 受让国有土地使用权的，以成交价格为计税依据

　　B. 受赠房屋的，由征收机关参照房屋买卖的市场价格规定计税依据

　　C. 购入土地使用权的，以评估价格为计税依据

　　D. 交换土地使用权的，以交换土地使用权的价格差额为计税依据

[10]（历年真题·判断题）以划拨方式取得土地使用权，经批准转让房地产时应补交的契税，以补交的土地使用权出让费用或土地收益作为计税依据。（　　）

考点 10：　契税应纳税额的计算

◆【考点题源】契税应纳税额的计算

公式：应纳税额 = 计税依据 × 税率

♣【考点子题——举一反三，真枪实练】

[11]（历年真题·单选题）周某原有两套住房，2022 年 8 月，出售其中一套，成交价为 70 万元；将另一套以市场价格 60 万元与谢某的住房进行了等价置换；又以 100 万元价格购置了一套新住房，已知契税的税率为 3%。周某计算应缴纳的契税的下列方法中，正确的是（　　）。

　　A. 100×3%=3 万元　　　　　　　　B. （100+60）×3%=4.8 万元

　　C. （100+70）×3%=5.1 万元　　　　D. （100+70+60）×3%=6.9 万元

[12]（历年真题·单选题）周某向谢某借款 80 万元，后因谢某急需资金，周某以一套价值 90 万元的房产抵偿所欠谢某债务，谢某取得该房产产权的同时支付周某差价款 10 万元。已知契税税率为 3%。关于此次房屋交易缴纳契税的下列表述中，正确的是（　　）。

　　A. 周某应缴纳契税 3 万元　　　　　　B. 周某应缴纳契税 2.4 万元

　　C. 谢某应缴纳契税 2.7 万元　　　　　D. 谢某应缴纳契税 0.3 万元

[13]（历年真题·单选题）2022 年 10 月王某购买一套住房，支付购房价款 97 万元、增值税税额 10.67 万元。已知契税适用税率为 3%，计算王某应缴纳契税税额的下列算式中，正确的是（   ）。

A.（97+10.67）×3% = 3.23 万元　　　B. 97÷（1−3%）×3% = 3 万元

C.（97−10.67）×3% = 2.59 万元　　　D. 97×3% = 2.91 万元

考点 11： 契税税收优惠

◆【考点母题——万变不离其宗】契税税收优惠

（1）根据契税法律制度的规定，下列情形中，免征契税的有（   ）。
A.国家机关、事业单位、社会团体、军事单位承受土地、房屋用于办公、教学、医疗、科研和军事设施
B.非营利性的学校、医疗机构、社会福利机构承受土地、房屋权属用于办公、教学、医疗、科研、养老、救助
C.承受荒山、荒地、荒滩土地使用权用于农、林、牧、渔业生产
D.婚姻关系存续期间夫妻之间变更土地、房屋权属
E.法定继承人通过继承承受土地、房屋权属
F.依照法律规定应当予以免税的外国驻华使馆、领事馆和国际组织驻华代表机构承受土地、房屋权属
（2）根据契税法律制度的规定，下列情形中，由省、自治区、直辖市决定免征或者减征契税的有（   ）。
A.因土地、房屋被县级以上人民政府征收、征用而重新承受土地、房屋权属
B.因不可抗力灭失住房而重新承受住房权属
（3）【判断金句】经批准减征、免征契税的纳税人，改变有关土地、房屋的用途，或者有其他不再属于税法规定的减征、免征契税情形的，就不再属于减征、免征契税范围，并且应当补缴已经减征、免征的税款。

【考点子题——举一反三，真枪实练】

[14]（经典例题·多选题）根据契税法律制度的规定，下列各项中，免征契税的有（　　）。

 A. 军事单位承受土地用于军事设施 B. 国家机关承受房屋用于办公

 C. 纳税人承受荒山土地使用权用于农业生产 D. 城镇居民购买商品房用于居住

[15]（历年真题·判断题）国家机关承受房屋用于办公，免征契税。（　　）

[16]（历年真题·判断题）李某的住房在地震中灭失，在他重新购买住房时，由省、自治区、直辖市决定减征或者免征契税。（　　）

考点 12：　契税征收管理

◆◆【考点母题——万变不离其宗】契税征收管理

纳税义务发生的时间	（1）根据契税法律制度的规定，下列关于契税纳税义务发生时间的表述中，正确的有（　　）。
	A. 契税的纳税义务发生时间是纳税人签订土地、房屋权属转移合同的当日，或者纳税人取得其他具有土地、房屋权属转移合同性质凭证的当日 B. 因人民法院、仲裁委员会的生效法律文书或者监察机关出具的监察文书等发生土地、房屋权属转移的，纳税义务发生时间为法律文书等生效当日 C. 因改变土地、房屋用途等情形应当缴纳已经减征、免征契税的，纳税义务发生时间为改变有关土地、房屋用途等情形的当日 D. 因改变土地性质、容积率等土地使用条件须补缴土地出让价款，应当缴纳契税的，纳税义务发生时间为改变土地使用条件当日 E. 纳税人应当在依法办理土地、房屋权属登记手续前申报缴纳契税（先税后证）
纳税地点	（2）根据契税法律制度的规定，下列关于契税纳税地点的表述中，正确的是（　　）。
	A. 契税实行属地征收管理；纳税人发生契税纳税义务时，应向土地、房屋所在地的税务征收机关申报纳税

[本节考点子题答案及解析]

[1]【答案】A

 【解析】在我国境内承受土地、房屋权属转移的单位和个人，为契税的纳税人，选项 A 是房屋权属的出让方而非承受方。

[2]【答案】A

 【解析】选项 A 属于房屋的承受方，因而是契税的纳税人，选项 B 是转让方；选项 C 继承的是汽车，不属于契税的征税范围；选项 D 是房屋的权属的转让方，不是契税的纳税人。

[3]【答案】C

【解析】选项 AD 属于不动产的转让方，不是契税的纳税人；选项 B 是租赁关系，未发生房屋权属的变更；选项 C 属于商品房权属的承受方，属于契税纳税人。

[4]【答案】B

【解析】农村集体土地承包经营权转移不属于契税征税对象，选项 A 排除；企业受让土地使用权，应缴纳契税，选项 B 为适选答案；房屋抵押不属于契税的征税对象，选项 C 排除；承租未发生房屋权属的转移，选项 D 排除。

[5]【答案】ABC

【解析】房屋买卖、交换、赠与均属于契税的征税范围。房屋租赁不属于契税征税范围。

[6]【答案】C

【解析】房屋买卖、交换、赠与均属于契税的征税范围。房屋租赁不属于契税征税范围。选项 C 为适选答案。

[7]【答案】×

【解析】以土地、房屋权属抵债，属于契税的征税范围。

[8]【答案】AD

【解析】选项 B 的契税计税依据为交换价格差额；选项 C 的契税计税依据为核定价格。

[9]【答案】ABD

【解析】购入土地使用权的，以成交价格为计税依据而非评估价格，选项 C 表述不正确。

[10]【答案】√

[11]【答案】A

【解析】出售房屋所得不缴纳契税；交换房屋的，交换价格相等的，不缴纳契税。本题中，计税依据为 100 万元。

[12]【答案】C

【解析】周某转让房产，不属于契税的纳税人，所以选项 AB 不正确；谢某购买房屋支付了 90 万元（80 万借款 +10 万元差价），因此其应纳的契税为：90×3%=2.7 万元。注意，此题特别容易与房屋交换混淆。

[13]【答案】D

【解析】购房款 97 万元是不含增值税的款项，无须价税分离，为契税计税依据。

[14]【答案】ABC

【解析】选项 ABC 均为免征契税的情形；选项 D 照章缴纳契税。

[15]【答案】√

[16]【答案】√

第三节　土地增值税法律制度

【本节考点、考点母题及考点子题】

考点 13：土地增值税纳税人

◆【考点母题——万变不离其宗】土地增值税纳税人

根据土地增值税法律制度的规定，下列主体中，属于土地增值税纳税人的有（　　）。

A.转让国有土地使用权并取得收入的单位和个人（不包括出让国有土地使用权）

B.转让地上建筑物及其附着物并取得收入的单位和个人

♣【考点子题——举一反三，真枪实练】

[1]（历年真题·单选题）根据土地增值税法律制度的规定，下列各项中，属于土地增值税纳税人的是（　　）。

　　A. 出售厂房的企业　　　　　　　　B. 受赠房屋的个人

　　C. 出让国有土地使用权的市人民政府　　D. 出租写字楼的公司

[2] (历年真题·多选题) 根据土地增值税法律制度的规定，下列各项中，属于土地增值税纳税人的有（　　）。

A. 出租办公楼的甲公司

B. 转让商铺的个体工商户张某

C. 转让国有土地使用权的乙企业

D. 接受房屋捐赠的丙学校

考点 14： 土地增值税征税范围

◆【考点母题——万变不离其宗】土地增值税征税范围

（1）根据土地增值税法律制度的规定，下列行为中，可以免征或不征土地增值税的有（　　）。

A. 国有土地使用权出让（不征）

B. 房地产开发企业将开发的部分房地产转为企业自用或用于出租等商业用途（不征）

C. 房地产抵押，在抵押期间的（不征）

D. 房地产的继承（不征）

E. 房地产的赠与（不征）

【说明】赠与仅指以下两种情况：

1. 房产所有人、土地使用权所有人将房屋产权、土地使用权赠与直系亲属或承担直接赡养义务人的。

2. 房产所有人、土地使用权所有人通过中国境内非营利的社会团体、国家机关将房屋产权、土地使用权赠与教育、民政和其他社会福利、公益事业的。

F. 房地产的出租（不征）

G. 房地产开发公司为客户代建房产（不征）

H. 房地产的重新评估而产生的评估增值（不征）

I. 个人之间互换自有居住用房地产，经当地税务机关核实（免征）

J. 一方出地，另一方出资金，双方合作建房，建成后按比例分房自用的（免征）

K. 个人转让住房（免征）

【考点子题——举一反三，真枪实练】

[3]（经典子题·多选题）根据土地增值税法律制度的规定，下列各项中，应当征收土地增值税的有（　　）。

A. 个人之间互换自有居住用房地产，经当地税务机关核实的

B. 双方合作建造商品房，建成后转让

C. 个人转让住房的

D. 土地使用者处置土地使用权的

[4]（历年真题·单选题）根据土地增值税法律制度的规定，下列行为中，应缴纳土地增值税的是（　　）。

A. 甲企业将自有厂房出租给乙企业

B. 丙企业转让国有土地使用权给丁企业

C. 某市政府出让国有土地使用权给戊房地产开发商

D. 己软件开发公司将闲置房屋通过民政局捐赠给养老院

考点15：土地增值税的计税依据

考点15-1：应税收入的确定

◆【考点母题——万变不离其宗】应税收入的确定

计税依据	A. 转让房地产所取得的增值额 = 转让房地产取得的收入 – 扣除项目金额
应税收入	（1）根据土地增值税法律制度的规定，下列关于土地增值税应税收入的表述中，正确的有（　　）。
	A. 纳税人转让房地产取得的应税收入，应包括转让房地产的全部价款及有关的经济收益 B. 纳税人转让房地产取得的收入为不含增值税收入

考点15-2：扣除项目及其金额

◆【考点题源】扣除项目

转让新房产	转让旧房产
A. 取得土地使用权所支付的金额 B. 房地产开发成本 C. 房地产开发费用 D. 与转让房地产有关的税金（印花税、城建税、教育费附加） E. 其他扣除项目（仅适用于房地产开发企业）	A. 房屋及建筑物的评估价格、取得土地使用权所支付的地价款或出让金、按国家统一规定缴纳的有关费用和转让环节缴纳的税金 B. 凡不能取得评估价格，按购房发票金额计算扣除

◆【考点母题——万变不离其宗】转让新房产扣除项目及其金额

取得土地使用权所支付的金额	（1）根据土地增值税法律制度的规定，下列各项中，属于取得土地使用权所支付金额的有（　　）。
	A. 地价款　　　B. 土地登记费　　　C. 土地过户手续费　　　D. 契税
房地产开发成本	（2）根据土地增值税法律制度的规定，下列各项中，属于房地产开发成本的有（　　）。
	A. 土地征用及拆迁补偿费　　　　　B. 前期工程费　　　　　C. 建筑安装工程费 D. 基础设施费　　　　　　　　　　E. 公共配套设施费　　　F. 开发间接费用
房地产开发费用	（3）根据土地增值税法律制度的规定，下列关于房地产企业房地产开发费用扣除的表述中，正确的有（　　）。
	A. 财务费用中的利息支出，能够按转让房地产项目计算分摊并提供金融机构证明	利息允许据实扣除，但不能超过商业银行同类同期贷款利率
		房地产开发费用＝利息＋（取得土地使用权所支付的金额＋房地产开发成本）×5%（以内）
房地产开发费用	B. 财务费用中的利息支出，不能按转让房地产项目计算分摊或不能提供金融机构证明	房地产开发费用＝（取得土地使用权所支付的金额＋房地产开发成本）×10%（以内）
与转让房地产有关的税金	（4）根据土地增值税法律制度的规定，计算土地增值税时允许扣除的税金有（　　）。
	A. 城市维护建设税　　　　　B. 印花税　　　　　　C. 教育费附加 D. 不允许在销项税额中计算抵扣的增值税进项税额
财政部确定的其他扣除项目	（4）【判断金句】对从事房地产开发的纳税人可按规定计算的金额之和，加计20%的扣除。此条优惠只适用于从事房地产开发的纳税人，除此之外的其他纳税人不适用。

♧【考点子题——举一反三，真枪实练】

[5]（经典子题·多选题）根据土地增值税法律制度的规定，下列各项中，在计算土地增值额时可以从转让房地产取得的收入中扣除的有（　　）。

A. 取得土地使用权所支付的金额

B. 房地产开发成本

C. 转让房地产缴纳的印花税

D. 转让房地产缴纳的企业所得税

[6]（经典子题·多选题）根据土地增值税法律制度的规定，下列各项中，属于取得土地使用权所支付金额的有（　　）。

A. 地价款　　　B. 土地登记费　　　C. 土地过户费　　　D. 契税

[7]（经典子题·判断题）房地产开发企业在计算土地增值税扣除房地产开发费用时，应按照与房地产开发项目有关的销售费用、管理费用和财务费用的实际发生额进行扣除。（　　）

[8]（历年真题·单选题）根据土地增值税法律制度的规定，下列各项中，在计算土地增值税计税依据时，不允许扣除的是（　　）。

A. 超过贷款期限的利息部分

B. 在转让房地产时缴纳的城市维护建设税

C. 土地征用及拆迁补偿费

D. 纳税人为取得土地使用权所支付的地价款

◆【考点母题——万变不离其宗】转让旧房产的扣除项目金额

（1）根据土地增值税法律制度的规定，旧房及建筑物计算缴纳土地增值税时，允许扣除金额的计价方式有（　　）。	
A. 按评估价格扣除	评估价格 = 重置成本价 × 成新度折扣率
	（2）根据土地增值税法律制度的规定，转让旧房及建筑物按评估价格计缴土地增值税时，下列各项中，准予作为扣除项目金额的有（　　）。
	a. 评估价格 b. 取得土地使用权所支付的地价款和按国家规定缴纳的有关费用 c. 在转让环节缴纳的税金
B. 按购房发票金额计算扣除	（3）根据土地增值税法律制度的规定，纳税人转让旧房按购房发票计算扣除时，下列各项中，属于扣除金额的有（　　）。
	a. 可按发票所载金额并从购买年度起至转让年度止每年加计 5% 计算 b. 契税 c. 在转让环节缴纳的税金

♧【考点子题——举一反三，真枪实练】

[9]（经典子题·多选题）根据土地增值税法律制度的规定，下列项目中，纳税人转让旧房在计算土地增值额时，允许扣除的有（　　）。

A. 转让环节缴纳的税金

B. 经税务机关确认的房屋及建筑物的评估价格

C. 当期发生的管理费用、财务费用和销售费用

D. 取得土地使用权所支付的地价款和按国家规定缴纳的有关费用

考点 16： 土地增值税应纳税额的计算

◆【考点题源】应纳税额的计算步骤

（1）计算增值额
增值额＝房地产转让收入－扣除项目金额
（2）计算增值率
增值率＝增值额÷扣除项目金额×100%
（3）确定适用税率
（4）计算应纳税额
土地增值税应纳税额＝增值额×适用税率－扣除项目金额×速算扣除系数

♧【考点子题——举一反三，真枪实练】

[10]（经典子题·单选题）某公司销售一幢已经使用过的办公楼，取得收入500万元，办公楼原价480万元，已提折旧300万元。经房地产评估机构评估，该楼重置成本价为800万元，成新度折扣率为五成，销售时缴纳相关税费30万元。已知增值额与扣除项目金额的比率不超过50%的部分，适用30%的土地增值税税率。该公司销售该办公楼应缴纳土地增值税（   ）。

A. 21 万元   B. 30 万元

C. 51 万元   D. 60 万元

考点 17： 土地增值税税收优惠

◆【考点母题——万变不离其宗】土地增值税税收优惠

（1）根据土地增值税法律制度的规定，下列各项中，免征土地增值税的有（   ）。

A.纳税人建造普通标准住宅出售，增值额未超过扣除项目金额20%的

B.因国家建设需要依法征用、收回的房地产

C.因城市实施规划、国家建设的需要而搬迁，由纳税人自行转让原房地产的

D.企事业单位、社会团体以及其他组织转让旧房作为公共租赁住房房源且增值额未超过扣除项目金额20%的

E.个人转让住房

考点 18： 土地增值税征收管理

考点 18-1： 土地增值税纳税申报

◆【考点母题——万变不离其宗】土地增值税纳税申报

根据土地增值税法律制度的规定，下列关于土地增值税纳税申报的表述中，正确的有（ ）。
A.纳税人应在转让房地产合同签订后 7 日内，到房地产所在地主管税务机关办理纳税申报 B.纳税人因经常发生房地产转让而难以在每次转让后申报的，经税务机关审核同意后，可以按月或按季定期进行纳税申报 C.纳税人采取预售方式销售房地产的，对在项目全部竣工结算前转让房地产取得的收入，税务机关可以预征土地增值税

考点 18-2： 土地增值税纳税清算

◆【考点母题——万变不离其宗】土地增值税纳税清算

纳税人应进行土地增值税清算的情形	（1）根据土地增值税法律制度的规定，下列情形中，纳税人应进行土地增值税清算的有（ ）。
	A.房地产开发项目全部竣工、完成销售的 B.整体转让未竣工决算房地产开发项目的 C.直接转让土地使用权的
主管税务机关可要求纳税人进行土地增值税清算的情形	（2）根据土地增值税法律制度的规定，下列情形中，主管税务机关可要求纳税人进行土地增值税清算的有（ ）。
	A.已竣工验收的房地产开发项目，已转让的房地产建筑面积占整个项目可售建筑面积的比例在 85% 以上，或该比例虽未超过 85%，但剩余的可售建筑面积已经出租或自用的 B.取得销售（预售）许可证满 3 年仍未销售完毕的 C.纳税人申请注销税务登记但未办理土地增值税清算手续的

【考点子题——举一反三，真枪实练】

[11]（历年真题·多选题）根据土地增值税法律制度的有关规定，下列情形中，属于税务机关可要求纳税人进行土地增值税清算的有（   ）。

A. 房地产开发项目全部竣工并完成销售的

B. 整体转让未竣工决算房地产开发项目的

C. 纳税人申请注销税务登记但未办理土地增值税清算手续的

D. 取得销售（预售）许可证满 3 年仍未销售完毕的

〔本节考点子题答案及解析〕

[1]【答案】A

【解析】转让地上建筑物及其附着物并取得收入的单位和个人，为土地增值税的纳税人，选项 A 正确；受赠房屋的个人，不是土地增值税的纳税人，选项 B 排除；出让国有土地使用权的行为不征收土地增值税，选项 C 排除；出租不动产不属于土地增值税的征税范围，选项 D 排除。

[2]【答案】BC

【解析】出租办公楼和接收房屋捐赠均不属于土地增值税征税范围，选项 AD 排除。

[3]【答案】BD

【解析】个人之间互换自有居住用房地产、居民个人转让住房免征土地增值税，选项 AC 排除。

[4]【答案】B

【解析】选项 AC 均不属于土地增值税征税情形；选项 D 属于免税情形。

[5]【答案】ABC

【解析】在计算土地增值税额时可以从转让房地产取得的收入中扣除的项目有：取得土地使用权所支付的金额；房地产开发成本；房地产开发费用；与转让房地产有关的税金（城市维护建设税、印花税和教育费附加）。企业所得税不属于可以扣除的税金。

[6]【答案】ABCD

【解析】取得土地使用权所支付金额包括：地价款、土地登记费、土地过户费、契税。

[7]【答案】×

【解析】房地产开发企业在计算土地增值税扣除房地产开发费用时，并非据实扣除，而是按相关规定扣除。

[8]【答案】A

【解析】对于超过贷款期限的利息部分和加罚的利息不允许扣除。

[9]【答案】ABD

【解析】转让旧房及建筑物计算缴纳土地增值税时，允许扣除的项目有评估价格、取得土地使用权所支付的地价款和按国家规定缴纳的有关费用、在转让环节缴纳的税金。当期发生的管理费用、财务费用和销售费用是转让新房时的扣除项目。

[10]【答案】A

【解析】评估价格 =800×50%=400 万元；扣除项目金额 =400+30=430 万元；增值额 =500−430=70 万元；增值率 =70÷430=16.3%；应纳的土地增值税 =70×30%=21 万元。

[11]【答案】CD

【解析】AB 属于应当清算的情形。主管税务机关"可以要求"纳税人进行土地增值税清算的情形有：①已竣工验收的房地产开发项目，已转让的房地产建筑面积占整个项目可售建筑面积的比例在"85%"以上，或该比例虽未超过 85%，但剩余的可售建筑面积已经"出租或自用"的；②取得销售（预售）许可证满"三年"仍未销管完毕的；③纳税人申请注销税务登记但未办理土地增值税清算手续的。

第四节　城镇土地使用税法律制度

【本节考点、考点母题及考点子题】

考点 19：城镇土地使用税纳税人

◆【考点母题——万变不离其宗】城镇土地使用税的纳税人

概念：在税法规定的征税范围内使用土地的单位和个人，是城镇土地使用税的纳税人。
根据城镇土地使用税法律制度的规定，下列关于城镇土地使用税纳税人的表述中，正确的有（　　）。
A. 城镇土地使用税由拥有土地使用权的单位或个人缴纳
B. 拥有土地使用权的纳税人不在土地所在地的，由代管人或实际使用人缴纳
C. 土地使用权未确定或权属纠纷未解决的，由实际使用人纳税
D. 土地使用权共有的，共有各方均为纳税人，由共有各方按照各方实际使用土地面积占总面积的比例分别纳税

🍀【考点子题——举一反三，真枪实练】

[1]（历年真题·多选题）根据城镇土地使用税法律制度的规定，在城市、县城、建制镇和工矿区范围内，下列单位中，属于城镇土地使用税纳税人的有（   ）。

A. 拥有土地使用权的集体企业　　B. 拥有土地使用权的国有公司

C. 使用土地的外商投资企业　　　D. 使用土地的外国企业在中国境内设立的机构

[2]（历年真题·单选题）根据城镇土地使用税法律制度的规定，下列关于城镇土地使用税纳税人的表述中，正确的是（   ）。

A. 城镇土地使用税由拥有土地所有权的单位和个人缴纳

B. 土地使用权权属发生纠纷的，由土地实际使用人纳税

C. 土地使用权共有的，由所占份额大的一方纳税

D. 对外商投资企业和外国企业暂不适用城镇土地使用税

[3]（历年真题·多选题）关于确定城镇土地使用税纳税人的下列表述中，符合城镇土地使用税法律制度规定的有（   ）。

A. 拥有土地使用权的单位或个人为纳税人

B. 拥有土地使用权的单位或个人不在土地所在地的，以代管人或实际使用人为纳税人

C. 土地使用权未确定或权属纠纷未解决的，以实际使用人为纳税人

D. 土地使用权共有的，以共有各方为纳税人

考点 20： 城镇土地使用税征税范围

◆【考点母题——万变不离其宗】城镇土地使用税征税范围

根据城镇土地使用税法律制度的规定，下列土地中，属于城镇土地使用税征税范围的有（   ）。

A. 市区和郊区的土地　　　　　　B. 县人民政府所在地的城镇土地

C. 镇人民政府所在地的地区土地　D. 工矿区的土地

【注意】在上述范围内的土地，不论是属于国家所有的土地，还是集体所有的土地，都属于城镇土地使用税征税范围。

🍀【考点子题——举一反三，真枪实练】

[4]（经典子题·判断题）凡是城市、县城、建制镇和工矿区范围内的土地，不论是国家所有的土地，还是集体所有的土地，都是城镇土地使用税的征税范围。（   ）

[5]（历年真题·单选题）根据城镇土地使用税法律制度的规定，下列土地中，不属于城镇土地使用税征税范围的是（　　）。

　　A. 城市土地　　B. 县城土地　　C. 农村土地　　D. 建制镇土地

考点 21： 城镇土地使用税计税依据

◆【考点母题——万变不离其宗】城镇土地使用税计税依据

（1）根据城镇土地使用税法律制度的规定，城镇土地使用税的计税依据是（　　）。
A.实际占用的土地面积
（2）根据城镇土地使用税法律制度的规定，下列关于城镇土地使用税土地面积确定办法的表述中，正确的有（　　）。
A.凡由省级人民政府确定的单位组织测定土地面积的，以测定的土地面积为准 B.尚未组织测定，但纳税人持有政府部门核发的土地使用证书的，以证书确定的土地面积为准 C.尚未核发土地使用证书的，应由纳税人据实申报土地面积，并据以纳税，待核发土地使用证书后再作调整

♧【考点子题——举一反三，真枪实练】

[6]（经典子题·单选题）根据城镇土地使用税法律制度的规定，下列各项中，属于城镇土地使用税计税依据的是（　　）。

　　A. 建筑面积　　B. 使用面积　　C. 居住面积　　D. 实际占用土地的面积

考点 22： 城镇土地使用税应纳税额的计算

◆【考点题源】城镇土地使用税应纳税额的计算

年应纳税额＝实际占用应税土地面积（平方米）× 适用税额

♧【考点子题——举一反三，真枪实练】

[7]（历年真题·单选题）甲公司 2019 年实际占地面积 15 000 平方米，其中生产区占地 10 000 平方米，生活区占地 3 000 平方米，对外出租 2 000 平方米。已知城镇土地使用税适用税率每平方米年税额 2 元。计算甲公司当年应缴纳城镇土地使用税税额的

下列算式中，正确的是（   ）。

A. 15000×2=30000 元

B.（10000+3000）×2=26000 元

C. 10000×2=20000 元

D.（10000+2000）×2=24000 元

考点 23： 城镇土地使用税税收优惠

◆【考点母题——万变不离其宗】城镇土地使用税税收优惠的一般规定

根据城镇土地使用税法律制度的规定，下列用地中，免征城镇土地使用税的有（   ）。
A. 国家机关、人民团体、军队自用的土地
B. 由国家财政部门拨付事业经费的单位自用的土地
C. 宗教寺庙、公园、名胜古迹自用的土地
D. 市政街道、广场、绿化地带等公共用地
E. 直接用于农、林、牧、渔业的生产用地
F. 经批准开山填海整治的土地和改造的废弃土地，从使用的月份起免缴土地使用税 5~10 年

♣【考点子题——举一反三，真枪实练】

[8]（历年真题·单选题）根据城镇土地使用税法律制度的规定，下列城市土地中，应缴纳城镇土地使用税的是（   ）。

A. 企业生活区用地

B. 国家机关自用的土地

C. 名胜古迹自用的土地

D. 市政街道公共用地

◆◆【考点母题——万变不离其宗】城镇土地使用税税收优惠的特殊规定

	根据城镇土地使用税法律制度的规定，下列关于城镇土地使用税税收优惠的表述中，正确的有（　　）。	
A. 城镇土地使用税与耕地占用税的征税范围衔接	凡是缴纳了耕地占用税的，从批准征用之日起满 1 年后征收城镇土地使用税	
	征用非耕地因不需要缴纳耕地占用税，应从批准征用之次月起征收城镇土地使用税	
B. 免税单位与纳税单位之间无偿使用的土地	对免税单位无偿使用纳税单位的土地（如公安、海关等单位使用铁路、民航等单位的土地），免征城镇土地使用税	
	对纳税单位无偿使用免税单位的土地，纳税单位应照章纳税	
C. 房地产开发公司开发建造商品房的用地	房地产开发公司经批准开发建设经济适用房的用地免税	
D. 防火、防爆、防毒等安全防范用地	对于各类危险品仓库、厂房所需的防火、防爆、防毒等安全防范用地，可由各省、自治区、直辖市税务局确定，暂免征收城镇土地使用税	
	对仓库库区、厂房本身用地，应依法征税	
E. 企业的铁路专用线、公路等用地	除另有规定者外，在企业厂区（包括生产、办公及生活区）以内的，照章征税	
	在厂区以外、与社会公用地段未加隔离的，暂免征收城镇土地使用税	
F. 石油天然气生产企业用地	石油天然气生产建设用地	地质勘探、钻井、井下作业、油气田地面工程等施工临时用地，暂免征收城镇土地使用税
		企业厂区以外的铁路专用线、公路及输油（气、水）管道用地，暂免征收城镇土地使用税
		油气长输管线用地，暂免征收城镇土地使用税
	在城市、县城、建制镇以外工矿区内的消防、防洪排涝、防风、防沙设施用地，暂免征收城镇土地使用税	
	除上述免税土地外，其他油气生产及办公、生活区用地，依照规定征收城镇土地使用税	
G. 林业系统用地	对林区的育林地、运材道、防火道、防火设施用地，免征城镇土地使用税	
	林业系统的森林公园、自然保护区可比照公园免征城镇土地使用税	
	林业系统的其他生产用地及办公、生活区用地，照章征税	
H. 盐场、盐矿用地	对盐场、盐矿的生产厂房、办公、生活区用地，照章征税	
	盐场的盐滩、盐矿的矿井用地，暂免征收城镇土地使用税	

续表

I.矿山企业用地	矿山的采矿场、排土场、尾矿库、炸药库的安全区，以及运矿运岩公路、尾矿输送管道及回水系统用地，免征城镇土地使用税
J.电力行业用地	火电厂厂区围墙内的用地均应征收城镇土地使用税；对厂区围墙外的灰场、输灰管、输油（气）管道、铁路专用线用地，免征城镇土地使用税；厂区围墙外的其他用地，照章征税
	水电站的发电厂房用地，生产、办公、生活用地，应征收城镇土地使用税；对其他用地给予免税照顾
	对供电部门的输电线路用地、变电站用地，免征城镇土地使用税
K.水利设施用地	水利设施及其管护用地（如水库库区、大坝、堤防、灌渠、泵站等用地），免征城镇土地使用税
	其他用地，如生产、办公、生活用地，照章征税
L.交通部门港口用地	对港口的码头（即泊位，包括岸边码头、伸入水中的浮码头、堤岸、堤坝、栈桥等）用地，免征城镇土地使用税
M.民航机场用地	机场飞行区（包括跑道、滑行道、停机坪、安全带、夜航灯光区）用地、场内外通信导航设施用地和飞行区四周排水防洪设施用地，免征城镇土地使用税
	在机场道路中，场外道路用地免征城镇土地使用税
	机场工作区（包括办公、生产和维修用地及候机楼、停车场）用地、生活区用地、绿化用地，均须依照规定征收征收城镇土地使用税

♣【考点子题——举一反三，真枪实练】

[9]（经典子题·单选题）某企业2022年实际占地面积为2 000平方米，2022年4月该企业为扩大生产，根据有关部门的批准，新征用非耕地3 000平方米。该企业所处地段适用年税额5元/平方米。该企业2022年应缴纳城镇土地使用税的下列算式中，正确的是（ ）。

A. 2 000×5=10 000元

B. 3 000×5=15 000元

C. 2 000×5+3 000×5×8÷12=20 000元

D. 2 000×5+3 000×5=25 000元

[10]（经典子题·多选题）根据城镇土地使用税法律制度的规定，下列用地中，免征城镇土地使用税的有（ ）。

A. 水利设施用地

B. 非营利性老年服务机构自用土地

C. 企业厂区内的铁路专用线用地

D. 举行宗教仪式用地和寺庙宗教人员的生活用地

[11]（历年真题·单选题）甲盐矿为增值税一般纳税人，其占用土地中，矿井用地 500000 平方米，生产厂房用地 44000 平方米，办公用地 6000 平方米。已知城镇土地使用税适用税率为每平方米年税额 2 元。甲盐矿全年应缴纳城镇土地使用税税额为（　　）。

A. 1100000 元
B. 1000000 元
C. 100000 元
D. 12000 元

[12]（历年真题·单选题）某火电厂总共占地面积 80 万平方米，其中围墙内占地 40 万平方米，围墙外灰场占地面积 3 万平方米，厂区及办公楼占地面积 37 万平方米，已知该火电厂所在地适用的城镇土地使用税为每平方米年税额 1.5 元。该火电厂年应缴纳的城镇土地使用税下列算式中，正确的是（　　）。

A.（37×1.5=55.5 万元
B.（37+3）×1.5=60 万元
C.（80−3）×1.5=115.5 万元
D. 80×1.5=120 万元

考点 24：　城镇土地使用税征收管理

◆【考点母题——万变不离其宗】纳税义务发生时间

根据城镇土地使用税法律制度的规定，下列关于城镇土地使用税纳税义务发生时间的表述中，正确的有（　　）。
A.纳税人购置新建商品房，自房屋交付使用之次月起，缴纳城镇土地使用税 B.纳税人购置存量房，自办理房屋权属转移、变更登记手续，房地产权属登记机关签发房屋权属证书之次月起，缴纳城镇土地使用税 C.纳税人出租、出借房产，自交付出租、出借房产之次月起，缴纳城镇土地使用税 D.以出让或转让方式有偿取得土地使用权的，应由受让方从合同约定交付土地时间的次月起缴纳城镇土地使用税；合同未约定交付土地时间的，由受让方从合同签订的次月起缴纳城镇土地使用税 E.纳税人新征用的耕地，自批准征用之日起满 1 年时开始缴纳土地使用税 F.纳税人新征用的非耕地，自批准征用次月起缴纳城镇土地使用税 【注意】只有第 F 项从"征用之日起满 1 年"时缴纳城镇土地使用税，其余都是从"次月"起纳税。

🍀【考点子题——举一反三，真枪实练】

[13]（历年真题·多选题）根据城镇土地使用税法律制度的规定，关于城镇土地使用税纳税义务发生时间的下列表述中，正确的有（　　）。

A. 纳税人新征用的耕地，自批准征用之日起缴纳

B. 纳税人新征用的非耕地，自批准征用次月缴纳

C. 纳税人以出让方式有偿取得土地使用权，合同约定交付土地时间的，自合同约定交付土地时间的次月起缴纳

D. 纳税人以出让方式有偿获取土地使用权，合同未约交付土地时间的，自合同签订的次月起缴纳

〔本节考点子题答案及解析〕

〔1〕【答案】ABCD

〔2〕【答案】B

【解析】在我国，任何单位和个人都不拥有土地所有权，选项A排除；土地使用权共有的，共有各方均为纳税人，由共有各方按照各方实际使用土地面积占总面积的比例分别纳税，选项C排除；外商投资企业和外国企业适用城镇土地使用税，选项D排除；土地使用权未确定或权属纠纷未解决的，由实际使用人纳税，选项B正确。

〔3〕【答案】ABCD

〔4〕【答案】√

〔5〕【答案】C

【解析】农村土地不属于城镇土地使用税的征税范围。

〔6〕【答案】D

【解析】城镇土地使用税的计税依据是实际占用的土地面积。

〔7〕【答案】A

【解析】甲公司生产区占地10 000平方米、生活区占3 000平方米，以及对外出租的2 000平方米均属于城镇土地使用税的征收范围。因此甲公司2019年应缴纳的城镇土地使用税税额=15 000×2=30 000（元）。

〔8〕【答案】A

【解析】选项BCD均为免税情形。

〔9〕【答案】C

【解析】实际占有的土地面积2 000平方米照章纳税；新征用非耕地应从批准征用之次月起征收城镇土地使用税，所以当年从5月份开始缴纳，一共8个月。

〔10〕【答案】ABD

【解析】企业厂区内的铁路专用线用地，不属于免税情形。

〔11〕【答案】C

【解析】盐场、盐矿的生产厂房、办公、生活区用地，应照章征收城镇土地使用税；盐场的盐滩、盐矿的矿井用地，暂免征收城镇土地使用税；甲盐矿全年应缴纳城镇土地使用税=（44000+6000）×2=100000（元）。

〔12〕【答案】C

【解析】对于围墙外灰场用地免征城镇土地使用税。应缴纳的城镇土地使用税 = (80-3)×1.5 = 115.5(万元)。

[13]【答案】BCD

【解析】纳税人新征用的耕地，自批准征用之日起满 1 年时开始缴纳土地使用税。

第五节　耕地占用税法律制度

【本节考点、考点母题及考点子题】

考点 25 ： 耕地占用税

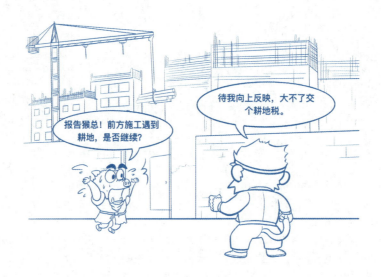

◆【考点母题——万变不离其宗】耕地占用税纳税人

纳税人	（1）根据耕地占用税法律制度的规定，下列关于耕地占用税纳税人的表述中，正确的有（　　）。
	A.在我国境内占用耕地建设建筑物、构筑物或者从事非农业建设的单位或者个人 B.未经批准占用耕地的，纳税人为实际用地人
征税范围	（2）根据耕地占用税法律制度的规定，下列关于耕地占用税征税范围的表述中，正确的有（　　）。
	A.为建设建筑物、构筑物或从事其他非农业建设而占用的国家所有和集体所有的耕地 B.占用园地、林地、草地、农田水利用地、养殖水面、渔业水域滩涂以及其他农用地建设建筑物、构筑物或者从事非农业建设的，按规定缴纳耕地占用税 C.建设直接为农业生产服务的生产设施占用规定的农用地的，不缴纳耕地占用税

续表

计税依据	实际占用的耕地面积，包括经批准占用的耕地面积和未经批准占用的耕地面积
应纳税额 = 实际占用耕地面积（平方米）× 适用税率；一次性缴纳	
税收优惠	（3）根据耕地占用税法律制度的规定，下列农用地中，免征耕地占用税的有（　）。 A.军事设施、学校、幼儿园、社会福利机构、医疗机构占用耕地 B.农村居民经批准搬迁，新建自用住宅占用耕地不超过原宅基地面积的部分 C.农村烈士遗属、因公牺牲军人遗属、残疾军人以及符合农村最低生活保障条件的农村居民，在规定用地标准以内新建自用住宅 【注意】学校内经营性场所和教职工住房占用耕地的，医疗机构内职工住房占用耕地的，均应照章纳税。 （4）根据耕地占用税法律制度的规定，下列关于减征耕地占用税的表述中，正确的有（　）。 A.农村居民在规定用地标准以内占用耕地新建自用住宅，按照当地适用税额减半征收耕地占用税 B.铁路线路、公路线路、飞机场跑道、停机坪、港口、航道、水利工程占用耕地，减按每平方米2元的税额征收耕地占用税
征收管理	（5）根据耕地占用税法律制度的规定，下列关于耕地占用税纳税义务发生时间的表述中，正确的有（　）。 A.耕地占用税的纳税义务发生时间为纳税人收到自然资源主管部门办理占用耕地手续的书面通知的当日 B.未经批准占用耕地的，耕地占用税纳税义务发生时间为自然资源主管部门认定的纳税人实际占用耕地的当日 C.纳税人应当自纳税义务发生之日起30日内申报缴纳耕地占用税

【考点子题——举一反三，真枪实练】

[1]（经典子题·判断题）耕地占用税计税依据中的实际占用的耕地面积，仅指经批准占用的耕地面积，不包括未经批准占用的耕地面积。（　）

[2]（经典子题·多选题）根据耕地占用税法律制度的规定，下列农用地中，免征耕地占用税的有（　）。

A. 农村居民在规定用地标准以内占用耕地新建自用住宅

B. 符合农村最低生活保障条件的农村居民，在规定用地标准以内新建自用住宅

C. 军事设施占用耕地

D. 社会福利机构占用耕地

[3]（历年真题·单选题）根据耕地占用税法律制度的规定，纳税人应当自纳税义务发生之日起一定期限内申报缴纳耕地占用税。该期限为（　）。

A. 15日　　B. 30日　　C. 60日　　D. 90日

〔本节考点子题答案及解析〕

［1］【答案】×

【解析】实际占用的耕地面积，包括经批准占用的耕地面积和未经批准占用的耕地面积实际占用的耕地面积，包括经批准占用的耕地面积和未经批准占用的耕地面积。

［2］【答案】BCD

【解析】选项 A 农村居民在规定用地标准以内占用耕地新建自用住宅，按照当地适用税额减半征收耕地占用税。

［3］【答案】B

【解析】耕地占用税的纳税人应当自纳税义务发生之日起 30 日内申报缴纳耕地占用税。

第六节　车船税法律制度

【本节考点、考点母题及考点子题】

考点 26：车船税纳税人

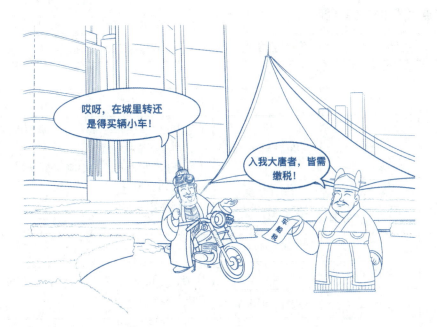

◆【考点母题——万变不离其宗】车船税纳税人

根据车船税法律制度的规定，下列关于车船税纳税人和扣缴义务人的表述中，正确的有（　　）。

A. 在中华人民共和国境内属于车船税法规定的车辆、船舶的所有人或者管理人为车船税的纳税人

B. 从事机动车第三者责任强制保险业务的保险机构为机动车车船税的扣缴义务人

【考点子题——举一反三，真枪实练】

[1]（经典子题·多选题）根据车船税法律制度的规定，下列主体中，属于车船税纳税人的有（　　）。

A. 在中国境内拥有并使用应税船舶的国有企业

B. 在中国境内拥有并使用应税车辆的外籍个人

C. 在中国境内拥有并使用应税船舶的内地居民

D. 在中国境内拥有并使用应税车辆的外国企业

考点 27： 车船税税目

◆【考点题源】车船税税目

税目		计税单位	备注
乘用车		每辆	
商用车	客车	每辆	包括电车
	货车	整备质量每吨	1. 包括半挂牵引车、挂车、客货两用汽车、三轮汽车和低速载货汽车等 2. 挂车按照货车税额的 50% 计算
其他车辆	专用作业车	整备质量每吨	不包括拖拉机
	轮式专用机械车	整备质量每吨	
摩托车		每辆	
船舶	机动船舶	净吨位每吨	拖船、非机动驳船分别按照机动船舶税额的 50% 计算
	游艇	艇身长度每米	

【考点子题——举一反三，真枪实练】

[2]（历年真题·多选题）根据车船税法律制度的规定，下列各项中，属于车船税征税范围的有（　　）。

A. 用于耕地的拖拉机 　　　B. 用于接送员工的客车

C. 用于休闲娱乐的游艇 　　　D. 供企业经理使用的小汽车

[3]（历年真题·单选题）根据车船税法律制度的规定，下列各项中，以"辆数"为计税依据的是（　）。

A. 乘用车　　B. 货车　　C. 轮式专用机械车　　D. 专用作业车

[4]（历年真题·单选题）根据车船税法律制度的规定，关于车船税计税单位的下列表述中，正确的是（　）。

A. 摩托车，以"排气量"为计税单位

B. 游艇，以"净吨位"为计税单位

C. 商用货车，以"整备质量每吨"为计税单位

D. 机动船舶，以"每艘"为计税单位

考点 28：车船税应纳税额的计算

◆【考点题源】车船税各税目应纳税额的计算

乘用车、商用客车和摩托车	应纳税额＝辆数 × 适用年基准税额
货车、挂车、专用作业车和轮式专用机械车	应纳税额＝整备质量吨位数 × 适用年基准税额 挂车按照货车税的 50% 计算
机动船舶	应纳税额＝净吨位数 × 适用年基准税额 拖船、非机动驳船的应纳税额＝净吨位数 × 适用年基准税额 ×50%
游艇	应纳税额＝艇身长度 × 适用年基准税额
购置的新车船，购置当年的应纳税额自纳税义务发生的当月起按月计算 计算公式：应纳税额＝适用年基准税额 ÷12× 应纳税月份数	

♧【考点子题——举一反三，真枪实练】

[5]（历年真题·单选题）2022 年 4 月甲公司购进净吨位 900 吨的拖船 1 艘。已知机动船舶车船税适用年基准税额为每吨 4 元。计算甲公司 2022 年度该艘拖船应缴纳车船税税额的下列算式中，正确的是（　）。

A. 900×4=3600 元

B. 900×4÷12×9=2700 元

C. 900×4×50%=1800 元

D. 900×4×50%÷12×9=1350 元

考点 29： 车船税税收优惠

◆【考点母题——万变不离其宗】车船税税收优惠

> 根据车船税法律制度的规定，下列车船中，属于免征车船税的有（　　）。
>
> A.捕捞、养殖渔船　　　B.军队、武装警察部队专用的车船　　　C.警用车船
> D.悬挂应急、救援专用号牌的国家综合性消防救援车辆和国家综合性消防救援船舶
> E.依照法律规定应当予以免税的外国驻华使领馆、国际组织驻华代表机构及其有关人员的车船
> F.使用新能源的车船
> G.临时入境的外国车船和香港特别行政区、澳门特别行政区、台湾地区的车船
> 【说明】免征车船税的使用新能源汽车是指纯电动商用车、插电式（含增程式）混合动力汽车、燃料电池商用车。纯电动乘用车和燃料电池乘用车不属于车船税征税范围，对其不征车船税。

♣【考点子题——举一反三，真枪实练】

[6]（历年真题·单选题）根据车船税法律制度的规定，下列车船中，应征收车船税的是（　　）。

    A. 捕捞渔船　　　　　　　　B. 符合国家有关标准的纯电动商用车

    C. 军队专用车船　　　　　　D. 观光游艇

[7]（历年真题·多选题）根据车船税法律制度的规定，下列车船中，免征车船税的有（　　）。

    A. 警用车船　　　　　　　　B. 养殖渔船

    C. 载货汽车　　　　　　　　D. 载客汽车

[8]（经典子题·多选题）根据车船税法律制度的规定，下列车船中，免征车船税的有（　　）。

    A. 非机动驳船　　　　　　　B. 武警消防车

    C. 警用船舶　　　　　　　　D. 悬挂应急、救援专用号牌的国家综合性消防救援车辆

考点30: 车船税征收管理

◆【考点母题——万变不离其宗】车船税征收管理

根据车船税法律制度的规定,下列关于车船税纳税义务发生时间的表述中,正确的有( )。

A. 车船税纳税义务发生时间为取得车船所有权或者管理权的当月
B. 以购买车船的发票或其他证明文件所载日期的当月为准
C. 车船税按年申报,分月计算,一次性缴纳

❀【考点子题——举一反三,真枪实练】

[9]（经典子题·判断题）车船税的纳税义务发生时间为车船实际发生营运业务的当月。( )

〔本节考点子题答案及解析〕

[1]【答案】ABCD

[2]【答案】BCD

【解析】拖拉机不属于车船税的税目。

[3]【答案】A

【解析】乘用车、商用客车和摩托车,以辆数为计税依据。

[4]【答案】C

【解析】摩托车,以辆数为计税依据,选项A排除;游艇以艇身长度为计税依据,选项B排除;机动船舶以净吨位数为计税依据,选项D排除;商用货车,以整备质量吨位数为计税依据。

[5]【答案】D

【解析】购置新车船,购置当年的应纳税额自纳税义务发生的当月起按月计算;车船税纳税义务发生时间为取得车船所有权或者管理权的当月,即计算缴纳车船税的月份为9个月;拖船的车船税税额按照机动船舶税额的50%计算,选项D正确。

[6]【答案】D

【解析】选项ABC均为免税项目。

[7]【答案】AB

【解析】选项CD不属于免税项目。

[8]【答案】BCD

【解析】非机动驳船不属于免税项目。

[9]【答案】×

【解析】车船税纳税义务发生时间为取得车船所有权或者管理权的当月。

第七节　资源税法律制度

【本节考点、考点母题及考点子题】

考点 31：资源税纳税人

进口铁矿石

◆【考点母题——万变不离其宗】资源税纳税人

根据资源税法律制度的规定，下列关于资源税纳税人的表述中，正确的有（　　）。

A. 资源税的纳税人，是指在中华人民共和国领域和管辖的其他海域开发应税资源的单位和个人

B. 中外合作开采陆上、海上石油资源的企业依法缴纳资源税

C. 2011 年 11 月 1 日前已依法订立中外合作开采陆上、海上石油资源合同的，在该合同有效期内，继续依照国家有关规定缴纳矿区使用费，不缴纳资源税；合同期满后，依法缴纳资源税

【考点子题——举一反三，真枪实练】

[1]（历年真题·多选题）根据资源税法律制度的规定，下列单位和个人的生产经营行为中，应缴纳资源税的有（　　）。

　　A. 冶炼企业进口铁矿石　　　　　　B. 个体经营者开采煤矿

　　C. 军事单位开采石油　　　　　　　D. 中外合作开采天然气

考点 32： 资源税征税范围和税目

◆【考点母题——万变不离其宗】资源税征税范围和税目

（1）根据资源税法律制度的规定，下列各项中，属于资源税征税范围的有（　　）。		
A. 能源矿产	包括原油；天然气、页岩气、天然气水合物；煤；煤成（层）气；铀、钍；油页岩、油砂、天然沥青、石煤；地热 【注意】人造石油、柴油、汽油不属于资源税的征税范围。	
B. 金属矿产	黑色金属	包括铁、锰、铬、钒、钛
	有色金属	包括铜、铅、锌、锡、镍、锑、镁、钴、铋、汞、铝土矿、钨、钼、金、银、铂、钯、钌、锇、铱、铑、轻稀土、中重稀土、铍、锂、锆、锶、铷、铯、铌、钽、锗、镓、铟、铊、铪、铼、镉、硒、碲
C. 非金属矿产	矿物类	包括高岭土、石灰岩、磷、石墨、萤石、硫铁矿、自然硫、天然石英砂、脉石英、粉石英、水晶、工业用金刚石、冰洲石、蓝晶石、硅线石（矽线石）、长石、滑石、刚玉、菱镁矿、颜料矿物、天然碱、芒硝、钠硝石、明矾石、砷、硼、碘、溴、膨润土、硅藻土、陶瓷土、耐火粘土、铁矾土、凹凸棒石粘土、海泡石粘土、伊利石粘土、累托石粘土、叶蜡石、硅灰石、透辉石、珍珠岩、云母、沸石、重晶石、毒重石、方解石、蛭石、透闪石、工业用电气石、白垩、石棉、蓝石棉、红柱石、石榴子石、石膏、其他粘土
	岩石类	包括大理岩、花岗岩、白云岩、石英岩、砂岩、辉绿岩、安山岩、闪长岩、板岩、玄武岩、片麻岩、角闪岩、页岩、浮石、凝灰岩、黑曜岩、霞石正长岩、蛇纹石、麦饭石、泥灰岩、含钾岩石、含钾砂页岩、天然油石、橄榄岩、松脂岩、粗面岩、辉长岩、辉石岩、正长岩、火山灰、火山渣、泥炭、砂石
	宝玉石类	包括宝石、玉石、宝石级金刚石、玛瑙、黄玉、碧玺
D. 水气矿产	包括二氧化碳气、硫化氢气、氦气、氡气、矿泉水	
E. 盐类	包括钠盐、钾盐、镁盐、锂盐、天然卤水、海盐	
（2）【判断金句】纳税人开采或者生产应税产品自用的，视同销售，应当按规定缴纳资源税；但是，自用于连续生产应税产品的，不缴纳资源税。		

☘【考点子题——举一反三，真枪实练】

[2]（经典子题·多选题）根据资源税法律制度的规定，下列各项中，属于资源税征税范围的有（　　）。

A. 花岗岩　　　　　　　B. 人造石油

C. 海盐　　　　　　　　D. 煤成（层）气

［3］（经典子题·单选题）根据资源税法律制度的规定，下列各项中，不属于资源税征税范围的是（   ）。

A．天然气   B．柴油   C．原油   D．天然卤水

［4］（历年真题·判断题）纳税人开采或者生产资源税应税产品，自用于连续生产应税产品的，视同销售，应缴纳资源税。（   ）

考点 33： 资源税税率

◆【考点母题】资源税税率

（1）【判断金句】资源税采取比例税率和定额税率两种形式计征。
（2）根据资源税法律制度的规定，下列应税资源中，采用比例税率或定额税率的有（   ）。
A．地热   B．石灰岩   C．其他粘土   D．砂石   E．矿泉水   F．天然卤水 速记口诀：土（C）地（A）上的石（BD）头旁有两瓶水（EF）
（3）【判断金句】我国现行资源税法律制度对地热、石灰岩、其他粘土、砂石、矿泉水和天然卤水6种应税资源采用比例税率或定额税率，其他应税资源均采用比例税率。

♧【考点子题——举一反三，真枪实练】

［5］（经典子题·多选题）根据资源税法律制度的规定，下列应税资源中，采用比例税率或定额税率的有（   ）。

A．煤   B．地热   C．砂石   D．天然沥青

考点 34： 资源税应纳税额的计算

◆【考点母题——万变不离其宗】资源税应纳税额的计算

	（1）应纳税额＝应税产品的销售额 × 适用的比例税率 销售额＝向购买方收取的全部价款 【说明】 ① 不包括增值税税款和计入销售额的运杂费用（需取得增值税发票或者其他合法有效凭据）。 ② 相关运杂费用是指应税产品从坑口或者洗选（加工）地到车站、码头或者购买方指定地点的运输费用、建设基金以及随运销产生的装卸、仓储、港杂费用。
从价计征	

续表

从价 计征	（2）纳税人申报的应税产品销售额明显偏低且无正当理由的，或者有自用应税产品行为而无销售额的，主管税务机关可以按下列方法和顺序确定其应税产品销售额： ① 按纳税人最近时期同类应税产品的平均销售价格确定。 ② 按其他纳税人最近时期同类应税产品的平均销售价格确定。 ③ 按后续加工非应税产品销售价格，减去后续加工环节的成本利润后确定。 ④ 按应税产品组成计税价格确定。 组成计税价格 = 成本 ×（1+ 成本利润率）÷（1- 资源税税率）
从量 计征	应纳税额 = 应税产品的数量 × 适用的定额税率 应税产品数量 = 纳税人开采或者生产应税产品的实际销售数量和自用于应当缴纳资源税情形

【说明】纳税人开采或者生产不同税目应税产品的，应当分别核算不同税目应税产品的销售额或者销售数量；未分别核算或者不能准确提供不同税目应税产品的销售额或者销售数量的，从高适用税率。

♣【考点子题——举一反三，真枪实练】

[6]（经典子题·多选题）根据资源税法律制度的规定，纳税人销售应税矿产品向购买方收取的下列款项中，应计入到资源税销售额的有（　　）。

A. 应税矿产品的价款

B. 包装费

C. 增值税税款

D. 随运销产生且取得增值税发票的运输、装卸费用

[7]（经典子题·单选题）某油田开采原油85万吨，当年销售原油70万吨，非生产性自用3万吨，另有2万吨赠送协作单位，10万吨待售。已知该油田每吨原油售价为5000元（不含增值税），适用的税率为5%。该油田当年应纳资源税税额为（　　）。

A. 17 500万元　　　　　　　B. 18 750万元

C. 19 250万元　　　　　　　D. 20 000万元

[8]（历年真题·单选题）某铜矿2022年10月销售铜矿石原矿收取价款合计600万元，其中含收取的从坑口到车站的运输费用20万元，随运销产生的装卸、仓储费用10万元，均取得增值税发票。已知：该矿山铜矿石原矿适用的资源税税率为6%。计算该铜矿当月应缴纳资源税税额的下列算式中，正确的是（　　）。

A. 600×6% = 36万元

B. （600-20-10）×6% = 34.2万元

C. （600-20）×6% = 34.8万元

D. （600-10）×6% = 35.4万元

考点 35： 资源税税收优惠

◆【考点母题——万变不离其宗】资源税税收优惠

免征资源税	（1）根据资源税法律制度的规定，下列情形中，免征资源税的有（　　）。
	A.开采原油以及在油田范围内运输原油过程中用于加热的原油、天然气 B.煤炭开采企业因安全生产需要抽采的煤成（层）气
减征资源税	（2）根据资源税法律制度的规定，下列关于减征资源税的表述中，正确的有（　　）。
	A.从低丰度油气田开采的原油、天然气，减征 20% 资源税 B.高含硫天然气、三次采油和从深水油气田开采的原油、天然气，减征 30% 资源税 C.稠油、高凝油减征 40% 资源税 D.从衰竭期矿山开采的矿产品，减征 30% 资源税

♣【考点子题——举一反三，真枪实练】

[9]（经典子题·多选题）根据资源税法律制度的规定，下列关于资源税税收优惠的表述中，正确的有（　　）。

A. 开采原油过程中用于加热的原油、天然气免资源税

B. 煤炭开采企业因安全生产需要抽采的煤成（层）气免资源税

C. 稠油、高凝油减征 40% 资源税

D. 从衰竭期矿山开采的矿产品，减征 20% 资源税

考点 36： 资源税征收管理

◆【考点母题——万变不离其宗】资源税征收管理

（1）根据资源税法律制度的规定，关于资源税纳税义务发生时间的下列表述中，正确的有（　　）。
A.纳税人销售应税产品，纳税义务发生的时间为收讫销售款或者取得索取销售款凭据的当日 B.纳税人自用应税产品的，纳税义务发生的时间为移送应税产品的当日 C.资源税由税务机关征收管理 D.海上开采的原油和天然气资源税由海洋石油税务管理机构征收管理
（2）根据资源税法律制度的规定，下列关于资源税纳税地点的表述中，正确的是（　　）。
A.纳税人应当在矿产品的开采地或者海盐的生产地缴纳资源税

🍀【考点子题——举一反三，真枪实练】

［10］（经典子题·判断题）资源税纳税人销售应税产品，其纳税义务发生时间为收讫销售款或者取得索取销售款凭据的当日。（　　）

［11］（历年真题·判断题）煤炭开采企业应当在煤炭的开采地缴纳资源税。（　　）

〔本节考点子题答案及解析〕

［1］【答案】BCD

【解析】在中华人民共和国领域和中华人民共和国管辖的其他海域开发应税资源的单位和个人征收资源税。进口资源产品，不属于资源税征税范围。

［2］【答案】ACD

【解析】花岗岩、海盐和和煤成（层）气均属于资源税征税范围；而人造石油不属于资源税征税范围。

［3］【答案】B

【解析】柴油不属于资源税的征税范围。

［4］【答案】×

【解析】纳税人开采或者生产应税产品自用的，视同销售，应当按规定缴纳资源税；但是，自用于连续生产应税产品的，不缴纳资源税。

［5］【答案】BC

【解析】我国现行资源税法律制度对地热、石灰岩、其他粘土、砂石、矿泉水和天然卤水6种应税资源采用比例税率或定额税率，其他应税资源均采用比例税率。

［6］【答案】AB

【解析】应税产品销售额是指纳税人销售应税产品向购买方收取的全部价款，但不包括收取的增值税税款。计入销售额的相关运杂费用，凡取得增值税发票或者其他合法有效凭据的，准予从销售额中扣除。

［7］【答案】B

【解析】待售的10万吨不能作为计税依据。（70+3+2）×10 000×0.5×5%=18 750（万元）。

［8］【答案】B

【解析】资源税应税产品销售额是指纳税人销售应税产品向购买方收取的全部价款，但不包括收取的增值税税款。计入销售额的相关运杂费用，凡取得增值税发票或者其他合法有效凭据的，准予从销售额中扣除。

［9］【答案】ABC

【解析】从衰竭期矿山开采的矿产品，减征30%资源税。

［10］【答案】√

［11］【答案】√

第八节　环境保护税法律制度

【本节考点、考点母题及考点子题】

考点 37： 环境保护税

◆【考点母题——万变不离其宗】环境保护税的纳税人

纳税人	（1）【判断金句】环境保护税的纳税人为在中华人民共和国领域和中华人民共和国管辖的其他海域，直接向环境排放应税污染物的企业事业单位和其他生产经营者。	
征税范围	（2）根据环境保护税法律制度的规定，企事业单位直接排放的下列污染物中，需要缴纳环境保护税的有（　　）。	
	A.大气污染物	二氧化硫、氮氧化物、一氧化碳、氯气、氯化氢、氟化物等
	B.水污染物	总汞、总镉、悬浮物、动植物油、氟化物、甲醛、苯等
	C.固体废物	煤矸石；尾矿；危险废物；冶炼渣、粉煤灰、炉渣、其他固体废物
	D.噪声	工业噪声

续表

应纳税额的计算	（3）根据环境保护税法律制度的规定，下列关于环境保护税应纳税额的算式中，正确的有（　　）。 A. 应税大气污染物的应纳税额＝污染当量数 × 具体适用税额 B. 应税水污染物的应纳税额＝污染当量数 × 具体适用税额 C. 应税固体废物的应纳税额＝固体废物排放量 × 具体适用税额 D. 应税噪声的应纳税额＝超过国家规定标准的分贝数对应的具体适用税额
税收优惠	（4）根据环境保护税法律制度的规定，下列情形中，免征环境保护税的有（　　）。 A. 农业生产（不包括规模化养殖）排放应税污染物的 B. 机动车、铁路机车、非道路移动机械、船舶和航空器等流动污染源排放应税污染物的 C. 依法设立的城乡污水集中处理、生活垃圾集中处理场所排放相应应税污染物，不超过国家和地方规定的排放标准的 D. 纳税人综合利用的固体废物，符合国家和地方环境保护标准的

税收优惠	（5）根据环境保护税法律制度的规定，下列关于表述中，正确的是（　　）。	
	A. 纳税人排放应税大气污染物或者水污染物	浓度值低于规定标准30%，减按75%征收环境保护税
		浓度值低于规定标准50%，减按50%征收环境保护税
征收管理	（6）根据环境保护税法律制度的规定，下列关环境保护税征收管理的表述中，正确的有（　　）。 A. 纳税义务发生时间为纳税人排放应税污染物的当日 B. 纳税人应当向应税污染物排放地的税务机关申报缴纳环境保护税 C. 环境保护税按月计算，按季申报缴纳 D. 不能按固定期限计算缴纳的，可以按次申报缴纳	

♣【考点子题——举一反三，真枪实练】

[1]（历年真题·单选题）根据环境保护税法律制度的规定，下列各项中，不属于环境保护税征税范围的是（　　）。

A. 工业噪声　　B. 电磁辐射　　C. 尾矿　　D. 冶炼渣

[2]（经典子题·多选题）根据环境保护法的规定，下列行为中，暂免征收环境保护税的有（　　）。

A. 农业生产（不包括规模化养殖）排放应税污染物的

B. 纳税人综合利用的固体废物，符合国家和地方环境保护标准的

C. 纳税人排放应税大气污染物或者水污染物的浓度值低于国家和地方规定的污染物排放标准30%的

D. 依法设立的城乡污水集中处理、生活垃圾集中处理场所排放相应应税污染物，不超过国家和地方规定的排放标准的

[3]（历年真题·单选题）根据环境保护税法律制度的规定，下列情形中，应缴纳环境保

护税的是（   ）。

A. 车辆通行所产生的噪音

B. 热电厂在符合国家和地方环境保护标准的场所储存固体废物

C. 运输车辆排放不超过国家规定标准的尾气

D. 依法设立的城乡污水集中处理场所超过国家和地方规定的排放标准向环境排放
应税污染物

[4]（历年真题·判断题）纳税人应当向机构所在地主管税务机关申报缴纳环境保护税。（   ）

〔本节考点子题答案及解析〕

[1]【答案】B

【解析】环境保护税的征税范围是法定的大气污染物、水污染物、固体废物（如尾矿、冶炼渣）和噪声（仅指工业噪声）。

[2]【答案】ABD

【解析】纳税人排放应税大气污染物或者水污染物的浓度值低于国家和地方规定的污染物排放标准30%的，减按75%征收环境保护税。

[3]【答案】D

【解析】选项A：我国环境保护税的应税污染物仅限于工业噪声；选项B：企业事业单位和其他生产经营者在符合国家和地方环境保护标准的设施、场所贮存或者处置固体废物的，不缴纳环境保护税；选项C：机动车、铁路机车、非道路移动机械、船舶和航空器等流动污染源排放应税污染物的，暂予免征环境保护税。

[4]【答案】×

【解析】纳税人应当向应税污染物排放地的税务机关申报缴纳环境保护税。

第九节　烟叶税和船舶吨税法律制度

【本节考点、考点母题及考点子题】

考点 38：烟叶税

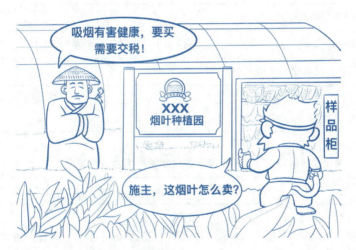

◆【考点母题——万变不离其宗】烟叶税

纳税人	（1）根据烟叶税法律制度的规定，下列主体中，属于烟叶税纳税人的是（　　）。	
	A. 收购烟叶的单位	a. 有权收购烟叶的烟草公司
		b. 受烟草公司委托收购烟叶的单位
征收范围	（2）根据烟叶税法律制度的规定下列各项中，属于烟叶税征收范围的有（　　）。	
	A. 晾晒烟叶　　　B. 烤烟叶	
应纳税额	应纳税额 = 价款总额 × 税率 = 收购价款 ×(1+10%)× 税率 价款总额 = 烟叶收购价款 + 价外补贴（烟叶收购价款的 10%）= 收购价款 ×（1+10%）	
征收管理	（3）根据烟叶税法律制度的规定，下列关于烟叶税征收管理的表述中，正确的有（　　）。	
	A. 烟叶税的纳税义务发生时间为纳税人收购烟叶的当日 B. 烟叶税在烟叶收购环节征收	

🔗【考点子题——举一反三，真枪实练】

[1]（经典子题·判断题）烟叶税的纳税人为在中华人民共和国境内出售烟叶的单位。（ ）

[2]（历年真题·判断题）烟叶税的纳税人为种植烟叶的单位和个人。（ ）

[3]（历年真题·判断题）烟叶税在烟叶收购环节征收。（ ）

考点 39： 船舶吨税

◆【考点母题——万变不离其宗】船舶吨税的纳税人

纳税人	概念：对自中国境外港口进入中国境内港口的船舶（应税船舶）征收船舶吨税。
	（1）根据船舶吨税法律制度的规定，下列各项中，属于船舶吨税纳税人的是（ ）。
	A. 应税船舶负责人
税 率	税率采用定额税率，分为 30 日、90 日和 1 年三种不同的税率
	两类：普通税率和优惠税率
计税依据	（2）根据船舶吨税法律制度的规定，下列关于船舶吨税的计税依据的表述中，正确的有（ ）。
	A. 以船舶净吨位为计税依据 B. 拖船和非机动驳船分别按相同净吨位船舶税率的 50% 计征
税收优惠	（3）根据船舶吨税法律制度的规定，下列船舶中，免征吨税的有（ ）。
	A. 应纳税额在人民币 50 元以下的船舶 B. 自境外以购买、受赠、继承等方式取得船舶所有权的初次进口到港的空载船舶 C. 吨税执照期满后 24 小时内不上下客货的船舶 D. 非机动船舶（不包括非机动驳船） E. 捕捞、养殖渔船 F. 避难、防疫隔离、修理、终止运营或者拆解，并不上下客货的船舶 G. 军队、武装警察部队专用或者征用的船舶 H. 警用船舶 I. 依照法律规定应当予以免税的外国驻华使领馆、国际组织驻华代表机构及其有关人员的船舶

◆◆ 神奇母题提示

税种	征税对象	征收部门	纳税时间	计税依据
车辆购置税	境内购置汽车、有轨电车、挂车、排量超150ml摩托车的单位和个人	税务部门	一次性征收	支付价款＋关税（若有）＋消费税（若有）
车船税	境内车辆，船舶的所有人或管理人	税务部门	一年一交	法律规定基准税额
船舶吨税	境外港口进入境内港口的船舶	海关	1年期缴纳、90天期缴纳与30天期缴纳	船舶净吨位和吨税执照期限

❀【考点子题——举一反三，真枪实练】

[4]（经典子题·多选题）根据船舶吨税法律制度的规定，下列关于船舶吨税的表述中，正确的有（　　）。

　　A. 征收船舶吨税，以应税船舶所有人为纳税人

　　B. 船舶吨税按船舶净吨位的大小分等级设置单位税额，分30日、半年和1年三种不同的税率

　　C. 拖船和非机动驳船分别按相同净吨位船舶税率的50%计征

　　D. 捕捞、养殖渔船免征船舶吨税

[5]（经典子题·多选题）根据船舶吨税法律制度的规定，下列船舶中，免征船舶吨税的有（　　）。

　　A. 防疫隔离且不上下客货的船舶　　B. 非机动驳船

　　C. 捕捞渔船　　　　　　　　　　　D. 警用船舶

[6]（历年真题·单选题）根据船舶吨税法律制度的规定，下列船舶中，不予免征船舶吨税的是（　　）。

　　A. 捕捞渔船　　　　　　　　　　　B. 非机动驳船

　　C. 养殖渔船　　　　　　　　　　　D. 军队专用船舶

［本节考点子题答案及解析］

[1]【答案】×

　　【解析】烟叶税的纳税人为在中华人民共和国境内收购烟叶的单位。

［2］【答案】×

【解析】烟叶税的纳税人为在中华人民共和国境内收购烟叶的单位。

［3］【答案】√

［4］【答案】CD

【解析】船舶吨税以应税船舶负责人为纳税人。船舶吨税税率采用定额税率，分为30日、90日和1年三种不同的税率。拖船和非机动驳船分别按相同净吨位船舶税率的50%计征。捕捞、养殖渔船免征船舶吨税。

［5］【答案】ACD

【解析】免征船舶吨税的有：应纳税额在人民币50元以下的船舶；自境外以购买、受赠、继承等方式取得船舶所有权的初次进口到港的空载船舶；吨税执照期满后24小时内不上下客货的船舶；非机动船舶（不包括非机动驳船）；捕捞、养殖渔船；避难、防疫隔离、修理、终止运营或者拆解，并不上下客货的船舶；军队、武装警察部队专用或者征用的船舶；警用船舶；依照法律规定应当予以免税的外国驻华使领馆、国际组织驻华代表机构及其有关人员的船舶；国务院规定的其他船舶。

［6］【答案】B

【解析】免征船舶吨税的有：应纳税额在人民币50元以下的船舶；自境外以购买、受赠、继承等方式取得船舶所有权的初次进口到港的空载船舶；吨税执照期满后24小时内不上下客货的船舶；非机动船舶（不包括非机动驳船）；捕捞、养殖渔船；避难、防疫隔离、修理、终止运营或者拆解，并不上下客货的船舶；军队、武装警察部队专用或者征用的船舶；警用船舶；依照法律规定应当予以免税的外国驻华使领馆、国际组织驻华代表机构及其有关人员的船舶；国务院规定的其他船舶。

第6章

第十节　印花税法律制度

【本节考点、考点母题及考点子题】

考点 40：印花税纳税人

◆【考点母题——万变不离其宗】印花税纳税人

根据印花税法律制度的规定，下列各项中，属于印花税纳税人的有（　　）。	
A. 立合同人	合同的当事人，不包括合同的担保人、证人、鉴定人
B. 立账簿人	开立并使用营业账簿的单位和个人
C. 立据人	书立产权转移书据的单位和个人
D. 使用人	指在国外书立、领受，但在国内使用应税凭证的单位和个人

【考点子题——举一反三，真枪实练】

[1]（历年真题·多选题）根据印花税法律制度的规定，关于印花税纳税人的下列表述中，正确的有（   ）。

A. 会计账簿以立账簿人为纳税人

B. 产权转移书据以立据人为纳税人

C. 建筑工程合同以合同当事人为纳税人

D. 国外领受，但在国内使用应税凭证以领受人为纳税人

[2]（历年真题·单选题）甲向乙购买一批货物，合同约定丙为鉴定人，丁为担保人。关于该合同印花税纳税人的下列表述中，正确的是（   ）。

A. 甲和乙为纳税人 　　　　B. 甲和丙为纳税人

C. 乙和丁为纳税人 　　　　D. 甲和丁为纳税人

考点 41： 印花税征税范围

❖【考点母题——万变不离其宗】印花税征税范围

根据印花税法律制度的规定，下列各项中，属于印花税征税范围的有（ 　 ）。		
A.合同	a.买卖合同	包括供应、预购、采购、购销结合及协作、调剂、补偿、易货等合同
		调拨单，凡属于明确双方供需关系、据以供货和结算，具有合同性质的凭证，按规定缴纳印花税（只作为内部执行计划使用的，不纳税）
		对纳税人以电子形式签订的各类应税凭证按规定征收印花税
		发电厂与电网之间、电网与电网之间签订的购售合同，按规定征收印花税
	b.借款合同	不包括银行同业拆借合同
	c.融资租赁合同	
	d.租赁合同	不包括企业与主管部门签订的租赁承包合同
	e.承揽合同　　f.运输合同	
	g.建设工程合同	包括总包合同、分包合同和转包合同
	h.技术合同	不包括专利权转让、专利实施许可合同（产权转移书据） 一般的法律、会计、审计等方面的咨询不属于技术咨询，其所立合同不贴印花
	i.保管合同　　j.仓储合同　　k.财产保险合同	
B.产权转移书据	a.土地使用权出让书据 b.土地使用权、房屋等建筑物和构筑物所有权转让书据（不包括土地承包经营权和土地经营权转移） c.股权转让书据（不包括应缴纳证券交易印花税的） d.商标专用权、著作权、专利权、专有技术使用权转让书据	
C.营业账簿	资金账簿（实收资本和资本公积）；其他营业账簿不纳印花税	
D.证券交易	指转让在依法设立的证券交易所、国务院批准的其他全国性证券交易场所交易的股票和以股票为基础的存托凭证。 【注意】证券交易印花税对证券交易的出让方征收，不对受让方征收。	

♣【考点子题——举一反三，真枪实练】

[3]（经典子题·多选题）根据印花税法律制度的规定，下列各项中，属于印花税征税范围的有（ 　 ）。

A. 营业执照　　　　　　　　　　B. 土地使用权出让合同

C. 土地使用证　　　　　　　　　D. 商品房销售合同

[4] (历年真题·多选题) 根据印花税法律制度的规定，下列各项中，属于印花税征税范围的有（　　）。

  A. 借款合同 B. 承揽合同 C. 仓储保管合同 D. 买卖合同

[5] (历年真题·单选题) 根据印花税法律制度的规定，下列各项中，不征收印花税的是（　　）。

  A. 商标专用权转让书据   B. 实收资本账簿

  C. 银行借款合同   D. 税务登记证

考点 42： 印花税计税依据

◆【考点母题——万变不离其宗】印花税计税依据

（1）根据印花税法律制度的规定，下列关于印花税计税依据的表述中，正确的有（　　）。
A. 应税合同的计税依据，为合同列明的价款或者报酬，不包括增值税税款；合同中价款或者报酬与增值税税款未分开列明的，按照合计金额确定
B. 应税产权转移书据的计税依据，为产权转移书据列明的价款，不包括增值税税款；产权转移书据中价款与增值税税款未分开列明的，按照合计金额确定
C. 应税营业账簿的计税依据，为营业账簿记载的实收资本（股本）、资本公积合计金额
D. 证券交易的计税依据，为成交金额
（2）应税合同、产权转移书据未列明价款或者报酬的，下列关于确定印花税计税依据的表述中，正确的有（　　）。

A. 按照书立合同、产权转移书据时的市场价格确定

B. 依法应当执行政府定价或者政府指导价的，按照国家有关规定确定

C. 不能按照上述规定确定的，按照实际结算的金额确定

（3）根据印花税法律制度的规定，下列情形中，税务机关可以核定纳税人印花税计税依据的有（　　）。

A. 未按规定建立印花税应税凭证登记簿，或未如实登记和完整保存应税凭证的

B. 拒不提供应税凭证或不如实提供应税凭证致使计税依据明显偏低的

C. 采用按期汇总缴纳办法的，未按税务机关规定的期限报送汇总缴纳印花税情况报告，经税务机关责令限期报告，逾期仍不报告的或者税务机关在检查中发现纳税人有未按规定汇总缴纳印花税情况的

【考点子题——举一反三，真枪实练】

[6]（经典子题·判断题）印花税应税合同的计税依据为合同列明的价款或报酬，包括增值税税款。（　　）

[7]（经典子题·判断题）印花税应税合同、产权转移书据未列明的价款或报酬，有市场价格的按照订立合同、产权转移书据时市场价格确定，执行政府定价的除外。（　　）

[8]（经典子题·多选题）根据印花税法律制度的规定，下列各项中，属于印花税核定计税依据的有（　　）。

A. 未按规定建立印花税应税凭证登记簿

B. 未如实登记和完整保存应税凭证

C. 拒不提供应税凭证或不如实提供应税凭证致使计税依据明显偏低

D. 合同中价款或者报酬与增值税税款未分开列明

考点43： 印花税应纳税额的计算

【考点题源】印花税应纳税额的计算公式

印花税应纳税额按照下列方法计算：

1. 应税合同应纳税额 = 价款或者报酬 × 适用税率

2. 应税产权转移书据应纳税额 = 价款 × 适用税率

3. 应税营业账簿应纳税额 = 实收资本（股本）、资本公积合计金额 × 适用税率

4. 证券交易应纳税额 = 成交金额或者依法确定的计税依据 × 适用税率

【注意1】同一应税凭证载有两个以上税目事项并分别列明金额的，按照各自适用的税目税率分别计算应纳税额；未分别列明金额的，从高适用税率。

【注意2】已缴纳印花税的营业账簿，以后年度记载的实收资本（股本）、资本公积合计金额比已缴纳印花税的实收资本（股本）、资本公积合计金额增加的，按照增加部分计算应纳税额。

【考点子题——举一反三，真枪实练】

[9]（经典子题·单选题）甲公司 2022 年 3 月开业，甲、乙公司签订加工承揽合同一份，合
同载明由甲公司提供原材料金额 300 万元，需支付的加工费为 20 万元；另订立财产保
险合同一份，保险金额为 1000 万元，支付保险费 10 万元。已知加工承揽合同的印花税
税率为 0.3‰，财产保险合同的印花税税率为 1‰，则甲公司应纳印花税额为（　　）。

    A．180 元　　　B．160 元　　　C．220 元　　　D．600 元

考点 44：印花税税收优惠

◆【考点母题——万变不离其宗】印花税税收优惠

（1）根据印花税法律制度的规定，下列凭证中，属于免征印花税的有（　　）。

A. 应税凭证的副本或者抄本
B. 依照法律规定应当予以免税的外国驻华使馆、领事馆和国际组织驻华代表机构为获得馆舍书立的
应税凭证
C. 中国人民解放军、中国人民武装警察部队书立的应税凭证
D. 农民、家庭农场、农民专业合作社、农村集体经济组织、村民委员会购买农业生产资料或者销售
农产品书立的买卖合同和农业保险合同
E. 无息或者贴息借款合同、国际金融组织向中国提供优惠贷款书立的借款合同
F. 财产所有权人将财产赠与政府、学校、社会福利机构、慈善组织书立的产权转移书据
G. 非营利性医疗卫生机构采购药品或者卫生材料书立的买卖合同
H. 个人与电子商务经营者订立的电子订单

【考点子题——举一反三，真枪实练】

[10]（经典子题·多选题）根据印花税法律制度的规定，下列各项中，属于法定免征印
花税的有（　　）。

    A. 已缴纳印花税的凭证的副本或者抄本

    B. 财产所有人将财产赠给政府、社会福利单位、学校所立的书据

    C. 个人与电子商务经营者订立的电子订单

    D. 电网与电网之间签订的供用电合同

考点45： 印花税征收管理

◆【考点母题——万变不离其宗】印花税征收管理

纳税义务发生时间	（1）根据印花税法律制度的规定，下列关于印花税纳税义务发生时间的表述中，正确的有（ ）。
	A. 纳税义务发生时间为纳税人书立应税凭证或者完成证券交易的当日
	B. 证券交易印花税扣缴义务发生时间为证券交易完成的当日
纳税地点	（2）根据印花税法律制度的规定，下列关于印花税纳税地点的表述中，正确的有（ ）。
	A. 单位纳税人应当向其机构所在地的主管税务机关申报缴纳印花税
	B. 个人纳税人应当向应税凭证书立地或者纳税人居住地的主管税务机关申报缴纳印花税
	C. 不动产产权发生转移的，纳税人应当向不动产所在地的主管税务机关申报缴纳印花税
纳税期限	（3）根据印花税法律制度的规定，下列关于印花税纳税期限表述中，正确的是（ ）。
	A. 印花税按季、按年或者按次计征

〔本节考点子题答案及解析〕

［1］【答案】ABC

【解析】选项D，在国外书立、领受，但在国内使用应税凭证以使用人为纳税人。

［2］【答案】A

【解析】合同以立合同人即合同的当事人为纳税人，不包括合同的担保人、证人、鉴定人。

［3］【答案】BD

【解析】印花税征税范围包括：合同、产权转移书据、营业账簿、证券交易。

［4］【答案】ABCD

【解析】属于印花税征税范围的合同包括：买卖合同、借款合同、融资租赁合同、租赁合同、承揽合同、运输合同、建设工程合同、技术合同、保管合同、仓储合同和财产保险合同。

［5］【答案】D

【解析】税务登记证不属于印花税征税范围。

［6］【答案】×

【解析】应税合同的计税依据，为合同列明的价款或者报酬，不包括增值税税款；合同中价款或者报酬与增值税税款未分开列明的，按照合计金额确定。

［7］【答案】√

［8］【答案】ABC

【解析】下列情形中，税务机关可以核定纳税人印花税计税依据：未按规定建立印花税应税凭证登记簿，或未如实登记和完整保存应税凭证的；拒不提供应税凭证或不如实提供应税凭证致使计税依据明显偏低的；采用按期汇总缴纳办法的，未按税务机关规定的期限报送汇总缴纳印花税情况报告，经税务机关责令限期报告，逾期仍不报告的或者税务机关在检查中发现纳税人有未按规定汇总缴纳印花税情况的。

[9]【答案】B

【解析】（1）加工承揽合同应纳印花税额 =20×10 000×0.3‰ =60（元）；（2）财产保险合同应纳印花税额 =10×10 000×1‰ =100（元）；共计：60+100 =160（元）。

[10]【答案】ABC

【解析】电网与电网之间签订的供用电合同征印花税。

第 7 章

税收征管法律制度

本章知识框架

本章是税收程序法，是以规定税收实体法中所确定的权利义务的履行程序为主要内容的法律规范。本章由概述、税务管理、税款征收、税务检查、税务行政复议和税收法律责任六节构成。本章具体知识结构分布图如下：

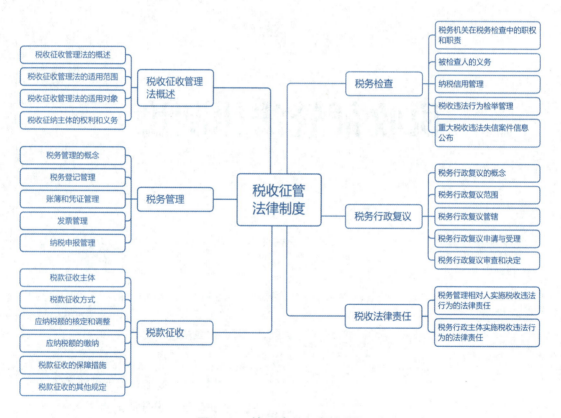

图 7-1　第 7 章知识框架图

第一节　税收征收管理法概述

【本节考点、考点母题及考点子题】

考点 1：　税收征收管理法的概念、范围和适用对象

◆【考点母题——万变不离其宗】税收征收管理法的概念、范围和适用对象

概念：税收征收管理法属于税收程序法，它是以规定税收实体法中所确定的权利义务的履行程序为主要内容的法律规范，是税法的有机组成部分。

适用范围：凡依法由税务机关征收的各种税收的征收管理，均适用《中华人民共和国税收征税管理法》。

适用对象	根据《征管法》相关规定，税收征收管理法适用对象包括（　　）。	
	A. 税收征收管理主体	国务院税务主管部门主管全国税收征收管理工作，各地税务局应当按照国务院规定的税收征收管理范围分别进行征收管理
	B. 税收征收管理相对人（纳税人和扣缴义务人）	
	C. 相关单位和部门	地方各级人民政府应当依法加强对本行政区域内税收征收管理工作的领导或者协调，支持税务机关依法执行职务

考点 2：征纳双方的权利和义务

考点 2-1：征税主体的权利和义务

◆**【考点母题——万变不离其宗】征税主体的权利和义务**

（1）根据税收征收管理法律制度的规定，下列各项中，属于征税机关和税务人员职权的有（　　）。	
A. 税收立法权　　B. 税务管理权　　C. 税款征收权　　　D. 税务检查权　　　E. 税务行政处罚权	
F. 其他职权	在法律、行政法规规定的权限内，对纳税人的减、免、退、延期缴纳的申请予以审批的权利；阻止欠税纳税人离境的权利；委托代征权；估税权；代位权与撤销权；定期对纳税人欠缴税款情况予以公告的权利；上诉权
（2）根据税收征收管理法律制度的规定，下列各项中，属于征税主体义务的有（　　）。	
A. 无偿提供纳税咨询服务	
B. 保守秘密	纳税人、扣缴义务人的税收违法行为不属于保密范围
C. 加强队伍建设，提高税务人员的政治业务素质 D. 秉公执法、忠于职守、清正廉洁、礼貌待人、文明服务，尊重和保护纳税人、扣缴义务人的权利，依法接受监督 E. 不得索贿受贿、徇私舞弊、玩忽职守、不征或者少征应征税款；不得滥用职权多征税款或者故意刁难纳税人和扣缴义务人	
F. 回避制度	税务人员在核定应纳税额、调整税收定额、进行税务检查、实施税务行政处罚、办理税务行政复议时，与纳税人、扣缴义务人或者其法定代表人、直接责任人有利害关系，包括夫妻关系、直系血亲关系、三代以内旁系血亲等，可能影响公正执法，应当回避
G. 建立健全内部制约和监督管理制度	

♧【考点子题——举一反三，真枪实练】

[1]（历年真题·单选题）根据税收征收管理法律制度的规定，下列各项中，不属于税务机关权力的是（　　）。

　　A. 税务管理　　B. 税务检查　　C. 税款征收　　D. 宣传税法

考点2-2：纳税主体的权利和义务

◆【考点母题——万变不离其宗】纳税主体的权利和义务

（1）根据税收征收管理法律制度的规定，下列各项中，属于纳税主体权利的有（　　）。
A.知情权　　　　　B. 要求保密权　　　　C. 依法享受税收优惠权　　　D. 申请退还多缴税款权
E. 申请延期申报权　F. 纳税申报方式选择权　G. 申请延期缴纳税款权
H. 索取有关税收凭证的权利　　　　　　　I. 委托税务代理权　　　　　J. 陈述权、申辩权
K. 对未出示税务检查证和税务检查通知书的拒绝检查权
L. 依法要求听证的权利　　　　　　M. 税收法律救济权　　　　N. 税收监督权
（2）根据税收征收管理法律制度的规定，下列各项中，属于纳税主体义务的有（　　）。
A. 按期办理税务登记，及时核定应纳税种
B. 依法设置账簿、保管账簿和有关资料以及开具、使用、取得和保管发票的义务
C. 财务会计制度和会计核算软件备案的义务
D. 按照规定安装、使用税控装置的义务　　　E. 按期、如实办理纳税申报的义务
F. 按期缴纳或解缴税款的义务　　　　　　　G. 接受税务检查的义务
H. 代扣、代收税款的义务　　　　　　　　　I. 及时提供信息的义务

♧【考点子题——举一反三，真枪实练】

[2]（经典子题·多选题）根据税收征收管理法律制度的规定，下列各项中，属于税务机关职权的有（　　）。

　　A. 税务管理权　　　　　　　　B. 税款征收权

　　C. 税务检查权　　　　　　　　D. 税收法律、法规和规章的知情权

［本节考点子题答案及解析］

[1]【答案】D

　　【解析】税务机关的职权包括：税收立法权、税务管理权、税款征收权、税务检查权、税务行政处罚权和其他职权；选项D是税务机关的义务。

[2]【答案】ABC

　　【解析】选项D是纳税人的权利。

第二节 税务管理

【本节考点、考点母题及考点子题】

税务管理包括税务登记管理、账簿和凭证管理、发票管理和纳税申报管理。

考点3：税务登记

◆【考点母题——万变不离其宗】税务登记

概念：税务登记是税务机关对纳税人的基本情况及生产经营项目进行登记管理的一项基本制度，是税收征收管理的起点。从税务登记开始，纳税人的身份及征纳双方的法律关系即得到确认。
（1）根据税收征收管理法律制度的规定，下列主体中，应当办理税务登记的有（　　）。
A.企业　　　　B.企业在外地设立的分支机构和从事生产、经营的场所 C.个体工商户　　D.从事生产、经营的事业单位
（2）根据税收征收管理法律制度的规定，下列主体中，不必办理税务登记的有（　　）。
A.国家机关　　　B.个人　　　C.无固定生产经营场所的流动性农村小商贩
（3）【判断金句】负有扣缴义务的扣缴义务人（国家机关除外），应当办理扣缴税款登记。
（4）县以上（含本级）税务局（分局）是税务登记的主管机关。

【考点子题——举一反三，真枪实练】

[1]（经典子题·单选题）根据税收征收管理法律制度的规定，下列各项中，使纳税人的身份及征纳双方的法律关系得到确认的是（　　）。

A. 税务登记　　B. 纳税申报　　C. 申领发票　　D. 设立账簿

考点4：账簿和凭证管理

涉税资料要保管10年。

◆【考点母题——万变不离其宗】账簿和凭证管理

账簿的设置	（1）【判断金句】从事生产、经营的纳税人应当自领取营业执照或者发生纳税义务之日起 15 日内，按照国家有关规定设置账簿。
	（2）【判断金句】扣缴义务人应当自税收法律、行政法规规定的扣缴义务发生之日起 10 日内，按照所代扣、代收的税种，分别设置代扣代缴、代收代缴税款账簿。
涉税资料的保存	（3）【判断金句】除法律、行政法规另有规定的外，账簿、记账凭证、报表、完税凭证、发票、出口凭证以及其他有关涉税资料应当保存 10 年。

【考点子题——举一反三，真枪实练】

[2]（历年真题·单选题）根据税收征收管理法律制度规定，从事生产、经营的纳税人应当自领取营业执照或者发生纳税义务之日起一定期限内，按照规定设置账簿。该期限为（　　）。

A. 90 日　　　　B. 60 日　　　　C. 30 日　　　　D. 15 日

[3] (历年真题·单选题) 根据税收征收管理法律制度的规定，除法律、行政法规另有规定的外，从事生产、经营的纳税人必须按照国务院财政、税务主管部门规定的保存期限保管账簿、记账凭证、完税凭证及其他有关涉税资料。该期限为（   ）。

A. 15 年

B. 30 年

C. 10 年

D. 20 年

考点 5：发票管理

考点 5-1：发票的类型

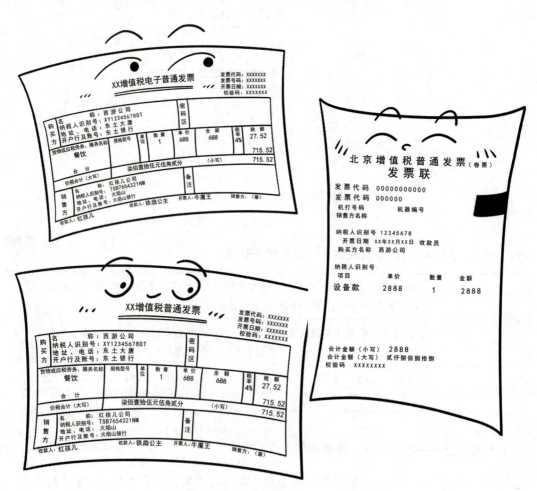

◆【考点母题——万变不离其宗】发票的类型

（1）根据税收征收管理法律制度的规定，发票的类型主要有（　　）。	
A. 增值税专用发票	（2）根据税收征收管理法律制度的规定，下列各项中，属于增值税专用发票的有（　　）。
	a. 增值税专用发票　　　　　　b. 机动车销售统一发票
B. 增值税普通发票	（3）根据税收征收管理法律制度的规定，下列各项中，属于增值税普通发票的有（　　）。
	a. 增值税普通发票（折叠票）　b. 增值税电子普通发票　c. 增值税普通发票（卷票）
C. 其他发票	（4）根据税收征收管理法律制度的规定，除了增值税专用发票和增值税普通发票以外，发票还包括（　　）。
	a. 农产品收购发票　　　　b. 农产品销售发票　　　　c. 门票
	d. 定额发票　　　　　　　e. 过路（过桥）费发票
	f. 客运发票　　　　　　　g. 二手车销售统一发票
（5）根据税收征收管理法律制度的规定，下列有关发票联次和内容的说法正确的有（　　）。	

A. 发票的基本联包括存根联、发票联、记账联
B. 存根联由收款方或开票方留存备查
C. 发票联由付款方或受票方作为付款原始凭证
D. 记账联由收款方或开票方作为记账原始凭证
E. 省以上税务机关可根据发票管理情况以及纳税人经营业务需要，增减除发票联以外的其他联次，并确定其用途

🍀【考点子题——举一反三，真枪实练】

[4]（历年真题·单选题）根据税收征收管理法律制度的规定，下列发票中，属于增值税专用发票的是（　　）。

　　A. 机动车销售统一发票　　　　B. 过路费发票

　　C. 定额发票　　　　　　　　　D. 农产品收购发票

考点5-2：发票的领购

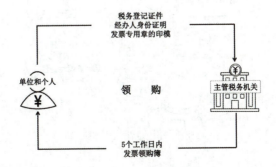

◆【考点母题——万变不离其宗】发票的领购

根据税收征收管理法律制度的规定，下列有关发票领购说法正确的有（　　）。

A.需要领购发票的单位和个人，应当持税务登记证件、经办人身份证明、按照国务院税务主管部门规定式样制作的发票专用章的印模，向主管税务机关办理发票领购手续

B.主管税务机关根据领购单位和个人的经营范围和规模，确认领购发票的种类、数量以及领购方式，在5个工作日内发给发票领购簿

C.需要临时使用发票的单位和个人，可以凭购销商品、提供或者接受服务以及从事其他经营活动的书面证明、经办人身份证明，直接向经营地税务机关申请代开发票。税务机关应当先征收税款，再开具发票

D.临时到本省、自治区、直辖市以外从事经营活动的单位或者个人，应当凭所在地税务机关的证明，向经营地税务机关领购经营地的发票

E.税务机关对外省、自治区、直辖市来本辖区从事临时经营活动的单位和个人领购发票的，可以要求其提供保证人或者根据所领购发票的票面限额以及数量交纳不超过1万元的保证金，并限期缴销发票。按期缴销发票的，解除保证人的担保义务或者退还保证金；未按期缴销发票的，由保证人或者以保证金承担法律责任

◆【考点子题——举一反三，真枪实练】

［5］（经典子题·判断题）甲省A市税务机关对来本辖区从事临时建筑施工活动的乙省B市建筑公司领购发票，根据其所领购发票的票面限额以及数量，可以要求其交纳不低于1万元的保证金。（　　）

［6］（经典子题·判断题）需要临时使用发票的单位，向经营地税务机关申请代开发票的，税务机关可以先开发票，后征收税款。（　　）

考点5-3：发票的开具和使用

【考点母题——万变不离其宗】发票的开具

发票开具	（1）根据税收征收管理法律制度的规定，下列关于发票开具的表述中，正确的有（　　）。
	A. 对外发生经营业务收取款项，收款方应当向付款方开具发票 B. 收购单位和扣缴义务人支付个人款项时，由付款方向收款方开具发票 C. 取得发票时，不得要求变更品名和金额 D. 开具发票应当按照规定的时限、顺序、栏目，全部联次一次性如实开具，并加盖发票专用章 E. 不符合规定的发票，不得作为财务报销凭证，任何单位和个人有权拒收
	（2）根据税收征收管理法律制度的规定，下列各项中，属于虚开发票的有（　　）。
	A. 为他人开具与实际经营业务情况不符的发票 B. 为自己开具与实际经营业务情况不符的发票 C. 让他人为自己开具与实际经营业务情况不符的发票 D. 介绍他人开具与实际经营业务情况不符的发票
发票使用和保管	（3）根据税收征收管理法律制度的规定，下列行为中，不符合发票管理规定使用发票的有（　　）。
	A. 转借、转让、介绍他人转让发票、发票监制章和发票防伪专用品 B. 知道或者应当知道是私自印制、伪造、变造、非法取得或者废止的发票而受让、开具、存放、携带、邮寄、运输 C. 拆本使用发票　　D. 扩大发票使用范围　　E. 以其他凭证代替发票使用
	（4）根据税收征收管理法律制度的规定，下列关于发票使用和保管的表述中，正确的有（　　）。
	A. 开具发票的单位和个人应当建立发票使用登记制度，设置发票登记簿 B. 开具发票的单位和个人应当按照税务机关的规定存放和保管发票，不得擅自销毁 C. 已经开具的发票存根联和发票登记簿，应当保存5年；保存期满，报经税务机关查验后销毁

【考点子题——举一反三，真枪实练】

[7]（**经典子题·多选题**）根据税收征收管理法律制度的规定，下列关于发票开具、使用、取得的表述中，正确的有（　　）。

　　A. 取得发票时，不得要求变更品名和金额

　　B. 发票全部联次一次性如实开具

　　C. 不符合规定的发票，不得作为财务报销凭证，任何单位和个人有权拒收

　　D. 开具发票要加盖发票专用章

[8]（**历年真题·多选题**）根据税收征收管理法律制度的规定，下列各项中，不符合发票管理规定使用发票的有（　　）。

　　A. 扩大发票使用范围　　　　　　　B. 拆本使用发票

　　C. 转借、转让发票　　　　　　　　D. 以其他凭证代替发票使用

[9]（历年真题·判断题）不符合规定的发票，不得作为财务报销凭证，任何单位和个人有权拒收。（   ）

[10]（历年真题·单选题）根据税收征收管理法律制度的规定，开具发票的单位和个人应当依照税务机关的规定存放和保管发票，已经开具的发票存根联和发票登记簿应当至少保存一定期限。该期限为（   ）。

A. 20 年　　B. 10 年　　C. 5 年　　D. 15 年

[11]（历年真题·多选题）根据发票管理法律制度的规定，下列关于发票开具和保管的表述中，符合法律规定的有（   ）。

A. 不得为他人开具与实际经营业务不符的发票

B. 已经开具的发票存根联和发票登记簿应当保存 3 年

C. 取得发票时，不得要求变更品名和金额

D. 开具发票的单位和个人应当建立发票使用登记制度，设置发票登记簿

考点 5-4：发票的检查

◆【考点母题——万变不离其宗】发票的检查

根据税收征收管理法律制度的规定，税务机关在对纳税人进行发票检查中有权采取的措施有（   ）。
A. 检查印制、领购、开具、取得和保管发票的情况
B. 调出发票查验
C. 查阅、复制与发票有关的凭证、资料
D. 向当事各方询问与发票有关的问题和情况
E. 在查处发票案件时，对与案件有关的情况和资料，可以记录、录音、录像、照相和复制
【注意】税务人员进行检查时，应当出示税务检查证。

♧【考点子题——举一反三，真枪实练】

[12]（历年真题·多选题）根据税收征收管理法律制度的规定，下列各项中，属于税务机关发票管理权限的有（   ）。

A. 检查印制、领购、开具、取得、保管和缴销发票的情况

B. 调出发票查验

C. 查阅、复制与发票有关的凭证、资料

D. 向当事各方询问与发票有关的问题和情况

考点 6：　纳税申报

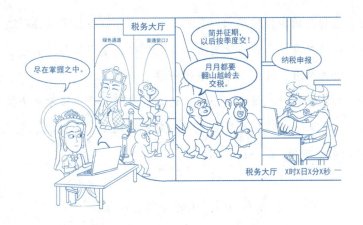

❖【考点母题——万变不离其宗】纳税申报

（1）根据税收征收管理法律制度的规定，纳税申报的方式主要有（　　）。	
A.自行申报	
B.邮寄申报	以寄出的邮戳日期为实际申报日期
C.数据电文方式	a.网络传输　　　b.电话语音　　　c.电子数据交换 【说明】以税务机关计算机网络系统收到该数据电文的时间为实际申报日期。
D.简易申报（限实行定期定额缴纳税款的纳税人）	
E.简并征期（限实行定期定额缴纳税款的纳税人）	
（2）根据税收征收管理法律制度的规定，下列关于纳税申报要求的表述中，正确的有（　　）。	
A.纳税人在纳税期内没有应纳税款的，也应当按照规定办理纳税申报 B.纳税人享受减税、免税待遇的，在减税、免税期间应当按照规定办理纳税申报 C.纳税人、扣缴义务人按照规定的期限办理纳税申报或者报送代扣代缴、代收代缴税款报告表确有困难，需要延期的，应当在规定的期限内向税务机关提出书面延期申请，经税务机关核准，在核准的期限内办理 D.纳税人、扣缴义务人因不可抗力，不能按期办理纳税申报或者报送代扣代缴、代收代缴税款报告表的，可以延期办理；但是，应当在不可抗力情形消除后立即向税务机关报告	

♧【考点子题——举一反三，真枪实练】

[13]（经典子题·多选题）根据税收征收管理法律制度的规定，下列纳税申报方式中，属于数据电文方式的有（　　）。

A. 邮寄　　　　　　　　　　　B. 网络传输

C. 电话语音　　　　　　　　　D. 电子数据交换

[14]（历年真题·多选题）根据税收征收管理法律制度的规定，下列纳税申报方式中，符合法律规定的有（　　）。

A. 甲企业在规定的申报期限内，自行到主管税务机关指定的办税服务大厅申报

B. 经税务机关批准，乙企业使用统一的纳税申报专用信封，通过邮局交寄

C. 经税务机关批准，丙企业以网络传输方式申报

D. 实行定期定额缴纳税款的丁个体工商户，采用简易申报方式申报

[15]（历年真题·判断题）纳税人享受减税、免税待遇的、在减税、免税期间可以按照规定不办理纳税申报。（　　）

〔本节考点子题答案及解析〕

[1]【答案】A

【解析】从税务登记开始，纳税人的身份及征纳双方的法律关系即得到确认。

[2]【答案】D

【解析】从事生产、经营的纳税人应当自领取营业执照或者发生纳税义务之日起15日内，按照国家有关规定设置账簿。

[3]【答案】C

【解析】账簿、记账凭证、报表、完税凭证、发票、出口凭证以及其他有关涉税资料应当保存10年；但是法律、行政法规另有规定的除外。

[4]【答案】A

【解析】增值税专用发票，包括增值税专用发票和机动车销售统一发票。

[5]【答案】×

【解析】税务机关对外省、自治区、直辖市来本辖区从事临时经营活动的单位和个人领购发票的，可以要求其提供保证人或者根据所领购发票的票面限额以及数量交纳不超过1万元的保证金。

[6]【答案】×

【解析】需要临时使用发票的单位和个人，可以凭购销商品、提供或者接受服务以及从事其他经营活动的书面证明、经办人身份证明，直接向经营地税务机关申请代开发票。税务机关应当先征收税款，再开具发票

[7]【答案】ABCD

【解析】取得发票时，不得要求变更品名和金额，选项A正确；开具发票应当按照规定的时限、顺序、栏目，全部联次一次性如实开具，并加盖发票专用章，选项BD正确；不符合规定的发票，不得作为财务报销凭证，任何单位和个人有权拒收，选项C正确。

[8]【答案】ABCD

[9]【答案】√

[10]【答案】C

【解析】已经开具的发票存根联和发票登记簿，应当保存 5 年。保存期满，报经税务机关查验后销毁。

［11］【答案】ACD

　　【解析】已经开具的发票存根联和发票登记簿，应当保存 5 年。保存期满，报经税务机关查验后销毁。选项 B 不符合法律规定。

［12］【答案】ABCD

［13］【答案】BCD

　　【解析】数据电文申报，是指经税务机关批准，纳税人、扣缴义务人以税务机关确定的电话语音、电子数据交换和网络传输等电子方式进行纳税申报。

［14］【答案】ABCD

［15］【答案】×

　　【解析】纳税人享受减税、免税待遇的，在减税、免税期间应当按照规定办理纳税申报。

第三节 税款征收

【本节考点、考点母题及考点子题】

考点7：税款征收

考点7-1：税款的征收方式

◆【考点母题——万变不离其宗】税款的征收方式

根据税收征收管理法律制度的规定，下列各项中，属于税款征收方式的有（ ）。	
A. 查账征收	有账且健全
B. 查定征收	对账务不全，但能控制其材料、产量或进销货物的纳税单位或个人，税务机关依据正常条件下的生产能力对生产的应税产品查定产量、销售额，据以征收税款（有账但不全的小型生产企业）
C. 查验征收	对纳税人的应税商品、产品，通过查验数量，按市场一般销售单价计算其销售收入，计算应纳税款（有账但不全，零星分散、流动性大的非生产企业）
D. 定期定额征收	不能准确计算计税依据的小型个体工商户
E. 扣缴征收	扣缴征收包括代扣代缴和代收代缴两种征收方式
F. 委托征收	将税款委托给代征单位或个人以税务机关的名义代为征收

♣【考点子题——举一反三，真枪实练】

[1]（历年真题·单选题）根据税收征收管理法律制度的规定，纳税人财务制度不健全，生产经营不固定，零星分散、流动性大，适合采用的征收方式是（ ）。

　　A. 查账征收　　B. 查定征收　　C. 查验征收　　D. 定期定额征收

[2]（经典子题·单选题）根据税收征收管理法律制度的规定，对于账册不健全，但能控制原材料、产量或进销货物的单位，适用的税款征收方式是（ ）。

　　A. 查账征收　　B. 查定征收　　C. 查验征收　　D. 定期定额征收

考点 7-2：应纳税额的核定和调整

◆【考点母题——万变不离其宗】应纳税额的核定

根据税收征收管理法律制度的规定，下列情形中，税务机关有权核定纳税人应纳税额的有（　　）。
A.依照法律、行政法规的规定可以不设置账簿的
B.依照法律、行政法规的规定应当设置但未设置账簿的
C.擅自销毁账簿或者拒不提供纳税资料的
D.虽设置账簿，但账目混乱或者成本资料、收入凭证、费用凭证残缺不全，难以查账的
E.发生纳税义务，未按照规定的期限办理纳税申报，经税务机关责令限期申报，逾期仍不申报的
F.纳税人申报的计税依据明显偏低，又无正当理由的

♧【考点子题——举一反三，真枪实练】

[3]（历年真题·多选题）根据税收征收管理法律制度的规定，下列情形中，税务机关有权核定应纳税额的有（　　）。

　　A. 纳税人申报的计税依据明显偏低，又无正当理由

　　B. 依照法律、行政法规的规定可以不设置账簿的

　　C. 依照法律、行政法规的规定应当设置但未设置账簿的

　　D. 虽设置账簿，但账目混乱难以查账的

◆【考点母题——万变不离其宗】应纳税额的调整

概念	企业或者外国企业在中国境内设立的从事生产、经营的机构、场所与其关联企业之间的业务往来，应当按照独立企业之间的业务往来收取或者支付价款、费用。
情形	（1）根据纳税人与其关联企业之间的业务往来，税务机关有权对其应纳税额进行调整的情形有（　　）。
	A.购销业务未按照独立企业之间的业务往来作价 B.融通资金所支付或者收取的利息超过或者低于没有关联关系的企业之间所能同意的数额，或者利率超过或者低于同类业务的正常利率 C.提供劳务，未按照独立企业之间业务往来收取或者支付劳务费用 D.转让财产、提供财产使用权等业务往来，未按照独立企业之间业务往来作价或者收取、支付费用
方法	（2）纳税人发生应进行税额调整的情形后，税务机关可以用于调整计税收入额或者所得额的方法有（　　）。
	A.按照独立企业之间进行的相同或者类似业务活动的价格 B.按照再销售给无关联关系的第三者的价格所应取得的收入和利润水平 C.按照成本加合理的费用和利润

第 7 章

🔱【考点子题——举一反三，真枪实练】

[4]（经典子题·多选题）根据税收征收管理法律制度的规定，甲企业与其关联企业的下列行为中，属于需要进行应纳税额调整的情形有（   ）。

A. 甲企业向其关联企业销售明显低于市场售价的商品

B. 关联企业向甲企业提供明显低于同期银行贷款利率的借款

C. 关联企业以市场价格将闲置的办公楼转让给甲企业

D. 甲企业将机器设备无偿提供给关联企业使用

考点7-3：税款征收措施

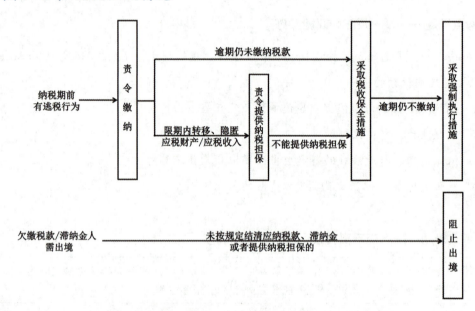

🔷【考点母题——万变不离其宗】税款征收措施

根据税收征收管理法律制度的规定，下列各项中，属于税务机关采取的税款征收措施的有（   ）。

| A.责令缴纳 | B.责令提供纳税担保 | C.采取税收保全措施 | D.采取强制执行措施 | E.阻止出境 |

🔱【考点子题——举一反三，真枪实练】

[5]（经典子题·多选题）根据税收征收管理法律制度的规定，下列各项中，属于税务机关采取的税款征收措施的有（   ）。

A. 责令提供纳税担保

B. 采取税收保全措施

C. 代理申报

D. 采取强制执行措施

[6]（历年真题·多选题）根据税收征收管理法律制度的规定，税务机关在税款征收中可以根据不同情况采取相应的税款征收措施。下列各项中，属于税款征收措施的有（　　）。

A. 罚款

B. 责令缴纳并加收滞纳金

C. 阻止出境

D. 采取强制执行措施

◆【考点母题——万变不离其宗】责令缴纳

概念：对纳税人、扣缴义务人、纳税担保人应缴纳的欠税，税务机关可责令其限期缴纳。
（1）【判断金句】从事生产、经营的纳税人、扣缴义务人未按照规定的期限缴纳或者解缴税款的，纳税担保人未按照规定的期限缴纳所担保的税款的，由税务机关发出限期缴纳税款通知书，责令缴纳或者解缴税款的最长期限不得超过 15 日。
（2）纳税人未按照规定期限缴纳税款的，扣缴义务人未按照规定期限解缴税款的，税务机关可责令限期缴纳，并从滞纳税款之日起，按日加收滞纳税款一定比例的滞纳金。该比例为（　　）。
A. 万分之五（0.5‰） 【说明】加收滞纳金的起止时间，为依法确定的税款缴纳期限届满次日起至纳税人、扣缴义务人实际缴纳或者解缴税款之日止。

♣【考点子题——举一反三，真枪实练】

[7]（经典子题·单选题）根据《税收征收管理法》的规定，纳税人未按规定期限缴纳税款的，税务机关除责令其限期缴纳外，从滞纳税款之日起，按日加收滞纳金。该滞纳金的比例是滞纳税款的（　　）。

A. 万分之一　　B. 万分之五　　C. 千分之一　　D. 千分之二

[8]（历年真题·单选题）某餐饮公司 2022 年 8 月应缴纳增值税 60 000 元，城市维护建设税 4 200 元。该公司在规定期限内未进行纳税申报，税务机关责令其缴纳并加收滞纳金，该公司在 9 月 30 日办理了申报缴纳手续并缴清税款。税务机关核定该公司增值税和城市维护税均以 1 个月为一个纳税期；从滞纳税款之日起，按日加收滞纳税款 0.5‰的滞纳金。计算该公司应缴纳的滞纳金的下列算式中，正确的是（　　）。

A. 60 000×0.5‰×15＝450 元

B.（60 000+4 200）×0.5‰×15 ＝ 481.5 元

C. 60 000×0.5‰×30 ＝ 900 元

D.（60 000+4 200）×0.5‰×30 ＝ 963 元

[9]（历年真题·单选题）甲公司按照规定最晚应于 2022 年 8 月 15 日缴纳应纳税款 18 万元，该公司迟迟未缴。主管税务机关责令其于当年 9 月 30 日前缴纳，并加收滞纳

金。但甲公司于 10 月 18 日才缴纳税款。计算甲公司应缴纳滞纳金金额的下列算式中，正确的是（　　）。

A. $18 \times 0.5‰ \times (16 + 30 + 18) = 0.576$ 万元

B. $18 \times 0.5‰ \times 18 = 0.162$ 万元

C. $18 \times 0.5‰ \times (30 + 18) = 0.432$ 万元

D. $18 \times 0.5‰ \times (15 + 18) = 0.297$ 万元

◆ 【考点母题——万变不离其宗】责令提供纳税担保

纳税担保的方式	（1）根据税收征收管理法律制度的规定，纳税担保的方式有（　　）。
	A. 保证　　　B. 抵押　　　C. 质押
适用纳税担保的情形	（2）根据税收征收管理法律制度的规定，下列情形中，税务机关有权责令纳税人提供纳税担保的有（　　）。
	A. 税务机关有根据认为从事生产、经营的纳税人有逃避纳税义务行为，在规定的纳税期之前经责令其限期缴纳应纳税款，在限期内发现纳税人有明显的转移、隐匿其应纳税的商品、货物以及其他财产或者应纳税收入的迹象，责成纳税人提供纳税担保的 B. 欠缴税款、滞纳金的纳税人或者其法定代表人需要出境的
纳税担保的范围	（3）根据税收征收管理法律制度的规定，下列各项中，属于纳税担保范围的有（　　）。
	A. 税款　　　B. 滞纳金　　　C. 实现税款的费用　　　D. 实现滞纳金的费用 【注意】费用包括抵押、质押登记费用，质押保管费用，以及保管、拍卖、变卖担保财产等相关费用支出。

☁ 【考点子题——举一反三，真枪实练】

[10]（历年真题·单选题）根据税收征收管理法律制度的规定，下列方式中，不能用于纳税担保的是（　　）。

A. 质押　　　　　B. 扣押　　　　　C. 保证　　　　　D. 抵押

[11]（历年真题·多选题）根据税收征收管理法律制度的规定，下列各项中，属于纳税担保范围的有（　　）。

A. 应纳税额　　　　　　　　　B. 实现税款的费用

C. 税款滞纳金　　　　　　　　D. 实现税款滞纳金的费用

◆◆ 【考点母题——万变不离其宗】采取税收保全措施

适用税收保全的前提条件	（1）根据税收征收管理法律制度的规定，下列情形中，适用税收保全的有（　　）。
	A.税务机关有根据认为从事生产、经营的纳税人有逃避纳税义务行为 B.纳税人逃避纳税义务的行为发生在规定的纳税期之前，以及在责令限期缴纳应纳税款的限期内 C.税务机关责成纳税人提供纳税担保后，纳税人不能提供纳税担保 D.经县以上税务局（分局）局长批准
税收保全措施	（2）根据税收征收管理法律制度的规定，下列各项中，属于税收保全措施的有（　　）。
	A.书面通知纳税人开户银行或者其他金融机构冻结纳税人的金额相当于应纳税款的存款 B.扣押、查封纳税人的价值相当于应纳税款的商品、货物或者其他财产（包括纳税人的房地产、现金、有价证券等不动产和动产）
不适用税收保全的财产	（3）根据税收征收管理法律制度的规定，下列财产中，不适用税收保全的有（　　）。
	A.个人及其所扶养家属维持生活必需的住房和用品 【说明】不包括机动车辆、金银饰品、古玩字画、豪华住宅或者一处以外的住房。 B.单价5 000元以下的其他生活用品

♣ 【考点子题——举一反三，真枪实练】

[12]（历年真题·单选题）根据税收征收管理法律制度的规定，下列税收保全措施中，不符合法律规定的是（　　）。

A. 书面通知纳税人的开户银行冻结其相当于应纳税款的存款

B. 查封纳税人的价值相当于应纳税款的办公用房

C. 扣押纳税人的价值相当于应纳税款的小轿车

D. 查封纳税人个人的家庭唯一普通住房

[13]（历年真题·多选题）根据税收征收管理法律制度的规定，下列各项中，可以适用税收保全的财产有（　　）。

A. 金银首饰　　　　　　　　B. 豪华住宅

C. 小汽车　　　　　　　　　D. 古玩字画

◆【考点母题——万变不离其宗】采取强制执行措施

采取强制执行措施的对象	（1）根据税收征收管理法律制度的规定，采取强制执行措施的对象有（ ）。
	A. 未按照规定的期限缴纳或者解缴税款，或缴纳所担保的税款经税务机关责令限期缴纳，逾期仍未缴纳税款的从事生产、经营的纳税人、扣缴义务人 B. 经县以上税务局（分局）局长批准
	（2）【判断金句】税务机关采取强制执行措施时，对纳税人、扣缴义务人、纳税担保人未缴纳的"滞纳金"同时强制执行，但不包括罚款。
税收强制执行措施	（3）根据税收征收管理法律制度的规定，税务机关可以采取的税收强制执行措施有（ ）。
	A. 强制扣款，即书面通知其开户银行或者其他金融机构从其存款中扣缴税款 B. 拍卖变卖，即扣押、查封、依法拍卖或者变卖其价值相当于应纳税款的商品、货物或者其他财产，以拍卖或者变卖所得抵缴税款
不适用税收强制执行措施的财产	（4）根据税收征收管理法律制度的规定，下列财产中，不适用税收强制执行的有（ ）。
	A. 个人及其所扶养家属维持生活必需的住房和用品 B. 单价5 000元以下的其他生活用品

☘【考点子题——举一反三，真枪实练】

[14]（历年真题·单选题）根据《税收征收管理法》的规定，下列各项中，属于税收保全措施的是（ ）。

    A. 暂扣纳税人税务登记证

    B. 书面通知纳税人开户银行从其存款中扣缴税款

    C. 拍卖纳税人价值相当于应纳税款的货物，以拍卖所得抵缴税款

    D. 查封纳税人价值相当于应纳税款的货物

[15]（历年真题·单选题）根据税收征收管理法律制度的规定，经县以上税务局（分局）局长批准，税务机关可以依法对纳税人采取税收保全措施。下列各项中，不属于税收保全措施的是（ ）。

    A. 变卖其价值相当于应纳税款的商品

    B. 扣押纳税人的价值相当于应纳税款的商品

    C. 查封纳税人的价值相当于应纳税款的货物

    D. 书面通知纳税人开户银行冻结纳税人的金额相当于应纳税款的存款

[16]（历年真题·判断题）林某欠缴税款4 000元，由税务机关责令限期缴纳，但林某逾期仍未缴纳；为防止国家税款流失，税务机关扣押了其一批价值4 600元的商品准备依法进行变卖，以变卖所得抵缴税款。税务机关的做法正确。（ ）

◆◆【考点母题——万变不离其宗】欠税清缴和阻止出境

离境清缴	（1）【判断金句】欠缴税款的纳税人或者他的法定代表人需要出境的，应当在出境前向税务机关结清应纳税款、滞纳金或者提供担保。
阻止出境	（2）【判断金句】欠缴税款的纳税人或者其法定代表人在出境前未按规定结清应纳税款、滞纳金或者提供纳税担保的，税务机关可以通知出入境管理机关阻止其出境。

考点 8： 税款征收的其他规定

◆◆【考点母题——万变不离其宗】税款征收的其他规定

税款的退还	（1）根据税收征收管理法律制度的规定，下列关于税款退还说法正确的有（ ）。
	A. 纳税人超过应纳税额缴纳的税款，税务机关发现后，应自发现之日起 10 日内办理退还手续
	B. 纳税人自结算缴纳税款之日起 3 年内发现多缴税款的，可以向税务机关要求退还多缴的税款并加算银行同期存款利息，税务机关应当自接到纳税人退还申请之日起 30 日内查实并办理退还手续
税款的补缴和追征	（2）根据税收征收管理法律制度的规定，下列关于税款的补缴和追征说法正确的有（ ）。
	A. 因税务机关的责任，致使纳税人、扣缴义务人未缴或者少缴税款的，税务机关在 3 年内可以要求纳税人、扣缴义务人补缴税款，但是不得加收滞纳金 B. 因纳税人、扣缴义务人计算错误等失误，未缴或者少缴税款，税务机关可在 3 年内追征税款、滞纳金；有特殊情况的，追征期可以延长到 5 年（从应缴未缴或者少缴税款之日起计算） C. 对偷税（逃税）、抗税、骗税的，税务机关追征其未缴或者少缴的税款、滞纳金或者所骗取的税款，不受前述规定期限的限制

【考点子题——举一反三，真枪实练】

[17]（经典子题·判断题）因税务机关的责任，致使纳税人、扣缴义务人未缴或者少缴
税款的，税务机关在3年内可以要求纳税人、扣缴义务人补缴税款，同时加收滞纳
金。（　　）

[本节考点子题答案及解析]

[1]【答案】C

【解析】查验征收，是指税务机关对纳税人的应税商品、产品，通过查验数量，按市场一般销售单价计算其销售收入，并据以计算其应缴纳税款的税款征收方式。这种征收方式适用于纳税人财务制度不健全、生产经营不固定、零星分散、流动性大的税源。

[2]【答案】B

【解析】查定征收，是指针对账务不全，但能控制其材料、产量或进销货物的纳税单位或个人，税务机关依据正常条件下的生产能力对其生产的应税产品查定产量、销售额并据以确定其应缴纳税款的税款征收方式。

[3]【答案】ABCD

[4]【答案】ABD

【解析】纳税人与其关联企业之间的业务往来有下列情形之一的，税务机关可以调整其应纳税额：购销业务未按照独立企业之间的业务往来作价（选项A）；融通资金所支付或者收取的利息超过或者低于没有关联关系的企业之间所能同意的数额，或者利率超过或者低于同类业务的正常利率（选项B）；提供劳务，未按照独立企业之间业务往来收取或者支付劳务费用；转让财产、提供财产使用权等业务往来，未按照独立企业之间业务往来作价或者收取、支付费用（选项D）。

[5]【答案】ABD

【解析】税款征收措施包括：责令缴纳；责令提供纳税担保；采取税收保全措施；采取强制执行措施；阻止出境。

[6]【答案】BCD

【解析】税款征收措施包括：责令缴纳；责令提供纳税担保；采取税收保全措施；采取强制执行措施；阻止出境。

[7]【答案】B

【解析】纳税人未按照规定期限缴纳税款的，扣缴义务人未按照规定期限解缴税款的，税务机关可责令限期缴纳，并从滞纳税款之日起，按日加收滞纳税款万分之五的滞纳金。

[8]【答案】B

【解析】以1个月为一个纳税期的，应当在期满之日起15日之内申报纳税。滞纳天数自9月15日开始起算，至9月30日止，共计15天。滞纳的税款为增值税和城市维护建设税的合计数额。

[9]【答案】A

【解析】滞纳天数从8月16日开始，8月份有16天，9月份有30天，10月份有18天。所以滞纳

金为：18×0.5‰×（16 + 30 + 18）= 0.576 万元。

[10]【答案】B

【解析】纳税担保的方式有：保证、抵押、质押。

[11]【答案】ABCD

[12]【答案】D

【解析】个人及其所扶养家属维持生活必需的住房和用品，不在税收保全措施的范围之内。

[13]【答案】ABCD

[14]【答案】D

【解析】选项 BC 为税收强制执行措施。选项 A 的情况不存在。

[15]【答案】A

【解析】选项 A 属于税收强制执行措施。

[16]【答案】×

【解析】税务机关采取强制执行措施时，应扣押、查封纳税人的价值相当于应纳税款的商品、货物或者其他财产。本题中，税务机关扣押林某商品的价值应为 4 000 元。

[17]【答案】×

【解析】因税务机关的责任，致使纳税人、扣缴义务人未缴或者少缴税款的，税务机关在 3 年内可以要求纳税人、扣缴义务人补缴税款，但是不得加收滞纳金。

第四节　税务检查

【本节考点、考点母题及考点子题】

考点9：税务检查的范围

❖【考点母题——万变不离其宗】税务检查的范围

（1）根据税收征收管理法律制度的规定，税务机关进行税务检查时享有的权力包括（　　）。	
A.查账权	检查纳税人的账簿、记账凭证、报表和有关资料；检查扣缴义务人代扣代缴、代收代缴税款账簿、记账凭证和有关资料
B.现场检查权	到纳税人的生产、经营场所和货物存放地检查纳税人应纳税的商品、货物或者其他财产；检查扣缴义务人与代扣代缴、代收代缴税款有关的经营情况
C.责成提供资料权	责成纳税人、扣缴义务人提供与纳税或者代扣代缴、代收代缴税款有关的文件、证明材料和有关资料
D.询问权	询问纳税人、扣缴义务人与纳税或者代扣代缴、代收代缴税款有关的问题和情况
E.交通邮政检查权	到车站、码头、机场、邮政企业及其分支机构检查纳税人托运、邮寄应纳税商品、货物或者其他财产的有关单据、凭证和有关资料

续表

F.存款账户检查权	a.经县以上税务局（分局）局长批准，凭全国统一格式的检查存款账户许可证明，查询从事生产、经营的纳税人、扣缴义务人在银行或者其他金融机构的存款账户 b.税务机关在调查税收违法案件时，经设区的市、自治州以上税务局（分局）局长批准，可以查询案件涉嫌人员的储蓄存款
（2）根据税收征收管理法律制度的规定，下列关于税务机关行使税务检查权的表述中，符合税法规定的有（　　）。	
A.税务机关调查税务违法案件时，对与案件有关的情况和资料，可以记录、录音、录像、照相和复制 B.税务机关依法进行税务检查时，有权向有关单位和个人调查纳税人、扣缴义务人和其他当事人与纳税或者代扣代缴、代收代缴税款有关的情况 C.税务机关派出的人员进行税务检查时，应当出示税务检查证和税务检查通知书，并有责任为被检查人保守秘密；未出示税务检查证和税务检查通知书的，被检查人有权拒绝检查	

🍀【考点子题——举一反三，真枪实练】

［1］（经典子题·多选题）根据税收征收管理法律制度的规定，税务机关在实施税务检查时，可以采取的措施有（　　）。

　　A. 检查纳税人会计资料

　　B. 检查纳税人货物存放地的应纳税商品

　　C. 检查纳税人托运、邮寄应纳税商品的单据、凭证

　　D. 经法定程序批准，查询纳税人在银行的存款账户

［2］（经典子题·多选题）下列关于税务机关行使税务检查权的表述中，符合税收法律制度规定的有（　　）。

　　A. 到纳税人的住所检查应纳税的商品、货物和其他财产

　　B. 责成纳税人提供与纳税有关的文件、证明材料和有关资料

　　C. 到车站检查纳税人托运货物或者其他财产的有关单据、凭证和资料

　　D. 经县税务局长批准，凭统一格式的检查存款账户许可证，查询案件涉嫌人员的储蓄存款

考点 10：纳税信用管理

【考点母题——万变不离其宗】纳税信用管理

纳税信用管理，是指税务机关对纳税人的纳税信用信息开展的采集、评价、确定、发布和应用等活动，有利于促进纳税人诚信自律，提高税法遵从度，推进社会信用体系建设。

纳税信用管理的主体	（1）根据税收征收管理法律制度的规定，参与纳税信用评价的主体包括（　　）。 A.已办理税务登记，从事生产、经营并适用查账征收的独立核算企业纳税人（以下简称纳税人） B.从首次在税务机关办理涉税事宜之日起时间不满一个评价年度的企业（以下简称新设立企业）。评价年度是指公历年度，即1月1日至12月31日 C.评价年度内无生产经营业务收入的企业 D.适用企业所得税核定征收办法的企业
纳税信用评价	（2）【判断金句】纳税信用评价周期为一个纳税年度。 （3）【判断金句】纳税信用评价采取年度评价指标得分和直接判级方式。 【注意】年度评价指标得分采取扣分方式；直接判级适用于有严重失信行为的纳税人。
纳税信用级别	A级纳税信用（年度评价指标得分≥90） B级纳税信用（90＞年度评价指标得分≥70） M级纳税信用（为评价年度未被直接判为D级的新设立企业和评价年度内无生产经营业务收入且年度评价指标得分70分以上的企业） C级纳税信用（70＞年度评价指标得分≥40） D级纳税信用（40＞年度评价指标得分或直接判定）

【考点子题——举一反三，真枪实练】

[3]（经典子题·单选题）甲公司2022年度纳税信息评价指标得分为66分，则甲公司处于的纳税信用级别为（　　）。

A. A级　　B. B级　　C. C级　　D. D级

考点11： 重大税收违法失信案件信息公布

◆◆【考点母题——万变不离其宗】重大税收违法失信案件信息公布

根据税收征收管理法律制度的规定，可被认定为重大税收违法失信案件的情形有（　　）。

A. 纳税人伪造、变造、隐匿、擅自销毁账簿、记账凭证，或者在账簿上多列支出或者不列、少列收入，或者经税务机关通知申报而拒不申报或者进行虚假的纳税申报，不缴或者少缴应纳税款100万元以上，且任一年度不缴或者少缴应纳税款占当年各税种应纳总额10％以上的
B. 纳税人欠缴应纳税款，采取转移或者隐匿财产的手段，妨碍税务机关追缴欠缴的税款，欠缴税款金额100万元以上的
C. 骗取国家出口退税款的
D. 以暴力、威胁方法拒不缴纳税款的
E. 虚开增值税专用发票或者虚开用于骗取出口退税、抵扣税款的其他发票的
F. 虚开增值税普通发票100份以上或者金额400万元以上的
G. 私自印制、伪造、变造发票，非法制造发票防伪专用品，伪造发票监制章的
H. 具有偷税（逃税）、逃避追缴欠税、骗取出口退税、抗税、虚开发票等行为，经税务机关检查确认走逃（失联）的

♣【考点子题——举一反三，真枪实练】

［4］（经典子题·多选题）根据税收征收管理法律制度的规定，下列情形中，属于重大违法失信案件的有（　　）。

　　A. 纳税人欠缴应纳税款的　　　　B. 骗取国家出口退税款的

　　C. 虚开增值税专用发票的　　　　D. 以暴力方法拒不缴纳税款的

［本节考点子题答案及解析］

［1］【答案】ABCD
［2］【答案】BC
　【解析】选项A：到纳税人的生产、经营场所和货物存放地检查纳税人应纳税的商品、货物或者其他财产，检查扣缴义务人与代扣代缴、代收代缴税款有关的经营情况；选项D：应经设区的市、自治州以上税务局（分局）局长批准。
［3］【答案】C
　【解析】C级纳税信用为年度评价指标得分40分以上不满70分的。
［4］【答案】BCD
　【解析】纳税人欠缴应纳税款，欠缴税款金额100万元以上的，方构成重大违法失信案件。

第五节　税务行政复议

【本节考点、考点母题及考点子题】

考点 12：　税务行政复议范围

◆ **【考点母题——万变不离其宗】税务行政复议范围**

（1）根据税收征收管理法律制度的规定，税务机关的下列具体行政行为中，当事人对其不服的，可以提出行政复议申请的有（　　）。

A. 税务机关作出的征税行为	包括确认纳税主体、征税对象、征税范围、减税、免税、退税、抵扣税款、适用税率、计税依据、纳税环节、纳税期限、纳税地点和税款征收方式等具体行政行为，征收税款，加收滞纳金，扣缴义务人、受税务机关委托的单位和个人作出的代扣代缴、代收代缴、代征行为等
	【注意】此类行为，当事人若不服，先复议后诉讼，不得直接提起行政诉讼。

B. 行政许可、行政审批行为

C. 发票管理行为，包括发售、收缴、代开发票等

D. 税收保全措施、强制执行措施

E. 行政处罚行为	a. 罚款　　　　　　b. 没收非法财物和违法所得　　　c. 停止出口退税权

F. 税务机关不依法履行下列职责的行为	a. 开具、出具完税凭证　　　b. 行政赔偿 c. 行政奖励　　　　　　　　d. 其他不依法履行职责的行为

G. 资格认定行为　　　　　　　　　　　　H. 不依法确认纳税担保行为 I. 政府公开信息工作中的具体行政行为　　J. 纳税信用等级评定行为 K. 税务机关通知出入境管理机关阻止出境行为　　L. 税务机关作出的其他具体行政行为

【注意】B-L 情形，当事人可以先复议后诉讼，也可以直接提起行政诉讼。

（2）【判断金句】根据税收征收管理法律制度的规定，申请人认为税务机关的具体行政行为所依据的规定不合法的，对具体行政行为申请行政复议时，可以一并向复议机关提出该规定（不包括规章）审查申请。

🍀【考点子题——举一反三，真枪实练】

[1]（经典子题·多选题）根据税收征收管理法律制度的规定，纳税人对税务机关的下列具体行政行为不服的，有权申请税务行政复议的有（　　）。

　　A. 收缴和停售发票　　　　　　B. 税务行政处罚

　　C. 确定计税依据、应纳税额　　D. 行政审批行为

[2]（历年真题·多选题）根据税收征收管理法律制度的规定，申请人对下列行政行为不服的，可以提出行政复议申请的有（　　）。

　　A. 确认征税对象　　　　　　　B. 加收滞纳金行为

　　C. 行政许可、行政审批行为　　D. 不依法确认纳税担保行为

[3]（历年真题·单选题）根据税收征收管理法律制度的规定，下列各项中，不属于税务行政复议范围的是（　　）。

　　A. 甲认为主管税务机关的具体征税行为不合法

　　B. 乙认为税法规定的税率太高不合理

　　C. 丙认为税务机关的具体发票管理行为不合法

　　D. 丁认为税务机关对其纳税信用等级的评定行为不合法

考点 13：　税务行政复议管辖

◆◆◆【考点母题——万变不离其宗】税务行政复议管辖

（1）根据税收征收管理法律制度的规定，下列关于税务行政复议管辖一般规定的表述中，正确的有（　　）。

A. 对各级税务局的具体行政行为不服的，向其上一级税务局申请行政复议

B. 对计划单列市税务局的具体行政行为不服的，向国家税务总局申请行政复议

C. 对税务所（分局）、各级税务局的稽查局的具体行政行为不服的，向其所属税务局申请行政复议

D. 对国家税务总局的具体行政行为不服的，向国家税务总局申请行政复议；对行政复议决定不服，申请人可以向人民法院提起行政诉讼，也可以向国务院申请裁决

【注意】国务院的裁决为最终裁决。

（2）根据税收征收管理法律制度的规定，下列关于税务行政复议管辖特殊规定的表述中，正确的有（　　）。

A. 对两个以上税务机关以共同的名义作出的具体行政行为不服的，向共同上一级税务机关申请行政复议

B. 对税务机关与其他行政机关以共同的名义作出的具体行政行为不服的，向其共同上一级行政机关申请行政复议

C. 对被撤销的税务机关在撤销以前所作出的具体行政行为不服的，向继续行使其职权的税务机关的上一级税务机关申请行政复议

D. 对税务机关作出逾期不缴纳罚款加处罚款的决定不服的，向作出行政处罚决定的税务机关申请行政复议

E. 对税务机关已处罚款和加处罚款都不服的，一并向作出行政处罚决定的税务机关的上一级税务机关申请行政复议

♧【考点子题——举一反三，真枪实练】

[4]（历年真题·单选题）张某对甲市 W 县税务局作出的行政处罚行为不服，欲申请行政复议。下列各项中，有权受理张某行政复议申请的是（　　）。

A. 甲市税务局　　　B. 甲市人民政府　　　C. W 县人民政府　　　D. W 县税务局

[5]（历年真题·多选题）根据行政复议法律制度的规定，下列关于税务行政复议机关的表述中，正确的有（　　）。

A. 对地方各级人民政府的具体行政行为不服的，向上一级人民政府申请行政复议

B. 对某县税务局的具体行政行为不服的，向上一级税务机关申请行政复议

C. 对国家税务总局的具体行政行为不服的，向国家税务总局申请行政复议

D. 对县级以上各级人民政府工作部门的具体行政行为不服的，可以向本级人民政府申请行政复议

[6]（历年真题·单选题）王某因税务违法行为被乙市 P 县税务局处以罚款，逾期未缴纳罚款又被 P 县税务局加处罚款。王某对已处罚款和加处罚款都不服，欲申请行政复

议。下列关于该争议行政复议管辖的表述中，正确的是（　　）。

A. 王某应当对已处罚款和加处罚款一并向乙市税务局申请复议

B. 王某应当对已处罚款向乙市税务局申请复议，对加处罚款向 P 县税务局申请复议

C. 王某应当对已处罚款向 P 县税务局申请复议，对加处罚款向乙市税务局申请复议

D. 王某应当对已处罚款和加处罚款一并向 P 县税务局申请复议

考点 14：　税务行政复议申请与受理

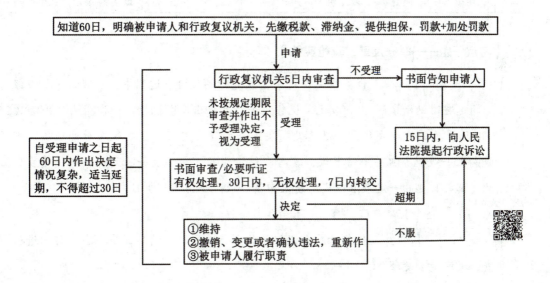

◆◆◆【考点母题——万变不离其宗】税务行政复议申请与受理

申请	（1）根据税收征收管理法律制度的规定，下列关于税务行政复议申请的表述中，正确的有（　　）。 A. 申请人对税务机关作出的征税行为申请行政复议，必须依照税务机关根据法律、行政法规确定的税额、期限，先行缴纳或者解缴税款及滞纳金，或者提供相应的担保，方可在实际缴清税款和滞纳金或者所提供的担保得到作出具体行政行为的税务机关确认之日起 60 日内提出行政复议申请 B. 申请人对税务机关作出逾期不缴纳罚款加处罚款的决定不服的，应当先缴纳罚款和加处罚款，再申请行政复议 C. 申请人申请税务行政复议，可以书面申请，也可以口头申请
受理	（2）【判断金句】复议机关收到行政复议申请后，应当在 5 日内进行审查，决定是否受理。
	（3）根据税收征收管理法律制度的规定，下列关于税务行政复议受理的表述中，正确的有（　　）。

续表

受理	A. 对符合规定的行政复议申请，自行政复议机构收到之日起即为受理，应当书面告知申请人 B. 对应当先向复议机关申请行政复议，对行政复议决定不服再向人民法院提起行政诉讼的具体行政行为，复议机关决定不予受理或者受理以后超过行政复议期限不作答复的，申请人可以自收到不予受理决定书之日起或者行政复议期满之日起15日内，依法向人民法院提起行政诉讼 C. 申请人向复议机关申请行政复议，复议机关已经受理的，在法定行政复议期限内申请人不得向人民法院提起行政诉讼 D. 申请人向人民法院提起行政诉讼，人民法院已经依法受理的，不得申请行政复议 E. 行政复议期间具体行政行为不停止执行
	（4）根据税收征收管理法律制度的规定，行政复议期间具体行政行为不停止执行。下列情形中，可以停止执行的有（　　）。 A. 被申请人认为需要停止执行的　　　B. 复议机关认为需要停止执行的 C. 申请人申请停止执行，复议机关认为其要求合理，决定停止执行的　D. 法律规定停止执行的

♣【考点子题——举一反三，真枪实练】

[7]（经典子题·单选题）税务机关在对某企业进行纳税检查过程中，发现该单位在经营期间逃避缴纳增值税50 000元，税务机关对其作出追缴税款，加收滞纳金并处以25 000元罚款的处理决定，并送达处罚决定及处理决定书。该纳税人对处理决定书不服向上一级税务机关申请复议，其可在结清税款、滞纳金并收到税务机关填发的缴款凭证之日起的一定期限内提起复议申请。该期限为（　　）日。

A. 10　　B. 15　　C. 30　　D. 60

[8]（经典子题·判断题）税务行政复议机关收到行政复议申请后，应当在5日内进行审查，决定是否受理。（　　）

[9]（经典子题·判断题）除另有规定外，行政复议期间具体行政行为不停止执行。（　　）

考点 15： 税务行政复议审查和决定

◆【考点母题——万变不离其宗】税务行政复议审查

审查	（1）根据税收征收管理法律制度的规定，下列关于税务行政复议审查的表述中，正确的有（　　）。 A. 行政复议原则上采用书面审查的办法 B. 对重大、复杂的案件，可以采取听证的方式审理 C. 听证应当公开举行，但是涉及国家秘密、商业秘密或者个人隐私的除外 D. 行政复议机关审查被申请人的具体行政行为时，认为其依据不合法，本机关有权处理的，应当在30日内依法处理；无权处理的，应当在7日内按照法定程序逐级转送有权处理的国家机关依法处理 E. 申请人撤回行政复议申请的，不得再以同一事实和理由提出行政复议申请

续表

决定	（2）根据税收征收管理法律制度的规定，下列关于税务行政复议决定的表述中，正确的有（　　）。 A. 复议机关应当自受理申请之日起60日内作出行政复议决定 B. 情况复杂，不能在规定期限内作出行政复议决定的，经复议机关负责人批准，可以适当延长，并告知申请人和被申请人；但延长期限最多不超过30日 C. 具体行政行为认定事实清楚，证据确凿，适用依据正确，程序合法，内容适当的，行政复议机构做出维持的复议决定 D. 具体行政行为适用依据错误的，行政复议机构做出撤销、变更该具体行政行为的复议决定 E. 被申请人不履行法定职责的，行政复议机构做出要求被申请人在一定期限内履行的复议决定
	（3）【判断金句】行政复议书一经送达，即发生法律效力。

♧【考点子题——举一反三，真枪实练】

[10]（历年真题·单选题）根据税收征收管理法律制度的规定，税务行政复议机关审查被申请人的具体行政行为时，认为其依据不合法并有权处理的，应当在一定期限内依法处理。该期限为（　　）。

A. 90日 　　　　　　　　　　　B. 180日

C. 30日 　　　　　　　　　　　D. 60日

[11]（经典子题·多选题）根据税收征收管理法律制度的规定，下列税务行政复议情形中，不宜公开听证的有（　　）。

A. 涉及国家秘密的 　　　　　　B. 涉及商业秘密的

C. 涉及个人隐私的 　　　　　　D. 涉及福利事业的

[12]（历年真题·单选题）根据税收征收管理法律制度的规定，下列关于税务行政复议决定的表述中，不正确的是（　　）。

A. 复议机关应当自受理申请之日起180日内做出行政复议决定

B. 具体行政行为认定事实清楚，证据确凿，适用依据正确，程序合法，内容适当的，行政复议机构做出维持的复议决定

C. 具体行政行为适用依据错误的，行政复议机构做出撤销、变更该具体行政行为的复议决定

D. 被申请人不履行法定职责的，行政复议机构做出要求被申请人在一定期限内履行的复议决定

〔本节考点子题答案及解析〕

[1]【答案】ABCD

[2]【答案】ABCD

[3]【答案】B

【解析】选项 B 不属于具体行政行为，而是抽象行政行为。

[4]【答案】A

【解析】对各级税务局的具体行政行为不服的，向其上一级税务局申请行政复议。

[5]【答案】ABCD

[6]【答案】A

【解析】对税务机关作出逾期不缴纳罚款加处罚款的决定不服的，向作出行政处罚决定的税务机关申请行政复议；但对已处罚款和加处罚款都不服的，一并向作出行政处罚决定的税务机关的上一级税务机关申请行政复议。

[7]【答案】D

【解析】申请人按规定申请行政复议的，必须依照税务机关根据法律、行政法规确定的税额、期限，先行缴纳或者解缴税款及滞纳金，或者提供相应的担保，方可在实际缴清税款和滞纳金后或者所提供的担保得到作出具体行政行为的税务机关确认之日起 60 日内提出行政复议申请。

[8]【答案】√

[9]【答案】√

[10]【答案】C

【解析】行政复议机关审查被申请人的具体行政行为时，认为其依据不合法，本机关有权处理的，应当在 30 日内依法处理。

[11]【答案】ABC

【解析】听证应当公开举行，但是涉及国家秘密、商业秘密或者个人隐私的除外。

[12]【答案】A

【解析】复议机关应当自受理申请之日起 60 日内作出行政复议决定。

第六节　税收法律责任

【本节考点、考点母题及考点子题】

考点 16： 税务管理相对人实施税收违法行为的法律责任

考点 16-1：违反税务管理规定的法律责任

莫慌！首违不罚！及时改正，下不为例。

师傅！上个月忘记纳税申报，三倍罚款！！

（1）【判断金句】扣缴义务人应扣未扣、应收而不收税款的，由税务机关向纳税人追缴税款，对扣缴义务人处应扣未扣、应收未收税款 50% 以上 3 倍以下的罚款。

（2）【判断金句】"首违不罚"清单制度，即 2021 年 4 月 1 日起，对于首次发生清单中所列事项且危害后果轻微，在税务机关发现前主动改正或者在税务机关责令限期改正的期限内改正的，不予行政处罚。

【考点子题——举一反三，真枪实练】

[1]（经典子题·单选题）扣缴义务人应扣未扣、应收而不收税款的，由税务机关向纳税人追缴税款，对扣缴义务人处以应扣未扣、应收而未收税款50%以上一定倍数以下的罚款。该倍数是（ ）。

A. 1倍　　B. 2倍　　C. 3倍　　D. 5倍

考点16-2：逃税行为的法律责任

【考点母题——万变不离其宗】逃税行为的法律责任

（1）【判断金句】逃税行为，是指纳税人采取欺骗、隐瞒手段进行虚假纳税申报或者不申报，逃避缴纳税款的行为。
（2）根据税收征收管理法律制度的规定，下列关于逃税行为法律责任的表述中，正确的有（ ）。
A. 纳税人采取伪造、变造、隐匿、擅自销毁账簿、记账凭证，或者在账簿上多列支出或者不列、少列收入，或者经税务机关通知申报而拒不申报或者进行虚假的纳税申报的手段，不缴或者少缴应纳税款的，由税务机关追缴其不缴或者少缴的税款、滞纳金，并处不缴或者少缴的税款50%以上5倍以下的罚款
B. 纳税人采取欺骗、隐瞒手段进行虚假纳税申报或者不申报，逃避缴纳税款数额较大并且占应纳税额10%以上的，处3年以下有期徒刑或者拘役，并处罚金；数额巨大并且占应纳税额30%以上的，处3年以上7年以下有期徒刑，并处罚金；对多次实施前述行为，未经处理的，按照累计数额计算
C. 有逃税行为，经税务机关依法下达追缴通知后，补缴应纳税款，缴纳滞纳金，已受行政处罚的，不予追究刑事责任；但是，五年内因逃避缴纳税款受过刑事处罚或者被税务机关给予两次以上行政处罚的除外
D. 扣缴义务人采取上述手段，不缴或者少缴已扣、已收税款，由税务机关追缴其不缴或者少缴的税款、滞纳金，并处不缴或者少缴的税款50%以上5倍以下的罚款；构成犯罪的，依法追究刑事责任

【考点子题——举一反三，真枪实练】

[2]（历年真题·单选题）根据税收征收管理法律制度的规定，纳税人发生的下列行为中，属于逃税的是（ ）。

A. 以暴力、威胁方法，拒不缴纳税款的

B. 在账簿上多列支出、少列收入、少缴应纳税款的

C. 假报出口，骗取国家出口退税款的

D. 未按照规定的期限办理纳税申报和报送纳税资料的

考点16-3：欠税行为的法律责任

◆【考点母题——万变不离其宗】欠税行为的法律责任

（1）【判断金句】欠税行为，是指纳税人欠缴应纳税款，采取转移或者隐匿财产的手段，妨碍税务机关追缴欠缴的税款的行为。
（2）【判断金句】纳税人欠税的，由税务机关追缴欠缴的税款、滞纳金，并处欠缴税款50%以上5倍以下的罚款；构成犯罪的，依法追究刑事责任。

考点16-4：抗税行为的法律责任

◆【考点母题——万变不离其宗】抗税行为的法律责任

（1）【判断金句】抗税行为，是指纳税人、扣缴义务人以暴力、威胁方法拒不缴纳税款的行为。
（2）【判断金句】对抗税行为，除由税务机关追缴其拒缴的税款、滞纳金外，依法追究刑事责任。情节轻微、未构成犯罪的，由税务机关追缴其拒缴的税款、滞纳金，并处罚款。

🍀【考点子题——举一反三，真枪实练】

[3]（历年真题·单选题）根据税收征收管理法律制度的规定，纳税人发生的下列行为中，属于抗税的是（　　）。

A. 伪造账簿不缴应纳税款的　　　　B. 擅自销毁账簿不缴应纳税款的

C. 在账簿上多列支出少缴应纳税款的　　D. 以暴力、威胁方法拒不缴纳税款的

考点16-5：骗税行为的法律责任

◆【考点母题——万变不离其宗】骗税行为的法律责任

（1）【判断金句】骗税行为，是指纳税人以假报出口或者其他欺骗手段，骗取国家出口退税款的行为。
（2）【判断金句】纳税人有骗税行为，由税务机关追缴其骗取的退税款，并处骗取税款1倍以上5倍以下的罚款；构成犯罪的，依法追究刑事责任。
（3）【判断金句】对骗取国家出口退税款的，税务机关可以在规定期间内停止为其办理出口退税。

【考点子题——举一反三，真枪实练】

[4]（历年真题·单选题）根据税收征收管理法律制度的规定，纳税人有骗税行为，由税务机关追缴其骗取的退税款，并处骗取税款一定倍数的罚款。倍数为（　）。

A. 5 倍以上 10 倍以下

B. 1 倍以上 5 倍以下

C. 10 倍

D. 10 倍以上 15 倍以下

◆**【神奇母题提示】** 实施税收违法行为的法律责任对比

	法律责任		
	行政责任	刑事责任	
违反税务管理规定	罚款：50% 以上 3 倍以下；首违不罚	无	
逃税行为	罚款：50% 以上 5 倍以下	逃税金额较大应税额 10% 以上	3 年以下有期徒刑罚金
		逃税金额巨大应税额 30% 以上	3 年以上 7 年以下罚金
欠税行为	罚款：50% 以上 5 倍以下	依法追究刑事责任	
抗税行为	罚款：1 倍以上 5 倍以下	依法追究刑事责任	
骗税行为	罚款：1 倍以上 5 倍以下	依法追究刑事责任	

［本节考点子题答案及解析］

[1]**【答案】** C

【解析】 扣缴义务人应扣未扣、应收而不收税款的，由税务机关向纳税人追缴税款，对扣缴义务人处应扣未扣、应收未收税款 50% 以上 3 倍以下的罚款。

[2]**【答案】** B

【解析】 选项 A 为抗税行为；选项 C 为骗税行为；选项 D 为拖延纳税申报的行为。

[3]**【答案】** D

【解析】 抗税行为，是指纳税人、扣缴义务人以暴力、威胁方法拒不缴纳税款的行为。

[4]**【答案】** B

【解析】 纳税人有骗税行为，由税务机关追缴其骗取的退税款，并处骗取税款 1 倍以上 5 倍以下的罚款；构成犯罪的，依法追究刑事责任。

第 8 章

劳动合同与社会保险法律制度

本章主题

本章知识框架

本章由劳动合同法律制度和社会保险法律制度两部分构成。本章亦是较为重要的章节，极易出到不定项选择题。本章具体知识结构分布图如下：

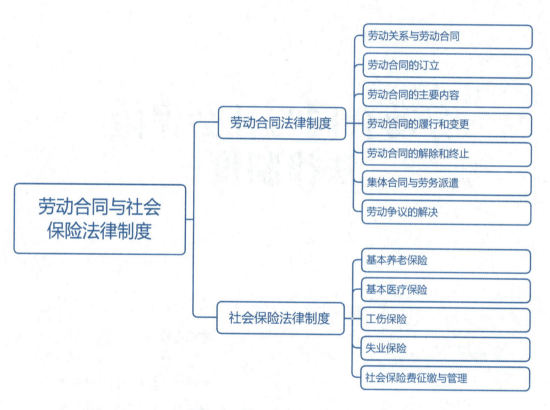

图 8-1　第 8 章知识框架图

第一节 劳动合同法律制度

【本节考点、考点母题及考点子题】

考点 1： 劳动关系与劳动合同

◆ **【考点母题——万变不离其宗】劳动关系与劳动合同**

（1）根据劳动合同法律制度的规定，下列各项中，属于劳动关系特征的有（　　）。
A. 劳动关系的主体具有特定性 B. 劳动关系的内容具有较强的法定性 C. 劳动者在签订和履行劳动合同时的地位是不同的
（2）【判断金句】境内的企业、个体经济组织、民办非企业单位、依法成立的会计师事务所、律师事务所等合伙组织和基金会、国家机关、事业单位、社会团体等组织（以下称用人单位）与劳动者建立劳动关系，订立、履行、变更、解除或者终止劳动合同，适用劳动合同法。

【考点子题——举一反三，真枪实练】

[1]（经典子题·多选题）根据劳动合同法律制度的规定，关于劳动关系特征的下列表述中，正确的有（ ）。

    A. 劳动关系主体的一方是劳动者，另一方是用人单位

    B. 劳动关系的内容具有较强的法定性

    C. 劳动者与用人单位在签订劳动合同时，应遵循平等、自愿、协商一致的原则

    D. 在履行劳动合同的过程中，双方的地位是平等的

考点2： 劳动合同的订立

考点2-1： 劳动合同订立的原则

◆【考点母题——万变不离其宗】劳动合同订立的原则

根据劳动合同法律制度的规定，下列各项中，属于劳动合同订立原则的有（ ）。
A. 合法原则　　　　B. 公平原则　　　　C. 平等自愿原则
D. 协商一致原则　　E. 诚实信用原则

【考点子题——举一反三，真枪实练】

[2]（历年真题·多选题）根据劳动合同法律制度的规定，下列各项中，属于劳动合同订立原则的有（ ）。

    A. 公平原则　　　B. 平等自愿原则　　　C. 协商一致原则　　　D. 诚实信用原则

考点2-2： 劳动合同订立的主体

◆【考点母题——万变不离其宗】劳动合同订立主体的资格要求

（1）根据劳动合同法律制度的规定，劳动合同订立主体的资格要求有（ ）。	
劳动者	A.劳动者需年满16周岁（只有文艺、体育、特种工艺单位录用人员可以例外） B.有劳动权利能力和行为能力
用人单位	C.有用人权利能力和行为能力
（2）【判断金句】用人单位设立的分支机构，依法取得营业执照或者登记证书的，可以作为用人单位与劳动者订立劳动合同；未依法取得营业执照或者登记证书的，受用人单位委托可以与劳动者订立劳动合同。	

❀【考点子题——举一反三，真枪实练】

[3]（经典子题·多选题）根据劳动合同法律制度的规定，下列单位中，可以在履行审批手续并保障劳动者接受义务教育权利的前提下，与未满16岁劳动者订立劳动合同的有（ ）。

    A. 文艺单位   B. 体育单位   C. 特种工艺单位   D. 制药单位

[4]（经典子题·判断题）用人单位设立的分支机构，未依法取得营业执照或者登记证书的，不可以与劳动者订立劳动合同。（ ）

◆【考点母题——万变不离其宗】用人单位的义务和责任

（1）根据劳动合同法律制度的规定，下列各项中，用人单位招用劳动者时，应承担的义务有（ ）。
A.应当如实告知劳动者工作内容、工作条件、工作地点、职业危害、安全生产状况、劳动报酬，以及劳动者要求了解的其他情况 B.不得扣押劳动者的居民身份证和其他证件 C.不得要求劳动者提供担保 D.不得以各种名义向劳动者收取财物
（2）【判断金句】用人单位有权了解劳动者与劳动合同直接相关的基本情况，劳动者应当如实说明。

【考点子题——举一反三，真枪实练】

[5] (历年真题·判断题) 用人单位招用劳动者，不得扣押劳动者的居民身份证和其他证件，不得要求劳动者提供担保或者以其他名义向劳动者收取财物。（　）

[6] (历年真题·判断题) 甲公司招用王某时，要求其缴纳 600 元的工作服押金，甲公司的做法不符合法律规定。（　）

[7] (历年真题·单选题) 用人单位招用劳动者的下列情形中，符合劳动合同法律制度规定的是（　）。

    A. 丙超市与刚满 15 周岁的初中毕业生赵某签订劳动合同

    B. 乙公司以只招男性为由拒绝录用应聘者李女士从事会计工作

    C. 甲公司设立的分公司已领取营业执照，该分公司与张某订立劳动合同

    D. 丁公司要求王某提供 2 000 元保证金后才与其订立劳动合同

[8] (历年真题·判断题) 用人单位招收劳动者可以要求劳动者提供劳动担保。（　）

考点 2-3：劳动关系建立的时间

◆【考点母题——万变不离其宗】劳动关系建立的时间

（1）根据劳动合同法律制度的规定，下列关于劳动关系建立时间的表述中，正确的有（　）。
A. 用人单位自用工之日起即与劳动者建立劳动关系 B. 用人单位与劳动者在用工前订立劳动合同的，劳动关系自用工之日起建立
（2）【判断金句】用人单位应当建立职工名册备查。

【考点子题——举一反三，真枪实练】

[9] (经典子题·单选题) 根据劳动合同法律制度的规定，用人单位与劳动者建立劳动关系的起算日期是（　）。

    A. 用工之日　　　　　　　　　B. 劳动合同订立之日

    C. 试用期满之日　　　　　　　D. 自用工之日起 1 个月后

[10] (历年真题·单选题) 2022 年 11 月 1 日，甲公司与韩某签订劳动合同，约定合同期限 1 年，试用期 1 个月，每月 15 日发放工资。韩某 11 月 10 日上岗工作。甲公司与韩某建立劳动关系的起始时间是（　）。

    A. 2022 年 11 月 1 日　　　　　B. 2022 年 11 月 10 日

    C. 2022 年 11 月 15 日　　　　　D. 2022 年 12 月 10 日

考点 2-4：劳动合同订立的形式

◆ 【考点母题——万变不离其宗】劳动合同订立的形式

（1）根据劳动合同法律制度的规定，下列关于劳动合同形式的表述中，正确的有（　　）。	
A. 建立劳动关系，应当订立书面劳动合同 B. 已建立劳动关系，未同时订立书面劳动合同，应自用工之日起 1 个月内订立书面劳动合同	
（2）根据劳动合同法律制度的规定，下列关于补订书面劳动合同的表述中，正确的有（　　）。	

自用工之日起时限 X	后　　果
X ＜ 1 月 劳动者不愿意	A. 用人单位应当书面通知劳动者终止劳动关系 B. 无需向劳动者支付经济补偿 C. 应当依法向劳动者支付其实际工作时间的劳动报酬
1 月 ≤ X ＜ 1 年	D. 应当向劳动者每月支付 2 倍的工资（用工之日起满 1 个月的次日，截止到补订书面劳动合同的前 1 日），并与劳动者补订书面劳动合同 E. 劳动者不与用人单位订立书面劳动合同的，用人单位应当书面通知劳动者终止劳动关系，并支付经济补偿
X ≥ 1 年	F. 自用工之日起满一个月的次日至满一年的前一日应当向劳动者每月支付 2 倍的工资补偿，并应当立即与劳动者补订书面劳动合同 G. 视为自用工之日起满 1 年的当日已经与劳动者订立无固定期限劳动合同 H. 自应当订立无固定期限劳动合同之日起向劳动者每月支付 2 倍的工资

（3）【判断金句】非全日制用工双方当事人可以订立口头协议。

续表

非全日制用工:
A. 以小时计酬为主
B. 劳动者在同一用人单位一般平均每日工作时间不超过4小时
C. 劳动者在同一用人单位每周工作时间累计不超过24小时
（4）根据劳动合同法律制度的规定，下列关于非全日制用工规定的表述中，正确的有（　）。
A. 劳动者可以与一个或者一个以上用人单位订立劳动合同，后订立的劳动合同不得影响先订立的劳动合同的履行 B. 双方当事人不得约定试用期 C. 双方当事人任何一方都可以随时通知对方终止用工 D. 终止用工，用人单位不向劳动者支付经济补偿 E. 小时计酬标准不得低于用人单位所在地人民政府规定的最低小时工资标准 F. 用人单位可按小时、日或周结算工资，但非全日制用工劳动报酬结算支付周期最长不得超过15日

♣【考点子题——举一反三，真枪实练】

[11]（经典子题·多选题）张某于2022年4月1日起开始在甲公司上班，2022年4月11日，甲公司的劳动人事部门书面通知张某，要求与张某订立书面劳动合同，遭到张某的明确拒绝。甲公司的下列做法中，符合劳动合同法律制度规定的有（　）。

A. 书面通知张某终止劳动关系

B. 未向张某支付任何经济补偿

C. 向张某支付了其实际工作时间的劳动报酬

D. 未向张某支付其实际工作时间的劳动报酬

[12]（历年真题·多选题）张某2022年8月进入甲公司工作，公司按月支付工资，至年底公司尚未与张某签订劳动合同。关于公司与张某之间劳动关系的下列表述中，正确的有（　）。

A. 公司与张某之间可视为不存在劳动关系

B. 公司与张某之间可视为已订立无固定期限劳动合同

C. 公司应与张某补订劳动合同，并支付工资补偿

D. 张某可与公司终止劳动关系，公司应支付经济补偿

[13]（历年真题·单选题）周某于2021年4月11日进入甲公司就职，经周某要求，公司于2022年4月11日才与其签订劳动合同。已知周某每月工资2 000元，已按时足额领取。甲公司应向周某支付工资补偿的金额是（　）元。

A. 0　　　　B. 2 000　　　　C. 22 000　　　　D. 24 000

［14］（历年真题·判断题）用人单位自用工之日起满一年不与劳动者订立书面劳动合同的，视为用人单位自用工之日起满一年的当日已经与劳动者订立无固定期限劳动合同。（ ）

［15］（历年真题·单选题）根据劳动合同法律制度的规定，下列情形中，用人单位与劳动者可以不签订书面劳动合同的是（ ）。

A. 试用期用工　　　　　　　　　　B. 非全日制用工

C. 固定期限用工　　　　　　　　　D. 无固定期限用工

［16］（历年真题·单选题）根据劳动合同法律制度的规定，下列关于非全日制用工的表述中，不正确的是（ ）。

A. 双方当事人可以订立口头协议

B. 双方当事人不得约定试用期

C. 双方当事人任何一方可以随时通知对方终止用工

D. 用人单位可以按月结算劳动报酬

［17］（历年真题·多选题）根据劳动合同法律制度的规定，下列各项中，可作为非全日制用工劳动者劳动报酬支付周期结算单位的有（ ）。

A. 小时　　　　B. 日　　　　C. 周　　　　D. 月

考点 2-5：劳动合同的效力

◆【考点母题——万变不离其宗】劳动合同的效力

劳动合同的生效	（1）根据劳动合同法律制度的规定，下列关于劳动合同生效的表述中，正确的有（ ）。	
	A.劳动合同由用人单位与劳动者协商一致，并经用人单位与劳动者在劳动合同文本上签字或者盖章生效 B.劳动合同依法订立即生效，具有法律约束力	
无效劳动合同	情形	（2）根据劳动合同法律制度的规定，下列劳动合同中，无效或者部分无效的有（ ）。
		A.以欺诈、胁迫的手段或者乘人之危，使对方在违背真实意思的情况下订立或者变更劳动合同的 B.用人单位免除自己的法定责任、排除劳动者权利的 C.违反法律、行政法规强制性规定的
		（3）【判断金句】对劳动合同的无效或者部分无效有争议的，由劳动争议仲裁机构或者人民法院确认。
	法律后果	（4）根据劳动合同法律制度的规定，下列关于无效劳动合同法律后果的表述中，正确的有（ ）。
		A.无效劳动合同，从订立时起就没有法律约束力 B.劳动合同部分无效，不影响其他部分效力的，其他部分仍然有效 C.劳动合同被确认无效，劳动者已付出劳动的，用人单位应当向劳动者支付劳动报酬 【注意】劳动报酬的数额，参照本单位相同或者相近岗位劳动者的劳动报酬确定。

第8章

🍀【考点子题——举一反三，真枪实练】

[18]（历年真题·多选题）根据劳动合同法律制度的规定，下列劳动合同中，属于无效或者部分无效的有（　　）。

  A. 甲公司以胁迫手段，使张某在违背真实意思的情况下订立的劳动合同

  B. 乙公司与赵某签订的免除公司法定责任、排除赵某权利的劳动合同

  C. 李某凭借伪造的学历证书，欺骗丙公司与其订立的劳动合同

  D. 丁公司乘人之危，使王某在违背真实意思的情况下订立的劳动合同

[19]（历年真题·多选题）根据劳动合同法律制度的规定，下列情形中，可导致劳动合同无效或部分无效的有（　　）。

  A. 一方当事人以胁迫的手段，使对方在违背真实意思的情况下订立的

  B. 劳动合同条款违反法律，行政法规强制性规定的

  C. 劳动合同签订后，用人单位发生分立的

  D. 劳动合同欠缺必备条款的

[20]（历年真题·判断题）劳动合同被确认为无效，劳动者已经付出劳动的，用人单位应向劳动者支付劳动报酬。（　　）

考点 3：劳动合同的主要内容

考点 3-1：劳动合同必备条款

◆【考点母题——万变不离其宗】劳动合同的必备条款

（1）根据劳动合同法律制度的规定，下列各项中，属于劳动合同必备条款的有（　　）。
A. 用人单位的名称、住所和法定代表人或者主要负责人 B. 劳动者的姓名、住址和居民身份证或者其他有效身份证件号码 C. 劳动合同期限　　　D. 工作内容和工作地点　　　E. 工作时间和休息休假 F. 劳动报酬　　　G. 社会保险　　　H. 劳动保护、劳动条件和职业危害防护
（2）根据劳动合同法律制度的规定，下列各项中，属于劳动合同可备条款的有（　　）。
A. 试用期　　　B. 服务期　　　C. 保守商业秘密 D. 竞业限制　　　E. 补充保险　　　F. 福利待遇

👥【考点子题——举一反三，真枪实练】

[21]（历年真题·多选题）根据劳动合同法律制度的规定，下列各项中，属于劳动合同的必备条款的有（　　）。

　　A. 社会保险　　B. 试用期　　C. 报酬　　D. 合同期限

[22]（经典子题·多选题）根据劳动合同法律制度的规定，下列各项中，属于劳动合同可备条款的有（　　）。

　　A. 劳动报酬　　B. 社会保险　　C. 试用期　　D. 服务期

考点 3-1-1：劳动合同的期限

◆【考点母题——万变不离其宗】劳动合同的期限

种类		（1）根据劳动合同法律制度的规定，劳动合同期限的种类有（　　）。
		A. 固定期限劳动合同 B. 以完成一定工作任务为期限的劳动合同 C. 无固定期限劳动合同
无固定期限劳动合同	应当订立情形	（2）根据劳动合同法律制度的规定，下列情形中，劳动者提出或同意续订劳动合同的，除劳动者提出订立固定期限劳动合同外，应当订立无固定期限劳动合同的有（　　）。
		A. 劳动者在该用人单位连续工作满 10 年的 B. 用人单位初次实行劳动合同制度或者国有企业改制重新订立劳动合同时，劳动者在该用人单位连续工作满 10 年且距法定退休年龄不足 10 年的 C. 连续订立 2 次固定期限劳动合同，且劳动者没有特定情形，续订劳动合同的 D. 用人单位自用工之日起满 1 年不与劳动者订立书面劳动合同的，视为用人单位自用工之日起满 1 年的当日已经与劳动者订立无固定期限劳动合同

续表

无固定期限劳动合同	不能订立情形	（3）根据劳动合同法律制度的规定，连续订立 2 次固定期限劳动合同，续订劳动合同时，若劳动者存在特定情形时，会导致用人单位不与其签订无固定期限劳动合同。该特定情形有（　）。	
		A. 严重违反用人单位的规章制度的 B. 严重失职，营私舞弊，给用人单位造成重大损害的 C. 同时与其他用人单位建立劳动关系，对完成本单位的工作任务造成严重影响，或者经用人单位提出，拒不改正的 D. 以欺诈、胁迫的手段或者乘人之危，使用人单位在违背真实意思的情况下订立或者变更劳动合同，致使劳动合同无效的 E. 被依法追究刑事责任的	劳动者主观问题
		F. 患病或者非因工负伤，在规定的医疗期满后不能从事原工作，也不能从事由用人单位另行安排的工作的 G. 不能胜任工作，经过培训或者调整工作岗位，仍不能胜任工作的	劳动者客观问题

【考点子题——举一反三，真枪实练】

[23]（历年真题·多选题）根据劳动合同法律制度的规定，下列各项中，除劳动者提出订立固定期限劳动合同外，用人单位与劳动者应当订立无固定期限劳动合同的情形有（　）。

A. 劳动者在该用人单位连续工作满 10 年的

B. 连续订立 2 次固定期限劳动合同的

C. 国有企业改制重新订立劳动合同，劳动者在该用人单位连续工作满 5 年且距法定退休年龄不足 15 年的

D. 用人单位初次实行劳动合同制度，劳动者在该用人单位连续工作满 10 年且距法定退休年龄不足 10 年的

考点 3-1-2：工作时间和休息、休假

❖ **【考点母题——万变不离其宗】工作时间**

（1）根据劳动合同法律制度的规定，我国实行的工时制度有（   ）。
A. 标准工时制　　　B. 不定时工作制　　　C. 综合计算工时制
（2）根据劳动合同法律制度的规定，下列关于标准工时制的表述中，正确的有（   ）。
A. 国家实行劳动者每日工作 8 小时、每周工作 40 小时的标准工时制度 B. 每周至少休息 1 天 C. 延长工作时间一般每日不得超过 1 小时 D. 特殊情况下延长工作时间每日不得超过 3 小时，每月不得超过 36 小时
（3）根据劳动合同法律制度的规定，下列情形中，劳动者工作时间不受标准工时制限制的有（   ）。
A. 发生自然灾害、事故或者因其他原因，威胁劳动者生命健康和财产安全，需要紧急处理的 B. 生产设备、交通运输线路、公共设施发生故障，影响生产和公众利益，必须及时抢修的

❖ **【考点母题——万变不离其宗】休息时间**

（1）根据劳动合同法律制度的规定，下列各项中，属于法定节假日的有（   ）。
A. 元旦　　　　B. 春节　　　　C. 清明节　　　D. 劳动节 E. 端午节　　　F. 中秋节　　　G. 国庆节
（2）根据劳动合同法律制度的规定，下列关于年休假的表述中，正确的有（   ）。
A. 机关、团体、企业、事业单位、民办非企业单位、有雇工的个体工商户等单位的职工连续工作 1 年以上的，享受带薪年休假 B. 职工在年休假期间享受与正常工作期间相同的工资收入 C. 国家法定休假日、休息日不计入年休假的假期 D. 年休假在 1 个年度内可以集中安排，也可以分段安排，一般不跨年度安排；单位因生产、工作特点确有必要跨年度安排职工年休假的，可以跨 1 个年度安排

工作时间	满 1 年不满 10 年	满 10 年不满 20 年	满 20 年
年休假时间	5 天	10 天	15 天
不享受当年年休假的情形	（1）病假累计 2 个月以上	（2）病假累计 3 个月以上	（3）病假累计 4 个月以上
	（4）依法享受寒暑假，其休假天数多于年休假天数的 （5）请事假累计 20 天以上且单位按照规定不扣工资的		

【说明】职工新进用人单位且符合享受带薪年休假条件的，当年度年休假天数按照在本单位剩余日历天数折算确定，折算后不足 1 整天的部分不享受年休假。

♧ **【考点子题——举一反三，真枪实练】**

[24]（历年真题·多选题）根据劳动合同法律制度的规定，下列情形中，职工不能享受

当年年休假的有（　　）。

A. 依法享受寒暑假，其休假天数多于年休假天数的

B. 请事假累计20天以上，且单位按照规定不扣工资的

C. 累计工作满1年不满10年，请病假累计2个月以上的

D. 累计工作满20年以上，请病假累计满3个月的

[25]（历年真题·单选题）方某工作已满15年，2022年上半年在甲公司已休带薪年休假（以下简称年休假）5天；下半年调到乙公司工作，提出补休年休假的申请。乙公司对方某补休年休假申请符合法律规定的答复是（　　）。

A. 不可以补休年休假　　　　　　B. 可补休5天年休假

C. 可补休10天年休假　　　　　　D. 可补休15天年休假

考点3-1-3：劳动报酬

◆【考点母题——万变不离其宗】劳动报酬

劳动报酬的支付	（1）根据劳动合同法律制度的规定，下列关于劳动报酬支付的表述中，正确的有（　　）。	
	A. 工资应当以法定货币支付，不得以实物及有价证券替代货币支付 B. 工资必须在用人单位与劳动者约定的日期支付；如遇节假日或休息日，则应提前在最近的工作日支付 C. 工资至少每月支付一次，实行周、日、小时工资制的可按周、日、小时支付工资	
特殊情况下的工资支付	（2）根据劳动合同法律制度的规定，下列关于在法定标准工作时间以外工作支付加班工资的表述中，正确的有（　　）。	
	A. 工作日延长工作时间	小时工资标准的150%
	B. 休息日（周末）工作，又不安排补休	日或小时工资标准的200%
	C. 法定休假日工作	日或小时工资标准的300%

经济赔偿金	（3）根据劳动合同法律制度的规定，因劳动者本人原因给用人单位造成经济损失的，用人单位可按照劳动合同的约定要求其赔偿经济损失。下列关于经济损失的赔偿的表述中，正确的有（　　）。
	A.经济损失赔偿可从劳动者本人的工资中扣除 B.经济损失赔偿金额≤劳动者当月工资×20%，且扣除经济损失赔偿后的剩余工资≥当地月最低工资标准

【考点子题——举一反三，真枪实练】

[26]（历年真题·多选题）根据劳动合同法律制度的规定，关于劳动报酬支付的下列表述中，正确的有（　　）。

A. 用人单位可以采用多种形式支付工资，如货币、有价证券、实物等

B. 工资至少每月支付一次，实行周、日、小时工资制的可按周、日、小时支付工资

C. 对完成一次性临时劳动的劳动者，用人单位应按协议在其完成劳动任务后即支付工资

D. 约定支付工资的日期遇节假日或休息日的，应提前在最近的工作日支付

[27]（历年真题·单选题）某企业实行标准工时制。2022年3月，为完成一批订单，该企业安排全体职工每工作日延长工作时间2小时。关于该企业向职工支付加班工资的下列计算标准中，正确的是（　　）。

A. 不低于职工本人小时工资标准的100%

B. 不低于职工本人小时工资标准的150%

C. 不低于职工本人小时工资标准的200%

D. 不低于职工本人小时工资标准的300%

[28]（历年真题·单选题）甲公司因生产经营需要，安排职工黄某2017年5月1日（国际劳动节）加班，5月8日（周一）、9日（周二）、10日（周三）分别安排黄某延长工作时间1小时。已知甲公司实行标准工时制，黄某日工资为400元。计算甲公司应依法向黄某支付的2017年5月最低加班工资的下列算式中，正确的是（　　）。

A. $400×300\%+400÷8×1×3×150\%=1\ 425$ 元

B. $400×200\%+400÷8×1×3×150\%=1\ 025$ 元

C. $400×200\%+400÷8×1×3×200\%=1\ 100$ 元

D. $400×300\%+400÷8×1×3×200\%=1\ 500$ 元

[29]（历年真题·单选题）工人李某在加工一批零件时因疏忽致使所加工产品全部报废，给工厂造成经济损失6 000元。工厂要求李某赔偿经济损失，从其每月工资中扣

除，已知李某每月工资收入 1 100 元，当地月最低工资标准 900 元。该工厂可从李某每月工资中扣除的最高限额为（　　）元。

A. 500　　B. 220　　C. 200　　D. 110

考点 3-2：劳动合同可备条款

◆【考点母题——万变不离其宗】劳动合同可备条款—试用期

合同期限 X	试用期 Y
X < 3 个月或以完成一定工作任务为期限或非全日制用工	无试用期
3 个月≤ X < 1 年	Y ≤ 1 个月
1 年≤ X < 3 年	Y ≤ 2 个月
3 年≤ X 和无固定期限	Y ≤ 6 个月
试用期工资≥本单位相同岗位最低档工资或劳动合同约定工资的 80%，且不得低于用人单位所在地的最低工资标准	
根据劳动合同法律制度的规定，下列关于试用期的表述中，正确的有（　　）。	
A. 同一用人单位与同一劳动者只能约定一次试用期 B. 试用期包含在劳动合同期限内 C. 劳动合同仅约定试用期的，试用期不成立，该期限为劳动合同期限 D. 违法约定的试用期已经履行的，由用人单位以劳动者试用期满月工资为标准，按已经履行的超过法定试用期的期间向劳动者支付赔偿金	

【考点子题——举一反三，真枪实练】

[30]（历年真题·判断题）同一用人单位与同一劳动者只能约定一次试用期。（ ）

[31]（历年真题·多选题）某公司拟与张某签订为期 3 年的劳动合同，关于该合同试用期约定的下列方案中，符合法律制度的有（ ）。

A. 不约定试用期

B. 试用期 1 个月

C. 试用期 3 个月

D. 试用期 6 个月

[32]（历年真题·单选题）根据劳动合同法律制度的规定，用人单位与劳动者约定了试用期的，劳动者在试用期的工资不得低于用人单位所在地的最低工资标准，也不得低于相同岗位最低档工资或者劳动合同约定工资的一定比例，该比例为（ ）。

A. 50%　　　　B. 60%　　　　C. 80%　　　　D. 70%

[33]（历年真题·多选题）根据劳动合同法律制度的规定，下列关于试用期的表述中，正确的有（ ）。

A. 丙公司与白某订立无固定期限劳动合同，约定试用期 4 个月

B. 甲公司与陆某订立以完成一定工作任务为期限的劳动合同，试用期为 1 个月

C. 丁公司约定李某从事非全日制用工，试用期为半个月

D. 乙公司与赵某订立 1 年期劳动合同，约定试用期为 2 个月

【考点母题——万变不离其宗】劳动合同可备条款—服务期

（1）根据劳动合同法律制度的规定，下列关于服务期适用范围的表述中，正确的有（ ）。
A. 用人单位为劳动者提供专项培训费用，对其进行专业技术培训的，可以与劳动者订立协议，约定服务期
B. 用人单位与劳动者约定服务期的，不影响按照正常的工资调整机制提高劳动者在服务期期间的劳动报酬
C. 劳动合同期满，但是用人单位与劳动者约定的服务期尚未到期的，劳动合同应当续延至服务期满；双方另有约定的，从其约定

续表

（2）根据劳动合同法律制度的规定，下列关于劳动者违反服务期约定应承担违约责任的表述中，正确的有（ ）。	
A. 劳动者违反服务期约定的，应当按照约定向用人单位支付违约金 B. 违约金≤服务期尚未履行部分所应分摊的培训费用	
（3）根据劳动合同法律制度的规定，用人单位与劳动者约定了服务期，劳动者因"主观问题"（考点3-1-1）而被用人单位解除劳动关系的，用人单位仍有权要求其支付违约金。	
（4）根据劳动合同法律制度的规定，用人单位与劳动者约定了服务期，下列情形中，劳动者解除劳动合同但不属于违反服务期的约定、用人单位不得要求劳动者支付违约金的有（ ）。	
A. 用人单位未按照劳动合同约定提供劳动保护或者劳动条件的 B. 用人单位未及时足额支付劳动报酬的 C. 用人单位未依法为劳动者缴纳社会保险费的 D. 用人单位的规章制度违反法律、法规的规定，损害劳动者权益的 E. 用人单位以欺诈、胁迫的手段或者乘人之危，使劳动者在违背真实意思的情况下订立或者变更劳动合同致使劳动合同无效的 F. 用人单位在劳动合同中免除自己的法定责任、排除劳动者权利的 G. 用人单位违反法律、行政法规强制性规定的	用人单位问题

🍀【考点子题——举一反三，真枪实练】

[34]（经典子题·单选题）某公司为员工吴某提供专项培训费用5万元，对其进行专业技术培训，双方约定服务期5年。工作满2年时，吴某辞职。根据劳动合同法律制度的规定，吴某应向该公司支付违约金（ ）。

　　A. 0万元　　B. 2万元　　C. 3万元　　D. 5万元

◆【考点母题——万变不离其宗】劳动合同可备条款—保守商业秘密和竞业限制

（1）根据劳动合同法律制度的规定，下列各项中，属于商业秘密的有（ ）。	
A. 非专利技术　　　　B. 经营信息	

（2）根据劳动合同法律制度的规定，下列关于竞业限制的表述中，正确的有（　　）。

A. 在用人单位和劳动者之间的劳动关系解除和终止后，限制劳动者一定时期的择业权，对因此约定给劳动者造成的损害，用人单位给予劳动者相应的经济补偿

B. 对负有保密义务的劳动者，用人单位应在竞业限制期限内按月给予劳动者经济补偿

C. 劳动者违反竞业限制约定的，应当按照约定向用人单位支付违约金

D. 竞业限制的人员限于用人单位的高级管理人员、高级技术人员和其他负有保密义务的人员

E. 在解除或者终止劳动合同后，竞业限制人员的竞业限制期限，不得超过 2 年

（3）根据劳动合同法律制度的规定，下列关于竞业限制和经济补偿的表述中，正确的有（　　）。

A. 当事人在劳动合同或保密协议中约定了竞业限制，但未约定解除或终止劳动合同后给予劳动者经济补偿，劳动者履行了竞业限制义务，要求用人单位按照劳动者在劳动合同解除或者终止前 12 个月平均工资的 30% 按月支付经济补偿的，人民法院应予支持；按月支付经济补偿金低于劳动合同履行地最低工资标准的，按照最低工资标准支付

B. 当事人在劳动合同或者保密协议中约定了竞业限制和经济补偿，劳动合同解除或者终止后，因用人单位的原因导致 3 个月未支付经济补偿，劳动者请求解除竞业限制约定的，人民法院应予支持

C. 劳动者违反竞业限制约定，向用人单位支付违约金后，用人单位要求劳动者按照约定继续履行竞业限制义务的，人民法院应予支持

【考点子题——举一反三，真枪实练】

[35]（历年真题·判断题）在解除或者终止劳动合同后，竞业限制人员到与本单位生产或者经营同类产品、从事同类业务的有竞争关系的其他用人单位工作，或者自己开业生产或者经营同类产品、从事同类业务的竞业限制期限，不得超过 1 年。（　　）

考点 4：劳动合同的履行和变更

考点 4-1：劳动合同的履行

【考点母题——万变不离其宗】劳动合同的履行

（1）根据劳动合同法律制度的规定，下列各项中，属于用人单位应该按照劳动合同约定履行的义务有（　　）。

A. 向劳动者及时足额支付劳动报酬

B. 用人单位安排加班的，应当按照国家有关规定向劳动者支付加班费

C. 劳动者拒绝用人单位管理人员违章指挥、强令冒险作业的，不视为违反劳动合同

D. 用人单位变更名称、法定代表人、主要负责人或者投资人等事项，不影响劳动合同的履行

E. 用人单位发生合并或者分立等情况，原劳动合同继续有效，劳动合同由承继其权利和义务的用人单位继续履行

续表

（2）根据劳动合同法律制度的规定，下列各项中，属于劳动规章制度内容的有（　　）。
A. 劳动合同管理　　　B. 工资管理　　　C. 社会保险福利待遇　　　D. 工时休假 E. 职工奖惩　　　　　F. 其他劳动管理规定
（3）【判断金句】用人单位应当将直接涉及劳动者切身利益的规章制度和重大事项决定公示，或者告知劳动者。用人单位的规章制度未经公示或者未对劳动者告知，该规章制度对劳动者不生效。
（4）【判断金句】用人单位在制定、修改或者决定直接涉及劳动者切身利益的规章制度和重大事项时，应当经职工代表大会或者全体职工讨论，与工会或者职工代表平等协商确定。

♣【考点子题——举一反三，真枪实练】

［36］（历年真题·多选题）根据劳动合同法律制度的规定，下列关于用人单位劳动规章制度的表述中，正确的有（　　）。

A. 直接涉及劳动者切身利益的劳动规章制度违法给劳动者造成损害的，用人单位应当承担赔偿责任

B. 用人单位应将直接涉及劳动者切身利益的劳动规章制度公示或者告知劳动者

C. 合法有效的劳动规章制度仅对劳动者具有法律约束力

D. 工时休假管理规定、职工奖惩管理规定和工资管理规定属于劳动规章制度

考点 4-2：劳动合同的变更

◆◆◆ 【考点母题——万变不离其宗】劳动合同变更

根据劳动合同法律制度的规定，下列关于劳动合同变更的表述中，正确的有（　　）。

A. 用人单位与劳动者协商一致，可以变更劳动合同约定的内容

B. 变更劳动合同，应当采用书面形式

C. 变更后的劳动合同文本由用人单位和劳动者各执一份

D. 已经实际履行了超过 1 个月的劳动合同口头变更，变更后的劳动合同内容不违反法律、行政法规、国家政策以及公序良俗，该合同变更有效

♣ 【考点子题——举一反三，真枪实练】

［37］（经典子题·多选题）根据劳动合同法律制度的规定，下列关于劳动合同变更的表述中，正确的有（　　）。

A. 用人单位与劳动者协商一致，可以变更劳动合同约定的内容

B. 变更劳动合同，应当采用书面形式

C. 已经实际履行了超过 1 个月的劳动合同口头变更无效

D. 变更后的劳动合同文本由用人单位和劳动者各执一份

考点 5：劳动合同的解除和终止

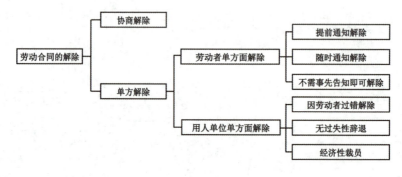

考点 5-1：劳动合同解除

◆◆◆ 【考点母题——万变不离其宗】劳动合同协商解除的经济补偿

根据劳动合同法律制度的规定，下列关于用人单位是否向劳动者支付经济补偿的表述中，正确的有（　　）。

A. 由用人单位提出解除劳动合同而与劳动者协商一致的，必须依法向劳动者支付经济补偿

B. 由劳动者主动辞职而与用人单位协商一致解除劳动合同的，用人单位不需向劳动者支付经济补偿

经济补偿金 =（在本单位的）工作年限（6 个月以上算 1 年，不满 6 个月算半年）× 月工资
月工资：最低限—当地最低工资标准；最高限—职工月平均工资 3 倍且工作年限不超过 12 年

◆【考点母题——万变不离其宗】劳动者可单方面解除劳动合同的情形

提前通知解除 （无经济补偿）	（1）根据劳动合同法律制度的规定，下列关于劳动者提前通知解除劳动合同的表述中，正确的有（　　）。
	A. 劳动者提前 30 日以书面形式通知用人单位解除劳动合同 B. 劳动者在试用期内提前 3 天通知用人单位解除劳动合同
	【注意】如果劳动者没有履行通知程序，则属于违法解除，因此对用人单位造成损失的，劳动者应对用人单位的损失承担赔偿责任。
随时通知解除 （有经济补偿）	（2）根据劳动合同法律制度的规定，因"用人单位问题"，劳动者可随时通知用人单位解除劳动合同。
不需事先告知 即可解除 （有经济补偿）	（3）根据劳动合同法律制度的规定，下列情形中，劳动者不需事先告知用人单位即可解除劳动合同的有（　　）。
	A. 用人单位以暴力、威胁或者非法限制人身自由的手段强迫劳动者劳动的 B. 用人单位违章指挥、强令冒险作业危及劳动者人身安全的

☘【考点子题——举一反三，真枪实练】

[38]（历年真题·多选题）根据劳动合同法律制度的规定，下列情形中，劳动者可以单方面随时通知用人单位解除劳动合同的有（　　）。

A. 用人单位未依法为劳动者缴纳社会保险费

B. 用人单位未及时足额支付劳动报酬

C. 用人单位未按照劳动合同约定提供劳动保护

D. 用人单位未按照劳动合同约定提供劳动条件

◆【考点母题——万变不离其宗】用人单位可单方面解除劳动合同的情形

劳动者过错解除 （随时通知解除， 无经济补偿）	（1）根据劳动合同法律制度的规定，下列情形中，用人单位可以随时通知劳动者解除劳动合同有（　　）。
	A. 劳动者在试用期间被证明不符合录用条件的 B. 劳动者主观问题
无过失性辞退 （预告解除） （有经济补偿）	（2）根据劳动合同法律制度的规定，下列情形中，属于无过失性辞退的有（　　）。
	A. 劳动者客观问题 B. 劳动合同订立时所依据的客观情况发生重大变化，致使劳动合同无法履行，经用人单位与劳动者协商，未能就变更劳动合同内容达成协议的
	（3）根据劳动合同法律制度的规定，下列关于无过失性辞退劳动者的表述中，正确的有（　　）。
	A. 用人单位提前 30 日以书面形式通知劳动者本人，可以解除劳动合同 B. 用人单位额外支付劳动者 1 个月工资（上 1 个月工资标准），可以解除劳动合同

第 8 章

续表

经济性裁员（有经济补偿）	（4）根据劳动合同法律制度的规定，裁减人员时，应优先留用的人员有（　　）。
	A. 与本单位订立较长期限的固定期限劳动合同的 B. 与本单位订立无固定期限劳动合同的 C. 家庭无其他就业人员，有需要扶养的老人或者未成年人的 D. 用人单位裁减人员后，在6个月内重新招用人员的，应当通知被裁减的人员，并在同等条件下优先招用被裁减的人员

【考点子题——举一反三，真枪实练】

[39]（历年真题·多选题）甲公司职工王某因病住院，医疗期满后不能从事原工作，也不能从事公司为其另行安排的工作，甲公司欲解除与王某的劳动合同。下列关于甲公司解除劳动合同采用方式的表述中，正确的有（　　）。

A. 甲公司可提前30日以书面形式通知王某解除

B. 甲公司与王某协商一致可以解除

C. 甲公司不需额外支付1个月工资可直接解除

D. 甲公司可额外支付王某1个月工资解除

[40]（历年真题·单选题）2022年8月杨某到甲公司工作，双方签订劳动合同，约定合同期限2年，试用期2个月。同年9月杨某因出国留学而提出辞职。下列关于杨某解除劳动合同方式的表述中，正确的是（　　）。

A. 应提前3日通知甲公司解除劳动合同

B. 应提前30日以书面形式通知甲公司解除劳动合同

C. 可随时通知甲公司解除劳动合同

D. 不需通知甲公司即可解除劳动合同

[41]（历年真题·多选题）根据劳动合同法律制度的规定，下列情形中，用人单位可随时通知劳动者解除劳动合同且不向其支付经济补偿的有（　　）。

A. 劳动者严重违反用人单位规章制度的

B. 劳动者同时与其他用人单位建立劳动关系，经用人单位提出，拒不改正的

C. 劳动者在试用期内被证明不符合录用条件的

D. 劳动者不能胜任工作，经过调整工作岗位仍不能胜任的

[42]（历年真题·多选题）根据劳动合同法律制度的规定，下列人员中，用人单位在经济性裁员时应优先留用的有（　　）。

A. 与本单位订立无固定期限劳动合同的

B. 与本单位订立较长期限的固定期限劳动合同的

C. 家庭无其他就业人员，有需要扶养的老人或未成年人的

D. 非全日制用工的

第8章

[43]（历年真题·单选题）根据劳动合同法律制度的规定，劳动合同解除的下列情形中，用人单位不向劳动者支付经济补偿的是（　　）。

A. 由用人单位提出并与劳动者协商一致而解除劳动合同的

B. 劳动者不能胜任工作，经过培训或者调整工作岗位，仍不能胜任而被用人单位解除劳动合同的

C. 劳动者因用人单位未及时足额支付劳动报酬而解除劳动合同的

D. 劳动者在试用期间被证明不符合录用条件的

考点5-2：劳动合同的终止

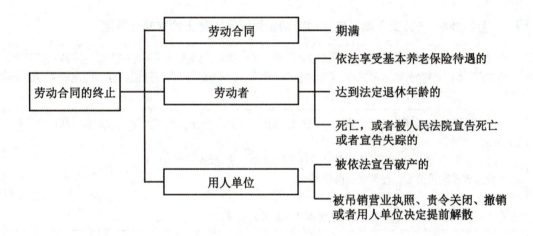

◆【考点母题——万变不离其宗】劳动合同的终止

根据劳动合同法律制度的规定，下列各项中，属于劳动合同终止情形的有（　　）。

A. 劳动合同期满的
【注意】① 除用人单位维持或者提高劳动合同约定条件续订劳动合同，劳动者不同意续订的情形外，劳动合同期满终止固定期限劳动合同的。
② 以完成一定工作任务为期限的劳动合同因任务完成而终止。

B. 劳动者开始依法享受基本养老保险待遇的
C. 劳动者达到法定退休年龄的
D. 劳动者死亡，或者被人民法院宣告死亡或者宣告失踪的
E. 用人单位被依法宣告破产的（有经济补偿）
F. 用人单位被吊销营业执照、责令关闭、撤销或者用人单位决定提前解散的（有经济补偿）

♣【考点子题——举一反三，真枪实练】

[44]（历年真题·多选题）根据劳动合同法律制度的规定，下列各项中，可导致劳动合同终止的情形有（   ）。

A. 劳动者患病，在规定的医疗期内劳动合同期满

B. 用人单位决定提前解散

C. 用人单位被依法宣告破产

D. 劳动者达到法定退休年龄

考点 5-3：对劳动合同解除和终止的限制性规定

◆【考点母题——万变不离其宗】对劳动合同解除和终止的限制性规定

根据劳动合同法律制度的规定，下列情形中，用人单位既不得适用无过失性辞退或经济性裁员解除劳动合同的情形解除劳动合同，也不得终止劳动合同，劳动合同应当续延至相应的情形消失时终止的有（   ）。

A. 从事接触职业病危害作业的劳动者未进行离岗前职业健康检查，或者疑似职业病病人在诊断或者医学观察期间的
B. 在本单位患职业病或者因工负伤并被确认丧失或者部分丧失劳动能力的
C. 患病或者非因工负伤，在规定的医疗期内的
D. 女职工在孕期、产期、哺乳期的
E. 在本单位连续工作满 15 年，且距法定退休年龄不足 5 年的

【注意】① 若符合因劳动者过错解除劳动合同的情形，则不受上述限制性规定的影响。
② 用人单位违反规定解除或者终止劳动合同，劳动者要求继续履行劳动合同的，用人单位应当继续履行。
③ 用人单位违反规定解除或者终止劳动合同，劳动者不要求继续履行劳动合同或者劳动合同已经不能继续履行的，用人单位应当依照《劳动合同法》规定的经济补偿标准的 2 倍向劳动者支付赔偿金。

♣【考点子题——举一反三，真枪实练】

[45]（经典子题·多选题）根据劳动合同法律制度的规定，下列各项中，用人单位既不得适用无过失性辞退或经济性裁员解除劳动合同的情形解除劳动合同，也不得终止劳动合同，劳动合同应当续延至相应的情形消失时终止的有（   ）。

A. 张某疑似患上职业病，尚在医学观察期间

B. 李某怀有身孕，还有 5 天即是预产期

C. 郝某非因工负伤，尚在医疗期内

D. 王某在甲公司连续工作满 10 年，并且距离法定退休年龄已不足 10 年

[46] (历年真题·多选题) 劳动合同期内，甲公司的职工王某正好处在孕期，但甲公司要解除劳动合同。根据劳动合同法律制度的规定，下列表述中，正确的有（　　）。

A. 甲公司不能解除劳动合同

B. 甲公司可以解除劳动合同

C. 如果甲公司提出解除劳动合同，王某提出继续履行劳动合同的，应当继续履行

D. 如果甲公司提出解除劳动合同，王某也同意不继续履行劳动合同的，解除劳动合同后，甲公司应当向王某支付经济补偿金

◆ 【总结】补偿金、违约金、赔偿金的区别

类别	性质	适用情形	支付主体
经济补偿金	法定	解除或终止劳动合同（考点5-1）	用人单位
工资补偿	法定	未按规定期限签订书面劳动合同：工资的2倍	用人单位
竞业限制经济补偿	法定	竞业限制中双方有约定按约定，双方无约定按合同解除或终止前12个月平均工资的30%，且不低于最低工资标准	用人单位
赔偿金	法定	限制解除或终止劳动合同：经济补偿金的2倍	用人单位
		劳动者原因给用人单位造成经济损失：工资的20%，且到手工资不得低于最低工资标准	劳动者
		试用期超过法定标准期限：月工资 × 超法定期限	用人单位
违约金	约定	劳动者违反服务期规定：不超过剩余未分摊培训费用	劳动者
		劳动者违反竞业限制：无法定要求	劳动者

☺ 【考点子题——举一反三，真枪实练】

[47] (历年真题·多选题) 根据劳动合同法律制度的规定，用人单位与劳动者终止劳动合同的下列情形中，用人单位需要支付劳动者经济补偿的有（　　）。

A. 用人单位被依法宣告破产而终止劳动合同的

B. 用人单位被吊销营业执照而终止劳动合同的

C. 用人单位被责令关闭而终止劳动合同的

D. 用人单位决定提前解散而终止劳动合同的

[48] (历年真题·单选题) 孙某与甲公司签订了为期3年的劳动合同，月工资3200元（当地最低月工资标准为2000元）。期满终止合同时，甲公司未向孙某提出以不低于原工资标准续订劳动合同意向。甲公司应向孙某支付的经济补偿金额为（　　）元。

A. 2 000　　B. 3 200　　C. 6 000　　D. 9 600

[49]（历年真题·单选题）2008 年 4 月 1 日，张某入职甲公司。2020 年 11 月 1 日，甲公司提出并与张某协商一致解除了劳动合同。已知张某在劳动合同解除前 12 个月的平均工资为 20000 元。当地上年度职工月平均工资为 6000 元。计算甲公司依法支付张某经济补偿的下列算式中，正确的是（   ）。

A. 6000×3×13=234000 元
B. 6000×3×12=216000 元
C. 20000×13=260000 元
D. 20000×12=240000 元

考点 6： 集体合同与劳务派遣

考点 6-1： 集体合同

◆◆【考点母题——万变不离其宗】集体合同

（1）根据劳动合同法律制度的规定，集体合同的类型有（   ）。
A.专项集体合同　　B.行业性集体合同　　C.区域性集体合同
（2）根据劳动合同法律制度的规定，劳动行政部门自收到集体合同文本之日起一定期限内未提出异议的，集体合同即行生效。该期限为（   ）。
A.15 日
（3）【判断金句】集体协商双方的代表人数应当对等，每方至少 3 人，并各确定 1 名首席代表。

♧【考点子题——举一反三，真枪实练】

[50]（经典子题·单选题）根据劳动合同法律制度的规定，劳动行政部门自收到集体合同文本之日起一定期限内未提出异议的，集体合同即行生效。该期限为（   ）。

A. 7 日　　　　B. 10 日　　　　C. 15 日　　　　D. 30 日

考点 6-2： 劳务派遣

❖ 【考点母题——万变不离其宗】劳务派遣

（1）根据劳动合同法律制度的规定，下列关于劳务派遣的表述中，正确的是（ ）。
A.劳动合同关系存在于劳务派遣单位与被派遣劳动者之间，被派遣劳动者不与用工单位签订劳动合同、发生劳动关系
（2）根据劳动合同法律制度的规定，下列岗位中，可以使用劳务派遣工的有（ ）。
A.临时性工作岗位　　B.辅助性工作岗位　　C.替代性工作岗位 【说明】临时性工作岗位是指存续时间不超过6个月的岗位。
（3）【判断金句】根据劳动合同法律制度的规定，用工单位应当严格控制劳务派遣用工数量，被派遣劳动者数量不得超过其用工总量的10%。
（4）根据劳动合同法律制度的规定，下列关于劳务派遣适用范围的表述中，正确的有（ ）。
A.用人单位不得设立劳务派遣单位向本单位或者所属单位派遣劳动者 B.用工单位不得将被派遣劳动者再派遣到其他用人单位 C.劳务派遣单位不得以非全日制用工形式招用被派遣劳动者
（5）根据劳动合同法律制度的规定，下列关于劳务派遣单位、用工单位与劳动者的权利和义务的表述中，正确的有（ ）。
A.劳务派遣单位应当与被派遣劳动者订立2年以上的固定期限劳动合同，按月支付劳动报酬 B.被派遣劳动者在无工作期间，劳务派遣单位应当按照所在地人民政府规定的最低工资标准，向其按月支付报酬 C.劳务派遣单位和用工单位不得向被派遣劳动者收取费用 D.被派遣劳动者享有与用工单位的劳动者同工同酬的权利 E.被派遣劳动者有权在劳务派遣单位或者用工单位依法参加或者组织工会，维护自身的合法权益

🐾 【考点子题——举一反三，真枪实练】

[51]（历年真题·多选题）根据劳动合同法律制度的规定，关于劳务派遣的下列表述中，正确的有（ ）。

A. 劳动合同关系存在于劳务派遣单位与被派遣劳动者之间

B. 劳务派遣单位是用人单位，接受以劳务派遣形式用工的单位是用工单位

C. 被派遣劳动者的劳动报酬可低于用工单位同类岗位劳动者的劳动报酬

D. 被派遣劳动者不能参加用工单位的工会

[52]（历年真题·单选题）根据劳动合同法律制度的规定，劳务派遣临时性岗位最长期限为（ ）。

A. 3个月　　　　　　　　　B. 6个月

C. 9个月　　　　　　　　　D. 12个月

[53] （历年真题·单选题）根据劳动合同法律制度的规定，被派遣劳动者在无工作期间，劳务派遣单位应当按照法定标准向其按月支付报酬。该标准为（ ）。

A. 所在地上年度职工月平均工资

B. 被派遣劳动者在工作期间的月平均工资

C. 劳务派遣单位职工月平均工资

D. 所在地人民政府规定的月最低工资标准

考点 7：劳动争议的解决

考点 7-1：劳动争议及解决方法

◆【考点母题——万变不离其宗】劳动争议及解决方法

（1）根据劳动争议调解仲裁法律制度的规定，下列各项中，属于劳动争议的有（ ）。
A.因确认劳动关系发生的争议 B.因订立、履行、变更、解除和终止劳动合同发生的争议 C.因除名、辞退和辞职、离职发生的争议 D.因工作时间、休息休假、社会保险、福利、培训以及劳动保护发生的争议 E.因劳动报酬、工伤医疗费、经济补偿或者赔偿金等发生的争议
（2）根据劳动争议调解仲裁法律制度的规定，下列各项中，属于劳动争议解决原则的有（ ）。
A.合法　　B.公正　　C.及时　　D.着重调解
（3）根据劳动争议调解仲裁法律制度的规定，下列各项中，属于劳动争议解决方法的有（ ）。
A.协商　　B.调解　　C.仲裁　　D.诉讼

【考点子题——举一反三，真枪实练】

[54]（历年真题·多选题）根据劳动争议调解仲裁法律制度的规定，下列劳动争议中，劳动者可以向劳动仲裁部门申请劳动仲裁的有（　　）。

A. 确认劳动关系争议　　　　　B. 工伤医疗费争议

C. 劳动保护条件争议　　　　　D. 社会保险争议

考点7-2：劳动调解

【考点母题——万变不离其宗】劳动争议调解

（1）根据劳动争议调解仲裁法律制度的规定，可受理劳动争议的调解组织有（　　）。
A.企业劳动争议调解委员会　　B.依法设立的基层人民调解组织 C.在乡镇、街道设立的具有劳动争议调解职能的组织
（2）【判断金句】当事人申请劳动争议调解可以书面申请，也可以口头申请。
（3）【判断金句】自劳动争议调解组织收到调解申请之日起15日内未达成调解协议的，当事人可以依法申请仲裁。
（4）根据劳动争议调解仲裁法律制度的规定，下列事项中，达成调解协议后但用人单位在协议约定期限内不履行的，劳动者可以持调解协议书依法向人民法院申请支付令的有（　　）。
A.支付拖欠劳动报酬　　B.支付工伤医疗费　　C.支付经济补偿　　D.支付赔偿金

考点7-3：劳动仲裁

◆【考点母题——万变不离其宗】劳动仲裁

劳动仲裁机构	（1）根据劳动争议调解仲裁法律制度的规定，下列关于劳动仲裁机构的表述中，正确的有（　　）。		
	A.劳动仲裁机构是劳动人事争议仲裁委员会 B.劳动人事争议仲裁委员会不按行政区划层层设立 C.劳动争议仲裁不收费，仲裁委员会的经费由财政予以保障		
劳动仲裁参加人	（2）根据劳动争议调解仲裁法律制度的规定，下列主体中，属于劳动仲裁参加人的有（　　）。		
	A.当事人	（3）根据劳动争议调解仲裁法律制度的规定，下列关于劳动仲裁当事人的表述中，正确的有（　　）。	
		a.发生劳动争议的劳动者和用人单位为劳动争议仲裁案件的双方当事人 b.劳务派遣单位或者用工单位与劳动者发生劳动争议的，劳务派遣单位和用工单位为共同当事人	
	B.当事人代表	（4）根据劳动争议调解仲裁法律制度的规定，下列关于劳动仲裁参加人的表述中，正确的有（　　）。	
		a.发生争议的劳动者一方在10人以上，并有共同请求的，劳动者可以推举3~5名代表人参加仲裁活动 b.代表人参加仲裁的行为对其所代表的当事人发生效力，但代表人变更、放弃仲裁请求或者承认对方当事人的仲裁请求，进行和解，必须经被代表的当事人同意	
	C.代理人	（5）根据劳动争议调解仲裁法律制度的规定，下列关于代理人参加劳动仲裁的表述中，正确的有（　　）。	
		a.委托他人参加仲裁活动，应当向仲裁委员会提交有委托人签名或者盖章的委托书，委托书应当载明委托事项和权限 b.丧失或者部分丧失民事行为能力的劳动者，由其法定代理人代为参加仲裁活动；无法定代理人的，由仲裁委员会为其指定代理人 c.劳动者死亡的，由其近亲属或者代理人参加仲裁活动	
劳动争议仲裁案件的管辖	（6）根据劳动争议调解仲裁法律制度的规定，下列关于劳动争议仲裁案件管辖的表述中，正确的有（　　）。		
	A.劳动争议由劳动合同履行地或者用人单位所在地的仲裁委员会管辖 B.双方当事人分别向劳动合同履行地和用人单位所在地的仲裁委员会申请仲裁的，由劳动合同履行地的仲裁委员会管辖 C.有多个劳动合同履行地的，由最先受理的仲裁委员会管辖；劳动合同履行地不明确的，由用人单位所在地的仲裁委员会管辖 D.案件受理后，劳动合同履行地或者用人单位所在地发生变化的，不改变争议仲裁的管辖		

仲裁时效期间	（7）根据劳动争议调解仲裁法律制度的规定，下列关于劳动仲裁的仲裁时效的表述中，正确的有（　　）。 A. 劳动争议申请仲裁的时效期间为1年 B. 仲裁时效期间从当事人知道或者应当知道其权利被侵害之日起计算 C. 劳动关系存续期间因拖欠劳动报酬发生争议的，劳动者申请仲裁不受一年仲裁时效期间的限制；但是，劳动关系终止的，应当自劳动关系终止之日起1年内提出
仲裁时效中断、中止	（8）根据劳动争议调解仲裁法律制度的规定，下列情形中，引起劳动争议仲裁时效中断的有（　　）。 A. 当事人一方向对方当事人主张权利　　B. 当事人一方向有关部门请求权利救济 C. 对方当事人同意履行义务 【注意】从中断时起，仲裁时效期间重新计算。
	（9）【判断金句】因不可抗力或者有其他正当理由，当事人不能在仲裁时效期间申请仲裁的，仲裁时效中止。从中止时效的原因消除之日起，仲裁时效期间继续计算。
仲裁申请	（10）【判断金句】书写仲裁申请确有困难的，可以口头申请，由劳动争议仲裁委员会记入笔录，并告知对方当事人。
仲裁受理	（11）【判断金句】仲裁委员会收到仲裁申请之日起5日内，认为符合受理条件的，应当予以受理，并向申请人出具受理通知书；认为不符合受理条件的，向申请人出具不予受理通知书。
	（12）【判断金句】对劳动争议仲裁委员会不予受理或者逾期未作出决定的，申请人可以就该劳动争议事项向人民法院提起诉讼。
仲裁裁决	（13）根据劳动争议调解仲裁法律制度的规定，下列各项中，劳动仲裁实行一裁终局的有（　　）。
	A. 追索劳动报酬、工伤医疗费、经济补偿或者赔偿金，不超过当地月最低工资标准12个月金额的争议 B. 如果仲裁裁决涉及数项，单项裁决数额不超过当地月最低工资标准12个月金额的事项 C. 因执行国家的劳动标准在工作时间、休息休假、社会保险等方面发生的争议
	（14）【判断金句】用人单位有证据证明一裁终局的裁决有依法应予撤销情形时，可以自收到仲裁裁决书之日起30日内向仲裁委员会所在地的中级人民法院申请撤销裁决。
仲裁裁决先予执行	（15）根据劳动争议调解仲裁法律制度的规定，下列案件中，仲裁庭根据当事人的申请，可以裁决先予执行、移送人民法院执行的有（　　）。
	A. 追索劳动报酬的案件　　　　B. 追索工伤医疗费的案件 C. 追索经济补偿的案件　　　　D. 追索赔偿金的案件

🐾【考点子题——举一反三，真枪实练】

[55]（历年真题·判断题）劳动争议由劳动合同履行地或者用人单位所在地的劳动争议仲裁委员会管辖，双方当事人分别向劳动合同履行地和用人单位所在地的劳动争议仲裁委员会申请仲裁的，由用人单位所在地的劳动争议仲裁委员会管辖。（ ）

[56]（经典子题·多选题）上海市的张某与甲公司（注册地为广州市）于2017年4月1日在北京市签订了1年期的劳动合同。4月10日，张某被甲公司派往深圳市负责销售工作。张某与甲公司出现劳动争议，拟申请劳动仲裁。根据劳动争议调解仲裁法律制度的规定，张某可以选择的劳动争议仲裁委员会有（ ）。

A. 北京市劳动争议仲裁委员会　　B. 上海市劳动争议仲裁委员会

C. 广州市劳动争议仲裁委员会　　D. 深圳市劳动争议仲裁委员会

[57]（经典子题·单选题）根据劳动争议调解仲裁法律制度的规定，关于劳动争议申请仲裁时效的下列表述中，不正确的是（ ）。

A. 劳动争议申请仲裁的时效期间为1年

B. 因拖欠劳动报酬劳动关系终止的，不受一年仲裁时效期间的限制

C. 劳动仲裁时效，因当事人一方向对方当事人主张权利，或者向有关部门请求权利救济，或者对方当事人同意履行义务而中断

D. 因不可抗力或者有其他正当理由，当事人不能在仲裁时效期间申请仲裁的，仲裁时效中止

[58]（历年真题·多选题）根据劳动争议调解仲裁法律制度的规定，劳动者因用人单位拖欠劳动报酬发生劳动争议申请仲裁的，应当在仲裁时效期间内提出。关于该仲裁时效期间的下列表述中，正确的有（ ）。

A. 从用人单位拖欠劳动报酬之日起1年

B. 从用人单位拖欠劳动报酬之日起2年

C. 劳动关系存续期间无仲裁时效期间限制

D. 劳动关系终止的自劳动关系终止之日起1年

[59]（经典子题·单选题）张某与甲公司于2016年1月1日签订了1年期的劳动合同，2016年7月1日，甲公司未按照合同约定向张某支付工资，2017年1月1日，劳动合同终止。根据《劳动争议调解仲裁法》的规定，张某申请劳动仲裁的日期为（ ）。

A. 2017年7月1日之前　　B. 2018年1月1日之前

C. 2018年7月1日之前　　D. 2019年1月1日之前

[60]（经典子题·多选题）根据劳动争议调解仲裁法律制度的规定，下列情形中，导致劳动仲裁时效中断的有（　　）。

A. 当事人一方向对方当事人主张权利　　B. 当事人一方向有关部门请求权利救济

C. 对方当事人同意履行义务　　　　　　D. 出现不可抗力

[61]（经典子题·多选题）根据劳动争议调解仲裁法律制度的规定，下列劳动争议中，仲裁裁决为终局裁决，裁决书自作出之日起发生法律效力的有（　　）。

A. 追索劳动报酬不超过当地月最低工资标准12个月金额的争议

B. 追索工伤医疗费不超过当地月最低工资标准12个月金额的争议

C. 追索经济补偿金不超过当地月最低工资标准12个月金额的争议

D. 追索赔偿金不超过当地月最低工资标准12个月金额的争议

考点 7-4：劳动诉讼

◆【考点母题——万变不离其宗】劳动诉讼

根据劳动争议调解仲裁法律制度的规定，下列关于劳动诉讼提起的表述中，正确的有（　　）。
A. 对劳动争议仲裁委员会不予受理或者逾期未作出决定的，申请人可以就该劳动争议事项向人民法院提起诉讼
B. 劳动者对劳动争议的终局裁决不服的，可以自收到仲裁裁决书之日起15日内向人民法院提起诉讼
C. 当事人对终局裁决情形之外的其他劳动争议案件的仲裁裁决不服的，可以自收到仲裁裁决书之日起15日内提起诉讼
D. 终局仲裁裁决被人民法院裁定撤销的，当事人可以自收到裁定书之日起15日内就该劳动争议事项向人民法院提起诉讼
【注意】用人单位对劳动争议的终局裁决不服的，不可以提起诉讼。

⚙【考点子题——举一反三，真枪实练】

[62]（历年真题·单选题）根据劳动争议调解仲裁法律制度的规定，下列关于劳动争议终局裁决效力的表述中，正确的是（　　）。

A. 劳动者对终局裁决不服的，不得向人民法院提起诉讼

B. 用人单位对终局裁决不服的，应向基层人民法院申请撤销

C. 一方当事人逾期不履行终局裁决的，另一方当事人可以向劳动仲裁委员会申请强制执行

D. 终局裁决被人民法院裁定撤销的，当事人可以自收到裁定书之日起15日内向人民法院提起诉讼

[63]（历年真题·判断题）用人单位对劳动争议终局裁决不服的，可以自收到仲裁裁决书之日起 15 日内向人民法院提起诉讼。（　　）

[64]（历年真题·不定项选择题）2017 年 3 月 1 日，郑某到甲公司工作，6 月 1 日甲公司与郑某签订了 2 年期限劳动合同，2018 年 10 月，因工作需要，甲公司安排郑某分别于 10 月 1 日国庆节加班一天。于 10 月 13 日周六、10 月 14 日周日各加班 1 天，之后未安排其补休。

2019 年 1 月，郑某向公司递交医院证明，告知已怀孕事实，5 月 31 日因劳动合同期限届满，甲公司不再与郑某续签，并通知其劳动合同终止，仍处于孕期的郑某对此存有异议。

已知：甲公司实行标准工时制，郑某日工资为 240 元，甲公司已为郑某办理了社会保险登记，并按月从其工资中扣缴相关社会保险费用。

要求：根据上述资料，不考虑其他因素，分析回答下列小题。

1. 甲公司与郑某劳动关系建立及未及时订立书面合同的后果下列表述正确的是（　　）。

A. 甲公司不需要向郑某支付未及时签订书面劳动合同的 2 倍工资

B. 劳动关系自 2017 年 6 月 1 日建立

C. 劳动关系自 2017 年 3 月 1 日建立

D. 郑某有权要求甲公司支付自 2017 年 4 月 1 日至 5 月 31 日期间的 2 倍工资

2. 下列各项保险项目中，甲公司应从郑某工资中代扣代缴保险费的是（　　）。

A. 职工基本医疗保险　　B. 工伤保险　　C. 失业保险　　D. 职工基本养老保险

3. 计算甲公司依法应向郑某支付的 2018 年 10 月最低加班工资的下列算式中，正确的是（　　）。

A. $240 \times 300\% \times 1 + 240 \times 300\% \times 2 = 2\,160$ 元

B. $240 \times 200\% \times 1 + 240 \times 200\% \times 2 = 1\,440$ 元

C. $240 \times 300\% \times 1 + 240 \times 200\% \times 2 = 1\,680$ 元

D. $240 \times 200\% \times 1 + 240 \times 150\% \times 2 = 1\,200$ 元

4. 甲公司终止劳动合同及其法律后果的下列表述中，正确的是（　　）。

A. 甲公司终止劳动合同后，郑某不要求继续履行的，甲公司应当向其支付赔偿金

B. 劳动合同期限已届满，甲公司可以终止劳动合同

C. 甲公司终止劳动合同后，郑某要求继续履行的，甲公司应当继续履行

D. 因郑某处于孕期，甲公司不得终止合同

[65]（历年真题·不定项选择题）2018 年 7 月 1 日，赵某到甲公司工作，双方签订了书面劳动合同。合同约定：公司实行标准工时制，合同期限 1 年，月工资 4 000 元，

试用期3个月（包含在劳动合同期限内），试用期月工资3 000元。2018年10月赵某提出补休年休假的申请，获得公司批准。2019年6月30日，赵某合同到期，甲公司与赵某协商后续签了2年期劳动合同，双方又约定了试用期1个月。2020年3月赵某因个人原因提出解除合同，甲公司同意；当赵某要求甲公司支付其经济补偿时，遭到公司拒绝，双方由此发生纠纷。

已知：甲公司所在地月最低工资标准为2 000元；赵某入职甲公司前累计工作已满12年，符合享受带薪年休假条件且到甲公司前已在原单位享受当年年休假5天。

要求：根据上述资料，不考虑其他因素，分析回答下列小题。

1. 赵某与甲公司所签劳动合同的下列条款中，属于必备条款的是（　　）。

A. 劳动合同期限　　　　　　B. 劳动报酬

C. 试用期　　　　　　　　　D. 实行标准工时制

2. 甲公司与赵某对试用期约定的下列条款中，不符合法律规定的是（　　）。

A. 试用期工资3 000元　　　　B. 试用期3个月

C. 试用期包含在劳动合同期限内　D. 续签劳动合同时又约定试用期1个月

3. 赵某依法可享受的2018年剩余年休假天数为（　　）。

A. 5天　　　B. 6天　　　C. 7天　　　D. 10天

4. 为解决该纠纷，赵某可以采取的途径是（　　）。

A. 申请行政复议　　　　　　B. 提起行政诉讼

C. 申请劳动仲裁　　　　　　D. 直接提起民事诉讼

［本节考点子题答案及解析］

［1］【答案】ABC

【解析】劳动者在签订和履行劳动合同时的地位是不同的，选项D错误。

［2］【答案】ABCD

［3］【答案】ABC

【解析】文艺、体育和特种工艺单位招用未满16周岁的未成年人，必须依照国家有关规定，履行审批手续，并保障其接受义务教育的权利。

［4］【答案】×

【解析】用人单位设立的分支机构，依法取得营业执照或者登记证书的，可以作为用人单位与劳动者订立劳动合同；未依法取得营业执照或者登记证书的，受用人单位委托可以与劳动者订立劳动合同。

［5］【答案】√

［6］【答案】√

[7]【答案】C

【解析】禁止用人单位招用未满 16 周岁的未成年人，选项 A 不正确；在录用职工时，除国家规定的不适合妇女的工种或者岗位外，不得以性别为由拒绝录用妇女或者提高对妇女的录用标准，选项 B 不正确；用人单位招用劳动者，不得扣押劳动者的居民身份证和其他证件，不得要求劳动者提供担保或者以其他名义向劳动者收取财物，选项 D 不正确。

[8]【答案】×

【解析】用人单位招用劳动者时，不得要求劳动者提供担保。

[9]【答案】A

【解析】用人单位自用工之日起即与劳动者建立劳动关系。用人单位与劳动者在用工前订立劳动合同的，劳动关系自用工之日起建立。

[10]【答案】B

【解析】11 月 10 日上岗工作属于自用工之日，因此建立劳动关系。

[11]【答案】ABC

【解析】自用工之日起 1 个月内，经用人单位书面通知后，劳动者不与用人单位订立书面劳动合同的，用人单位应当书面通知劳动者终止劳动关系（选项 A），无须向劳动者支付经济补偿（选项 B），但是应当依法向劳动者支付其实际工作时间的劳动报酬（选项 C）。

[12]【答案】CD

【解析】用人单位自用工之日起即与劳动者建立劳动关系，选项 A 错误；用人单位自用工之日起满 1 年未与劳动者订立书面劳动合同，视为自用工之日起满 1 年的当日已经与劳动者订立无固定期限劳动合同，选项 B 错误。

[13]【答案】C

【解析】用人单位自用工之日起超过 1 个月不满 1 年未与劳动者订立书面劳动合同，应当向劳动者每月支付 2 倍的工资。工资补偿 =2 000×11=22 000（元）。

[14]【答案】√

[15]【答案】B

【解析】非全日制用工双方当事人可以订立口头协议。

[16]【答案】D

【解析】用人单位可以按小时、日或周为单位结算工资，但非全日制用工劳动报酬结算支付周期最长不得超过 15 日，选项 D 错误。

[17]【答案】ABC

【解析】用人单位可以按小时、日或周为单位结算工资，但非全日制用工劳动报酬结算支付周期最长不得超过 15 日。

[18]【答案】ABCD

[19]【答案】AB

【解析】选项 C，用人单位发生合并或分立等情况，原劳动合同继续有效，由承继其权利和义务的用人单位继续履行；选项 D，劳动合同欠缺必备条款的并非必然导致劳动合同无效或部分无效。

[20]【答案】√

[21]【答案】ACD

[22]【答案】CD

[23]【答案】AD

【解析】用人单位初次实行劳动合同制度或者国有企业改制重新订立劳动合同时，劳动者在该用人单位连续工作满 10 年且距法定退休年龄不足 10 年的，选项 C 错误；连续订立 2 次固定期限劳动合同，且劳动者没有法定情形，续订劳动合同的，选项 B 错误。

[24]【答案】ABC

【解析】选项 D，累计工作满 20 年以上的职工，请病假累计 4 个月以上的才不享受年休假。

[25]【答案】B

【解析】职工累计工作已满 10 年不满 20 年的，年休假 10 天。方某工作已满 15 年，可享受年休假 10 天。方某 7 月 1 日调到乙公司，还可在新单位享受的年休假是：(当年度在本单位剩余日历天数 ÷365 天)× 职工本人全年应当享受的年休假天数 =184÷365×10=5（天）。

[26]【答案】BCD

【解析】工资应当以法定货币支付，不得以实物及有价证券替代货币支付，选项 A 错误。

[27]【答案】B

【解析】用人单位依法安排劳动者在日标准工作时间以外延长工作时间的，按照不低于劳动合同规定的劳动者本人小时工资标准的 150% 支付劳动者工资。

[28]【答案】A

【解析】用人单位依法安排劳动者在法定休假日工作的，按照不低于劳动合同规定的劳动者本人日或小时工资标准的 300% 支付劳动者工资，所以黄某应得到的加班工资为 400×300%=1200（元）；用人单位依法安排劳动者在日标准工作时间以外延长工作时间的，按照不低于劳动合同规定的劳动者本人小时工资标准的 150% 支付劳动者工资，所以黄某三天延长工作时间的加班工资为 400÷8×1×3×150%=225（元）。

[29]【答案】C

【解析】李某的月工资为 1 100 元，其 20% 的部分为 220 元，1100-220=880 元，低于当地月工资标准，所以只能扣除 200 元。

[30]【答案】√

[31]【答案】ABCD

【解析】3 年以上固定期限和无固定期限的劳动合同，试用期不得超过 6 个月。

[32]【答案】C

[33]【答案】AD

【解析】无固定期限的劳动合同，试用期不得超过 6 个月，选项 A 正确；以完成一定工作任务为期限的劳动合同或者劳动合同期限不满 3 个月的，不得约定试用期，选项 B 不正确；非全日制用工不得约定试用期，选项 C 不正确；劳动合同期限 1 年以上不满 3 年的，试用期不得超过 2 个月，选项 D 正确。

[34]【答案】C

【解析】用人单位要求劳动者支付的违约金不得超过服务期尚未履行部分所应分摊的培训费用。吴某已经履行服务期 2 年，最高应支付的违约金为 5×3÷5=3（万元）。

[35]【答案】×

【解析】不得超过 2 年。

[36]【答案】ABD

【解析】选项 C，合法有效的劳动规章制度对用人单位和劳动者均有法律约束力。

[37]【答案】ABD

【解析】用人单位与劳动者协商一致，可以变更劳动合同约定的内容。变更劳动合同，应当采用书面形式。变更后的劳动合同文本由用人单位和劳动者各执一份。

[38]【答案】ABCD

[39]【答案】AD

【解析】劳动者患病或者非因工负伤，在规定的医疗期满后不能从事原工作，也不能从事由用人单位另行安排的工作的，用人单位提前 30 日以书面形式通知劳动者本人或者额外支付劳动者 1 个月工资后，可以解除劳动合同。

[40]【答案】A

【解析】劳动者在试用期内提前 3 天通知用人单位解除劳动合同。

[41]【答案】ABC

【解析】选项 D，属于无过失性辞退（预告解除）的情形。

[42]【答案】ABC

【解析】裁减人员时，应当优先留用下列人员：与本单位订立较长期限的固定期限劳动合同的；与本单位订立无固定期限劳动合同的；家庭无其他就业人员，有需要扶养的老人或者未成年人的。

[43]【答案】D

【解析】因劳动者过错解除劳动合同的，用人单位可随时通知劳动者解除劳动关系，不需向劳动者支付经济补偿。

[44]【答案】BCD

【解析】选项 A，不是劳动合同终止情形，而是不能终止劳动合同情形。

[45]【答案】ABC

【解析】王某在甲公司连续工作不满足 15 年，且距法定退休年龄不足 5 年，选项 D 错误。

[46]【答案】AC

【解析】女职工在孕期、产期、哺乳期的，用人单位既不得适用无过失性辞退或经济性裁员解除劳动合同的情形解除劳动合同，也不得终止劳动合同，劳动合同应当续延至相应的情形消失时终止，选项 A 正确，选项 B 不正确；用人单位违反规定解除或者终止劳动合同，劳动者要求继续履行劳动合同的，用人单位应当继续履行，劳动者不要求继续履行劳动合同或者劳动合同已经不能继续履行的，用人单位应当按照经济补偿标准的 2 倍向劳动者支付赔偿金，选项 C 正确，选项 D 错误。

[47]【答案】ABCD

[48]【答案】D

【解析】经济补偿按劳动者在本单位工作的年限，每满 1 年支付 1 个月工资的标准向劳动者支付。孙某在甲公司工作满 3 年，应该给予 3 个月的月工资补偿。3200×3=9 600（元）。

[49]【答案】B

【解析】劳动者月工资高于用人单位所在直辖市、设区的市级人民政府公布的本地区上年度职工月平均工资 3 倍的，向其支付经济补偿金的标准按职工月平均工资 3 倍的数额支付，向其支付经济补偿金的年限最高不超过 12 年。经济补偿金 =6000×3×12=216 000（元）。

[50]【答案】C

【解析】劳动行政部门自收到集体合同文本之日起 15 日内未提出异议的，集体合同即行生效。

[51]【答案】AB

【解析】用工单位应当按照同工同酬原则，对被派遣劳动者与本单位同类岗位的劳动者实行相同的劳动报酬分配办法；被派遣劳动者有权在劳务派遣单位或者用工单位依法参加或者组织工会，维护自身的合法权益，选项 CD 错误。

[52]【答案】B

【解析】临时性工作岗位是指存续时间不超过 6 个月的岗位。

[53]【答案】D

【解析】在被派遣劳动者无工作期间，劳务派遣单位应按所在地人民政府规定的最低工资标准，按月支付报酬。

[54]【答案】ABCD

[55]【答案】×

【解析】劳动争议由劳动合同履行地或者用人单位所在地的劳动争议仲裁委员会管辖，双方当事人分别向劳动合同履行地和用人单位所在地的劳动争议仲裁委员会申请仲裁的，由"劳动合同履行地"的劳动争议仲裁委员会管辖。

[56]【答案】CD

【解析】劳动争议由劳动合同履行地或者用人单位所在地的仲裁委员会管辖。

[57]【答案】B

【解析】劳动关系存续期间因拖欠劳动报酬发生争议的，劳动者申请仲裁不受 1 年仲裁时效期间的限制；但是，劳动关系终止的，应当自劳动关系终止之日起 1 年内提出。所以选项 B 不正确。选项 ACD 表述均正确。

[58]【答案】CD

【解析】劳动关系存续期间因拖欠劳动报酬发生争议的，劳动者申请仲裁不受 1 年仲裁时效期间的限制；但是，劳动关系终止的，应当自劳动关系终止之日起 1 年内提出。

[59]【答案】B

【解析】劳动关系存续期间因拖欠劳动报酬发生争议的，劳动者申请仲裁不受 1 年仲裁时效期间的限制；但是，劳动关系终止的，应当自劳动关系终止之日起 1 年内提出。

[60]【答案】ABC

【解析】劳动仲裁时效，因当事人一方向对方当事人主张权利（即一方当事人通过协商、申请调解等方式向对方当事人主张权利的）；或者向有关部门请求权利救济（即一方当事人通过向有关部门投诉，向仲裁委员会申请仲裁，向人民法院起诉或者申请支付令等方式请求权利救济的）；或者对方当事人同意履行义务而中断。

[61]【答案】ABCD

[62]【答案】D

【解析】劳动者对劳动争议的终局裁决不服的，可以自收到仲裁裁决书之日起 15 日内向人民法院提起诉讼，选项 A 不正确；用人单位有证据证明一裁终局的裁决有依法应予撤销情形的，可以自收到仲裁裁决书之日起 30 日内向仲裁委员会所在地的中级人民法院申请撤销裁决，选项 B 不正确；强制执行的主体是人民法院，不是劳动仲裁委员会，选项 C 不正确。

[63]【答案】×

【解析】劳动者对劳动争议的终局裁决不服的，可以自收到仲裁裁决书之日起 15 日内向人民法院提起诉讼。

[64]

1. 【答案】CD

【解析】劳动关系自用工之日起建立，选项 B 不正确，选项 C 正确；用人单位自用工之日起超过 1 个月不满 1 年未与劳动者订立书面劳动合同的，应当向劳动者每月支付 2 倍的工资，并与劳动者补订书面劳动合同，选项 A 不正确，选项 D 正确。

2. 【答案】ACD

【解析】工伤保险费由用人单位缴纳，劳动者不缴纳。

3. 【答案】C

【解析】10 月 13 日周六、10 月 14 日为休息日，又没安排补休，按照工资标准的 200% 支付工资；10 月 1 日是法定休假节日，按照工资标准的 300% 支付工资。

4. 【答案】ACD

【解析】女职工在孕期、产期、哺乳期的，用人单位既不得适用无过失性辞退或经济性裁员解除劳动合同的情形解除劳动合同，也不得终止劳动合同，劳动合同应当续延至相应的情形消失时终止，选项 B 错误。

[65]

1. 【答案】ABD

【解析】试用期条款是劳动合同的可备条款而非必备条款。

2. 【答案】ABD

【解析】试用期工资不得低于本单位相同岗位最低档工资或者劳动合同约定工资的 80%，劳动合同约定赵某的月工资为 4 000 元，试用期工资应不低于 3 200 元，选项 A 不符合法律规定；劳动合同期限 1 年以上不满 3 年的，试用期不得超过 2 个月，合同约定试用期 3 个月，选项 B 不符合法律规定；同一用人单位与同一劳动者只能约定一次试用期，续签劳动合同时又约定试用期，选项 D 不符合法律规定。

3. 【答案】A

【解析】职工累计工作已满 10 年不满 20 年的，年休假 10 天。职工新进用人单位且符合享受带薪年休假条件的，当年度年休假天数按照在本单位剩余日历天数折算确定，折算后不足 1 整天的部分不享受年休假。(当年度在本单位剩余日历天数 ÷365 天) × 职工本人全年应当享受的年休假天数 =184÷365×10=5（天）。

4. 【答案】C

【解析】劳动者与用人单位之间发生的劳动争议。解决劳动争议的方法包括协商、调解、仲裁和诉讼，但仲裁是诉讼的必经程序，未经仲裁，不可以直接提起民事诉讼。

第二节 社会保险法律制度

【本节考点、考点母题及考点子题】

考点8：社会保险项目

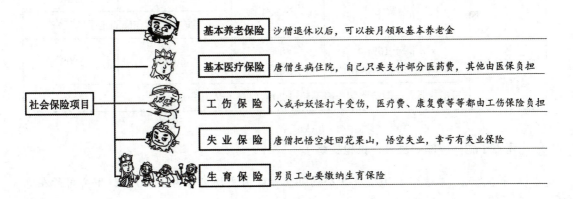

社会保险项目

- 基本养老保险 沙僧退休以后，可以按月领取基本养老金
- 基本医疗保险 唐僧生病住院，自己只要支付部分医药费，其他由医保负担
- 工伤保险 八戒和妖怪打斗受伤，医疗费、康复费等等都由工伤保险负担
- 失业保险 唐僧把悟空赶回花果山，悟空失业，幸亏有失业保险
- 生育保险 男员工也要缴纳生育保险

考点9：基本养老保险

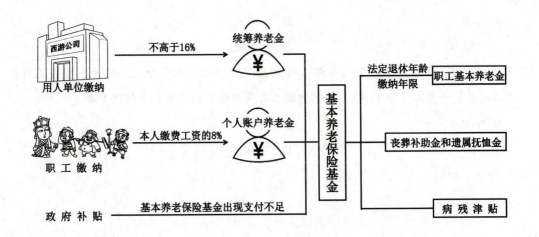

用人单位缴纳（西游公司）— 不高于16% → 统筹养老金 ¥

职工缴纳 — 本人缴费工资的8% → 个人账户养老金 ¥

政府补贴 — 基本养老保险基金出现支付不足

基本养老保险基金：
- 法定退休年龄 缴纳年限 → 职工基本养老金
- → 丧葬补助金和遗属抚恤金
- → 病残津贴

考点 9-1：基本养老保险的覆盖范围和缴费比例

◆【考点母题——万变不离其宗】基本养老保险的覆盖范围和缴费比例

（1）根据社会保险法律制度的规定，下列各项中，属于基本养老保险制度组成部分的有（　　）。
A. 职工基本养老保险制度 B. 新型农村社会养老保险制度 C. 城镇居民社会养老保险制度 【注意】上述 B 和 C 可以合并实施为城乡居民基本养老保险制度。
（2）下列关于职工基本养老保险费的征缴范围及养老保险费缴纳的表述中，正确的有（　　）。
A. 基本养老保险费由用人单位和职工共同缴纳 B. 无雇工的个体工商户、未在用人单位参加基本养老保险的非全日制从业人员以及其他灵活就业人员可以参加基本养老保险，由个人缴纳基本养老保险费

社会保险	单位缴费比例	个人缴费比例	下限	上限
			当地上年度在岗职工平均工资	
职工基本养老保险费	不高于 16% 基本养老保险统筹基金	8% 个人账户基金	60%	300%
	灵活就业人员缴费比例一般不超过 20%（8% 个人账户）			

【考点子题——举一反三，真枪实练】

[1]（历年真题·单选题）2022 年甲公司职工赵某月平均工资为 3 100 元，甲公司所在地月最低工资标准为 1 900 元，当地职工月平均工资为 6 000 元，已知 2022 年当地职工基本养老保险费中个人缴费比例为 8%。2022 年甲公司每月从赵某工资中代扣代缴的职工基本养老保险费是（　　）。

A. 288 元
B. 248 元
C. 152 元
D. 480 元

[2]（经典子题·单选题）甲企业某职工的 2022 年度月缴费工资为 12 000 元，甲企业所在地的社会平均工资为 3 000 元，则该职工每月应缴纳的基本养老保险费是（　　）元。

A. 900
B. 680
C. 720
D. 960

考点 9-2：职工基本养老保险享受条件与待遇

◆【考点母题——万变不离其宗】职工基本养老保险享受条件

根据社会保险法律制度的规定，职工基本养老保险享受应符合的条件有（ ）。	
A. 达到法定退休年龄	（2）下列关于法定的企业职工退休年龄的表述中，正确的有（ ）。
	a. 男年满60周岁，女工人年满50周岁，女干部年满55周岁 b. 从事井下、高温、高空、特别繁重体力劳动或其他有害身体健康工作的，退休年龄为男年满55周岁，女年满45周岁 c. 因病或非因工致残，由医院证明并经劳动鉴定委员会确认完全丧失劳动能力的，退休年龄为男年满50周岁，女年满45周岁
B. 缴费条件：累计缴费满15年	参加基本养老保险的个人，达到法定退休年龄时累计缴费满15年的，按月领取基本养老金

◆【考点母题——万变不离其宗】职工基本养老保险待遇

根据社会保险法律制度的规定，职工基本养老保险待遇包括（ ）。	
A. 职工基本养老金	对符合基本养老保险享受条件的人员，国家按月支付基本养老金
B. 丧葬补助金和遗属抚恤金	参加基本养老保险的个人，因病或者非因工死亡的，其遗属可以领取丧葬补助金和抚恤金，所需资金从基本养老保险基金中支付
	如果个人死亡同时符合领取基本养老保险丧葬补助金、工伤保险丧葬补助金和失业保险丧葬补助金条件的，其遗属只能选择领取其中的一项
C. 病残津贴	参加基本养老保险的个人，在未达到法定退休年龄时因病或者非因工致残完全丧失劳动能力的，可以领取病残津贴，所需资金从基本养老保险基金中支付

【考点子题——举一反三，真枪实练】

[3]（经典子题·多选题）根据社会保险法律制度的规定，关于目前国家实行的法定企业职工退休年龄的下列表述中，正确的有（ ）。

A. 从事井下、高温、高空、特别繁重体力劳动的，女年满50周岁

B. 从事井下、高温、高空、特别繁重体力劳动的，男年满55周岁

C. 因病或非因工致残，由医院证明并经劳动鉴定委员会确认完全丧失劳动能力的，女年满45周岁

D. 因病或非因工致残，由医院证明并经劳动鉴定委员会确认完全丧失劳动能力的，男年满55周岁

考点 10： 基本医疗保险

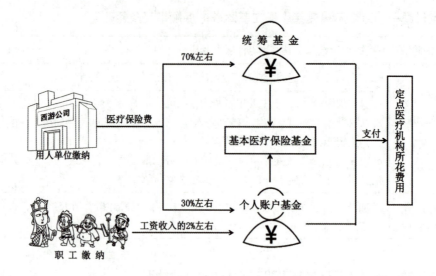

考点 10-1： 基本医疗保险的覆盖范围和缴费比例

◆【考点母题——万变不离其宗】基本医疗保险的覆盖范围缴费比例

（1）【判断金句】职工应当参加职工基本医疗保险，由用人单位和职工按照国家规定共同缴纳基本医疗保险费。

（2）【判断金句】无雇工的个体工商户、未在用人单位参加基本医疗保险的非全日制从业人员以及其他灵活就业人员可以参加基本医疗保险，由个人缴纳基本医疗保险费。

社会保险	单位缴费比例	个人缴费比例	下限	上限
			当地上年度在岗职工平均工资	
职工基本医疗保险	6% 左右 其中 70% 统筹基金 30% 个人账户基金	2% 个人账户基金	60%	300%

♣【考点子题——举一反三，真枪实练】

[4]（经典子题·单选题）甲企业某职工的月缴费工资为 6 000 元，企业基本医疗保险缴费率为 6%，个人基本医疗保险缴费率为 2%。已知甲企业强制性缴费的划入比例为 30%，则该职工个人医疗保险账户每月的储存额是（ ）。

A. 228 元

B. 180 元

C. 120 元

D. 360 元

考点 10-2：基本医疗保险基金不支付的医疗费用

◆【考点母题——万变不离其宗】基本医疗保险基金不支付的医疗费用

（1）根据社会保险法律制度的规定，下列医疗费用中，不纳入基本医疗保险基金支付范围的有（　　）。
A. 应当从工伤保险基金中支付的　　　　B. 应当由第三人负担的 C. 应当由公共卫生负担的　　　　　　　D. 在境外就医的
（2）【判断金句】医疗费用应当由第三人负担，第三人不支付或无法确定第三人的，由基本医疗保险基金先行支付。基本医疗保险基金先行支付后，有权向第三人追偿。

考点 10-3：医疗期

◆【考点母题——万变不离其宗】医疗期间

（1）根据社会保险法律制度的规定，下列关于医疗期间的表述中，正确的有（　　）。		
实际工作年限	在本单位工作年限	医疗期间
10 年以下的（＜10）	5 年以下的（＜5）	A.3 个月
	5 年以上的（≥5）	B.6 个月
10 年以上的（≥10）	5 年以下的（＜5）	C.6 个月
	5 年以上 10 年以下的（5≤X＜10）	D.9 个月
	10 年以上 15 年以下的（10≤X＜15）	E.12 个月
	15 年以上 20 年以下的（15≤X＜20）	F.18 个月
	20 年以上的（≥20）	G.24 个月

（2）【判断金句】医疗期的病休期间，应包括公休、假日和法定节日。
（3）根据社会保险法律制度的规定，下列关于医疗期待遇的表述中，正确的有（　　）。
A. 病假工资或疾病救济费可以低于当地最低工资标准支付，但最低不能低于最低工资标准的 80% C. 如医疗期内遇合同期满，则合同必须续延至医疗期满，职工在此期间仍然享受医疗期内待遇

♧【考点子题——举一反三，真枪实练】

[5]（历年真题·单选题）王某工作年限为 15 年，在甲公司工作已满 8 年，根据社会保险法律制度的规定，王某可以享受患病医疗期的期限为（　　）。

　　A. 24 个月　　B. 9 个月　　C. 12 个月　　D. 18 个月

第8章

[6]（历年真题·单选题）王某实际工作年限8年，在本单位已工作6年，其可以享受的医疗期为（ ）。

A. 1个月　　B. 3个月　　C. 6个月　　D. 9个月

[7]（历年真题·多选题）根据社会保险法律制度的规定，关于职工患病应享受医疗期及医疗期内待遇的下列表述中，正确的有（ ）。

A. 实际工作年限10年以下，在本单位工作年限5年以下的，医疗期期间为3个月

B. 实际工作年限10年以下，在本单位工作年限5年以上的，医疗期期间为6个月

C. 医疗期内遇劳动合同期满，则劳动合同必须续延至医疗期满

D. 病假工资可以低于当地最低工资标准支付，但不得低于当地最低工资标准的80%

考点11：工伤保险

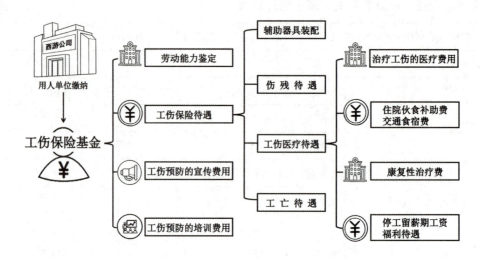

考点11-1：工伤保险基金

◆【考点母题——万变不离其宗】工伤保险基金

概念：职工应当参加工伤保险，由用人单位缴纳工伤保险费，职工不缴纳工伤保险费。
（1）根据社会保险法律制度的规定，下列各项中，属于工伤保险基金资金来源的有（ ）。
A. 用人单位缴纳的工伤保险费　　B. 工伤保险基金的利息
（2）根据社会保险法律制度的规定，下列各项中，可以使用工伤保险基金的有（ ）。
A. 工伤保险待遇　　　　　　B. 劳动能力鉴定 C. 工伤预防的宣传费用　　　D. 工伤预防的培训费用
（3）【判断金句】任何单位或者个人不得将工伤保险基金用于投资运营、兴建或者改建办公场所、发放奖金，或者挪作其他用途。

【考点子题——举一反三，真枪实练】

[8]（经典子题·单选题）根据社会保险法律制度的规定，下列社会保险费中只由用人单位缴纳，职工个人不需缴纳的是（　　）。

A. 基本养老保险　　　　　　　B. 工伤保险

C. 基本医疗保险　　　　　　　D. 失业保险

考点 11-2：工伤认定

◆【考点母题——万变不离其宗】工伤认定

（1）根据社会保险法律制度的规定，下列情形中，应当认定为工伤的有（　　）。

A. 在工作时间和工作场所内，因工作原因受到事故伤害的
B. 工作时间前后在工作场所内，从事与工作有关的预备性或收尾性工作受到事故伤害的
C. 在工作时间和工作场所内，因履行工作职责受到暴力等意外伤害的
D. 患职业病的
E. 因工外出期间，由于工作原因受到伤害或者发生事故下落不明的
F. 在上下班途中，受到非本人主要责任的交通事故或者城市轨道交通、客运轮渡、火车事故伤害的

（2）根据社会保险法律制度的规定，下列情形中，视同工伤的有（　　）。

A. 在工作时间和工作岗位，突发疾病死亡或者在48小时内经抢救无效死亡的
B. 在抢险救灾等维护国家利益、公共利益活动中受到伤害的
C. 原在军队服役，因战、因公负伤致残，已取得革命伤残军人证，到用人单位后旧伤复发的

（3）根据社会保险法律制度的规定，下列情形中，不认定为工伤的有（　　）。

A. 故意犯罪　　　B. 醉酒或者吸毒　　　C. 自残或者自杀

◆【神奇母题提示】

工伤与工作的联系	
认定为工伤	与工作有直接因果关系
视同工伤	与工作有间接因果关系
不认定工伤	自身原因导致

【考点子题——举一反三，真枪实练】

[9]（历年真题·单选题）根据社会保险法律制度的规定，职工发生伤亡的下列情形中，视同工伤的是（　　）。

 A. 患职业病的

 B. 在抢险救灾等维护国家利益活动中受到伤害的

 C. 在上班途中受到非本人主要责任的交通事故伤害的

 D. 下班后在工作场所从事与工作有关的收尾性工作受到事故伤害的

[10]（历年真题·多选题）根据社会保险法律制度的规定，职工发生伤亡的下列情形中，应当认定为工伤或者视同工伤的有（　　）。

 A. 黄某在工作中突发疾病，在24小时内经抢救无效死亡

 B. 胡某原在军队服役，因公负伤致残，已取得革命伤残军人证，到用人单位后旧伤复发

 C. 刘某在抗洪救灾中受到伤害

 D. 杨某在下班途中受到本人负主要责任的交通事故伤害

[11]（历年真题·多选题）根据社会保险法律制度的规定，导致职工在工作中伤亡的下列情形中，不应认定为工伤的有（　　）。

 A. 故意犯罪　　　 B. 醉酒　　　 C. 自杀　　　 D. 自残

考点 11-3：工伤保险待遇

◆【考点母题——万变不离其宗】工伤保险待遇

根据社会保险法律制度的规定，下列各项中，属于工伤保险待遇的有（　　）。		
A. 工伤医疗待遇	a. 治疗工伤的医疗费用 　 b. 住院伙食补助费、交通食宿费 　 c. 康复性治疗费	
	d. 停工留薪期工资福利待遇	①在停工留薪期内，原工资福利待遇不变，由所在单位按月支付 ②停工留薪期一般不超过12个月；伤情严重或者情况特殊，经设区的市级劳动能力鉴定委员会确认，可以适当延长，但延长不得超过12个月 ③工伤职工评定伤残等级后，停止享受停工留薪期待遇，按照规定享受伤残待遇 ④工伤职工在停工留薪期满后仍需治疗的，继续享受工伤医疗待遇
B. 辅助器具装配	假肢、矫形器、假眼、假牙和配置轮椅等辅助器具	
C. 伤残待遇	a. 生活护理费　　　　　 b. 一次性伤残补助金 c. 伤残津贴（五级、六级伤残职工，用人单位按月发放伤残津贴） d. 一次性工伤医疗补助金　 e. 一次性伤残就业补助金（用人单位支付）	

续表

D. 工亡待遇	a. 丧葬补助金　　b. 供养亲属抚恤金 c. 一次性工亡补助金（标准为上一年度全国城镇居民人均可支配收入的20倍）

【考点子题——举一反三，真枪实练】

[12]（经典子题·判断题）伤残职工在停工留薪期一般不超过12个月，最长不得超过24个月。（　　）

[13]（历年真题·单选题）根据社会保险法律制度的规定，一次性工亡补助金，标准为上一年度全国城镇居民人均可支配收入的一定倍数。该倍数为（　　）。

A. 5倍

B. 10倍

C. 15倍

D. 20倍

[14]（历年真题·多选题）根据社会保险法律制度的规定，下列关于停工留薪期待遇的说法中，不正确的有（　　）。

A. 在停工留薪期内原工资福利待遇不变，由工伤保险基金按月支付

B. 停工留薪期一般不超过24个月

C. 工伤职工评定伤残等级后，继续享受停工留薪期待遇

D. 工伤职工停工留薪期满后仍需治疗，继续享受停工留薪期待遇

考点11-4：工伤保险特别规定

【考点母题——万变不离其宗】工伤保险特别规定

（1）根据社会保险法律制度的规定，下列情形中，停止享受工伤保险待遇的有（　　）。
A. 丧失享受待遇条件的　　B. 拒不接受劳动能力鉴定的　　C. 拒绝治疗的
（2）【判断金句】工伤职工符合领取基本养老金条件的，停发伤残津贴，享受基本养老保险待遇。基本养老保险待遇低于伤残津贴的，由工伤保险基金补足差额。
（3）根据社会保险法律制度的规定，下列关于工伤保险的表述中，正确的有（　　）。
A. 职工所在用人单位未依法缴纳工伤保险费，发生工伤事故的，由用人单位支付工伤保险待遇 B. 用人单位不支付的，从工伤保险基金中先行支付，由用人单位偿还 C. 用人单位不偿还的，社会保险经办机构可以追偿 D. 由于第三人的原因造成工伤，第三人不支付工伤医疗费用或者无法确定第三人的，由工伤保险基金先行支付；工伤保险基金先行支付后，有权向第三人追偿

考点 12：失业保险

◆【考点母题——万变不离其宗】失业保险待遇的享受条件

概念：职工应当参加失业保险，由用人单位和职工按照国家规定共同缴纳失业保险费。失业保险费的征缴范围同基本养老保险。

（1）根据社会保险法律制度的规定，享受失业保险待遇应同时满足的条件有（   ）。

A. 失业前用人单位和本人已经缴纳失业保险费满 1 年的
B. 非因本人意愿中断就业的
C. 已经进行失业登记，并有求职要求的

（2）根据社会保险法律制度的规定，下列情形中，属于非因劳动者本人意愿中断就业的有（   ）。

A. 终止劳动合同的　　　B. 被用人单位解除劳动合同的
C. 被用人单位开除、除名和辞退的
D. 用人单位以暴力、威胁或者非法限制人身自由的手段强迫劳动，劳动者解除劳动合同的
E. 用人单位未按照劳动合同约定支付劳动报酬或者提供劳动条件，劳动者解除劳动合同

◆【考点母题——万变不离其宗】失业保险金的领取期限

（1）根据社会保险法律制度的规定，下列关于领取失业保险金程序的表述中，正确的有（   ）。

A. 失业人员到公共就业服务机构或社会保险机构申领失业保险金，受理其申请的机构都应一并办理失业登记和失业保险金发放
B. 失业保险金领取期限自办理失业登记之日起计算

（2）根据社会保险法律制度的规定，下列关于领取失业保险金的最长期限的表述中，正确的有（   ）。

A. 累计缴费满 1 年不足 5 年的，最长为 12 个月
B. 累计缴费满 5 年不足 10 年的，最长为 18 个月
C. 累计缴费 10 年以上的，最长为 24 个月

续表

（3）【判断金句】重新就业后，再次失业的，缴费时间重新计算，领取失业保险金的期限与前次失业应当领取而尚未领取的失业保险金的期限合并计算，最长不超过24个月。
（4）【判断金句】自2019年12月起，延长大龄失业人员领取失业保险金期限，对领取失业保险金期满仍未就业且距法定退休年龄不足1年的失业人员，可继续发放失业保险金至法定退休年龄。
（5）【判断金句】失业保险金的标准，不得低于城市居民最低生活保障标准。一般也不高于当地最低工资标准，具体数额由省、自治区、直辖市人民政府确定。

❖【考点母题——万变不离其宗】其他失业保险待遇

（1）根据社会保险法律制度的规定，下列各项中，属于其他失业保险待遇的有（   ）。
A. 领取失业保险金期间享受基本医疗保险待遇 B. 领取失业保险金期间的死亡补助 C. 职业介绍与职业培训补贴
（2）【判断金句】失业人员在领取保险金期间，参加职工基本医疗保险，享受基本医疗保险待遇。失业人员应当缴纳的基本医疗保险费从失业保险基金中支付，个人不缴纳基本医疗保险费。

❖【考点母题——万变不离其宗】停止享受失业保险待遇的情形

根据社会保险法律制度的规定，失业人员在领取失业保险金期间有特定情形的，应停止领取失业保险金并同时停止享受他失业保险待遇。该特定情形有（   ）。
A. 重新就业的   B. 应征服兵役的 C. 移居境外的   D. 享受基本养老保险待遇的   E. 被判刑收监执行的 F. 无正当理由，拒不接受当地人民政府指定部门或者机构介绍的适当工作或者提供的培训的

♣【考点子题——举一反三，真枪实练】

[15]（历年真题·多选题）领取失业保险金的下列人员中，应当停止领取失业保险金，并同时停止享受其他失业保险待遇的有（   ）。

    A. 重新就业的王某　　　　　　B. 移居境外的孙某

    C. 应征服兵役的张某　　　　　　D. 被行政拘留10日的李某

[16]（历年真题·单选题）王某因劳动合同终止而失业，已办理登记并有求职要求，此系王某首次失业，已知王某与用人单位累计缴纳失业保险费满7年。王某领取失业保险金的最长期限是（   ）。

    A. 6个月　　　　B. 12个月　　　　C. 18个月　　　　D. 24个月

[17]（经典子题·单选题）根据社会保险法律制度的规定，下列关于失业保险的表述中，不正确的是（　）。

　　A. 失业保险金领取期限自失业之日起计算

　　B. 重新就业后再失业的，缴费时间需要重新计算

　　C. 失业保险领取期限，最长不超过24个月

　　D. 职工跨统筹地区就业的，其失业保险关系随本人转移，缴费年限累计计算

[18]（历年真题·多选题）根据社会保险法律制度的规定，下列各项中，属于失业保险待遇的有（　）。

　　A. 失业保险金　　　　　　　　B. 死亡补助

　　C. 基本医疗保险待遇　　　　　D. 生育医疗费用

考点13：社会保险费征缴与管理

◆【考点母题——万变不离其宗】社会保险登记

根据社会保险法律制度的规定，用人单位应当在一定期限内为其职工向社会保险经办机构申请办理社会保险登记，该期限是（　）。

A. 自用工之日起30日

◆【考点母题——万变不离其宗】社会保险费缴纳

根据社会保险法律制度的规定，下列关于社会保险费缴纳的表述中，正确的有（　）。

A. 用人单位应当自行申报、按时足额缴纳社会保险费，非因不可抗力等法定事由不得缓缴、减免
B. 职工应当缴纳的社会保险费由用人单位代扣代缴，用人单位应当按月将缴纳社会保险费的明细情况告知本人
C. 无雇工的个体工商户、未在用人单位参加社会保险的非全日制从业人员以及其他灵活就业人员，可以直接向社会保险费征收机构缴纳社会保险费
D. 基本养老保险、基本医疗保险、失业保险等各项社会保险费交由税务部门统一征收

♧【考点子题——举一反三，真枪实练】

[19]（经典子题·单选题）根据社会保险法律制度的规定，基本养老保险、基本医疗保险、失业保险等各项社会保险费的征收部门是（　）。

　　A. 财政部门　　　　　　　　　B. 审计部门

　　C. 税务部门　　　　　　　　　D. 人力资源与社会保障部门

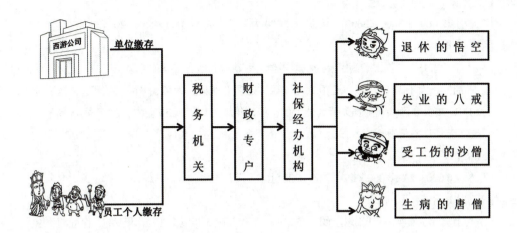

◆【考点母题——万变不离其宗】社会保险基金管理

根据社会保险法律制度的规定，关于社会保险基金管理运营的下列表述中，正确的有（　　）。

A. 除基本医疗保险基金与生育保险基金合并建账及核算外，其他各项社会保险基金按照社会保险险种分别建账，分账核算，执行国家统一的会计制度

B. 社会保险基金专款专用，任何组织和个人不得侵占或者挪用

C. 社会保险基金存入财政专户，通过预算实现收支平衡

D. 除基本医疗保险基金与生育保险基金预算合并编制外，其他各项社会保险基金预算按照社会保险项目分别编制

E. 社会保险基金在保证安全的前提下，按照国务院规定投资运营实现保值增值

♧【考点子题——举一反三，真枪实练】

[20]（历年真题·多选题）根据社会保险法律制度的规定，关于社会保险基金管理运营的下列表述中，正确的有（　　）。

A. 社会保险基金专款专用

B. 除基本医疗保险基金与生育保险基金合并建账及核算外，其他各项社会保险按照险种分别建账、分账核算

C. 社会保险基金存入财政专户，通过预算实现收支平衡

D. 社会保险基金不得投资运营

〔本节考点子题答案及解析〕

[1]【答案】A

　　【解析】$3100 < 6000 \times 60\%$，因此以 $6000 \times 60\%$ 为工资基数，$6000 \times 60\% \times 8\% = 288$（元）。

［2］【答案】C

【解析】12 000 > 3000×300%，因此以 9 000 为工资基数，9 000×8%=720 元。

［3］【答案】BC

【解析】从事井下、高温、高空、特别繁重体力劳动或其他有害身体健康工作的，退休年龄为男年满 55 周岁，女年满 45 周岁，选项 A 不正确，选项 B 正确；因病或非因工致残，由医院证明并经劳动鉴定委员会确认完全丧失劳动能力的，退休年龄为男年满 50 周岁，女年满 45 周岁，选项 C 正确，选项 D 不正确。

［4］【答案】A

【解析】6 000×2%+6 000×6%×30%=228 元。

［5］【答案】B

【解析】实际工作年限 10 年以上的，在本单位工作年限 5 年以上 10 年以下的，医疗期为 9 个月。

［6］【答案】C

【解析】实际工作年限 10 年以下，在本单位工作年限 5 年以上 10 年以下的，可享受医疗期 6 个月。

［7］【答案】ABCD

［8］【答案】B

【解析】职工应当参加工伤保险，由用人单位缴纳工伤保险费，职工不缴纳工伤保险费。

［9］【答案】B

【解析】选项 ACD 均为应当认定为工伤的情形。

［10］【答案】ABC

【解析】根据规定，在上下班途中，受到非本人主要责任的交通事故或者城市轨道交通、客运轮渡、火车事故伤害的，应认定为工伤。选项 D，是杨某在下班途中受到本人"负主要责任"的交通事故伤害，不属于应认定为工伤的情形，亦不属于视同工伤的情形。

［11］【答案】ABCD

［12］【答案】√

【解析】停工留薪期一般不超过 12 个月。伤情严重或者情况特殊，经设区的市级劳动能力鉴定委员会确认，可以适当延长，但延长不得超过 12 个月。

［13］【答案】D

【解析】一次性工亡补助金，标准为上一年度全国城镇居民人均可支配收入的 20 倍。

［14］【答案】ABCD

【解析】在停工留薪期内，职工的原工资福利待遇不变，由所在单位按月支付（A 错误）；停工留薪期一般不超过 12 个月（B 错误）；评定伤残等级后，停止享受停工留薪期待遇，按规定享受伤残待遇（C 错误）；工伤职工在停工留薪期满后仍需治疗的，继续享受工伤医疗待遇（D 错误）。

［15］【答案】ABC

【解析】被判刑收监执行的停止领取失业保险金，选项 D 错误。

［16］【答案】C

【解析】劳动者累计缴费 5 年以上不满 10 年的，领取失业保险金最长不超过 18 个月。

［17］【答案】A

　　【解析】失业保险金领取期限自办理失业登记之日起计算，选项 A 不正确。

［18］【答案】ABC

　　【解析】享受失业保险金是失业保险待遇；其他失业保险待遇包括领取失业保险金期间享受基本医疗保险待遇；领取失业保险金期间的死亡补助；职业介绍与职业培训补贴。

［19］【答案】C

　　【解析】基本养老保险、基本医疗保险、失业保险等各项社会保险费由税务机关征收。

［20］【答案】ABC

　　【解析】社会保险基金在保证安全的前提下，按照国务院规定投资运营实现保值增值，不得违规投资运营，不得用于平衡其他政府预算，不得用于兴建、改建办公场所和支付人员经费、运行费用、管理费用，或者违反法律、行政法规规定挪作其他用途，选项 D 不正确。